ESV

Berliner Handbücher

Handbuch des steuerlichen Einspruchsverfahrens

von

Dr. Peter Bilsdorfer
Vizepräsident des Finanzgerichts

Dr. Anke Morsch
Richterin am Finanzgericht

Hansjürgen Schwarz
Präsident des Finanzgerichts a.D.

2., völlig neu bearbeitete und erweiterte Auflage

ERICH SCHMIDT VERLAG

Bibliografische Information der Deutschen Bibliothek
Die Deutsche Bibliothek verzeichnet diese Publikation
in der Deutschen Nationalbibliografie;
detaillierte bibliografische Daten sind im Internet über
dnb.ddb.de abrufbar.

Weitere Informationen zu diesem Titel finden Sie im Internet unter
ESV.info/978 3 503 11216 6

1. Auflage 1995
2. Auflage 2008

ISBN 978 3 503 11216 6

ISSN 1865-4185

Alle Rechte vorbehalten
© Erich Schmidt Verlag GmbH & Co., Berlin 2008
www.ESV.info

Dieses Papier erfüllt die Frankfurter Forderungen der Deutschen Bibliothek
und der Gesellschaft für das Buch bezüglich der Alterungsbeständigkeit und
entspricht sowohl den strengen Bestimmungen der
US Norm Ansi/Niso Z 39.48-1992 als auch der ISO Norm 9706.

Gesetzt aus der 10/12 p Stempel Garamond

Satz: Peter Wust, Berlin
Druck und Bindung: Hubert & Co., Göttingen

Vorwort

Steuerrecht ist Massenfallrecht. Jahrein jahraus werden Millionen von Steuerbescheiden erlassen. Wen wundert es, dass dabei eine Vielzahl von Bescheiden sind, die Fehler enthalten. Die Schätzungen zum Anteil unrichtiger Steuerverwaltungsakte variieren, je nach Standort. So geht etwa der Bund der Steuerzahler davon aus, dass jeder fünfte Bescheid fehlerhaft ist. Ob tatsächlich „Spitzenwerte" von über 50 Prozent (so der Nestor des deutschen Steuerrechts Klaus Tipke) Realität sind, erscheint aus unserer Erfahrung heraus zweifelhaft.

Fakt ist aber, dass die Finanzverwaltung kaum noch nachkommt, wenn es darum geht, Einkommensteuerbescheide mit einem Vorläufigkeitsvermerk (nach § 165 AO) zu versehen, um auf diese Weise Masseneinsprüche zu vermeiden. Und trotzdem ertrinkt die Verwaltung in einer Flut von Rechtsbehelfen. Bisweilen muss man Jahre warten, bis über einen Einspruch entschieden ist.

Dabei könnten die „Erfolgszahlen" den Steuerzahlern und ihren Beratern durchaus Mut machen: Im Jahr 2004 gingen von knapp 3,8 Millionen Einspruchsentscheidungen rund 66 Prozent zugunsten der Steuerzahler aus. Und auch im anschließenden Klageverfahren sind die Betroffenen – trotz vielfach anderslautenden Aussagen – nicht chancenlos. Hier erreichen immerhin noch rund ein Viertel der Rechtssuchenden einen (Teil-)Erfolg.

Dieses Handbuch, das nach der Erstauflage des Jahres 1995 nunmehr in zweiter Auflage erscheint, befasst sich intensiv mit den Aspekten des steuerlichen Einspruchsverfahrens. Dabei versuchen wir, allen Beteiligten etwas zu bieten: In erster Linie dem Rechtssuchenden und seinem Berater, denen vielfach das Verfahrensrecht „suspekt" erscheint und die nicht selten gerade wegen der Unsicherheit in Verfahrensfragen von der Einlegung eines Rechtsbehelfs Abstand nehmen. Entschließen sie sich dann aber doch zur Einlegung des Einspruchs, drohen nicht wenige Verfahrensfallen. Hier wollen wir Sicherheit geben, wenn es darum geht, eine Entscheidung in Richtung Einspruch zu treffen und das Einspruchsverfahren auch möglichst erfolgreich zu durchlaufen. Aber auch die „Gegenseite", die Bediensteten der Finanzbehörden, sollten aus dem Handbuch Nutzen ziehen können. Denn dort besteht gleichermaßen nicht selten Unsicherheit in formellen Fragen.

Seit der Vorauflage haben die Verfasser gewechselt. Anstelle von Dr. Dieter Carl und Joachim Klos haben die Richterin am Finanzgericht Dr. Anke Morsch und

Vorwort

der frühere Präsident des Finanzgerichts Hansjürgen Schwarz die Bearbeitung des zweiten und dritten Teils übernommen. Für den ersten Teil zeichnet nach wie vor der Vizepräsident des Finanzgerichts Dr. Peter Bilsdorfer verantwortlich.

Wie immer gilt: Wir, die Verfasser, wären dankbar für entsprechende Hinweise und Neuerungsvorschläge, die wir auch gerne bei einer späteren Neuauflage berücksichtigen werden.

Frau Dr. Claudia Teuchert-Pankatz vom Erich Schmidt Verlag möchten wir für den Anstoß zur Neuauflage und die geduldige Begleitung in der Überarbeitungsphase ganz herzlich danken.

Saarbrücken, Marpingen und Illingen, im Juli 2008   Die Verfasser

Inhaltsverzeichnis

Vorwort 5
Abkürzungsverzeichnis 21

ERSTER TEIL
Abgrenzung zu anderen Verfahren und Sachentscheidungsvoraussetzungen 27

1. Kapitel: Einleitung und Rechtsgrundlagen 29
A. Die Rechtsgrundlagen des außergerichtlichen Rechtsbehelfsverfahrens 29
B. Die Entwicklung der Vorschriften zum außergerichtlichen Rechtsbehelfsverfahren 30
C. Funktion des außergerichtlichen Rechtsbehelfsverfahrens 31
D. Die Abgrenzung des Einspruchs von den nichtförmlichen Rechtsbehelfen 33
 I. Die Gegenvorstellung 34
 II. Die Sach- und Dienstaufsichtsbeschwerde 35
 III. Antrag auf Berichtigung, Aufhebung, Änderung, Rücknahme und Widerruf eines Verwaltungsakts 36

2. Kapitel: Rechtsschutzgesuch, Rechtsweg und Statthaftigkeit des Einspruchs 38
A. Das Rechtsschutzgesuch 38
B. Der Rechtsweg 39
C. Die Statthaftigkeit des Einspruchs 41
 I. Verwaltungsakte im steuerlichen Ermittlungsverfahren 41
 II. Verwaltungsakte im Festsetzungsverfahren 43
 III. Verwaltungsakte im Erhebungsverfahren 44
 IV. Verwaltungsakte im Vollstreckungsverfahren 44
 V. Verwaltungsakte im Rechtsbehelfsverfahren 45
 VI. Ausschluss des Einspruchs 45
 1. Gesetzlich geregelte Fälle 45
 2. Sonstige Fälle 46

Inhaltsverzeichnis

3. Kapitel: Sachentscheidungsvoraussetzungen		47
A.	Persönliche Sachentscheidungsvoraussetzungen	47
I.	Beteiligtenfähigkeit	47
1.	Begriff	47
2.	Bedeutung	47
3.	Beginn und Ende der Beteiligtenfähigkeit	48
4.	Mehrheit von Einspruchsführern	49
	a) Streitgenossenschaft	49
	b) Beteiligtenstellung von Ehegatten bei der Zusammenveranlagung	50
	c) Auswirkungen bei der Streitgenossenschaft	51
5.	Beteiligtenwechsel	51
	a) Kraft Gesetzes	51
	b) Gewillkürter Wechsel	52
	c) Ausscheiden des Einspruchsführers	52
6.	Beteiligung Dritter	53
	a) Hinzuziehung Dritter	53
	aa) Begriff und Bedeutung	53
	bb) Rechtsnatur und Arten der Hinzuziehung	54
	cc) Allgemeine Voraussetzungen der Hinzuziehung	54
	dd) Einfache Hinzuziehung	55
	ee) Notwendige Hinzuziehung	57
	b) Vertretung durch Dritte	61
7.	Beistandschaft	63
II.	Einspruchsfähigkeit	63
1.	Begriff und Bedeutung	63
2.	Unbeschränkte und beschränkte Einspruchsfähigkeit	64
3.	Mangelnde Einspruchsfähigkeit	64
4.	Gesetzliche Vertretung	65
5.	Heilung unwirksamer Verfahrenshandlungen	65
III.	Einspruchsbefugnis	66
1.	Überblick	66
2.	Beschwer	67
	a) Bedeutung	67
	b) Geltendmachung der Beschwer	68
	c) Beschwerter Personenkreis	68
	aa) Adressat des belastenden Verwaltungsakts	68
	bb) Mehrere Adressaten	69
	cc) Dritte Personen	70
	d) Beschwer durch die Regelung im Verwaltungsakt	72
	aa) Allgemeine Bedeutung	72

Inhaltsverzeichnis

		bb)	Beschwer durch Steuerbescheid	73
		cc)	Beschwer aus außersteuerlichen Gründen	76
		e)	Wegfall der Beschwer	76
	3.		Ausschluss und Wegfall der Einspruchsbefugnis aus besonderen Gründen	76
		a)	Einspruchsbefugnis bei geänderten Verwaltungsakten	76
		aa)	Bedeutung	77
		bb)	Voraussetzungen	78
		cc)	Ausschluss der Einschränkung	79
		b)	Einspruchsbefugnis bei Grundlagen- und Folgebescheiden	79
		aa)	Bedeutung	79
		bb)	Beispielsfälle	80
		cc)	Verfahrensrechtliche Bedeutung	81
		c)	Einspruchsbefugnis bei der einheitlichen Feststellung	82
		aa)	Bedeutung	82
		bb)	Hintergrund der Neuregelung	82
		cc)	Die Einzelregelungen	83
		d)	Einspruchsbefugnis bei der Rechtsnachfolge	86
		aa)	Bedeutung	86
		bb)	Fallalternativen	87
IV.			Allgemeines Rechtsschutzbedürfnis	88
1.			Grundsätzliche Bedeutung	88
2.			Beispiele im Einspruchsverfahren	89
B.			Sonstige Sachentscheidungsvoraussetzungen	90
I.			Ordnungsgemäße Einlegung des Einspruchs	90
1.			Überblick	90
2.			Einspruchsform	91
	a)		Schriftstück	91
	aa)		Schriftlichkeit	91
	bb)		Sprache, Unterschrift	91
	b)		Telegramm, Fernschreiben, Telefax, E-Mail	91
	c)		Erklärung zur Niederschrift	92
3.			Inhalt des Einspruchsschreibens	93
	a)		Mindestanforderungen	93
	b)		Sollanforderungen	94
4.			Einlegung bei der zuständigen Behörde	95
	a)		Bedeutung	95
	b)		Besondere Fallgestaltungen	96
	aa)		Grundlagenbescheide	96
	bb)		Einspruch bei Verwaltungsakt einer anderen Behörde	96
5.			Einspruch bei unzuständiger Behörde	96
6.			Einspruch beim Finanzgericht	97

Inhaltsverzeichnis

II.	Einspruchsfrist	98
1.	Bedeutung	98
2.	Bestimmung der Einspruchsfrist	99
	a) Überblick	99
	b) Fristbeginn	100
	aa) Wirksame Bekanntgabe des Verwaltungsakts	100
	bb) Schriftlicher Verwaltungsakt im Inland	101
	cc) Schriftlicher Verwaltungsakt bei Bekanntgabe im Ausland	103
	dd) Öffentliche Bekanntgabe und Zustellung	103
	ee) Einspruch gegen noch nicht bekanntgegebenen Verwaltungsakt	103
	ff) Zeitpunkt bei Steueranmeldungen	105
	gg) Besonderheit nach Art. 97 § 18 a Abs. 2 EGAO	105
	c) Fristdauer	106
	aa) Einmonatige Einspruchsfrist	106
	bb) Einspruchsfrist bei unrichtiger oder unterlassener Einspruchsbelehrung	106
	d) Fristberechnung	107
	aa) Grundlagen	107
	bb) Fristanfang	108
	cc) Fristende	109
	dd) Fristablauf	109
3.	Fristversäumnis und Wiedereinsetzung in den vorigen Stand	110
	a) Bedeutung der Fristversäumung	110
	b) Wiedereinsetzung in den vorigen Stand	111
	aa) Bedeutung und Überblick	111
	bb) Voraussetzungen	112
	cc) Antrag auf Wiedereinsetzung	118
	dd) Nachholung der versäumten Handlung	119
	c) Ausschluss der Wiedereinsetzung	119
	d) Entscheidung über die Wiedereinsetzung	119
	e) Gerichtliche Nachprüfbarkeit	120
C.	Negative Sachentscheidungsvoraussetzungen	121
I.	Anderweitige Anhängigkeit	121
1.	Nichtanhängigkeit als negative Sachentscheidungsvoraussetzung	121
2.	Anhängigkeit bei einer anderen Verwaltung	122
3.	Anhängigkeit und Rechtshängigkeit	122
II.	Bestands- und Rechtskraft	122
1.	Grundsatz	122
2.	Ausnahmen	123
	a) Änderung der tatsächlichen und rechtlichen Verhältnisse	123
	b) Erlass eines neuen Verwaltungsakts	123
III.	Einspruchsverzicht	124

Inhaltsverzeichnis

1.	Bedeutung und Folgen.	124
2.	Abgrenzungen	125
3.	Voraussetzungen.	126
	a) Allgemein.	126
	b) Form und Inhalt der Erklärung.	127
	c) Teilverzicht	127
	d) Empfänger der Erklärung.	128
4.	Geltendmachung der Unwirksamkeit	128
IV.	Verwirkung.	129
1.	Bedeutung.	129
2.	Voraussetzungen.	130
3.	Verwirkung von Befugnissen des Einspruchsverfahrens	130
D.	Objektive Einspruchshäufung	132
I.	Begriff	132
II.	Arten	133
III.	Voraussetzungen.	133
IV.	Verfahrensrechtliche Wirkungen	134
E.	Rechtsbehelfswechsel.	135
I.	Bedeutung.	135
II.	Voraussetzungen und Wirkung.	136
F.	Wirkungen der Einspruchseinlegung.	137
I.	Verfahrensrechtliche Wirkungen im Überblick	137
II.	Materiellrechtliche Wirkungen	137
1.	Ablaufhemmung der Festsetzungsverjährung.	137
2.	Wegfall der Bindungswirkung	138

ZWEITER TEIL

Einspruchsverfahren 139

1. Kapitel: Verfahrensgrundsätze und Ablauf des Verfahrens 141

A.	Allgemeine Verfahrensfragen	141
I.	Das Einspruchsverfahren als verlängertes Verwaltungsverfahren	141
1.	Verfahrensvorschriften	141
2.	Prüfungsumfang.	142
	a) Erneute Überprüfung.	142
	b) Grenzen der Überprüfung.	143
	c) Verböserung.	144
	aa) Voraussetzungen der Verböserung	144
	bb) Verböserungshinweis	145
II.	Verfahrensbeteiligte	147

Inhaltsverzeichnis

III.	Grundsatz der Amtsermittlung (§ 85 AO) und Untersuchungsgrundsatz (§ 88 AO)	148
1.	Legalitätsprinzip und Amtsermittlung.	148
2.	Grenzen.	149
IV.	Mitwirkungspflichten der Beteiligten	150
1.	Die allgemeine Mitwirkungspflicht	150
2.	Mitwirkungspflicht bei Auslandssachverhalten	151
	a) Erweiterte Mitwirkungspflicht bei internationalen Steuerfällen	151
	b) Dokumentationspflichten	152
3.	Folgen bei Verletzung der Mitwirkungspflicht.	152
4.	Mitwirkungsverweigerungsrecht für bestimmte Personengruppen	154
V.	Beweiserhebung	156
1.	Der Gegenstand des Beweises.	156
2.	Beweismittel	157
3.	Beweisaufnahme.	158
4.	Beweiswürdigung.	158
VI.	Feststellungs- und Beweislast	159
VII.	Zurückweisung verspäteten Vorbringens (§ 364b AO)	160
1.	Fristsetzung im Einspruchsverfahren.	161
	a) Inhalt	161
	b) Ermessensentscheidung	161
	c) Länge der Frist	162
	d) Formelle Anforderungen; Begründung	162
2.	Ausschlussfolgen	163
3.	Rechtsbehelfe	164
4.	Rechtsfolgen der Präklusion für das gerichtliche Verfahren	164
B.	Die Durchführung des Verfahrens	166
I.	Verfahrensgegenstand	166
1.	Begriff und Bedeutung.	166
2.	Mehrere Verfahrensgegenstände.	167
3.	Änderung des Verfahrensgegenstands im Einspruchsverfahren	168
II.	Verbindung und Trennung von Verfahren.	168
1.	Verbindung von Einspruchsverfahren	168
	a) Bedeutung	168
	b) Verfahrensfragen	170
2.	Trennung der Verfahren.	170
III.	Akteneinsicht	171
IV.	Die Erörterung des Sach- und Rechtsstands (§ 364a AO).	173
V.	Aussetzung und Ruhen des Einspruchsverfahrens	174
1.	Arten des vorübergehenden Stillstands des Einspruchsverfahrens	175
	a) Überblick.	175
	b) Abgrenzung zur Aussetzung der Steuerfestsetzung	175

Inhaltsverzeichnis

2.	Aussetzung	176
	a) Voraussetzungen	176
	aa) Vorgreiflichkeit eines Rechtsverhältnisses	176
	bb) Aussetzung aus sonstigen Gründen	178
	b) Verfahrensfragen	178
3.	Ruhen des Einspruchsverfahrens	178
	a) Voraussetzungen	178
	aa) Ruhen mit Zustimmung des Einspruchsführers	179
	bb) Zwangsruhe kraft Gesetzes	179
	cc) Durch Allgemeinverfügung angeordnete Zwangsruhe	180
	b) Beendigung der Zwangsruhe	181
	c) Rechtsschutz	181
4.	Unterbrechung des Verfahrens	181
	a) Zulässigkeit	181
	b) Fallgruppen	182
	c) Wirkungen	182
VI.	Befangenheit von Amtsträgern	182
1.	Bedeutung und Überblick	183
2.	Zwingender Ausschluss von Personen	183
3.	Besorgnis der Befangenheit	184
4.	Ablehnung von Mitgliedern eines Ausschusses	185

2. Kapitel: Abschluss des Einspruchsverfahrens 186

A.	Allgemeines	186
I.	Überblick über die Erledigungsarten	186
II.	Zuständige Einspruchsbehörde	186
1.	Allgemeine Zuständigkeit	186
2.	Zuständigkeitswechsel	187
3.	Zuständigkeit bei Auftragshandeln	188
B.	Abschluss ohne Einspruchsentscheidung	189
I.	Rücknahme des Einspruchs	189
1.	Voraussetzungen für die Wirksamkeit der Rücknahme	189
	a) Allgemeines	189
	b) Voraussetzungen	189
	aa) Anhängiges Einspruchsverfahren	189
	bb) Rücknahmebefugnis	189
	cc) Form und Inhalt der Rücknahme	190
2.	Wirkungen der Rücknahme	191
3.	Teilrücknahme	191
II.	Erledigung durch Abhilfe	192
1.	Abhilfeentscheidung	192

	a)	Begriff der Abhilfe	192
	b)	Rechtsgrundlagen	193
	c)	Voraussetzungen der Abhilfe	194
2.	Rechtsfolgen		194
	a)	Vollabhilfe	194
	b)	Teilabhilfe	195
III.	Sonstige Fälle der Erledigung		196
C.	Abschluss durch Einspruchsentscheidung oder Allgemeinverfügung		197
I.	Einspruchsentscheidung		197
1.	Gegenstand der Einspruchsentscheidung		197
2.	Umfang		198
	a)	Einspruchsentscheidung	198
	b)	Teil-Einspruchsentscheidung	198
	aa)	Voraussetzungen	198
	bb)	Gesamtüberprüfung	200
	cc)	Tenor der Teil-Einspruchsentscheidung	200
3.	Form, Inhalt und Bekanntgabe der Einspruchsentscheidung		200
	a)	Form	201
	b)	Inhalt	201
	c)	Bekanntgabe	204
4.	Bestandskraft		205
	a)	Formelle Bestandskraft	205
	b)	Materielle Bestandskraft	205
	c)	Korrektur des Verwaltungsakts nach Bestandskraft	207
II.	Allgemeinverfügung		207

3. Kapitel: Kosten 209

DRITTER TEIL

Vorläufiger Rechtsschutz 211

1. Kapitel: Abgrenzung der einzelnen Rechtsinstitute 213

A.	Einleitung	213
B.	Aussetzung der Vollziehung	214
C.	Einstweilige Einstellung der Vollstreckung	215
D.	Stundung	216
E.	Einstweilige Anordnung	216

2. Kapitel: Aussetzung der Vollziehung 218

A.	Rechtsgrundlagen	219

Inhaltsverzeichnis

B.	Abgrenzung zwischen § 361 AO und § 69 FGO	219
C.	Verhältnis von § 361 AO, § 69 FGO zu § 244 ZK	220
D.	Anwendungsbereich	221
I.	Finanzrechtsweg.	221
II.	Anhängigkeit eines Rechtsbehelfs	221
III.	Verhältnis zum Hauptsacheverfahren	222
IV.	Begriffsbestimmungen	222
1.	Vollziehung	222
2.	Aussetzung und Aufhebung der Vollziehung	223
V.	Maßnahmen der Vollziehung	223
1.	Vollziehung im Steuerfestsetzungsverfahren	223
2.	Vollziehung im Steuererhebungsverfahren	224
3.	Vollziehung und Vollstreckung	224
VI.	Aussetzung der Vollziehung und EG-Recht	225
1.	Vorläufiger Rechtsschutz im EG-Recht.	225
	a) Grundsätze	225
	b) Zuständigkeit und Verfahren	225
	c) Arten des vorläufigen Rechtsschutzes.	226
2.	Voraussetzungen der Aussetzung der Vollziehung bei gültigem EG-Recht	227
3.	Voraussetzungen der Aussetzung der Vollziehung bei Zweifeln an der Gültigkeit von EG-Recht	227
E.	Verfahren der Aussetzung und Aufhebung der Vollziehung	228
I.	Überblick	228
II.	Voraussetzungen für die Aussetzung/Aufhebung der Vollziehung	228
1.	Überblick	228
2.	Vollziehbarer, aussetzbarer belastender Verwaltungsakt	228
	a) Verwaltungsakt	228
	b) Vollziehbarkeit	229
	aa) Allgemeines	229
	bb) Vollziehbare Verwaltungsakte im Ermittlungs- und Steuerfestsetzungsverfahren.	230
	cc) Vollziehbare Verwaltungsakte des Erhebungsverfahrens	234
	dd) Vollziehbare Verwaltungsakte des Vollstreckungsverfahrens	235
	ee) Vollziehbare Verwaltungsakte im Bereich der Nebenbestimmungen	236
	c) Aussetzbarkeit.	236
	d) Rechtsbeeinträchtigung	238
	e) Anhängigkeit eines Einspruchs	238
3.	Ernstliche Zweifel an der Rechtmäßigkeit des angefochtenen Bescheids.	239
	a) Überblick	239

Inhaltsverzeichnis

		b)	Ernstliche Zweifel	240
		c)	Rechtmäßigkeit des angefochtenen Verwaltungsakts	241
		d)	Fallgruppen ernstlicher Zweifel	242
		aa)	Verfahrensmängel	242
		bb)	Unklarheit bei Tatfragen	243
		cc)	Rechtliche Bedenken	244
		dd)	Verfassungsmäßigkeit	246
		ee)	Übereinstimmung mit EG-Recht	248
	4.	Unbillige Härte		248
		a)	Überblick	248
		b)	Unbillige Härte	248
		c)	Überwiegendes öffentliches Interesse	249
	5.	Zulässigkeit des Einspruchs		250
III.	Aufhebung der Vollziehung			250
IV.	Sachentscheidungsvoraussetzungen			251
	1.	Antrag		251
	2.	Beschwer		252
	3.	Persönliche Antragsbefugnis		252
V.	Entscheidung über die Aussetzung der Vollziehung			253
	1.	Ermessensentscheidung		253
	2.	Umfang der Aussetzung der Vollziehung		254
	3.	Nebenbestimmungen		256
		a)	Sicherheitsleistung	256
		b)	Widerrufsvorbehalt	258
	4.	Beginn und Ende der Aussetzung der Vollziehung		258
	5.	Aussetzungszinsen		260
	6.	Besonderheiten bei Grundlagenbescheiden		260
VI.	Hemmung der Vollziehung			263
	1.	Überblick		263
	2.	Voraussetzungen für die Hemmung der Vollziehung		264
	3.	Rechtsfolgen		264
	4.	Beseitigung der hemmenden Wirkung		265
		a)	Voraussetzungen für die Beseitigung der hemmenden Wirkung	265
		b)	Verfahren	265
		c)	Wirkungen	266
		d)	Rechtsbehelfe	266
	5.	Wiederherstellung der hemmenden Wirkung		266
		a)	Grundsatz	266
		b)	Voraussetzungen für die Wiederherstellung der hemmenden Wirkung	266
		c)	Verfahren	267
		d)	Rechtsbehelfe	267

Inhaltsverzeichnis

VII.	Rechtsschutz gegen die Entscheidung über die Aussetzung der Vollziehung	267

3. Kapitel: Einstweilige Anordnung 270

A.	Begriff der einstweiligen Anordnung		270
B.	Voraussetzungen für die einstweilige Anordnung im Einzelnen		272
I.	Gegenstand des Verfahrens		272
1.	Recht oder Rechtsverhältnis		272
2.	Nicht vollziehbare Verwaltungsakte		272
	a)	Verwaltungsakte, die lediglich eine Negation beinhalten	272
	b)	Bescheide, die nicht mehr vollziehbar sind	273
	c)	Bescheide, die aus anderen Gründen keinen vollziehbaren Inhalt haben	273
II.	Anordnungsanspruch		274
1.	Art des Anspruchs		274
	a)	Sicherungsanordnung	274
	b)	Regelungsanordnung	275
2.	Schlüssiges Vorbringen des Anspruchs		277
III.	Anordnungsgrund		278
1.	Sicherungsanordnung		278
2.	Regelungsanordnung		279
3.	Schlüssiges Vorbringen des Grundes		281
IV.	Keine Vorwegnahme der Hauptsacheentscheidung		282
C.	Verfahren der einstweiligen Anordnung und Rechtsschutz		284

4. Kapitel: Einstellung der Vollstreckung 285

A.	Bedeutung des Vollstreckungsaufschubs	285
B.	Voraussetzungen des Vollstreckungsaufschubs	286
I.	Überblick	286
II.	Unbilligkeit der Vollstreckung	287
1.	Grundsatz	287
2.	Unangemessener Nachteil	287
3.	Rücksichtnahme auf die Belange des Vollstreckungs-Schuldners durch Vollziehungsbeamte	291
III.	Kurzfristiges Zuwarten	292
1.	Zeitdauer des Vollstreckungsaufschubs	292
2.	Aussichtslosigkeit der Vollstreckung	293
IV.	Vermeidung des Nachteils durch andere Maßnahmen	293
C.	Verfahren	294
I.	Antrag auf Vollstreckungsaufschub	294
1.	Voraussetzungen und Zeitpunkt des	294

Inhaltsverzeichnis

2.	Begründung des Antrags und Verhandlungen mit der Finanzbehörde	295
II.	Entscheidung der Finanzbehörde	296
1.	Auflagen und Widerrufsvorbehalt	296
2.	Sicherheitsleistung	296
D.	Rechtsfolgen des Vollstreckungsaufschubs	297
I.	Überblick	297
II.	Säumniszuschläge	297
III.	Unterbrechung der Zahlungsverjährung	298
E.	Rechtsschutz bei Ablehnung des begehrten Vollstreckungsaufschubs	298
F.	Einstweilige Einstellung eines Zwangsversteigerungsverfahrens	298

5. Kapitel: Stundung 300

A.	Bedeutung und Gegenstand der Stundung	300
I.	Überblick	300
II.	Stundbare Ansprüche	301
B.	Voraussetzungen für die Stundung	301
I.	Erhebliche Härte	301
1.	Interessenabwägung	301
	a) Prüfung am konkreten Einzelfall	301
	b) Vorliegen einer erheblichen Härte	302
2.	Sonderfall Verrechnungsstundung	303
	a) Grundsatz	303
	b) Besonderheiten bei der Verrechnungsstundung von Lohnsteuer	304
	aa) Stundung gegenüber dem Arbeitnehmer	304
	bb) Stundung gegenüber dem Arbeitgeber	304
II.	Sachliche und persönliche Stundungsgründe	306
1.	Sachliche Stundungsgründe	306
2.	Persönliche Stundungsgründe	307
	a) Stundungsbedürftigkeit	307
	b) Stundungswürdigkeit	308
III.	Keine Gefährdung des Steueranspruchs	309
1.	Grundsätzliches	309
2.	Leistung von Sicherheiten	309
3.	Stundung im Vollstreckungsverfahren	310
C.	Wirkung der Stundung	310
I.	Überblick	310
II.	Stundungszinsen	311
D.	Verfahren der Stundung	311
I.	Stundungsantrag	311
II.	Zuständigkeit für die Stundung	313
III.	Nebenbestimmungen zur Stundung	313

Inhaltsverzeichnis

1.	Widerrufsvorbehalt	313
2.	Auflagen	313
E.	Rechtsbehelfe gegen die Ablehnung der Stundung	314
I.	Einspruch	314
II.	Gerichtliche Nachprüfung	314
III.	Erledigung des Rechtsstreits	315
F.	Verhältnis zu verwandten Rechtsinstituten	315
I.	Zahlungsaufschub	315
II.	Aussetzung der Vollziehung	316
III.	Einstweilige Einstellung oder Beschränkung der Vollstreckung	316
IV.	Niederschlagung.	317

6. Kapitel: Zusammenwirken zwischen Aussetzung der Vollziehung, Einstellung der Vollstreckung, einstweiliger Anordnung und Stundung 318

A.	Vorgehen bei Ablehnung der Aussetzung der Vollziehung des Abgabenbescheids durch die Finanzbehörde	318
B.	Vorgehen bei drohender oder laufender Zwangsvollstreckung	319
I.	Antrag auf Aussetzung der Vollziehung	319
II.	Einstweilige Anordnung und Einstellung der Vollstreckung	323
C.	Stundung und Aussetzung der Vollziehung	325
I.	Antragsprüfung und Auslegung	325
II.	Stundung im vorläufigen Rechtsschutzverfahren	326

Anhang

Auszüge aus der AO und der FGO ... 329

Literaturverzeichnis ... 341
Stichwortverzeichnis. ... 351

Abkürzungsverzeichnis

a. A.	anderer Auffassung
a. a. O.	am angegebenen Ort
Abs.	Absatz
Abschn.	Abschnitt
a. E.	am Ende
AEAO	Anwendungserlass AO
a. F.	alter Fassung
AFG	Arbeitsförderungsgesetz
allg.	allgemein
a. M.	anderer Meinung
Anm.	Anmerkung
AO	Abgabenordnung
AO-StB	AO-Steuerberater (Zeitschrift)
Art.	Artikel
Aufl.	Auflage
BAföG	Bundesausbildungsförderungsgesetz
BB	Betriebs-Berater (Zeitschrift)
Berlin. F.G	Berlin-Förderungsgesetz
bes.	besonders
betr.	betreffend
BFH	Bundesfinanzhof
BFHE	Sammlung der Entscheidungen des Bundesfinanzhofes
BFH/NV	Sammlung amtlich nicht veröffentlichter Entscheidungen des Bundesfinanzhofs (Zeitschrift)
BGB	Bürgerliches Gesetzbuch
BGBl	Bundesgesetzblatt
BGH	Bundesgerichtshof
BMF	Bundesministerium der Finanzen
bnV	betriebsnahe Veranlagung
BP	Betriebsprüfung
BStBl	Bundessteuerblatt
BT	Bundestag
BuStra	Bußgeld- und Strafsachenstelle
BVerfG	Bundesverfassungsgericht

Abkürzungsverzeichnis

BVerfGE	Amtliche Sammlung von Entscheidungen des Bundesverfassungsgerichts
BVerwG	Bundesverwaltungsgericht
bzw.	beziehungsweise
DB	Der Betrieb (Zeitschrift)
DBA	Doppelbesteuerungsabkommen
ders.	derselbe
d. h.	das heißt
dies.	dieselben
Diss.	Dissertation
Drucks.	Drucksache
DStR	Deutsches Steuerrecht (Zeitschrift)
DStRE	DStR-Entscheidungsdienst (Zeitschrift)
DStZ	Deutsche Steuerzeitung (Zeitschrift)
DVBl.	Deutsches Verwaltungsblatt (Zeitschrift)
EDV	Elektronische Datenverarbeitung
EFG	Entscheidungen der Finanzgerichte
EG	Europäische Gemeinschaft
EGV	Vertrag zur Gründung der Europäischen Gemeinschaft
EGAO	Einführungsgesetz zur AO
ErbStG	Erbschaftsteuergesetz
EStG	Einkommensteuergesetz
EuG	Europäisches Gericht 1. Instanz
EuGH	Europäischer Gerichtshof
evtl.	eventuell
f., ff.	folgend, fortfolgend
FG	Finanzgericht
FGO	Finanzgerichtsordnung
FN	Fußnote
FR	Finanz-Rundschau (Zeitschrift)
FVG	Gesetz über die Finanzverwaltung
GewO	Gewerbeordnung
GG	Grundgesetz
ggf.	gegebenenfalls
GKG	Gerichtskostengesetz
GmbH	Gesellschaft mit beschränkter Haftung
Gr	Gruppe
GrEStG	Grunderwerbsteuergesetz

Abkürzungsverzeichnis

GrS	Großer Senat
Halbs./HS	Halbsatz
HFR	Höchstrichterliche Finanzrechtsprechung (Zeitschrift)
h. M.	herrschende Meinung
Hrsg.	Herausgeber
i. d. F.	in der Fassung
i. d. R.	in der Regel
IdW	Institut der Wirtschaftsprüfer
i. e. S.	im engeren Sinne
INF	Die Information über Steuer und Wirtschaft (Zeitschrift)
insbes.	insbesondere
InsO	Insolvenzordnung
InvZulG	Investitionszulagengesetz
i. S. d.	im Sinne des
i. V. m.	in Verbindung mit
IWB	Internationale Wirtschafts-Briefe (Zeitschrift)
JR	Juristische Rundschau (Zeitschrift)
KFR	Kommentierte Finanzrechtsprechung (Zeitschrift)
KGaA	Kommanditgesellschaft auf Aktien
KO	Konkursordnung
KÖSDI	Kölner Steuerdialog (Zeitschrift)
Lfg.	Lieferung
LG	Landgericht
LoJa	Antrag auf Lohnsteuerjahresausgleich
LStR	Lohnsteuerrichtlinien
LSW	Lexikon des Wirtschafts- und Steuerrechts
m. a. W.	mit anderen Worten
MDR	Monatsschrift für Deutsches Recht (Zeitschrift)
m. w. N.	mit weiteren Nachweisen
n. a. v.	nicht amtlich veröffentlicht
n. F.	neue Fassung
NJW	Neue Juristische Wochenschrift (Zeitschrift)
Nr.	Nummer
NSt	Neues Steuerrecht von A-Z (Zeitschrift)
NV	Nicht-Veranlagung

Abkürzungsverzeichnis

NWB	Neue Wirtschafts-Briefe (Zeitschrift)
OFD	Oberfinanzdirektion
OWiG	Ordnungswidrigkeitengesetz
RAO	Reichsabgabenordnung
Rpfleger	Der Deutsche Rechtspfleger (Zeitschrift)
Rs.	Rechtssache
Rspr.	Rechtsprechung
s., S.	siehe, Seite
sog.	sogenannt
StB	Der Steuerberater (Zeitschrift)
StBerG	Steuerberatungsgesetz
Stbg	Die Steuerberatung (Zeitschrift)
StBp	Die steuerliche Betriebsprüfung (Zeitschrift)
StEd	Steuer-Eildienst (Zeitschrift)
StEK	Steuererlasse in Karteiform
SteuerStud	Steuer und Studium (Zeitschrift)
StGB	Strafgesetzbuch
StMBG	Gesetz zur Beseitigung des Missbrauchs und zur Bereinigung des Steuerrechts
str.	streitig
StRK	Steuerrechtskartei
StuW	Steuer und Wirtschaft (Zeitschrift)
StVj	Steuerliche Vierteljahresschrift (Zeitschrift)
StWa.	Steuerwarte (Zeitschrift)
StWK	Steuer- und Wirtschaftskurzpost (Zeitschrift)
Tz.	Textziffer
u. E.	unseres Erachtens
UStDV	Umsatzsteuer-Durchführungsverordnung
UStG	Umsatzsteuergesetz
UStR	Umsatzsteuer-Richtlinien
u. U.	unter Umständen
VerfO	Verfahrensordnung
Vfg.	Verfügung
VGFGEntlG	Gesetz zur Entlastung der Gerichte in der Verwaltungs- und Finanzgerichtsbarkeit
vgl.	vergleiche

Abkürzungsverzeichnis

VollStrA	Vollstreckungsanweisung
VollzA	Vollziehungsanweisung
VuV	Vermietung und Verpachtung
VwGO	Verwaltungsgerichtsordnung
VwZG	Verwaltungszustellungsgesetz
z. B.	zum Beispiel
ZfZ	Zeitschrift für Zölle und Verbrauchsteuern
ZG	Zollgesetz
Ziff.	Ziffer
ZK	Zollkodex
ZKF	Zeitschrift für Kommunalfinanzen
ZPO	Zivilprozessordnung
zutr.	zutreffend
ZVG	Zwangsversteigerungsgesetz
z. Zt.	zur Zeit

ERSTER TEIL

Abgrenzung zu anderen Verfahren und Sachentscheidungsvoraussetzungen

1. Kapitel: Einleitung und Rechtsgrundlagen

Literatur:

Schlüter, Der Einspruch in der Praxis der Finanzämter (Diss.), Köln 1977; *Streck*, Der Steuerstreit, 2. Aufl., Köln 1993; *Frenkel*, Zum Begriff der außergerichtlichen Rechtsbehelfe, FR 1967, 12; *Woerner*, Das außergerichtliche Rechtsbehelfsverfahren nach der AO, BB 1966, 855; *Bilsdorfer*, Das außergerichtliche Rechtsbehelfsverfahren nach der Abgabenordnung, SteuerStud 1991, 123; Jesse, Einspruch und Klage im Steuerrecht, 2. Aufl., München 2002

A. Die Rechtsgrundlagen des außergerichtlichen Rechtsbehelfsverfahrens

Mit dem außergerichtlichen Rechtsbehelfsverfahren befasst sich der Siebente Teil der AO. Dies bringt zum Ausdruck, dass es sich der Rechtsnatur nach um einen Teil des Verwaltungsverfahrens handelt, was zur Folge hat, dass Lücken erst einmal nicht mit den Normen des Prozessrechts, sondern mit den Vorschriften des Verwaltungsrechts zu schließen sind.[1] Hieran ändert nichts, dass das Durchlaufen des außergerichtlichen Rechtsbehelfsverfahrens prinzipiell Sachurteilsvoraussetzung für den sich möglicherweise anschließenden Steuerprozess ist, dessen Ablauf sich nach den Regelungen der FGO vollzieht.

Ziel des Gesetzgebers war ursprünglich einmal die Schaffung eines einheitlichen Verfahrensrechts für sämtliche öffentlich-rechtlichen Verfahren (also des [allgemeinen] Verwaltungsrechts, des Sozial- und des Steuerprozessrechts). Diese Sisyphusarbeit wurde zwar in Angriff genommen; ob sie jedoch jemals Gesetzesrealität wird, erscheint fraglich, nachdem auch Versuche hierzu in jüngster Zeit kläglich gescheitert sind. Im Übrigen erscheint es –trotz sinnvoller Bemühungen um eine Rechtsvereinheitlichung- zweifelhaft, ob angesichts der jetzt seit Jahrzenten vollzogenen unterschiedlichen Praxis in den einzelnen Gerichtszweigen eine derartige Angleichung oder gar Vereinheitlichung noch Sinn macht.

---

1 So zu Recht Birkenfeld, in: Hübschmann/Hepp/Spitaler, vor § 347 AO (Stand: November 1997), Rz. 5.

B. Die Entwicklung der Vorschriften zum außergerichtlichen Rechtsbehelfsverfahren

Literatur:

Carl/Klos, Das reformierte außergerichtliche Rechtsbehelfsverfahren, INF 1994, 417; *Szymczak*, Das außergerichtliche Rechtsbehelfsverfahren ab 1996, DB 1994, 2254; *Felix*, Präklusionsrecht des Finanzamts: Weiterer Fristendruck für die Steuerberatung und nochmaliger Abbau des Steuerrechtsschutzes, KÖSDI 1994, 9903; *Sangmeister*, Verkürzung des Rechtsschutzes im Finanzrechtsstreit durch den Steuergesetzgeber, BB 1994, 1679; *Schneider*, Der Abbau des Rechtsschutzes in Steuersachen durch § 364 b AO und die Folgen für Steuerpflichtige und deren Berater, INF 1994, 748

Die Regelungen der §§ 347 ff. AO betreffend das „Außergerichtliche Rechtsbehelfsverfahren" basieren im Wesentlichen auf den Vorschriften der RAO. 1994 kam es zu einer grundlegenden Reform der Bestimmungen durch das *„Grenzpendlergesetz"*[2]. Seither sind in den Eingangsnormen zum Siebenten Teil der AO, §§ 347, 348 AO, abschließend die Fälle angeführt, in denen der allein noch mögliche Rechtsbehelf des Einspruchs statthaft ist. § 349 AO a. F. mit der Möglichkeit, gegen bestimmte Verwaltungsakte „Beschwerde" einzulegen, ist gänzlich entfallen. Andere Neuregelungen im Zuge dieser Reform, wie etwa die Schaffung einer Ausschlussfrist zur Abgabe von Erklärungen und Angabe von Beweismitteln in § 364 b AO, haben seiner Zeit für viel Aufmerksamkeit und auch Aufregung gesorgt.[3] Zwischenzeitlich hat sich das Ganze sehr beruhigt, nachdem insbesondere der BFH die Regelungen zu Lasten der Finanzverwaltung und im Sinne der Rechtssuchenden entschärft hat.[4]

Spätere Änderungen der §§ 347 ff. AO waren lange nicht so einschneidend. Erwähnt sei hier lediglich noch die durch Art. 10 Nr. 16 des Jahressteuergesetzes 2007[5] geschaffene Möglichkeit (vgl. § 367 Abs. 2 a, 2 b AO), für einzelne Streitpunkte Teileinspruchsentscheidung zu erlassen bzw. Einsprüche durch Allgemeinverfügung zurückzuweisen.

---

2   Gesetz vom 24. 6. 1994, BGBl I, 1395.
3   Felix, Mogelpackung, NJW 1994, 3065; Große, Die Fristsetzung gem. § 364 b, DB 1996, S60; v. Wedelstädt, Die Ausschlussfrist nach § 364 b AO – Segen oder Last für die Finanzbehörde?, StuW 1996, 186; Wagner, Die Ausschlussfristen nach § 364 b AO – Segen oder Last?, StuW 1996, 169.
4   Vgl. dazu Müller, Die Präklusionsregelungen der §§ 364 b AO, 76 Abs. 3 FGO, AO-StB 2005, 176.
5   Gesetz vom 13. 12. 2006, BGBl I, 2878.

Einleitung und Rechtsgrundlagen

Nach wie vor ist das außergerichtliche Rechtsbehelfsverfahren grundsätzlich[6] kostenfrei. Dies bedeutet, dass einerseits der Einspruchsführer im Fall des Obsiegens keine Erstattung seiner Aufwendungen verlangen kann, er im Falle des Unterliegens aber auch keine Gebühren entrichten muss. Davon unabhängig bleibt es bei der Regelung in § 139 FGO. Danach kann[7] das Finanzgericht nach Durchführung des Klageverfahrens bestimmen, dass die Hinzuziehung eines Bevollmächtigten für das Vorverfahren erforderlich war. Dies führt dann zur entsprechenden Erstattung von Aufwendungen (z. B. der Beraterkosten).

C. Funktion des außergerichtlichen Rechtsbehelfsverfahrens

Wer im Bereich des Privatrechts zu seinem Recht kommen will, kann sich – vorbehaltlich des Kostenrisikos bei „verfrühter Klageerhebung" und sofortigem Anerkenntnis des Prozessgegners (§ 93 ZPO) – unmittelbar an die Gerichte wenden. Dies ist im Verwaltungsrecht und damit auch im Steuerrecht anders. Hier hat der Gesetzgeber dem gerichtlichen Verfahren ein anderes, nämlich ein außergerichtliches Verfahren vorgeschaltet. Danach ist eine Klage beim Finanzgericht grundsätzlich nur zulässig, wenn das zuvor durchlaufene Vorverfahren über den außergerichtlichen Rechtsbehelf zumindest teilweise ohne Erfolg geblieben ist (§ 44 Abs. 1 FGO). Eine Ausnahme hierzu bilden die Regelungen in § 45 FGO – Sprungklage – und § 46 FGO – Untätigkeitsklage –.

Diese Vorschaltung des außergerichtlichen Rechtsbehelfs erfüllt folgende Funktionen:

– **Verbesserte Rechtsschutzmöglichkeiten für den Steuerbürger**

In erster Linie dient das außergerichtliche Rechtsbehelfsverfahren dem Steuerbürger. Es erlaubt ihm nämlich, eine Entscheidung der Verwaltung nochmals überprüfen zu lassen, dies in einem Verfahren, das sich im Vergleich zum gerichtlichen Prozessrecht wesentlich „formfreier" darstellt und auch ansonsten mehr Möglichkeiten bietet. Erwähnt sei hier nur die uneingeschränkte Überprüfung und Korrektur von Ermessensentscheidungen (vgl. § 5 AO). Eine solche ist dem Finanzgericht nur eingeschränkt möglich (§ 102 FGO).

Überdies zeigt die Praxis, dass mittels der außergerichtlichen Rechtsbehelfe ein Großteil der Verfahren, sei es durch Abhilfe, Rücknahme oder Entscheidung, ohne Anrufung der Finanzgerichte bereits im Vorfeld eines Steuerprozesses erle-

---

6 Vgl. die Ausnahme im Kindergeldrecht in § 77 EStG.
7 Die Finanzgerichte entscheiden durchgängig in diesem Sinne.

digt werden kann. Auch ist diese Art der Erledigung weitaus weniger zeitaufwendig und zudem nicht kostenpflichtig.

– **Selbstkontrolle der Verwaltung**

Das außergerichtliche Rechtsbehelfsverfahren dient gleichermaßen der Selbstkontrolle der Finanzverwaltung, und zwar in vollem Umfang, da die Finanzbehörde, wie erwähnt, ihre Ermessensentscheidungen nochmals überprüfen kann. Sie kann aber auch die ursprüngliche Entscheidung verbösern (§ 367 Abs. 2 AO).

Eine besondere Kontrolle von Verwaltungsentscheidungen ist durch die seit 1996 greifende Neuregelung abgeschafft, nämlich der in den bis dahin anhängigen Beschwerdefällen eintretende Devolutiveffekt (Entscheidung durch die nächsthöhere Behörde). Seit der damaligen Änderung der AO entscheidet auch hier die Behörde, die den Verwaltungsakt erlassen hat, abschließend über den außergerichtlichen Rechtsbehelf. Die Finanzverwaltung ist seither durchaus bemüht, im Speziellen im Bereich der Billigkeitsmaßnahmen zu einer einheitlichen Rechtsanwendung zu kommen. Eine gewisse Vereinheitlichung ist innerhalb einer Behörde ohnehin dadurch erreicht, dass in den meisten Finanzämtern gesonderte Rechtsbehelfsstellen die Überprüfung der angegriffenen Verwaltungsakte vornehmen.

– **Entlastung der Finanzgerichte**

In der Vergangenheit war der Weg zu den Finanzgerichten jedenfalls nicht von der Hoffnung auf eine schnelle Entscheidung begleitet. Verfahren mit einer Dauer von mehreren Jahren waren und sind nach wie vor die Regel.

Auf jeden Fall hält das außergerichtliche Rechtsbehelfsverfahren Arbeit von den Finanzgerichten fern. So gelangen nur zwei bis drei Prozent der durch Einspruchsentscheidung abgeschlossenen Fälle an das Finanzgericht.[8] Von daher besitzt das außergerichtliche Rechtsbehelfsverfahren eine überzeugende Filterfunktion für den steuerlichen Rechtsschutz insgesamt. Diese wird u. E. auch nicht dadurch in Frage gestellt[9], dass nur etwa 1/3 aller finanzgerichtlichen Verfahren durch Urteil enden, während etwa 2/3 einvernehmlich zur Erledigung gelangen. Denn zum einen betrifft ein hoher Prozentsatz des letztgenannten Fallbereichs die Schätzungsfälle (Nichtabgabe von Steuererklärungen), die bislang vom Finanzamt selbst nicht wirksam erledigt werden können. Zum andern wird sich nichts daran ändern, dass der Hinzuziehung des Richters, also eines neutralen Dritten, aus sich heraus schon eine Befriedungsfunktion zukommt.

---

8 Streck, Der Steuerstreit, Rz. 393.
9 So aber Streck, Der Steuerstreit, Rz. 393.

Einleitung und Rechtsgrundlagen

Insgesamt jedoch kann diese „natürliche Rechtsschutzkomponente" nicht an der Effektivität des außergerichtlichen Rechtsbehelfsverfahrens zweifeln lassen.

Eines sei an dieser Stelle ergänzend erwähnt. Es ist dies die Art und Weise, wie die Finanzverwaltung mit der immer vehementer auf sie eindringenden Gesetzesflut und -wut umgeht. *Tipke/Kruse*[10] beschreiben zu Recht zwei mögliche Wege, die in der Tat seit Langem die tägliche Arbeit der Finanzämter prägen und beide vom Ansatz her bedenklich sind. Der erste Weg: Man „spart" bei der Sachverhaltsermittlung. Es wird mit Vermutungen und Typisierungen gearbeitet, eine Anhörung bei Abweichung von der Steuererklärung (§ 91 Abs. 1 Satz 2 AO)[11] findet nicht statt. Der zweite Weg, auf den offenkundig die größere Anzahl von Veranlagungsbeamten ausweicht, der aber gleichermaßen mit Blick auf § 85 AO bedenklich ist: Man vermeidet Einsprüche durch gutgläubige Übernahme der Steuererklärungsangaben.[12] Hier kann Abhilfe nur durch eine Systematisierung des chaotischen Steuerrechts geschaffen werden. Land ist jedoch noch keines in Sicht. Steuer-Realisten nehmen ohnehin das Wort „Steuervereinfachung" nicht mehr Ernst.

D. Die Abgrenzung des Einspruchs von den nichtförmlichen Rechtsbehelfen

Literatur:

Sangmeister, Überlange Verfahrensdauer und Gegenvorstellung, DStZ 1993, 31; *Oswald*, Die Dienstaufsichtsbeschwerde im Abgabenrecht, DB 1967, 135; *Tipke*, Dienstaufsichtsbeschwerde, FR 1960, 291

Die Bezeichnung „außergerichtliches Rechtsbehelfsverfahren" indiziert bereits, dass daneben noch gerichtliche Rechtsbehelfe zur Verfügung stehen. Bei den außergerichtlichen Rechtsbehelfen wiederum lassen sich weitere Unterscheidungen

---

10 Tipke, in: Tipke/Kruse, vor § 347 AO (Stand April 2007), Rz. 16.
11 Zur Geltendmachung eines Schadensersatzanspruchs wegen Amtspflichtverletzung in einem solchen Fall vgl. LG Münster vom 28. 1. 1993, 11 O 621/92, Stbg 1994, 454. Dazu auch Goez, INF 1993, 335. S. a. LG Berlin vom 27. 11. 1997, 13 O 19/97, BB 1999, 1591; zur Frage der Akteneinsicht zur Vorbereitung eines solchen Amtshaftungsprozesses s. FG Münster vom 5. 11. 2002, 1 K 7155/00 S, EFG 2003, 499.
12 Zur Misere der Finanzverwaltung vgl. Neckels, Der Steuerstreit und seine Dynamik unter verfassungsrechtlichen und verfahrensrechtlichen Gesichtspunkten, DStZ 1990, 443.

in förmliche und nicht förmliche Rechtsbehelfe treffen. Im Überblick stellt sich dies wie folgt dar:

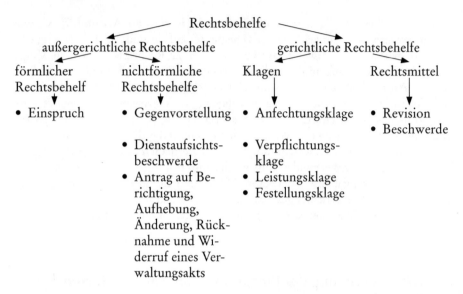

Der einzige förmliche außergerichtliche Rechtsbehelf ist also der Einspruch. Im Gegensatz zum Einspruch sind die nicht förmlichen Rechtsbehelfe an keine Form oder Frist gebunden. Sie sind, ebenso wie der Einspruch, kostenfrei, schieben jedoch die Bestandskraft der angegangenen Entscheidung nicht hinaus.

I. Die Gegenvorstellung

Eine Gegenvorstellung[13] hat zum Ziel, die Behörde zu einem Überdenken ihrer Position zu bewegen. Sie bietet sich beispielsweise in den Fällen an, in denen sich die angegriffene Entscheidung durchaus im Rahmen der gesetzlichen und auch verwaltungsinternen Vorgaben hält, das Finanzamt sich aber auch anders hätte entscheiden können (wie etwa bei der Frage nach der Angemessenheit von Betriebsausgaben, § 4 Abs. 1 Nr. 7 EStG).

Als Beispiele aus der Rechtsprechung wären anzuführen: die Erhebung von Einwendungen gegen eine Schätzung[14], gegen die Nichtanrechnung von Steuern[15],

---

13 Nicht zu verwechseln mit der Gegenvorstellung im Rahmen eines finanzgerichtlichen Verfahrens; zu deren Statthaftigkeit BFH vom 27. 9. 2006, X S 13/06, BFH/NV 2006, 2304, m. w. N.
14 BFH vom 27. 1. 1981, VIII R 71/77, n. v.
15 BFH vom 28. 4. 1993, I R 100/92, BStBl II 1993, 836.

gegen die Mitwirkung eines Bediensteten wegen der Besorgnis der Befangenheit[16].

Die Gegenvorstellung bewirkt (natürlich) keinen Anspruch auf eine bestimmte Verwaltungsentscheidung. Die Behörde ist nur gehalten, die Gegenvorstellung entgegenzunehmen, sie inhaltlich zu prüfen und in angemessener Frist den Betroffenen zu bescheiden.[17] Einer Begründung der behördlichen Entscheidung bedarf es jedoch nicht.

II. Die Sach- und Dienstaufsichtsbeschwerde

Dienstaufsichtsbeschwerden haben das Ziel, die Rechtmäßigkeit des Vorgehens eines Beamten durch den Vorgesetzten überprüfen zu lassen. Man unterscheidet

- die *Sachaufsichtsbeschwerde*; sie richtet sich gegen die Sachbehandlung im konkreten Fall (z. B. gegen angeblich überflüssige Ermittlungen im Rahmen des Besteuerungsverfahrens). Die Sachaufsichtsbeschwerde wendet sich an die Behörde, die die Sachaufsicht führt (also an die Oberfinanzdirektion oder das Finanzministerium; vgl. §§ 1 ff. FVG).
- die *Dienstaufsichtsbeschwerde im engeren Sinn*; mit ihr kann man das persönliche (Fehl-) Verhalten eines Beamten rügen (z. B. beleidigende Äußerungen eines Beamten). Die Dienstaufsichtsbeschwerde wendet sich an die Behörde, der die Dienstaufsicht zukommt. Sie kann aber auch bei dem unmittelbaren Dienstvorgesetzten (also etwa dem Sachgebietsleiter oder Vorsteher des Finanzamts) eingelegt werden.

Auch hier gilt das zur Gegenvorstellung Gesagte: Der Beschwerdeführer ist auf jeden Fall zu bescheiden. Hingegen besteht kein Anspruch auf eine Begründung. Zumeist greifen die Behörden jedoch zu mehr oder weniger formelhaften Wendungen, um wenigstens zu einer Art Begründung anzusetzen (*„Die Ermittlungen bieten keine Veranlassung, das von Ihnen gerügte Verhalten von Herrn X zu beanstanden"*).

Was die Erfolgsaussichten von Sach- und Dienstaufsichtsbeschwerden anbelangt, hört man immer wieder, diese seien form-, frist- und fruchtlos. Dies stimmt in

---

16 BFH vom 7. 5. 1981, IV B 60/80, BStBl II 1981, 634.
17 Birkenfeld, in: Hübschmann/Hepp/Spitaler, vor § 347 AO (Stand: November 1997), Rz. 111, spricht allerdings nur davon, dass die Gegenvorstellung beschieden werden könne. Dies trifft u. E. nicht zu. Hier gilt entsprechendes wie bei der Dienstaufsichtsbeschwerde, die zu bescheiden, aber nicht zu begründen ist. Vgl. dazu Tipke, in: Tipke/Kruse, vor § 347 AO (Stand April 2007), Rz. 38.

dieser Allgemeingültigkeit jedoch nicht. Sachlich fundierte Beschwerden werden von den Aufsichtsbehörden ernst genommen. Gerade dann, wenn sie sich fokusartig auf einen bestimmten Beamten konzentrieren, reagieren die Aufsichtsbehörden oftmals überraschend schnell und konsequent.

III. Antrag auf Berichtigung, Aufhebung, Änderung, Rücknahme und Widerruf eines Verwaltungsakts

Zu den nichtförmlichen Rechtsbehelfen in einem weiteren Sinn lassen sich auch rechnen

- die Anregung, einen Verwaltungsakt nach §§ 129 ff., §§ 172 ff. AO zu korrigieren,
- der Antrag auf schlichte Änderung nach § 172 Abs. 1 Satz 1 Nr. 2a AO.

Nach der letztgenannten Vorschrift kann das Finanzamt einen Steuerbescheid ändern, soweit der Steuerpflichtige zustimmt oder seinem Antrag der Sache nach entsprochen wird. Aber: Dies gilt zugunsten des Betroffenen nur, soweit er vor Ablauf der Einspruchsfrist der Änderung zugestimmt oder einen entsprechenden Antrag gestellt hat oder die Finanzbehörde einem Einspruch oder einer Klage abhilft. Die Regelung differenziert also zwischen einer Korrektur

- *zugunsten* des Betroffenen; diese ist nur möglich, soweit der Steuerpflichtige vor Ablauf der Einspruchsfrist zugestimmt oder einen diesbezüglichen Antrag gestellt hat oder die Finanzbehörde einem Einspruch oder einer Klage abhilft;
- *zuungunsten* des Betroffenen; sie ist auch nach Eintritt der formellen Bestandskraft des Bescheides möglich.

Entscheidend ist also wie beim Einspruch der Eintritt der formellen Bestandskraft. Von daher fragt es sich im Einzelfall immer, ob der Betroffene besser einen Antrag auf schlichte Änderung stellt oder aber Einspruch einlegen soll.[18] Beide Alternativen haben Vor- und Nachteile. Eine Korrektur nach § 172 Abs. 1 Satz 1 Nr. 2 a AO hat den Vorzug, dass keine Bindung an Formvorschriften besteht und dass keine Möglichkeit der Verböserung gegeben ist. Nachteilig wirkt sich aber aus, dass zugunsten des Betroffenen nur entschieden werden kann, wenn er der

---

18 Vgl. auch Rund, Antrag auf Änderung eines Steuerbescheides oder förmlicher Einspruch?, AO-StB 2004, 204; Siegert, § 172 I 1 Nr. 2 a und S. 2 AO: Die schlichte Änderung der Einspruchsentscheidung, DStZ 1997, 319; Ruppel, Warnung vor dem schlichten Änderungsantrag des § 172 AO, DStR 1995, 205; Fischer, Einspruchsverfahren vs. Antrag auf schlichte Änderung, SteuerStud 2008, 458.

Einleitung und Rechtsgrundlagen

Änderung vor Ablauf der Einspruchsfrist zugestimmt oder entsprechend rechtzeitig einen Änderungsantrag gestellt hat. Auch kann er seinen Antrag nach Ablauf der Einspruchsfrist nicht mehr erweitern. Hingegen hat der Einspruch den Vorteil, dass keine Bestandskraft des Bescheides eintritt, also auch weitere Ermäßigungsgründe nachgeschoben werden dürfen, und auch die Vollziehung des angefochtenen Bescheides ausgesetzt werden kann. Nachteilig: Es müssen Formvorschriften beachtet werden; auch kann die Entscheidung zum Nachteil des Betroffenen ausfallen (Verböserung).

Bei einer Gesamtbewertung überwiegen jedoch die Vorteile des Einspruchsverfahrens deutlich. So kann insbesondere der Verböserung dadurch entgegen getreten werden, dass nach einem entsprechenden – obligatorischen – Hinweis der Finanzbehörde (§ 367 Abs. 2 Satz 2 AO) der Einspruch schlichtweg zurückgenommen wird. Kosten entstehen auch im Einspruchsverfahren nicht. Der Antrag auf schlichte Änderung hat daher in der Praxis eine ganz geringe Bedeutung

2. Kapitel: Rechtsschutzgesuch, Rechtsweg und Statthaftigkeit des Einspruchs

Literatur:

Hein, Zulässigkeitsvoraussetzungen für das Rechtsbehelfsverfahren, StB 1979, 283; 1980, 1; *Bilsdorfer*, Das außergerichtliche Rechtsbehelfsverfahren nach der Abgabenordnung, SteuerStud 1991, 123; *Glanegger*, Untersuchungsausschuss und Steuergeheimnis – Finanzrechtsweg zulässig?, DStZ 1993, 553; *Schumann*, Rechtsweg bei Fristsetzung nach § 371 AO 1977, MDR 1977, 271

A. Das Rechtsschutzgesuch

Am Anfang auch des außergerichtlichen Rechtsbehelfsverfahrens steht das Rechtsschutzgesuch: Der betroffene Bürger wendet sich in einer ihn betreffenden Angelegenheit an die Behörde zwecks Überprüfung eines von dieser gesetzten Rechtsaktes oder eines tatsächlichen Verhaltens. Dieses Rechtsschutzgesuch muss alsdann auf seine „Qualität" hin untersucht werden. Dabei ist die Bezeichnung des Begehrens nicht von primärer Bedeutung, wie § 357 Abs. 1 Satz 4 AO zeigt, wonach die unrichtige Bezeichnung des Einspruchs nicht schadet. Durch Auslegung muss ermittelt werden, was der Rechtsbehelfsführer will. Dabei gilt der Grundsatz der Meistbegünstigung[19]: Im Zweifel ist ein förmlicher Rechtsbehelf, also ein Einspruch, anzunehmen, da dieser dem Betroffenen die weitergehenden Rechtsschutzmöglichkeiten bietet.

Beispiel:

Der Steuerpflichtige A hat am 28. 11. 2007 seinen Einkommensteuerbescheid für 2006 erhalten. Am 15. 12. 2007 schreibt er an das Finanzamt, er beantrage die Anerkennung weiterer Werbungskosten.

Hier könnte man das Schreiben als Antrag auf schlichte Änderung nach § 172 Abs. 1 Satz 1 Nr. 2a AO deuten, aber auch als Einspruch nach § 347 AO an-

---

[19] Vgl. FG Köln vom 18. 12. 2000, 9 K 6647/99, EFG 2002, 1140; bestätigt durch BFH vom 8. 12. 2003, X R 15/02, n. v.

sehen. Da der Einspruch, wie gesehen, dem Betroffenen mehr Rechte sichert, ist die letztgenannte Alternative (Auslegung in Richtung Einspruch) die zutreffende. Die Praxis der Finanzämter verfährt unseren Feststellungen nach auch entsprechend.

Probleme bereiten bisweilen Fälle, in denen das Rechtsschutzgesuch nach Ablauf der Einspruchsfrist bei der Behörde eingeht.

Beispiel:

Steuerpflichtiger K hat am 20. 10. 2007 seinen Einkommensteuerbescheid für 2006 erhalten. Am 15. 1. 2008 wendet er sich schriftlich an das Finanzamt und beantragt „in Kenntnis der Verspätung die Korrektur des Bescheides". Er macht geltend, er sei an der Geltendmachung weiterer Werbungskosten unverschuldet gehindert gewesen.

Hier kann man das Rechtsschutzgesuch als (verfristeten) Einspruch, verbunden mit einem Antrag auf Wiedereinsetzung in den vorigen Stand (§ 110 AO), ansehen. Es kann sich aber auch um einen Antrag auf Änderung des Steuerbescheides nach § 173 AO handeln. Die Finanzämter sehen meist einen Einspruch als eingelegt an und äußern sich in der Einspruchsentscheidung dann zur Frage der Wiedereinsetzung, der schon ein einfaches Verschulden des Steuerpflichtigen entgegensteht. Hingegen lassen sie die Auslegung in Richtung Antrag nach § 173 AO unbeachtet, dies obgleich dort nur ein grobes Verschulden eine Korrektur verhindert. Richtiger wäre es also, hier keinen Einspruch, sondern einen Antrag nach § 173 AO auf Änderung des Steuerbescheides wegen neuer Tatsachen anzunehmen.

Lässt die Auslegung des Rechtsschutzgesuches kein eindeutiges Ergebnis zu, so sollte das Finanzamt bei dem Rechtsschutzsuchenden nachfragen, welchen Rechtsbehelf dieser einlegen wollte.

B. Der Rechtsweg

Mit der Feststellung, dass sich der Betroffene mittels eines Gesuches gegen ein bestimmtes Verwaltungshandeln wendet, eng verbunden ist die Frage danach, welcher Rechtsweg in dem betreffenden Fall zulässig ist.

Hierzu äußert sich § 347 AO. Natürlich bezieht die Vorschrift (nach Abschaffung der Beschwerde) zwischenzeitlich nur noch den Einspruch als einzigen förmlichen außergerichtlichen Rechtsbehelf ein.

Demnach ist der Einspruch statthaft gegen Verwaltungsakte

Abgrenzung zu anderen Verfahren und Sachentscheidungsvoraussetzungen

- in Abgabenangelegenheiten, auf die die AO Anwendung findet;
- in Verfahren zur Vollstreckung von Verwaltungsakten in anderen als diesen Angelegenheiten, soweit die Verwaltungsakte durch Bundesfinanzbehörden oder Landesfinanzbehörden nach den Vorschriften der AO zu vollstrecken sind;
- in öffentlich-rechtlichen und berufsrechtlichen Angelegenheiten, auf die die AO nach § 164a StBerG Anwendung findet;
- in anderen durch die Finanzbehörden verwalteten Angelegenheiten, soweit die Vorschriften über die außergerichtlichen Rechtsbehelfe durch Gesetz für anwendbar erklärt worden sind oder erklärt werden.

Verwaltungsakt ist dabei (vgl. § 118 Satz 1 AO)

- jede Verfügung, Entscheidung oder andere hoheitliche Maßnahme,
- die eine Behörde
- zur Regelung eines Einzelfalles
- auf dem Gebiet des öffentlichen Rechts trifft und die
- auf eine unmittelbare Rechtswirkung nach außen gerichtet ist.

Eine Aufzählung bestimmter Verwaltungsakte, wie sie sich früher in § 348 Abs. 1 Satz 1 AO wiederfand, ist jetzt nicht mehr erforderlich.

Der Einspruch ist auch statthaft, wenn geltend gemacht wird, dass über einen Antrag auf Erlass eines Verwaltungsakts ohne Mitteilung eines zureichenden Grundes binnen angemessener Frist sachlich nicht entschieden worden ist (sog. Untätigkeitseinspruch, § 347 Abs. 1 Satz 2 AO). Dies entspricht im Wesentlichen der früheren Regelung des § 349 Abs. 2 AO.

Was unter Abgabenangelegenheiten zu verstehen ist, definiert die AO in § 347 Abs. 2. Es sind dies alle mit der Verwaltung der Abgaben einschließlich der Abgabenvergütungen oder sonst mit der Anwendung der abgabenrechtlichen Vorschriften durch die Finanzbehörden zusammenhängenden Angelegenheiten einschließlich der Maßnahmen der Bundesfinanzbehörden zur Beachtung der Verbote und Beschränkungen für den Warenverkehr über die Grenze. Den Abgabenangelegenheiten stehen die Angelegenheiten der Verwaltung der Finanzmonopole gleich.

Ausdrücklich angeordnet (§ 347 Abs. 3 AO): Die Regelungen betreffend das Einspruchsverfahren finden auf das Straf- und Bußgeldverfahren keine Anwendung. So ist also für die Anfechtung einer nach § 371 Abs. 3 AO gesetzten Frist zur

Nachentrichtung verkürzter und mittels Selbstanzeige nachgemeldeter Steuer der Rechtsweg nach § 347 AO nicht gegeben.[20]

§ 347 Abs. 1 Nr. 1 AO ist im Zusammenwirken mit § 1 AO zu sehen. So ergibt sich aus § 1 Abs. 1 AO, dass das Einspruchsverfahren auch solche Steuern einbezieht, die durch EU-Recht geregelt sind, sofern sie durch Bundes- oder Landesfinanzbehörden verwaltet werden, nicht aber auf Steuern, die landesrechtlich geregelt sind oder solche Steuern, die durch andere als Bundes- oder Landesfinanzbehörden verwaltet werden. Für die Realsteuern (Grundsteuer, Gewerbesteuer) sind die Vorschriften über das Einspruchsverfahren nicht anwendbar (§ 1 Abs. 2 AO).[21] Hier ist deshalb das verwaltungsrechtliche Widerspruchsverfahren (§ 79 VwVfG; § 68 VwGO) durchzuführen.

C. Die Statthaftigkeit des Einspruchs

Wie schon erwähnt, findet sich in § 347 Abs. 1 AO eine Aufzählung der Fälle, in denen der Einspruch der statthafte Rechtsbehelf ist. Da die Benennung jedoch abstrakt ist und aus sich heraus nur im Zusammenwirken mit anderen Vorschriften verständlich wird, haben wir im Folgenden eine Übersicht über die Verwaltungsakte erstellt, die mittels Einspruchs angefochten werden können oder bei denen der Einspruch nicht statthaft ist.

I. Verwaltungsakte im steuerlichen Ermittlungsverfahren

Folgende Verwaltungsakte des steuerlichen Ermittlungsverfahrens können mit dem Einspruch angefochten werden:

- Auskunftsersuchen (§ 93 Abs. 1 AO)
- Vorlageersuchen (§ 97 AO)
- Anordnung des persönlichen Erscheinens an Amtsstelle (§ 93 Abs. 5 AO)
- Aufforderung zur Abgabe der eidesstattlichen Versicherung (§ 95 AO)
- Anordnung der eidlichen Vernehmung (§ 94 AO)
- Anordnung der Hinzuziehung eines Sachverständigen (§ 96 AO)
- Anordnung der Duldung der Augenscheinseinnahme (§ 98 AO)
- Anordnung der Duldung des Betretens des Grundstücks und von Räumen (§ 99 AO)
- Anordnung der Vorlage von Wertsachen (§ 100 AO)

---

20 Dazu BFH vom 17. 12. 1981, IV R 94/77, BStBl II 1982, 352; vom 22. 1. 1992, I B 77/91, BStBl II 1992, 618.
21 Ausnahme: §§ 351, 361 Abs. 1 Satz 2, Abs. 3 AO; vgl. § 1 Abs. 2 Nr. 6 AO.

Abgrenzung zu anderen Verfahren und Sachentscheidungsvoraussetzungen

- Ablehnung der Akteneinsicht und Ablehnung des Begehrens der Überlassung von Fotokopien und Akten
- Aufforderung zur Abgabe einer Steuererklärung (§ 149 Abs. 1 AO)
- Aufforderung, Bücher zu führen (§§ 140 ff. AO)
- Aufforderung, Unterlagen gesondert aufzubewahren
- Aufforderung zur Lesbarmachung elektronisch aufbewahrter Unterlagen (§ 147 Abs. 6 AO)[22]
- Ablehnung einer Fristverlängerung (§ 109 Abs. 1, § 149 Abs. 2 AO)
- Anordnung einer Außenprüfung (§ 196 AO)[23]
- Aufforderung, Bücher und Aufzeichnungen vorzulegen (§ 200 Abs. 1 Satz 2 AO)
- Aufforderung, die erforderlichen Erläuterungen zu geben (§ 200 Abs. 1 Satz 2 AO)
- Aufforderung, geeignete Geschäftsräume und Arbeitsmittel zur Verfügung zu stellen (§ 200 Abs. 2 AO)
- Aufforderung zur Duldung des Betretens von Betriebsräumen und der Besichtigung derselben
- Aufforderung zur Erfüllung von Anzeigepflichten (§ 138 AO)
- Ablehnung einer beantragten Außenprüfung
- Ablehnung der Nennung eines V-Mannes bzw. Anzeigenerstatters
- Ablehnung einer Schlussbesprechung (§ 201 AO)
- Ablehnung der Einvernehmenserklärung (§ 4 a Abs. 1 Nr. 2 Satz 2 EStG)
- Nichtzulassung der Lohnsteuerpauschalierung (§ 40 Abs. 1 EStG)
- Ablehnung der Erteilung einer Bescheinigung über die Förderwürdigkeit (§ 2 Abs. 1 InvZulG)
- Entscheidung über eine Entschädigung des Auskunftspflichtigen nach § 107 AO
- Ablehnung der Erteilung einer Umsatzsteuer-Identifikationsnummer
- Ablehnung der Bestätigung der Unternehmereigenschaft[24]
- Ablehnung der Erteilung einer Steuernummer[25].

---

22 Dazu BFH vom 26. 9. 2007, B 53, 54/07, I B 53/07, I B 54/07, BFH/NV 2008, 133.
23 Vgl. allgemein zu Rechtsschutzmöglichkeiten gegen Maßnahmen im Zuge einer Außenprüfung Kuhfus/Schmitz, Rechtsschutz gegen Maßnahmen des Außenprüfers als Voraussetzung für ein Verwertungsverbot, BB 1996, 1468.
24 Abschn. 245 UStR.
25 BFH vom 20. 12. 2007, IX B 194/07, n.v.; s.a. FG Münster vom 27. 3. 2007, 1 K 3553/06 S, EFG 2007, 1575; FG Niedersachsen vom 23. 8. 2007, 5 K 364/06, n. v.; FG Köln vom 29. 5. 2007, 8 V 1653/07, DStRE 2008, 226.

II. Verwaltungsakte im Festsetzungsverfahren

Im Festsetzungsverfahren können folgende, mit dem Einspruch anfechtbare Verwaltungsakte ergehen:

- Steuerbescheide, Steueränderungsbescheide (§ 155 AO)
- Steuervergütungsbescheide
- Steueranmeldungen (§ 168 AO)
- Feststellungsbescheide (§ 181 AO)
- Steuermessbescheide (§ 184 AO)
- Zerlegungsbescheide (§ 188 AO)
- Zuteilungsbescheide (§ 190 AO)
- Haftungsbescheide (§ 191 AO)
- Duldungsbescheide (§ 191 AO)
- Verwaltungsakte, die für die Festsetzung von Steuern verbindlich sind
- Verwaltungsakte über Steuervergünstigungen
- verbindliche Zolltarifauskünfte
- verbindliche Zusagen (§ 204 AO)
- Ablehnung eines Antrags auf eine sonstige verbindliche Zusage[26]
- Kontingentbescheide
- Ablehnung des Antrags auf Steueränderung
- Investitionszulagenbescheide
- Bescheide über Wohnungsbauprämie, Arbeitnehmersparzulage und Bergmannsprämie
- Festsetzung eines Verspätungszuschlages (§ 152 AO)
- Ablehnung einer Billigkeitsfestsetzung (§ 163 AO)
- Erlass einer Nebenbestimmung zum Verwaltungsakt (§ 120 AO)
- Anordnung des dinglichen oder persönlichen Arrestes (§§ 324, 327 AO)
- Ablehnung des Antrags auf Aufhebung des dinglichen Arrestes
- bekanntgegebene Nichtveranlagungs-Verfügung (NV-Verfügung)[27]
- Ablehnung der Erteilung oder Widerruf einer NV-Bescheinigung[28]
- Ablehnung der Aufhebung des Vorbehalts der Nachprüfung (§ 164 AO).

---

26 BFH vom 22. 1. 1992, I R 20/91, BFH/NV 1992, 562; streitig, ob die sonstige verbindliche Zusage selbst ein Verwaltungsakt ist: verneinend BFH vom 13. 12. 1989, XI R 208/87, BStBl II 1990, 274.
27 BFH vom 12. 5. 1989, III R 200/85, BStBl II 1989, 920.
28 BFH vom 16. 10. 1991, I R 65/90, BStBl II 1992, 322.

Abgrenzung zu anderen Verfahren und Sachentscheidungsvoraussetzungen

III. Verwaltungsakte im Erhebungsverfahren

Folgende Verwaltungsakte des Erhebungsverfahrens können mit dem Einspruch angefochten werden:

- Abrechnungsbescheide (§ 218 Abs. 2 AO)
- Anrechnungsverfügung[29]
- Zins- und Kostenfestsetzungsbescheide (§§ 239, 178, 337 ff. AO)
- Ablehnung eines Zahlungsaufschubes (§ 223 AO)
- Ablehnung eines Erlasses (§ 227 AO)
- Leistungsgebot (§ 254 Abs. 1 AO)
- Anordnung der Leistung von Sicherheiten (§ 241 AO)
- Ablehnung eines Antrags auf Zinsverzicht (§§ 234 Abs. 2; 237 Abs. 5 AO)
- Ablehnung der Erteilung eines Kontoauszuges.

IV. Verwaltungsakte im Vollstreckungsverfahren

Folgende Verwaltungsakte der Vollstreckungsverfahrens können mit dem Einspruch angefochten werden:

- Aufteilungsbescheide
- Ablehnung des Antrags auf Erteilung eines Abrechnungsbescheids (§ 269 AO)
- Androhung und Festsetzung eines Zwangsgeldes (§§ 328 ff. AO)
- Anordnung der Ersatzvornahme
- Antrag an das Amtsgericht auf Anordnung der Ersatzzwangshaft (vgl. § 334 AO)[30]
- Pfändungsverfügung (§ 309 AO)
- Einziehungsverfügung (§ 314 AO)
- Ablehnung des Antrags auf Vollstreckungsaufschub (§§ 257 f. AO)
- Anordnung der Vorlage eines Vermögensverzeichnisses (§ 284 Abs. 1 AO)
- Anordnung der Abgabe der eidesstattlichen Versicherung (§ 284 Abs. 1 AO)
- Antrag an das Vollstreckungsgericht, die Haft zur Erzwingung der eidesstattlichen Versicherung anzuordnen (§ 284 Abs. 7 AO)
- Anordnung der öffentlichen Versteigerung (§ 298 AO)
- Anordnung der besonderen Verwertung (§§ 305, 317 AO)

---

29 BFH vom 15. April 1997 VII R 100/96, BStBl II 1997, 787; vom 26. 6. 2007, VII R 35/06, BStBl II 2007, 742.
30 Ablehnend BFH vom 18. November 1986, VII S 16/86, BFH/NV 1987, 669; s. a. FG Bremen vom 7. 9. 2000, 200250V 2, 200271V 2, EFG 2000, 1225.

- Ersuchen an das Grundbuchamt um Eintragung einer Zwangshypothek (§ 322 Abs. 1 AO)[31]
- Antrag auf Zwangsversteigerung eines Grundstücks
- Antrag auf Zwangsverwaltung eines Grundstücks[32]
- Bestätigung, dass die gesetzlichen Voraussetzungen nach § 322 Abs. 3 Satz 2 AO für die Vollstreckung vorliegen
- Ablehnung des Antrags auf Erteilung einer Unbedenklichkeitsbescheinigung[33].

V. Verwaltungsakte im Rechtsbehelfsverfahren

Im Einspruchsverfahren können folgende Verwaltungsakte mit dem Einspruch angefochten werden:

- Anordnung der Aussetzung und des Ruhens des außergerichtlichen Einspruchsverfahrens (§ 363 AO)
- Ablehnung des Antrags auf Aussetzung bzw. Ruhenlassens des Einspruchsverfahrens
- Ablehnung eines Antrags, andere zum Einspruchsverfahren hinzuzuziehen (§ 360 Abs. 1 AO)
- isolierte Ablehnung des Antrags auf Wiedereinsetzung in den vorigen Stand.

VI. Ausschluss des Einspruches (§ 348 AO)

Hier muss man trennen zwischen gesetzlich geregelten und sonstigen Fällen.

1. Gesetzlich geregelte Fälle

Der Einspruch ist nicht statthaft

- gegen Einspruchsentscheidungen (§ 367 AO)
- bei Nichtentscheidung über einen Einspruch
- gegen Verwaltungsakte der obersten Finanzbehörden des Bundes und der Länder, außer wenn ein Gesetz das Einspruchsverfahren vorschreibt
- gegen Entscheidungen des Zulassungsausschusses und des Prüfungsausschusses der Oberfinanzdirektionen in Angelegenheiten des Steuerberatungsgesetzes

---

31　BFH vom 29. 10. 1985, VII B 69/85, BStBl II 1986, 236; BFH vom 25. 1. 1988, VII B 85/87, BStBl II 1988, 566; BFH vom 17. 10. 1989, VII R 77/88, BStBl II 1990, 44.
32　FG Saarland vom 14. 10. 1998, 1 K 193/98, EFG 1999, 156.
33　FG Hamburg vom 4. 9. 2006, 2 K 33/06, EFG 2007, 234.

Abgrenzung zu anderen Verfahren und Sachentscheidungsvoraussetzungen

- gegen Entscheidungen der Steuerberaterkammern in Angelegenheiten des Zweiten und Sechsten Abschnitts des Zweiten Teils des Steuerberatungsgesetzes
- in den Fällen des § 172 Abs. 3 AO, also bei Zurückverweisung von Anträgen durch Allgemeinverfügung.

2. *Sonstige Fälle*

Der Einspruch ist nach h.M. nicht statthaft bei folgenden Maßnahmen der Verwaltung, da sie als reine Vorbereitungshandlungen für den Erlass eines Verwaltungsakts betrachtet werden:

- Erläuterungen, Hinweise, Ratschläge, Vorschläge
- Wissenserklärungen
- Rechtsauskünfte
- Anregungen an andere Behörden und Amtshilfeersuchen
- Aufrechnungserklärung des Finanzamts[34]
- Mahnung
- Antrag auf Eröffnung des Insolvenzverfahrens (streitig)[35]
- Kontrollmitteilungen
- Aufforderung, Zahlungsempfänger zu benennen (§ 160 AO; streitig)[36]
- Spontanauskünfte im Rahmen der internationalen Steueramtshilfe
- innerdienstliche Vollstreckungsanordnungen
- Vollstreckungsauftrag an den Vollziehungsbeamten
- Ankündigung von Vollstreckungsmaßnahmen
- Androhung der Pfandverwertung
- Niederschlagung
- Löschungsantrag nach dem Löschungsgesetz ans Handelsregister
- Außenprüfungsberichte.

---

34 BFH vom 2. 4. 1987, VII R 148/83, BStBl II 1987, 536; vom 7. 8. 2007, VII R 12/06, DStR 2008, 95.
35 Offen gelassen von BFH vom 11. 12. 1990, VII B 94/90, BFH/NV 1991, 787; FG Saarland vom 17. 3. 2004, 1 K 437/02, EFG 2004, 1021: kein Verwaltungsakt.
36 BFH vom 12. 9. 1985, VIII R 370/85, BStBl II 1986, 537; BFH vom 9. 4. 1987, IV R 142/85, BFH/NV 1987, 689.

3. Kapitel: Sachentscheidungsvoraussetzungen

A. Persönliche Sachentscheidungsvoraussetzungen

I. Beteiligtenfähigkeit

1. Begriff

Am allgemeinen Besteuerungsverfahren sind nach § 78 AO beteiligt

- Antragsteller und Antragsgegner
- der Adressat des Verwaltungsakts
- der Vertragspartner eines öffentlich-rechtlichen Vertrages

Demgegenüber ist der Beteiligtenbegriff im finanzbehördlichen Einspruchsverfahren enger. Nach § 359 AO ist dies nur

- wer den Einspruch eingelegt hat (der Einspruchsführer als „Hauptbeteiligter") und
- wer zum Verfahren hinzugezogen wurde (als „Nebenbeteiligter").

Die Finanzbehörde ist selbst keine Beteiligte. Sie erlangt erst im Finanzgerichtsverfahren nach § 57 FGO – neben dem Kläger, dem Beigeladenen und dem evtl. Beigetretenen – als Beklagter (oder Revisionskläger) eine Beteiligtenstellung.

Von der Beteiligtenstellung ist die Rechtsbehelfs- oder Einspruchsfähigkeit[37] sowie die Einspruchsbefugnis[38] zu unterscheiden.

2. Bedeutung

Beteiligter des Einspruchsverfahrens kann nur sein, wer steuerrechtsfähig ist.[39] Dies ist jeder Träger von steuerlichen Rechten und Pflichten – also jede natürliche Person, die juristischen Personen, Personenvereinigungen und Vermögensmassen, soweit sie aufgrund der Einzelsteuergesetze als steuerrechtsfähig ange-

---

37 Siehe unten II (S. 63).
38 Siehe unten III (S. 66).
39 Tipke, in: Tipke/Kruse, § 359 AO (Stand: April 2007), Rz. 2.

sehen werden. So ist z. B. bei der Umsatzsteuer die Steuerrechtsfähigkeit mit der Unternehmereigenschaft verknüpft[40], so dass eine zivilrechtliche Rechtsfähigkeit für das Vorliegen der Steuerrechtsfähigkeit nicht erforderlich ist. Steuerrechtsfähig sind deshalb auch z. B. BGB-Gesellschaften, OHG, KG, der nichtrechtsfähige Verein, eine Gemeinschaft, Gütergemeinschaft oder auch die Erbengemeinschaft.

Der Beteiligte am Einspruchsverfahren muss nicht notwendig auch Beteiligter des vorausgegangenen Besteuerungsverfahrens gewesen sein. Allerdings wird in diesen Fällen durch die Sachentscheidungsvoraussetzungen der „Einspruchsbefugnis" bzw. der „Beschwer" der Personenkreis der am Einspruchsverfahrenen „Beteiligten" eingegrenzt.

Die Rechte der Beteiligten im Einspruchsverfahren sind:

– Anspruch auf rechtliches Gehör, Mitteilung der Besteuerungsgrundlagen und evtl.
– Akteneinsicht[41],
– Notwendigkeit der Zustimmung zum Ruhen des Verfahrens (§ 363 Abs. 2 AO),
– Möglichkeit der Ladung zur Erörterung des Sach- und Rechtsstands (§ 364a Abs. 1 AO),
– Recht, sich durch einen Bevollmächtigten vertreten zu lassen (§§ 80, 364a Abs. 3, 365 Abs. 1 AO),
– Recht, an der Beweisaufnahme teilzunehmen (§ 365 Abs. 2 AO),
– Bekanntgabe der Einspruchsentscheidung an alle Beteiligte (§ 366 AO).

3. *Beginn und Ende der Beteiligtenfähigkeit*

Der Einspruchsführer erhält mit der Einlegung des Einspruchs bei der zuständigen Rechtsbehelfsbehörde, der Zugezogene mit der Bekanntgabe des die Zuziehung anordnenden Verwaltungsakts seine Beteiligtenstellung. Die Beteiligung endet für den Einspruchsführer und den Zugezogenen mit dem bestandskräftigen Abschluss des Einspruchsverfahrens oder mit einem Beteiligtenwechsel bzw. mit der Aufhebung des die Zuziehung anordnenden Verwaltungsakts.

---

40 BFH vom 19. 5. 1994, V R 126/93, BFH/NV 1995, 328.
41 Nach Auffassung des BFH besteht – auch im außergerichtlichen Rechtsbehelfsverfahren – kein Anspruch auf Akteneinsicht, vgl. BFH vom 4. 6. 2003, VII B 138/01, BStBl II 2003, 790; dazu Stöcker, Akteneinsicht im steuerlichen Verwaltungsverfahren, AO-StB 2003, 380.

Beginn und Ende der Beteiligtenfähigkeit einer Gesellschaft stimmen nicht immer mit den die Rechtsfähigkeit begründenden zivilistischen Regeln überein. Obwohl die juristische Person erst mit der Eintragung ins Handelsregister als solche entsteht, kann bereits vor Eintragung die Beteiligtenfähigkeit einer steuerlich anzuerkennenden Vorgesellschaft (Gründungsgesellschaft) gegeben sein, etwa wenn sie bereits unternehmerisch tätig ist und Gewinne erzielt – insoweit umsatzsteuerlich oder körperschaftsteuerlich steuerrechtsfähig ist.

Die Beteiligtenfähigkeit bleibt auch erhalten, wenn die juristische Person als solche erloschen ist, weiterhin jedoch noch steuerliche Pflichten zu erfüllen hat. Ausreichend ist, dass sie in einem Einspruchsverfahren beteiligt war und sich in diesem Verfahren die Steuerfestsetzungen oder die angegriffenen steuerlichen Entscheidungen ändern können.[42] Auch eine Personengesellschaft besteht insoweit – steuerlich betrachtet – trotz Löschung im Handelsregister fort, weil eine vollständige Abwicklung der Geschäfte erst mit dem Abschluss des anhängigen Einspruchsverfahrens eintritt.[43] Damit bleibt eine Personengesellschaft als Verfahrensbeteiligte auch existent, wenn sie sich in Liquidation befindet oder über ihr Vermögen das Insolvenzverfahren eröffnet ist. Die Gesellschaft wird im Liquidationsstadium durch ihren Liquidator vertreten.[44]

4. Mehrheit von Einspruchsführern

a) Streitgenossenschaft

Wenn mehrere Personen gemeinsam oder nebeneinander gegen denselben sie betreffenden Verwaltungsakt Einspruch einlegen, liegt Streitgenossenschaft vor.

Beispiel:

Gegen den an die zusammenveranlagten Eheleute gerichteten Einkommensteuerbescheid 2007 legen die Steuerpflichtigen, Herr A und Frau B, gemeinsam Einspruch ein.

In diesem Fall sind die Einspruchsführer als Streitgenossen Beteiligte. Es ist dann zweckmäßig und geschieht auch regelmäßig, dass die Finanzbehörde die Verfahren zur gemeinsamen Verhandlung und Entscheidung verbindet, da die Entschei-

---

42 St. Rspr., BFH vom 26. 3. 1980, I R 111/79, BStBl II 1980, 587; vom 7. 11. 2006, VIII R 5/04, BFH/NV 2007, 906.
43 St. Rspr., BFH vom 21. 5. 1971, V R 117/67, BStBl II 1971, 540; vom 24. 11. 1977, IV R 113/75, BStBl II 1978, 467; vom 24. 3. 1987, X R 28/80, BStBl II 1988, 316; vom 12. 4. 2007, IV B 69/05, BFH/NV 2007, 1923 m. w. N.
44 BFH vom 21. 1. 1982, IV R 146/78, BStBl II 1982, 506; vom 30. 12. 2004, IV B 21/01, BStBl II 2004, 239.

dung in der Sache gegenüber mehreren Einspruchsführern nur einheitlich ergehen kann (sog. Fall der eigentlichen notwendigen Streitgenossenschaft).

Hiervon unterscheiden muss man eine andere Verfahrenssituation.

Beispiel:
A und B sind Gesellschafter der A und B KG. Gegenüber der KG erlässt die Finanzbehörde eine Prüfungsanordnung. A und B legen gesondert gegen die Prüfungsanordnung Einspruch ein.

Hier ist Prüfungssubjekt die KG. An diese war auch die Prüfungsanordnung gerichtet. Demzufolge muss auch die KG, vertreten durch die beiden Gesellschafter A und B Einspruch einlegen. Weder A noch B können gesondert gegen die Prüfungsanordnung vorgehen.[45] Eine nur gemeinschaftliche Vertretungsbefugnis der Gesellschafter hinsichtlich der im Streit befindlichen Prüfungsanordnung besteht selbst dann, wenn einer der Gesellschafter für eine im Namen der Gesellschaft erhobene Klage die Erteilung einer Vollmacht schikanös verweigert.[46]

Auch bei der einfachen Streitgenossenschaft wie etwa zwischen Erben und Nachlassverwalter, die getrennt voneinander Einspruch einlegen können, müssen die jeweiligen persönlichen Sachentscheidungsvoraussetzungen bei jedem Einspruchsführer als Beteiligtem vorliegen. Sind die Einspruchsführer nur gemeinsam einspruchsbefugt – vgl. das letzterwähnte Beispiel: die gemeinsam zur Geschäftsführung berufenen Gesellschafter einer KG erheben Einspruch gegen die Prüfungsanordnung gegenüber der KG –, ist der Mangel einer Sachentscheidungsvoraussetzung bei einem notwendigen Streitgenossen für die Zulässigkeit des gemeinsamen Einspruchs schädlich – der Einspruch ist als unzulässig zu verwerfen.

b) Beteiligtenstellung von Ehegatten bei der Zusammenveranlagung
Jeder Ehegatte kann auch bei Zusammenveranlagung nach § 26b EStG getrennt das Einspruchsverfahren durchführen. Eine andere Frage ist, ob in diesem Fall der Nichteinspruchsführer zum Verfahren nach § 360 AO hinzuziehen ist.[47] Maßgeblich für die Beteiligtenstellung ist zunächst das Einspruchsschreiben, weshalb die Einspruchseinlegung durch einen Ehegatten nicht bewirkt, dass auch der andere

---

45 BFH vom 27. 7. 1995, IV B 161/94, BFH/NV 1996, 155 mit weiteren Nachweisen.
46 FG Berlin vom 13. 4. 2005, 6 K 6489/03, n. v.
47 Der BFH vom 14. 1. 1994, VII R 66/96, DStRE 1997, 570 verneint die Notwendigkeit einer Hinzuziehung.

Ehegatte „automatisch" Einspruchsführer wird.[48] In der Praxis wird allerdings zu untersuchen sein, ob nicht eine (stillschweigende) Bevollmächtigung des anderen vorliegt. Hierfür müssen indessen Anhaltspunkte bestehen. Es ist nicht ohne Weiteres davon auszugehen, dass ein Ehepartner –ohne dies nach außen Kund zu tun– auch für den anderen Ehegatten Einspruch einlegen will.

c) *Auswirkungen bei der Streitgenossenschaft*
Die Finanzbehörde muss bei einer einfachen Streitgenossenschaft das tatsächliche Vorbringen eines Einspruchsführers von Amts wegen auch für den anderen Beteiligten berücksichtigen. Bei der notwendigen Streitgenossenschaft wirken Anträge und Vortrag eines Einspruchsführers auch für und gegen den anderen. Im letzteren Falle wird auch das Einspruchsverfahren durch den Tod eines Beteiligten nicht unterbrochen.

5. Beteiligtenwechsel

a) *Kraft Gesetzes*
Ein Beteiligtenwechsel kommt in der Praxis häufig vor bei

- der Gesamtrechtsnachfolge (etwa im Erbfall),
- dem Eintritt einer "Partei kraft Amtes" (Insolvenz- und Vergleichsverwalter; Nachlassverwalter) oder
- im Falle eines Zuständigkeitswechsels (§ 367 Abs. 1 Satz 2 AO).

In diesen Fällen wird das Einspruchsverfahren mit den neuen Beteiligten kraft gesetzlichem Wechsel fortgesetzt, ohne dass es eines neuen Einspruchs oder besonderer Anträge dieser Personen bedarf.

Soweit für den Fall nachträglich eine andere Finanzbehörde zuständig geworden ist, entscheidet diese andere Finanzbehörde über den Einspruch (§ 367 Abs. 1 Satz 2 AO). Allerdings kann im Einvernehmen mit der neu zuständigen Behörde die bislang zuständige Behörde das Einspruchsverfahren fortführen (und zum Ende bringen), wenn dies unter Wahrung der Interessen der Beteiligten der einfachen und zweckmäßigen Durchführung des Verfahrens dient (§ 367 Abs. 1 Satz 2, 2.Hs AO i. V. mit § 26 Satz 2 AO).[49]

---

48 BFH vom 27. 11. 1984, VIII R 73/82, BStBl II 1985, 296; vom 20. 12. 2006, X R 38/05, BStBl II 2007, 823; Dumke, in: Schwarz, AO, § 359 AO (Stand: 6/2006), Rz. 8.
49 Dazu auch BFH vom 16. 3. 2005, VIII B 87/03, BFH/NV 2005, 1579 hinsichtlich der Frage, gegen welches Finanzamt eine entsprechende Klage zu richten ist.

Zu unterscheiden sind davon die Fälle, in denen ein Dritter kraft Rechtsgeschäfts – etwa aufgrund eines Pfändungs- und Überweisungsbeschlusses hinsichtlich eines geltend gemachten Steuererstattungsanspruches – die materielle Rechtsstellung des Einspruchsführers übernimmt. Hier liegt kein gesetzlicher Beteiligtenwechsel vor.

b) Gewillkürter Wechsel

Ein gewillkürter Beteiligtenwechsel ist zwar nicht grundsätzlich ausgeschlossen; er wird jedoch nur als zweckmäßig angesehen, wenn der Einspruchsführer erkennt, dass nicht er selbst, sondern ein Dritter der zutreffende Einspruchsführer ist. Unproblematisch ist der Beteiligtenwechsel, wenn die Einspruchsfrist noch nicht abgelaufen ist oder Gründe für eine Wiedereinsetzung in den vorigen Stand (§ 110 AO) vorliegen. Ansonsten sieht die Rechtsprechung keine Möglichkeit, einseitig – ohne Zustimmung der Finanzbehörde – den Einspruchsführer auszuwechseln, da die Beteiligtenstellung nicht zur Disposition des Steuerpflichtigen steht.[50]

In jedem Fall ist der gewillkürte Beteiligtenwechsel gegenüber der Finanzbehörde schriftlich anzuzeigen. Weil man diesen Beteiligtenwechsel von seiner Bedeutung her mit der Einspruchsänderung vergleichen kann, bedarf u. E. der Beteiligtenwechsel nicht der Zustimmung der Finanzbehörde, da diese im Einspruchsverfahren nicht Beteiligte ist.[51] Im Übrigen müssen jedoch die sonstigen Sachentscheidungsvoraussetzungen – insbesondere die Einhaltung der Einspruchsfrist – erfüllt sein.

c) Ausscheiden des Einspruchsführers

Die Rechtsstellung des Einspruchsführers steht zu dessen Disposition. Durch Rücknahme, Verzicht oder Erledigungserklärung in der Hauptsache kann der Einspruchsführer aus dem Einspruchsverfahren ausscheiden und damit seine Beteiligtenstellung aufgeben. Das Einspruchsverfahren gegen die übrigen Einspruchsführer und Hinzugezogenen wird fortgesetzt – bei notwendiger Streitgenossenschaft bewirkt das Ausscheiden eines Einspruchsführers allerdings dessen notwendige Hinzuziehung. Bei nur einem Einspruchsführer endet das Verfahren.

---

50 BFH vom 28. 10. 1970, I R 72/68, BStBl II 1971, 26; vom 7. 8. 2002, I R 99/00, BStBl II 2003, 835.
51 A. A. FG Niedersachsen vom 19. 9. 1975, V 1/73, EFG 1976, 240.

6. Beteiligung Dritter

a) Hinzuziehung Dritter

Literatur:

Beck, Die Hinzuziehung gem. § 360 (§ 241 RAO) im Falle der Zusammenveranlagung von Ehegatten, StuW 1977, 47; *Huxol*, Hinzuziehung von Ehegatten zum außergerichtlichen Rechtsbehelfsverfahren, DStR 1982, 285; *Eberl*, Hinzuziehung und Beiladung von Ehegatten bei der Zusammenveranlagung, DStR 1983, 418; *von Beckerath*, Einheitliche Feststellung im Veranlagungs- und Einspruchsverfahren, DStR 1983, 475; *Meyer*, Zur Frage der Hinzuziehung bzw. Beiladung bei zur Einkommensteuer zusammenveranlagten Ehegatten, FR 1984, 30; *Lippross*, Verfahrensrechtliche Folgen bei der Zusammenveranlagung zur Einkommensteuer, BB 1984, 1850; *Völker*, Notwendige Beiladung bei Personengesellschaften mit Publikumsbeteiligung, DStZ 1986, 297; dazu Erwiderung *Rößler*, DStZ 1986, 435; *Olbertz*, Die Hinzuziehung gem. § 360 AO, DB 1988, 1292; *ders.*, Hinzuziehung zum Verfahren, § 360 AO im Überblick, StWa 1989, 13; *Milatz*, Die Hinzuziehung bzw. Beiladung Dritter zum Rechtsbehelfsverfahren bzw. Klageverfahren einer Kapitalgesellschaft, StWa 1989, 203; *Jestädt*, Notwendige Beiladung von Treugebern in Fällen der Liebhaberei und deren Klagebefugnis, BB 1993, 53; *von Wedelstädt*, Grenzpendlergesetz: Änderungen der Abgabenordnung, DB 1994, 1260; *Carl/Klos*, Das reformierte außergerichtliche Rechtsbehelfsverfahren der AO, INF 1994, 417; *von Wedelstädt*, Hinzuziehung und Beiladung, AO-StB 2007, 15, 46; *Steinhauff*, Voraussetzungen und Grenzen der Klagebefugnis von im Einspruchsverfahren nicht –notwendig- Hinzugezogenen, DStR 2005, 2027; *Bilsdorfer*, Rechtsbehelfe von Personengesellschaften im Steuerprozess, NWB Fach 2, 8859

aa) Begriff und Bedeutung

Mit der Hinzuziehung kann die Finanzbehörde im Rahmen des anhängigen Einspruchsverfahrens einen Dritten, der nicht Einspruchsführer ist, am Einspruchsverfahren beteiligen. Sie erreicht damit – ebenso wie die Beiladung im finanzgerichtlichen Verfahren nach § 60 FGO – zwei Ziele[52]:

– Verfahrensvereinfachung: In den Fällen, in denen die gleiche Rechtsfrage in einem späteren Verfahren gegenüber Dritten nochmals entschieden werden müsste, erübrigt sich ein zusätzliches Einspruchsverfahren. Durch die Hinzuziehung hat der Beteiligte die Möglichkeit, sich zum Verfahrensgegenstand zu äußern, zur Sachverhaltsaufklärung beizutragen und so auch auf die Entscheidung in der Sache einzuwirken. Er hat also dieselben Rechte wie der Einspruchsführer (§ 360 Abs. 4 AO).

– Vermeidung unterschiedlicher Entscheidungen: Die Hinzuziehung dient auch der materiellen Richtigkeit von Einspruchsentscheidungen in gleichgelager-

---

[52] Brandis, in: Tipke/Kruse, § 360 AO (Stand: April 2007), Rz. 1; Dumke, in: Schwarz, AO, § 360 AO (Stand: 6/2006), Rz. 3.

ten Rechtsstreitigkeiten. Da die Entscheidung gegenüber dem Einspruchsführer und dem Hinzugezogenen nur einheitlich ergehen kann, sind divergierende Entscheidungen ausgeschlossen.

bb) Rechtsnatur und Arten der Hinzuziehung
Die Hinzuziehung ist eine Verfahrenshandlung der Behörde; sie stellt einen Verwaltungsakt dar, der zu seiner Wirksamkeit dem Einspruchsführer und Hinzuzuziehenden bekanntgegeben werden muss.[53] Deshalb muss der Einspruchsführer zuvor gehört werden (§ 360 Abs. 1 Satz 2 AO).[54] Er erhält dadurch die Möglichkeit, durch Rücknahme des Einspruchs die Hinzuziehung Dritter zu vermeiden.

§ 360 AO unterscheidet drei Fallgruppen von Hinzuziehung:

– einfache Hinzuziehung (§ 360 Abs. 1 AO),
– notwendige Hinzuziehung (§ 360 Abs. 3 AO),
– Hinzuziehung in Massenverfahren (§ 360 Abs. 5 AO).

cc) Allgemeine Voraussetzungen der Hinzuziehung
Die Hinzuziehung setzt die Anhängigkeit des Einspruchsverfahrens voraus. Sie ist möglich im Zeitraum zwischen Einlegung des Einspruchs und Verfahrensabschluss, d. h. Eintritt der formellen Bestandskraft des angegriffenen Verwaltungsakts. Zwar ist die Hinzuziehung auch bei einem unzulässigen Einspruch möglich, jedoch treten in diesem Falle keine Rechtsfolgen für den evtl. nicht hinzugezogenen Beteiligten ein.

Der Hinzugezogene muss die Beteiligtenfähigkeit besitzen, da er wie der Einspruchsführer als steuerrechtsfähige Person selbständig Träger von Rechten und Pflichten im Einspruchsverfahren ist.

Nach § 360 Abs. 2 AO ist in allen Fällen die Hinzuziehung ausgeschlossen, in denen die Finanzbehörde die Abgabe für einen anderen Abgabenberechtigten verwaltet, etwa für die Gemeinde oder die Kirchensteuerbehörde. Der gesetzliche Ausschluss der Hinzuziehung ist gerechtfertigt, weil die Interessen des Betroffenen durch die verwaltende Behörde bereits ausreichend berücksichtigt werden.[55]

---

53 BFH vom 29. 5. 2001 VIII R 10/00, BStBl II 2001, 747, m. w. N.
54 Dies soll nach Verwaltungsauffassung auch im Falle der notwendigen Hinzuziehung (§ 360 Abs. 3 AO) erfolgen, vgl. AEAO, Nr. 2 zu § 360.
55 Gemäß § 40 Abs. 3 FGO können Gemeinden als Abgabenberechtigte wegen der von den Finanzämter festgesetzten oder festzusetzenden Gewerbesteuermessbeträge Klage erheben, wenn das betreffende Finanzamt als Landesfinanzbehörde die Gewerbesteuer ganz oder teilweise für die Gemeinde verwaltet und das Land die Gewerbe-

Sachentscheidungsvoraussetzungen

Die Hinzuziehung ist schließlich im Falle der notwendigen Streitgenossenschaft ausgeschlossen, da in diesem Fall der Betroffene Hauptbeteiligter ist, im Übrigen in diesen Fällen eine Verbindung der Einspruchsverfahren stattfindet.

dd) Einfache Hinzuziehung

(1) Voraussetzungen

Nach § 360 Abs. 1 AO kann die zur Entscheidung über den Einspruch berufene Finanzbehörde von Amts wegen oder auf Antrag andere hinzuziehen, deren rechtliche Interessen nach den Steuergesetzen durch die Entscheidung berührt werden, insbesondere solche, die nach den Steuergesetzen neben dem Steuerpflichtigen haften.

Für die Hinzuziehung genügt, dass die Möglichkeit der rechtlichen Interessensberührung vorliegt. Die Finanzbehörde hat aber bei einem Antrag zu prüfen, ob die Voraussetzungen – aufgrund eines substantiierten Vortrages – tatsächlich vorliegen; allein die Behauptung des Antragstellers reicht nicht aus. Andererseits ist eine nachgewiesene Beschwer des Hinzuzuziehenden nicht erforderlich.

„*Rechtliche Interessen*" – die sich aus den Einzelsteuergesetzen oder der AO ergeben – müssen berührt sein. Wirtschaftliche, ideelle oder privatrechtliche Interessen des Dritten reichen für eine Hinzuziehung nicht aus. Als rechtliche Interessen werden etwa anerkannt, dass das Unterliegen eines Hauptbeteiligten die Rechtslage des Dritten verbessert oder verschlechtert, eine ihm günstige Rechtslage aufrechterhält oder bei Ungewissheit die Rechtslage bestätigt. Es genügt dabei z. B., wenn im Einspruchsverfahren eines von mehreren Miteigentümern eine Entscheidung zu treffen ist, die bei dem anderen Miteigentümer ebenfalls zu fällen ist, ohne dass eine einheitliche Entscheidung zu ergehen hat.[56]

Soweit eine Finanzbehörde einen Dritten zu Unrecht zum Verfahren hinzugezogen hat, folgt hieraus keineswegs zwangsläufig die Befugnis, gegen eine Einspruchsentscheidung Klage zu erheben. Zwar kann, wer zu dem Verfahren hinzu-

---

steuer ganz oder teilweise unmittelbar oder mittelbar schulden würde. Nur wenn die Voraussetzungen des § 40 Abs. 3 FGO erfüllt sind, ist eine Gemeinde in ihrer Eigenschaft als Gewerbesteuerberechtigte ausnahmsweise befugt, wegen der Festsetzung eines Gewerbesteuermessbetrages Klage zu erheben; vgl. BFH vom 30. 1. 1976 III R 60/74, BStBl II 1976, 426. Entsprechendes gilt für das Einspruchsverfahren; vgl. BFH vom 17. 10. 2001, I B 6/01, BStBl II 2002, 91.

56 Der BFH (vom 8. 6. 1966, III B 5/66, BStBl III 1966, 466) plädiert für eine großzügige Betrachtung.

Abgrenzung zu anderen Verfahren und Sachentscheidungsvoraussetzungen

gezogen worden ist, danach dieselben Rechte geltend machen wie derjenige, der den Einspruch eingelegt hat. Eine solche gleiche Rechtsstellung wie dem Rechtsbehelfsführer kommt dem Hinzugezogenen freilich nur innerhalb des Verfahrens zu, d.h. innerhalb des Einspruchsverfahrens, zu dem er hinzugezogen worden ist.[57] Gegen die Rechtsbehelfsentscheidung (Einspruchsentscheidung) kann also auch ein Hinzugezogener nur dann Klage erheben, wenn er die dafür in der FGO aufgestellten Voraussetzungen erfüllt, insbesondere eigene Rechte gemäß § 40 Abs. 2 FGO geltend machen kann.

(2) Beispielsfälle zur einfachen Hinzuziehung

Folgende, sich aus der steuerlichen Interessenlage ergebenden Fälle sind geeignet, die Hinzuziehung eines Dritten anzuordnen:

- Der Steuerpflichtige wird nach den Steuergesetzen in Haftung genommen (gesetzlich in § 360 Abs. 1 Satz 1 AO genannter Hauptanwendungsfall)[58];
- das Gleiche gilt für das Anfechtungsverfahren und die Inanspruchnahme des Dritten im Rahmen eines Duldungsbescheides;
- nach den Steuergesetzen sind mehrere Steuerschuldner vorhanden, z.B. Schenker und Beschenkter nach dem ErbStG bzw. Käufer und Verkäufer nach dem GrEStG;
- Einzelrechtsnachfolger in bezug auf das Verfahren des Rechtsvorgängers;
- bei Rechtsstreitigkeiten über verdeckte Gewinnausschüttungen[59].

(3) Ermessensentscheidung

Die Entscheidung über die (einfache) Hinzuziehung liegt im Ermessen der Finanzbehörde. Das Interesse des Einspruchsführers an der Geheimhaltung der im Verfahren offenkundig werdenden Tatsachen ist unter dem Gesichtspunkt des Steuergeheimnisses (§ 30 AO)[60] zu berücksichtigen. Zur sachgerechten Ermessensausübung gehört, dass die Behörde den Einspruchsführer vor der Hinzuziehung des Dritten hört und dessen evtl. vorgebrachte Argumente und Ein-

---

57 BFH vom 1. 2. 2000, VII B 202/99, BFH/NV 2000, 960.
58 Nach BFH vom 7. 2. 1980, VI B 97/79, HFR 1980, 143 ist jedoch im Rechtsbehelfsverfahren des in Anspruch genommenen Haftungsschuldners (Arbeitgeber) die Hinzuziehung der Steuerschuldner (Arbeitnehmer) nicht erforderlich.
59 Dazu näher Milatz, Die Hinzuziehung bzw. Beiladung Dritter zum Rechtsbehelfsverfahren bzw. Klageverfahren einer Kapitalgesellschaft, StWa. 1989, 203. S. a. BFH vom 15. 6. 1983, I S 10/81, n.v.: Die Annahme einer verdeckten Gewinnausschüttung bei einer Kapitalgesellschaft rechtfertigt nicht die Hinzuziehung eines Gesellschafters.
60 Nach FG Düsseldorf vom 6. 10. 1989, 16 V 190/89 AE, EFG 1990, 43, enthält § 174 Abs. 5 AO eine Befugnis zur Offenbarung i.S.d. § 30 Abs. 4 Nr. 1 AO, soweit es zur Wahrnehmung der Rechte des Hinzugezogenen im Einzelfall erforderlich ist.

wendungen beachtet. Im Regelfall wird kein Ermessensfehler darin liegen, wenn die einfache Hinzuziehung desjenigen abgelehnt wird, der ein den Belangen des Steuerpflichtigen entgegengesetztes Interesse am Ausgang des Rechtsstreits hat, falls der Steuerpflichtige der Hinzuziehung widerspricht.[61]

(4) Wirkung der unterbliebenen Hinzuziehung

Die rechtswidrig unterlassene Hinzuziehung des Dritten hat zur Folge, dass die Einspruchsentscheidung ihm gegenüber keine Bindungswirkung entfaltet. Die unterbliebene Hinzuziehung kann er durch Anfechtung der Verwaltungsentscheidung, zu der er hätte hinzugezogen werden sollen, angreifen.

ee) Notwendige Hinzuziehung

(1) Voraussetzungen

Die Hinzuziehung eines anderen muss dann notwendig erfolgen, wenn an dem streitigen Rechtsverhältnis Dritte derartig beteiligt sind, dass die Entscheidung auch ihnen gegenüber nur einheitlich erfolgen kann (§ 360 Abs. 3 AO). Damit sind primär die Fälle angesprochen, in denen die Entscheidung notwendigerweise und unmittelbar Rechte dritter Personen gestaltet, bestätigt, verändert oder zum Erlöschen bringt. Immer dann, wenn eine Verwaltungsentscheidung einerseits einen der Beteiligten begünstigt oder benachteiligt, andererseits – spiegelbildlich – den Dritten benachteiligt oder begünstigt, ist die Hinzuziehung notwendig. Nur in dem Fall, dass die zwar einheitlich Betroffenen als Mitberechtigte nach § 352 AO nicht befugt sind, Einspruch einzulegen,[62] ist die Hinzuziehung nicht notwendig (§ 360 Abs. 3 Satz 2 AO). Sie darf dann auch unterbleiben, wenn die Person unter keinem denkbaren rechtlichen Gesichtspunkt vom Ausgang des Rechtsstreits betroffen sein wird[63].

(2) Beispielsfälle

Als wichtigste Fälle der notwendigen Hinzuziehung sind zu nennen[64]:

- die Fallgruppen der einheitlichen und gesonderter Feststellung der Besteuerungsgrundlagen (§ 179 Abs. 2 i. V. m. 180 Abs. 1 AO), wie z. B.
  - Einheitswertfeststellung bei mehreren Beteiligten;
  - Feststellung einkommen- und körperschaftsteuerlicher Einkünfte;

---

61 BFH vom 17. 8. 1978, VII B 30/78, BStBl II 1979, 25; vom 15. 3. 1990, V B 174/89, BFH/NV 1991, 246; vom 23. 4. 2007, I B 27/07, BFH/NV 2007, 1675.
62 Siehe dazu unten III 3 c (S. 82).
63 St. Rspr., vgl. BFH vom 9. 4. 1991, IX R 78/88, BStBl II 1991, 809.
64 Siehe auch Dumke, in: Schwarz, AO, § 360 (Stand: 6/2006), Rzn. 16 ff.; grundsätzlich dazu auch Bilsdorfer, Rechtsbehelfe von Personengesellschaften im Steuerprozess, NWB Fach 2, 8859.

Abgrenzung zu anderen Verfahren und Sachentscheidungsvoraussetzungen

- Feststellung des Wertes der Schulden und sonstigen Abzüge;
- Entscheidungen im Zerlegungsverfahren und Zuteilungsverfahren (§§ 186, 190 AO)[65];
- Feststellungsbescheide nach § 251 Abs. 3 AO, wenn mehrere Personen der Insolvenzforderung widersprochen haben;
- Aufteilungsbescheide (§ 279 AO);
- Einspruch des Arbeitnehmers gegen einen Lohnsteuerhaftungsbescheid oder eine Lohnsteueranmeldung[66];
- Feststellungsbescheide bei Einkünften aus Gewerbebetrieb, bei Kommanditgesellschaften auch Feststellungsbescheide über Einkünfte aus Vermietung und Verpachtung, über den Einheitswert eines gewerblichen Betriebes oder über wirtschaftliche Untereinheiten von gewerblichen Betrieben, soweit die Betroffenen nach § 352 AO selbst einspruchsbefugt sind (vgl. § 360 Abs. 3 Satz 2 AO);
- Streitig ist, ob bei zusammenveranlagten Ehegatten eine Hinzuziehung des Ehegatten, der nicht selbst Einspruch gegen einen Einkommensteuerbescheid eingelegt hat, notwendig ist: Ist nur die Steuerfestsetzung bei einer Zusammenveranlagung streitig und hat nur ein Ehegatte Einspruch eingelegt, so ist nach h. M.[67] die Hinzuziehung des anderen nicht notwendig, wenn er keine eigenen Einkünfte hat und keine widerstreitenden Steuerinteressen erkennbar sind. Geht es hingegen um die Frage, ob eine Zusammenveranlagung durchgeführt werden muss, so muss u. E. im Falle eines von einem Ehegatten eingelegten Einspruchs der andere Ehegatte notwendig hinzugezogen werden.[68] Dies sieht

---

65 BFH vom 1. 10. 1981, I B 31/81, I B 32/81, BStBl II 1982, 130; vom 28. 10. 1999, I R 8/98, BFH/NV 2000, 579.

66 Hinzuziehung des Arbeitgebers notwendig, BFH vom 29. 6. 1973, VI R 311/69, BStBl II 1973, 780. Ficht jedoch ein Vergütungsschuldner einen gegen ihn gemäß § 50a Abs. 5 EStG ergangenen Haftungsbescheid an, so ist der Vergütungsgläubiger, auf den sich die Inanspruchnahme aus dem Haftungsbescheid bezieht, zu dem finanzgerichtlichen Verfahren nicht notwendig beizuladen (BFH vom 24. 4. 2007, I R 39/04, BStBl II 2008, 95). Entsprechendes gilt auch im Rahmen der (nicht) notwendigen Hinzuziehung.

67 Etwa BFH vom 27. 2. 1969, IV R 263/66, BStBl II, 343; vom 11. 7. 1969, VI R 230/67, BStBl II 1969, 708; vom 19. 7. 1989, II R 73/85, BStBl II 1989, 851; vom 14. 1. 1997, VII R 66/96, DStZ 1997, 615. Nach BFH vom 11. 1. 1994, VII B 100/93, BStBl II 1994, 405, ist dann, wenn einem zur Einkommensteuer getrennt veranlagten Ehegatten ein Abrechnungsbescheid erteilt worden ist und im finanzgerichtlichen Verfahren über diesen Bescheid streitig ist, in welcher Höhe die von den Eheleuten geleisteten Vorauszahlungen auf die festgesetzte Steuerschuld des Klägers anzurechnen ist, der andere Ehegatte zu diesem Verfahren nicht notwendig beizuladen.

68 So auch FG Rheinland-Pfalz vom 23. 2. 1970, I 175/69, EFG 1970, 231. Zum Streit um den Widerruf eines gemeinsamen Antrags auf Zusammenveranlagung FG Berlin vom 8. 6. 1978, I 134/77, EFG 1978, 494.

der BFH jedoch zumindest dann anders, wenn sich der andere Ehegatte gegen die Zusammenveranlagung –ob zu Recht oder zu Unrecht- sperrt.[69]
Bei Einzelveranlagung ist, soweit um die Übertragung des Kinderfreibetrages (§ 32 Abs. 6 Satz 4 EStG) gestritten wird, der andere Elternteil nicht notwendig beizuladen.[70] Dies gilt auch hinsichtlich eines Streits um die Kindergeldberechtigung.[71]
Eine notwendige Hinzuziehung – und im Finanzgerichtsprozess die notwendige Beiladung – kommt selbst dann nicht in Betracht, wenn zusammengefasste Steuerbescheide (§ 155 Abs. 3 AO) gegen die Gesamtschuldner[72] ergangen sind. Das wird – auch für den Fall der Zusammenveranlagung von Ehegatten, gegenüber denen die Steuer nur einheitlich festgesetzt werden darf – damit begründet, dass sich durch Divergenzen in der Bestands- und Rechtskraft (Anfechtung des Bescheids durch nur einen Gesamtschuldner) unterschiedliche Steuerfestsetzungen ergeben können.[73]
Die Finanzverwaltung[74] beteiligt in diesen Fällen jedoch den nicht einspruchführenden Ehegatten im Wege der einfachen Hinzuziehung, was im Hinblick auf die gemeinsame Ermittlung der Einkünfte, der Sonderausgaben, der außergewöhnlichen Belastungen und der sonstigen Besteuerungsgrundlagen – auch wegen der Bindungswirkung des Einkommensteuerbescheides für ein mögliches Aufteilungsverfahren – sachgerecht erscheint.
– Fälle der widerstreitenden Steuerfestsetzung (§ 174 Abs. 5 AO)[75]; hierbei handelt es sich um einen eigenständigen Hinzuziehungsgrund.[76] Der Hinzugezogene erhält die Rechtsstellung eines notwendig Hinzugezogenen.[77]

---

69 BFH vom 17. 1. 2008, III B 81/07, III B 82/07, III B 81/07, III B 82/07, n. v.
70 BFH vom 4. 7. 2001, VI B 301/98, BStBl II 2001, 729 unter Aufgabe der früheren Rechtsprechung.
71 BFH vom 16. 4. 2002, VIII B 171/01, BFH/NV 2002, 1252.
72 Beispiele: Zusammenveranlagte Ehegatten, § 26b EStG; Miterben, § 45 AO, § 2058 BGB; Käufer und Verkäufer bei der Grunderwerbsteuer, § 13 Nr. 1 GrEStG.
73 BFH vom 11. 1. 1994, VII B 100/93, BStBl II 1994, 405 m. w. N.
74 So AEAO Nr. 3 zu § 360; zustimmend Dumke, in: Schwarz, AO, § 360 (Stand: 6/2006), Rz. 21; Hardtke, in: Kühn/von Wedelstädt, AO, § 360 Rz. 7.
75 BFH vom 19. 5. 1981, VIII B 90/79, HFR 1981, 451; FG Münster vom 24. 9. 1979, VII 3717/78, EFG 1980, 161; dazu auch v. Wedelstädt, Probleme bei der Anwendung des § 174 Absätze 4 und 5 AO – Widerstreitende Steuerfestsetzung mit Auswirkungen bei einem Dritten, DB 1990, 1483.
76 BFH vom 2. 4. 2002, IX B 66/01, BFH/NV 2002, 898.
77 BFH-Urteil vom 25. 8. 1987, IX R 98/82, BStBl II 1988, 344.

Abgrenzung zu anderen Verfahren und Sachentscheidungsvoraussetzungen

– Streit um die Anerkennung einer Steuerberatungsgesellschaft (§ 49 StBerG)[78].

(3) Hinzuziehung in Massenverfahren

Nach § 360 Abs. 5 AO ist in Fällen von sog. Massenverfahren eine Sonderregelung für die Fallgruppen der notwendigen Hinzuziehung eingeführt worden. Die Regelung entspricht im Übrigen weitgehend § 60a FGO.

Sie soll das Hinzuziehungsverfahren insbesondere bei Streitigkeiten über die Gewinnfeststellung für „Publikumsgesellschaften" straffen und die Verfahrensabläufe erleichtern.[79] Wenn die (notwendige) Hinzuziehung von mehr als 50 Personen in Betracht kommt, kann die Finanzbehörde anordnen, dass nur die Personen hinzugezogen werden, die dies innerhalb einer bestimmten Frist beantragen (§ 360 Abs. 5 Satz 1 AO).

Es ist fraglich, ob diese Bestimmung größere praktische Bedeutung besitzt und insoweit zur Verfahrensvereinfachung und -beschleunigung beitragen kann. Denn die Finanzbehörde muss die Frist für den Antrag auf Hinzuziehung entweder durch Einzelbekanntgabe – damit Information jedes einzelnen potentiell Feststellungsberechtigten – oder durch Veröffentlichung im Bundesanzeiger sowie in den Tageszeitungen setzen, die in dem Bereich verbreitet sind, in dem sich die Entscheidung wahrscheinlich auswirken wird.[80] Im letzteren Fall muss die Frist mindestens drei Monate seit Veröffentlichung im Bundesanzeiger betragen. Außerdem ist in der Veröffentlichung in Tageszeitungen mitzuteilen, an welchem Tag die Frist abläuft (§ 360 Abs. 5 Sätze 3, 4 AO). Da es sich um eine gesetzliche Frist handelt, gilt bei unverschuldeter Fristversäumung die Wiedereinsetzungsmöglichkeit nach § 110 AO entsprechend.

Außerdem soll die Finanzbehörde bestimmte Personen, die von der Entscheidung erkennbar in besonderem Maße betroffen werden, auch ohne Antrag hinzuziehen – auch dies bewirkt für die Praxis eine Rechtsunsicherheit, da diese „erkennba-

---

78 Hinzuziehung der Steuerberaterkammer notwendig, BFH vom 29. 1. 1980, VII B 34/79, BStBl II 1980, 303.

79 Zu den praktischen Schwierigkeiten bei der Hinzuziehung in Massenverfahren Völker, Notwendige Beiladung bei Personengesellschaften mit Publikumsbeteiligung, DStZ 1986, 297 sowie Rößler, DStZ 1986, 435. Nach der Rechtsprechung, vgl. etwa BFH vom 24. 11. 1988, VIII B 90/87, BStBl II 1989, 145, kann nicht von der notwendigen Hinzuziehung abgesehen werden, weil eine große Zahl von Personen hinzuzuziehen ist oder wenn der Betroffene kein Interesse an seiner Beteiligung hat.

80 Bei großen Publikumsgesellschaften kann damit das gesamte Bundesgebiet betroffen sein.

re Betroffenheit" als unbestimmter Rechtsbegriff Auslegungsschwierigkeiten bereitet.[81]

(4) Rechtsfolgen unterlassener Hinzuziehung
Bei der notwendigen Hinzuziehung besteht ein Rechtsanspruch auf Hinzuziehung, der von Amts wegen zu beachten ist. Hat die Finanzbehörde eine notwendige Hinzuziehung gemäß § 360 Abs. 3 Satz 1 AO unterlassen, ist die Einspruchsentscheidung zwar fehlerhaft. Dieser Fehler ist aber nicht so schwerwiegend, dass er gemäß § 125 AO zur unheilbaren Nichtigkeit der Einspruchsentscheidung führt.[82] Vielmehr ist er regelmäßig dadurch zu heilen, dass im anschließenden Klageverfahren die anderen Beteiligten, deren Interessen vom Klagebegehren berührt werden, gemäß § 60 Abs. 3 Satz 1 FGO beigeladen werden.[83] Das gilt selbst dann, wenn die Finanzbehörde bewusst die notwendige Hinzuziehung gemäß § 360 Abs. 3 Satz 1 AO unterlassen hat.[84]

Dass auch eine bewusste Nichtbeachtung des § 360 Abs. 3 Satz 1 AO im anschließenden Klageverfahren heilbar ist, kann zwar die Finanzbehörden dazu verleiten, notwendige Hinzuziehungen zu unterlassen. Es ist nach Auffassung des BFH aber verfehlt, dem durch Ausschluss der Heilungsmöglichkeit zu begegnen.[85] Die Heilungsmöglichkeit liegt im Interesse der Kläger und der Beizuladenden, da durch sie eine sonst eintretende Verzögerung des Verfahrens vermieden werden kann. Deutlich wird dieses Interesse, wenn weder der Kläger noch einer der vom Finanzgericht Beigeladenen den der Finanzbehörde unterlaufenen Verfahrensfehler zum Anlass nehmen, nur die Aufhebung der Einspruchsentscheidung zu beantragen.

b) Vertretung durch Dritte
Die Beteiligten können sich durch Dritte vertreten lassen. Die gewillkürte Vertretung ist auch im Einspruchsverfahren möglich (§ 365 Abs. 1 i. V. m. § 80 Abs. 1 Satz 1 AO). Allerdings besteht kein Vertretungszwang, d. h. das Finanzamt kann eine Vertretung durch einen Bevollmächtigten – anders als dies bis zum 30. 6. 2008 vom Gericht durch Beschluss im finanzgerichtlichen Verfahren nach § 62

---

81 Im Zweifel ist der Kreis der Hinzuzuziehenden damit weit zu ziehen.
82 BFH vom 10. 6. 1997 IV B 124/96, BFH/NV 1998, 14; vom 28. 10. 1999, I R 8/98, BFH/NV 2000, 579.
83 BFH vom 22. 11. 1988, VIII R 62/85, BStBl II 1989, 359; vom 27. 4. 1989, VIII B 25/85, BFH/NV 1990, 299; vom 19. 7. 1989, II R 73/85, BStBl II 1989, 851; vom 13. 7. 1993 VIII R 50/92, BStBl II 1994, 282.
84 BFH vom 28. 10. 1999, I R 8/98, BFH/NV 2000, 579.
85 BFH vom 28. 10. 1999, I R 8/98, BFH/NV 2000, 579.

Abgrenzung zu anderen Verfahren und Sachentscheidungsvoraussetzungen

Abs. 1 Satz 2 AO a. F. angeordnet werden konnte – nicht bestimmen. Von der gewillkürten Vertretung aufgrund einer Bevollmächtigung ist die gesetzliche Vertretung – etwa bei einer handlungsunfähigen Person, die nicht einspruchsfähig ist – zu unterscheiden. In diesem Fall ist bzw. wird der gesetzliche Vertreter selbst Beteiligter des Einspruchsverfahrens.

Hinsichtlich der Vollmachterteilung gelten die allgemeinen Regelungen des § 80 AO.[86] Die Finanzbehörde wird den schriftlichen Nachweis einer Vollmacht – wie in den übrigen Stadien des Besteuerungsverfahrens – grundsätzlich nur verlangen, wenn begründete Zweifel an der Vertretungsmacht bestehen. Bei Angehörigen der steuerberatenden Berufe, die für den Steuerpflichtigen handeln, wird eine ordnungsgemäße Bevollmächtigung vermutet.[87] Das Bestehen der Verfahrensvollmacht ist Sachentscheidungsvoraussetzung. Dies bedeutet, dass alle Verfahrenshandlungen und sonstigen Erklärungen des vollmachtlosen Vertreters und gegenüber diesem dem Beteiligten gegenüber als nicht vorgenommen anzusehen sind. Genehmigt der Beteiligte im Nachhinein die Verfahrenshandlungen oder Erklärungen des zunächst vollmachtlosen Vertreters, werden sie rückwirkend wirksam. Dies kann bei einem Einspruch des zunächst vollmachtlos handelnden Steuerberaters oder sonstigen Vertreters zur Wahrung der Einspruchsfrist von entscheidender Bedeutung sein.

Aus der Vertreterstellung des Bevollmächtigten ergibt sich, dass der Schriftwechsel und die Verhandlungen im Besteuerungsverfahren mit dem Bevollmächtigten zu führen sind. Auch Bescheide, mit denen einem Einspruch abgeholfen werden soll, können grundsätzlich an den Bevollmächtigten bekanntgegeben werden, soweit der Umfang der Vertretungsmacht dem nicht entgegensteht. Nur bei Vorliegen besonderer Gründe ist die Finanzbehörde gehalten, sich an den Beteiligten selbst zu wenden.[88]

Beispiel:

Der Steuerpflichtige muss über ein gewichtiges Beweisthema selbst um Auskunft oder Vorlage einer Urkunde ersucht werden, da er nur selbst als Wissensträger die notwendigen Auskünfte geben bzw. Urkunden vorlegen kann. In diesem Fall ist aber der Bevollmächtigte zu unterrichten, damit er seine Rechtsvertretung sachgemäß fortführen kann, insbesondere keine Informationsdefizite erleidet.

---

86 Vgl. auch Kettner, Die Bedeutung der Vollmacht im Besteuerungsverfahren, DStR 1989, 309.
87 AEAO Nr. 1 zu § 80 AO = AO-Kartei § 80 Karte 1.
88 AEAO Nr. 4 zu § 80 AO.

Mit der Bestellung eines Bevollmächtigten verliert der beteiligte Steuerpflichtige als Einspruchsführer oder Hinzugezogener nicht die Möglichkeit, selbst rechtswirksame Erklärungen gegenüber der Finanzbehörde abzugeben. Dies kann zur Konsequenz haben, dass er auch einen von dem Bevollmächtigten eingelegten Einspruch – ohne oder gegen dessen Willen – zurücknehmen kann.

Die Finanzbehörde muss Bevollmächtigte zurückweisen, wenn sie geschäftsmäßig Hilfe in Steuersachen leisten, ohne dazu – etwa als Steuerberater, Rechtsanwalt, Wirtschaftsprüfer – befugt zu sein (§ 80 Abs. 5 AO). Auch Nicht-Steuerberater oder -Anwälte können vom schriftlichen oder mündlichen Vortrag zurückgewiesen werden, wenn sie hierzu ungeeignet bzw. zum sachgemäßen Vortrag nicht fähig sind (§ 80 Abs. 6 AO). In diesem Fall ist dies dem Beteiligten mitzuteilen. Allerdings bleiben Verfahrenshandlungen des zurückgewiesenen Bevollmächtigten, die dieser vor seiner Zurückweisung vorgenommen hat, wirksam.[89]

7. Beistandschaft

Der Beteiligte kann einen Beistand beauftragen, ihn bei der Durchführung des Einspruchsverfahrens zu unterstützen (§ 365 i. V. mit § 80 Abs. 4 AO). Der Beteiligte kann insbesondere zu Verhandlungen und Besprechungen mit einem Beistand erscheinen. Dieser tritt neben den Beteiligten, d. h. er kann nicht wie der Vertreter an Stelle des Einspruchsführers oder Nebenbeteiligten selbst handeln oder Erklärungen abgeben. Das von dem Beistand Vorgetragene gilt als von dem Beteiligten vorgebracht, soweit dieser nicht unverzüglich widerspricht (§ 80 Abs. 4 Satz 2 AO). Schriftliche Erklärungen muss der Beteiligte selbst – oder durch seinen Vertreter – abgeben; der Beistand wirkt insoweit lediglich bei der Abfassung des Schreibens mit.

Die Finanzbehörde kann einen Beistand – unter den gleichen Voraussetzungen wie den Vertreter – von der Mitwirkung im Einspruchsverfahren zurückweisen. Dessen Vortrag nach seiner Zurückweisung ist dann – auch bei ausdrücklicher Billigung durch den Beteiligten – rechtlich unbeachtlich.

II. Einspruchsfähigkeit

1. Begriff und Bedeutung

Neben der Beteiligtenfähigkeit ist auch die Einspruchsfähigkeit (früher: Rechtsbehelfsfähigkeit) Sachentscheidungsvoraussetzung, die die Finanzbehörde im Rahmen der Zulässigkeitsprüfung von Amts wegen festzustellen hat. Die Einspruchsfähigkeit ist die Fähigkeit, Verfahrenshandlungen im Einspruchsverfah-

---

[89] Siehe AEAO Nr. 6 zu § 80 AO.

Abgrenzung zu anderen Verfahren und Sachentscheidungsvoraussetzungen

ren wirksam vor- oder entgegennehmen zu können. Dazu ist jede Person fähig, die – wie im Besteuerungsverfahren – handlungsfähig ist (§ 365 Abs. 1 i. V. m. § 79 AO). Mit der Handlungsfähigkeit im Verwaltungsverfahren korrespondiert die Prozessfähigkeit im Finanzgerichtsprozess (§ 58 FGO); die Geschäftsfähigkeit des Zivilrechts ist eine Unterart der Handlungsfähigkeit. Die Einspruchseinlegung handlungsunfähiger Personen ist ebenso wie sonstige Willenserklärungen, Wissenserklärungen oder tatsächliche Handlungen rechtlich unwirksam.

2. Unbeschränkte und beschränkte Einspruchsfähigkeit

Handlungsfähig und damit auch einspruchsfähig sind

- alle natürlichen Personen, die nach bürgerlichem Recht geschäftsfähig sind, also i. d. R. alle Personen, die das 18. Lebensjahr vollendet haben (§ 79 Abs. 1 Nr. 1 AO i. V. m. § 2 BGB);
- beschränkt geschäftsfähige natürliche Personen, soweit sie für den Gegenstand des Verfahrens durch Vorschriften des bürgerlichen oder öffentlichen Rechts als geschäftsfähig anerkannt sind (§ 79 Abs. 1 Nr. 2 AO) – also Personen, die das 7. Lebensjahr vollendet haben (§ 106 BGB) und nach § 112 BGB zum selbständigen Betrieb eines Erwerbsgeschäfts bzw. nach § 113 BGB zur selbständigen Eingehung eines Dienstverhältnisses ermächtigt sind.

Beispiel:

Der 17-jährige Steuerpflichtige ist mit Genehmigung des Vormundschaftsgerichts von seinen Eltern als gesetzlichen Vertretern ermächtigt worden, ein Handelsgeschäft zu betreiben. Neben seinen gewerblichen Einkünften hat er noch aufgrund einer Erbschaft Einkünfte aus Kapitalvermögen. Legt er gegen einen Umsatzsteuerbescheid Einspruch ein, ist er einspruchsfähig. Dagegen kann er nicht selbständig Einspruch gegen den Einkommensteuerbescheid einlegen, da es für die Einkunftsart Kapitalvermögen an der Geschäftsfähigkeit und damit an der steuerlichen Handlungsfähigkeit fehlt.

3. Mangelnde Einspruchsfähigkeit

An der Einspruchsfähigkeit mangelt es bei folgenden Personen oder Personengruppen:

- geschäftsunfähigen natürlichen Personen,
- den juristischen Personen, Vereinigungen oder Vermögensmassen nichtrechtsfähiger Personenvereinigungen, anderen juristischen Personen ähnlichen Gebilden, die als solche der Besteuerung unterliegen und in den Fällen einer Vermögensverwaltung (§ 79 Abs. 1 Nr. 3 AO),

- Gesellschaften und Gemeinschaften, gegenüber denen der Gewinn oder das Betriebsvermögen einheitlich festgestellt wird,
- Behörden (§ 79 Abs. 1 Nr. 4 AO).

4. Gesetzliche Vertretung

Die Verfahrenshandlungen von nicht einspruchsfähigen Personen müssen durch deren gesetzliche Vertreter vorgenommen werden. Dies regelt sich nach den Bestimmungen des Zivilrechts. Bei natürlichen Personen kommen als gesetzliche Vertreter in Betracht:

- Eltern für eheliche Kinder,
- Mutter für das nichteheliche Kind,
- Betreuer für sonstige Geschäftsunfähige oder beschränkt Geschäftsfähige,
- Betreuer für Gebrechliche oder Abwesende.

Gesetzliche Vertreter für die juristischen Personen sind bei Verein, Aktiengesellschaft, KGaA, Stiftung, eingetragener Genossenschaft der Vorstand, für die GmbH oder die Gemeinschaft der Geschäftsführer. Diese haben die Pflicht, die steuerlichen Pflichten der Vertretenen zu erfüllen (§ 34 AO), insbesondere die Mitwirkungspflichten im Rahmen der Sach- und Rechtsaufklärung. Der Vertreter ist kein Dritter im Besteuerungsverfahren, sondern er steht in derselben Rechtsposition wie der Beteiligte. Ist kein Vertreter vorhanden, kann die Finanzbehörde unter den Voraussetzungen des § 81 AO von Amts wegen über das Vormundschaftsgericht einen Vertreter bestellen.

Der „geborene" gesetzliche Vertreter einer Behörde (§ 6 AO) ist kraft seiner dienstrechtlichen Stellung deren Leiter und dessen Vertreter, die ihrerseits handlungsfähig sein müssen. Beauftragte i. S. d. § 79 Abs. 1 Nr. 4 AO sind die mit der Erledigung der Amtsgeschäfte beauftragten Bediensteten („gekorene" Vertreter).

Keine gesetzlichen Vertreter, sondern selbst Beteiligte kraft Amtes sind der Insolvenz- und Zwangsverwalter, Vergleichsverwalter, Testamentsvollstrecker oder Treuhänder.

5. Heilung unwirksamer Verfahrenshandlungen

Infolge Handlungsunfähigkeit unwirksame Verfahrenshandlungen können dadurch geheilt werden, dass sie der gesetzliche Vertreter oder der nachträglich handlungsfähig gewordene Beteiligte genehmigt.[90] Die Genehmigung ist grundsätzlich nicht formgebunden, so dass sie ausdrücklich oder konkludent erklärt

---

90 BFH vom 18. 10. 1988, VII R 123/85, BStBl II 1989, 76.

werden kann. Die Genehmigung des Einspruchs einer einspruchsunfähigen Person bedarf jedoch – aus Gründen der Rechtssicherheit und -klarheit – der in § 350 AO vorgesehenen Form.

Soweit umgekehrt ein nach § 81 Abs. 1 Nr. 4 AO bestellter Vertreter die Vertretung in einem Verwaltungsverfahren, auf das sich sein Amt erstreckt, tatsächlich übernommen hat, ist der Beteiligte selbst zur Vornahme von Verfahrenshandlungen nicht fähig.[91] Die Bestellung eines Betreuers führt jedoch, sofern der Betreute nicht geschäftsunfähig oder nur beschränkt geschäftsfähig ist, auch im Aufgabenkreis des Betreuers nicht zur Geschäftsunfähigkeit nach § 104 BGB bzw. zur Handlungsunfähigkeit i.S. von § 79 AO des Betreuten. Innerhalb des Wirkungskreises ist der Betreuer gesetzlicher Vertreter (§ 1902 BGB) mit der Folge des Zustandekommens einer Doppelzuständigkeit, die im Verwaltungsverfahren und im finanzgerichtlichen Verfahren gemäß § 79 Abs. 3 AO i.V.m. § 53 ZPO zu lösen ist.[92] Der Betreuer vertritt den Betreuten innerhalb des ihm übertragenen Aufgabenkreises unabhängig von dessen Geschäftsfähigkeit. Bei der Anordnung der Betreuung kommt es nicht auf die Geschäftsunfähigkeit an, sondern auf die mangelnde Fähigkeit zur Besorgung der eigenen Angelegenheiten. Die Anordnung der Betreuung hat somit auch keinen Einfluss auf die Geschäftsfähigkeit des Betreuten.[93]

III. Einspruchsbefugnis

1. Überblick

Sachentscheidungsvoraussetzung ist auch, dass ein Rechtsschutzbedürfnis im weiteren Sinne besteht. Ein solches ist für den Einspruchsführer nur gegeben,[94] wenn

- eine Beschwer (Einspruchsbefugnis) vorliegt (§ 350 AO);
- keine Bindung durch bestandskräftige Verwaltungsakte besteht (§ 351 Abs. 1 AO);
- keine Bindung durch Grundlagenbescheide anzunehmen ist (§ 351 Abs. 2 AO);
- keine Einschränkung bei einheitlichen Feststellungsbescheiden vorgegeben ist (§ 352 AO);
- keine Bindung als Rechtsnachfolger anzunehmen ist (§ 353 AO);

---

91 BFH vom 24. 10. 1995, III B 171/93, BFH/NV 1996, 289.
92 BFH vom 24. 10. 1995 III B 171/93, BFH/NV 1996, 289.
93 BFH vom 10. 5. 2007, VIII B 125/06, BFH/NV 2007, 1630; vom 29. 3. 2006 III R 37/03, BFH/NV 2006, 1325; vom 14. 12. 2004 IV B 130/04, BFH/NV 2005, 574.
94 Vgl. Dumke, in: Schwarz, AO, § 358 AO (Stand: 11/2003), Rz. 19.

– kein wirksamer Einspruchsverzicht erklärt ist (§ 354 AO);
– ein Rechtsschutzbedürfnis (im engeren Sinne) zu bejahen ist.

2. Beschwer (Einspruchsbefugnis)

Literatur:

Mittelbach, Beschwer bei zu niedriger Steuerfestsetzung, DStZ/A 1975, 435; *Rader*, Zur Beschwer bei außergerichtlichen Rechtsbehelfen gegen körperschaftsteuerliche 0-Bescheide nach Inkrafttreten des KStG 1977, BB 1977, 1141; *Ritzer*, Beschwer bei unrichtiger Bilanzierung, BB 1986, 1022; *Röckl*, Die Anfechtung von Lohnsteuer-Haftungsbescheiden durch den Arbeitnehmer, BB 1985, 265; *Orth*, Steuerbescheide für Verlustentstehungs- und Verlustabzugsjahre von Körperschaften – Bindungswirkung, Änderung und Anfechtbarkeit, FR 1988, 317; *Carl*, Rechtsschutz der Gemeinden gegen Steuermessbescheide der Finanzverwaltung, ZKF 1992, 199; *Dißars/Dißars*, Einspruchsbefugnis bei einheitlicher Feststellung, BB 1996, 773; *Bilsdorfer*, Rechtsbehelfe von Personengesellschaften im Steuerprozess, NWB, Fach 2, 8859

a) Bedeutung

Rechtsschutz ist dem Bürger von Verfassungs wegen nach Art. 19 Abs. 4 GG nur insoweit garantiert, als er durch öffentlich-rechtliche Maßnahmen der Behörden in seinen eigenen Rechten verletzt wird. Klagen im Allgemeininteresse – sog. Popularklagen – sind deshalb grundsätzlich ausgeschlossen.[95] Diese Einschränkung des Rechtsschutzes gilt für alle Verfahrensarten – über § 350 AO für das Einspruchsverfahren und nach § 40 Abs. 2 FGO für die finanzgerichtlichen Rechtsmittel. Damit sind auch Rechtsbehelfe zugunsten Dritter unzulässig, denn die Einspruchsbefugnis besteht nicht für Personen, die durch den angefochtenen Verwaltungsakt nicht selbst in einer Weise betroffen sind, die sich als Verletzung eigener Rechte darstellten könnte.[96] Das Einspruchsverfahren dient insoweit nicht einer Klärung abstrakter Rechtsfragen, sondern es bedarf immer eines Zusammenhangs mit der Rechtsverletzung, die ein bestimmter Verwaltungsakt einem konkret Betroffenen zufügt.

---

95 BFH vom 27. 11. 1985, II R 90/83, BStBl II 1986, 243; vom 10. 10. 2007, VII R 36/06, BFH/NV 2008, 181; vom 15. 10. 1997, I R 10/92, BStBl II 1998, 63 (zur Frage der Konkurrentenklage im Steuerrecht).

96 BFH vom 6. 12. 1991, III R 81/89, BStBl II 1992, 303 (zur Frage, wie Steuern vom Staat verwendet werden). S. aber auch BVerfG vom 27. 6. 1991 2 BvR 1493/89, BVerfGE 84, 239, 273 zur zulässigen Geltendmachung eines vom Gesetzgeber zu vertretenden strukturellen Erhebungsdefizits bei der Steuerfestsetzung (sog. Zinssteuerurteil).

Abgrenzung zu anderen Verfahren und Sachentscheidungsvoraussetzungen

b) *Geltendmachung der Beschwer*

Die Einspruchsbefugnis besteht nach § 350 AO nur für denjenigen, der mit der Einlegung des Einspruchs geltend macht, durch einen Verwaltungsakt oder dessen Unterlassung beschwert zu sein. Sie muss vorliegen für den Einspruchsführer nach § 359 Nr. 1 AO; für den Hinzugezogenen nach § 359 Nr. 2 AO liegt sie kraft dessen Beteiligung im Einspruchsverfahren (hier speziell durch den Verwaltungsakt der Hinzuziehung)[97] vor, so dass in diesem Fall die durch § 350 AO bezweckte Einschränkung des Rechtsschutzes nicht notwendig ist.

Der Einspruchsführer muss die eigene Rechtsbeeinträchtigung geltend machen, d. h. schlüssig darlegen, dass nach seiner Ansicht ein Verwaltungsakt ihn persönlich beschwert. Nicht notwendig ist, dass die Behörde in diesem Stadium bereits die Erfolgsaussichten des Einspruchs prüft – ausreichend ist, dass sich nach dem Vortrag des Einspruchsführers eine mögliche Rechtsbeeinträchtigung ergibt (sog. Möglichkeitstheorie).[98] Auch ohne Begründung des Einspruchs kann eine wirksame und insoweit zulässige Einspruchseinlegung gegeben sein, da die Finanzbehörde – jedenfalls wenn der Einspruchsführer Adressat eines belastenden Verwaltungsakts ist – die Beschwer aufgrund ihrer Amtsermittlungspflicht neben den sonstigen Zulässigkeitsvoraussetzungen von Amts wegen zu prüfen hat. Eine Beschwer ist nicht nur dann schlüssig geltend gemacht, wenn eine Rechtsverletzung oder Ermessenswidrigkeit gerügt wird, sondern auch dann, wenn der Einspruchsführer eine günstigere Ermessensausübung begehrt.[99]

c) *Beschwerter Personenkreis*

aa) Adressat des belastenden Verwaltungsakts

Eine Beschwer liegt grundsätzlich bei Adressaten von belastenden Verwaltungsakten vor (sog. Adressatentheorie). Dies sind diejenigen Personen, denen der Verwaltungsakt als Beteiligten bekanntgegeben wurde (§ 122 Abs. 1 AO). Hat die finanzbehördliche Maßnahme keinen Verwaltungsaktcharakter oder ist bei einem entstehenden Verwaltungsakt noch keine Außenwirkung eingetreten (es liegen also nur Vorbereitungshandlungen oder schlichtes Verwaltungshandeln vor), ist der Einspruch nicht statthaft, weil eine mögliche Rechtsverletzung – noch nicht –

---

97 Kann jedoch der Einspruchsführer im anschließenden Klageverfahren -mangels Zulässigkeit seines Rechtsbehelfs- die Einspruchsentscheidung des Finanzamts materiell durch das Finanzgericht nicht überprüfen lassen, so gilt Gleiches für den zum Einspruchsverfahren Hinzugezogenen (Grundsatz der Akzessorietät); dazu BFH vom 29. 5. 2001, VIII R 10/00, BStBl II 2001, 747.

98 BFH vom 4. 4. 1984, I R 269/81, BStBl II 1984, 563; vom 9. 8. 2007, VI R 7/04, BFH/NV 2008, 8.

99 So AEAO Nr. 1 zu § 350

eingetreten sein kann. Es muss also immer eine aktuelle Rechtsverletzung vom Einspruchsführer geltend gemacht werden.

Die Beschwer kann auch bei einem unwirksamen, nichtigen Verwaltungsakt gegeben sein. Ob der Verwaltungsakt rechtswirksam ist, stellt sich erst als Ergebnis der Überprüfung – in der sog. Begründetheitsstation – heraus. Folglich besteht die Beschwer auch bei unwirksam bekanntgegebenen Bescheiden oder Verwaltungsakten mit sonstigen Mängeln, die zur Nichtigkeit nach § 125 AO führen, da in diesen Fällen in dem „Rechtsschein" des Verwaltungsakts die belastende Wirkung besteht. Selbst der „Nichtakt" kann wegen seiner Rechtsscheinwirkungen anfechtbar sein, obwohl ihm keinerlei materielle Rechtswirkungen zukommt. Dafür spricht insbesondere, dass der Einspruchsführer dessen Nichtigkeit nach § 125 Abs. 5 AO auf Antrag durch die Finanzbehörde feststellen lassen kann, wenn er – regelmäßig als Adressat – hieran ein berechtigtes Interesse hat.

Da die Beschwer nicht von der wirksamen Bekanntgabe abhängt, kann auch in den Fällen die Einspruchsbefugnis bejaht werden, in denen die Bekanntgabe unzulässiger Weise

- an einen Beteiligten zu Unrecht unterbleibt,
- gegenüber dem gesetzlichen Vertreter, einem anderen Handlungsbefugten, einem Bevollmächtigten oder Empfangsbevollmächtigten erfolgt,
- auch gegenüber dem Rechtsnachfolger wirkt.

Durch den Vollzug des Verwaltungsakts entfällt die Beschwer grundsätzlich nicht. Beispielsweise besteht die Einspruchsbefugnis bei einem Steuerbescheid noch fort, wenn der Steuerpflichtige die Steuerschuld bezahlt hat bzw. sonstige Erlöschensgründe nach § 47 AO vorliegen. Ist allerdings der Verwaltungsakt vollzogen und die getroffenen Maßnahme nicht mehr rückgängig zu machen, soll die Beschwer entfallen, da der Rechtsschutz insoweit ins Leere läuft. Auch wenn der Einspruchsführer einen ihn belastenden Verwaltungsakt „beantragt" hat, über den die Behörde nicht entscheidet, ist der Einspruchsführer durch die Untätigkeit beschwert.

bb) Mehrere Adressaten
Richtet sich der Verwaltungsakt gegen mehrere Adressaten, ist bei geltend gemachter Beschwer jeder Adressat selbständig einspruchsbefugt. Einschränkungen gibt es allerdings bei Feststellungsbescheiden nach § 352 AO.[100]

---

100 Siehe unten III 3 c (S. 82).

Beispiel:

Bei der Einkommensteuer-Zusammenveranlagung kann von jedem der Ehegatten der Steuerbescheid selbständig angefochten werden, und zwar auch mit Begründungen, die sich ausschließlich auf die Besteuerungsgrundlagen des anderen Ehegatten beziehen. Der eingelegte Rechtsbehelf wirkt aber nur für den jeweiligen Einspruchsführer, es sei denn, der andere ist von diesem vertreten oder von der Finanzbehörde nach § 360 Abs. 1 AO hinzugezogen worden.

cc) Dritte Personen

Dritte Personen, die nicht Adressat des Verwaltungsakts sind, sind nur ausnahmsweise einspruchsbefugt, wenn sie selbst durch die Rechtswirkungen des Verwaltungsakts oder dessen Rechtsschein betroffen sind (sog. Drittwirkung eines Verwaltungsakts). Sie müssen in diesem Fall ihre eigene Beschwer aber schlüssig geltend machen.[101]

Beispiele:

- Gesamtrechtsnachfolger, der beim Todesfall in die Rechtsstellung des Rechtsvorgängers eintritt (§ 45 AO);
- Arbeitnehmer sind einspruchsbefugt auch bzgl. der den Arbeitgeber betreffenden Verwaltungsakte, wie Lohnsteueranmeldungen, die Lohnsteuerbeträge des Arbeitnehmers zum Gegenstand haben,[102] oder bzgl. Lohnsteuer-Haftungsbescheiden, wenn der Arbeitnehmer persönlich für die nachgeforderte Lohnsteuer in Haftung genommen wird;
- bei Abzweigung des Kindergeldes kann der Abzweigungsberechtigte nach § 67 Abs. 1 Satz 2 EStG einen Antrag auf Kindergeld stellen. Hieraus folgt im Falle der Ablehnung des Antrags die Befugnis zur Einlegung des Einspruchs.[103]
- bei einem Feststellungsbescheid im Insolvenzverfahren nach § 251 Abs. 3 AO derjenige, der der Insolvenzanmeldung widersprochen hat sowie der Insolvenzverwalter bei Ablehnung des Erlasses des angemeldeten Anspruchs;[104]
- der Abtretungsempfänger eines Steuererstattungs- oder Steuerauszahlungsanspruches, soweit er Einwendungen aus dem Erhebungsverfahren vorbringt[105] – ansonsten nicht,

---

101 Vgl. auch AEAO Nr. 6 zu § 350.
102 BFH vom 20. 5. 1983, VI R 111/81, BStBl II 1983, 584; vom 19. 10. 2001, VI R 36/96, BFH/NV 2002, 340; a. A.: FG Baden-Württemberg vom 14. 10. 1991, 12 V 6/91, EFG 1992, S. 110.
103 FG Niedersachsen vom 26. 9. 2000, 6 K 781/98 Ki, EFG 2001, 257; FG Schleswig-Holstein vom 9. 7. 2007, 3 K 30/07, EFG 2008, 64. Zur Klagebefugnis des Sozialleistungsträgers vgl. BFH vom 12. 1. 2001, VI R 181/97, BStBl II 2001, 443.
104 BFH vom 15. 7. 1992, II R 59/90, BB 1992, 2350 mit Anm. von Gerber.
105 BFH vom 9. 4. 1986, I R 62/81, BStBl II 1986, 565; zur (nicht notwendigen) Beiladung des Abtretungsempfängers im Rechtsstreit des Steuerpflichtigen um den Anspruch aus dem Steuerschuldverhältnis vgl. BFH vom 23. 4. 2007, I B 27/07, BFH/NV 2007, 1675.

da über die Rechtsstellung im Besteuerungsverfahren nicht privatrechtlich verfügt werden kann;[106]
- ein Steuerpflichtiger, der nicht Adressat eines Gewinnfeststellungsbescheides ist, in dem aber negativ festgestellt wird, dass er nicht Beteiligter des Gewinnfeststellungsverfahrens ist;[107]
- der Gläubiger einer Vergütung i.S.d. § 50a Abs. 4 Satz 1 Nr. 2 EStG sowie nach § 50a Abs. 7 EStG bei der Abzugsteueranmeldung des Vergütungsschuldners;[108]
- im Falle eines gegenüber dem Schuldner der Kapitalerträge ergangenen Haftungsbescheides hat der Gläubiger der Kapitalerträge ein Anfechtungsrecht, soweit dessen rechtlich geschützte Interessen verletzt werden.

Streitig ist, ob auch bei den sog. Konkurrentenrechtsbehelfen eine Einspruchsbefugnis zu bejahen ist. Im Allgemeinen gilt: Wird ein Steuerpflichtiger rechtswidrig nicht oder zu niedrig besteuert, werden dadurch in der Regel Rechte eines an dem betreffenden Steuerschuldverhältnis nicht beteiligten Dritten nicht verletzt. Anders ist es nach der Rechtsprechung des BFH aber, wenn die Nichtbesteuerung oder zu niedrige Besteuerung gegen eine Norm verstößt, die nicht ausschließlich im Interesse der Allgemeinheit, insbesondere im öffentlichen Interesse an der gesetzmäßigen Steuererhebung und Sicherung des Steueraufkommens, erlassen wurde, sondern -zumindest auch- dem Schutz der Interessen einzelner an dem betreffenden Steuerschuldverhältnis nicht beteiligter Dritter zu dienen bestimmt ist.[109] Wird etwa ein Betrieb gewerblicher Art oder ein wirtschaftlicher Geschäftsbetrieb nicht besteuert, kann dies zu einer Verletzung von Rechten der Mitbewerber führen. Machen diese substantiiert geltend, die Nichtbesteuerung der wirtschaftlichen Tätigkeit der öffentlichen Hand oder einer steuerbefreiten Körperschaft beeinträchtige ihr Recht auf Teilnahme an einem steuerrechtlich nicht zu ihrem Nachteil verfälschten Wettbewerb, steht ihnen die Verpflichtungsklage zu. Diese Klage ist nach Durchführung eines Vorverfahrens darauf gerichtet, das Finanzamt zu verpflichten, die juristische Person des öffentlichen Rechts hinsichtlich ihres Betriebes gewerblicher Art bzw. die steuerbefreite Körperschaft hinsichtlich ihres wirtschaftlichen Geschäftsbetriebs zu besteuern.[110] Dazu können auch die Fälle eines unzulässigen Steuererlasses oder einer Steuerstundung aus wirtschaftspoltisch sowie aus gesetzlich nicht zu rechtfertigenden Gründen zählen, wenn des Einspruchsführer darlegen kann, dass dem in unmittelbaren

---

106 Vgl. BFH vom 12. 7. 1994, VII B 102/94, BFH/NV 1995, 229; vom 9. 4. 1986, I R 62/81, BStBl II 1986, 565; s.a. FG Köln vom 2. 9. 1998, 3 K 9564/97, n.v.
107 BFH vom 10. 11. 1987, VIII R 397/83, BFH/NV 1989, 560.
108 BFH vom 27. 7. 1987, I R 28/87, BStBl II 1989, 449.
109 BFH vom 18. 9. 2007, I R 30/06, BFH/NV 2008, 490; vom 15. 10. 1997 I R 10/92, BStBl II 1998, 63. Zum Auskunftsanspruch hinsichtlich der Besteuerung eines Konkurrenten vgl. BFH vom 5. 10. 2006, VII R 24/03, BFH/NV 2007, 305.
110 BFH vom 18. 9. 2007, I R 30/06, BFH/NV 2008, 490.

Wettbewerb stehenden Begünstigten dadurch ungerechtfertigte (Steuer-) Vorteile erwachsen sind, die willkürlich, unverhältnismäßig oder rechtlich sonstwie nicht zu rechtfertigen sind.[111]

Auch die Gemeinde hat als abgabenberechtigte Steuergläubigerin bei der Ermittlung und Festsetzung des Gewerbesteuermessbetrages keine Einspruchsbefugnis,[112] da der Gesetzgeber ihr eine solche Rechtsstellung – mit Ausnahme der Teilnahmerechte nach § 19 FVG – nicht eingeräumt hat.[113] Deshalb kann sie zu dem Einspruchsverfahren nicht hinzugezogen oder beigeladen werden.

d) Beschwer durch die Regelung im Verwaltungsakt
aa) Allgemeine Bedeutung
Die Einspruchsbefugnis kann sich nur aus dem Regelungsgehalt des Verwaltungsakts ergeben. Entscheidend ist insoweit der Entscheidungssatz (Tenor), nicht die Begründung, die zu der entsprechenden Regelungsaussage führt. Dasselbe gilt für unselbständige Besteuerungsgrundlagen (§ 157 Abs. 2 AO), deren Unrichtigkeit allein nicht zu einer Beschwer führen kann, wenn die Steuerfestsetzung selbst den Einspruchsführer nicht belastet.[114] Beschränkt sich der Steuerpflichtige auf Einwendungen, die nicht den Regelungsgehalt des angefochtenen Verwaltungsakts betreffen, wie z. B.

- Anfechtung eines Gewerbesteuer-Messbescheides mit der Begründung, der Messbetrag sei der falschen Gemeinde zugewiesen worden, oder
- Einspruch gegen einen Folgebescheid, mit dem ausschließlich Rechtsmängel eines ergangenen Grundlagenbescheides beanstandet werden, oder
- Einspruch gegen Zurechnungsfortschreibungsbescheid mit dem ausschließlichen Begehren auf Herabsetzung des Einheitswertes,

ist keine Beschwer durch den angefochtenen Verwaltungsakt geltend gemacht, so dass der Einspruch mangels Einspruchsbefugnis als unzulässig zu verwerfen ist.

---

111 Dazu eingehend Weber, Steuererlass und Steuerstundung als Subvention, Diss. 1980, 16 ff.
112 Dazu FG Berlin vom 22. 12. 2000, 6 B 6433/00, n. v.; umgekehrt kann ein Steuerpflichtiger einen Gewerbesteuermessbescheid nicht mit der Begründung anfechten, hebeberechtigt sei nicht die Gemeinde, der das Finanzamt den Messbetrag mitgeteilt hat, sondern eine andere Gemeinde, vgl. FG München vom 9. 12. 1987, I 25/83 G, EFG 1988, 381.
113 Vgl. Carl, Rechtsschutz der Gemeinden gegen Steuermessbescheide der Finanzverwaltung, ZKF 1992, 199.
114 Vgl. statt aller Tipke, in: Tipke/Kruse, § 350 AO (Stand: April 2007), Rz. 10.

Die Frage, ob eine Beschwer vorliegt, ist durch Prüfung des jeweiligen angegriffenen Verwaltungsakts zu untersuchen, d. h. jeder Abschnitt des Besteuerungsverfahrens – Steuerart, Besteuerungszeitraum, konkreter Verwaltungsakt des Besteuerungsstadiums – ist zu untersuchen. So ist es z. B. unerheblich für die Beschwer, dass einer Steuerfestsetzung bei Fälligkeit kein Leistungsgebot beigefügt ist oder dass bei der Steuerabrechnung durch Aufrechnung, Zahlung bzw. Erstattung keine Zahllast entsteht.[115] Auch entfällt die Beschwer nicht dadurch, dass der Einspruchsführer „regelungsneutrale" Einwendungen erhebt, die sich auf die Steuerfestsetzung nicht auswirken würden, weil die Regelungsaussage mit einer anderen Begründung inhaltlich unverändert bleibt.[116]

bb) Beschwer durch Steuerbescheid

(1) Zu hohe Steuerfestsetzung

Bei einer zu hohen Steuerfestsetzung – dies ist der Regelfall – ist die Beschwer unproblematisch. Dasselbe gilt für die zu niedrige Festsetzung einer Steuererstattung oder einer Negativsteuer. Die Beschwer kann sich jedoch nicht aus unrichtigen Ausführungen oder Berechnungen im Außenprüfungs- oder Steuerfahndungsbericht ergeben, wenn diese sich auf das Ergebnis der Steuerfestsetzung nicht ausgewirkt haben.[117]

(2) Zu niedrige Steuerfestsetzung

In diesem Fall fehlt grundsätzlich die Beschwer, da der Steuerpflichtige nicht belastet wird. Eine zu niedrige Belastung kann aber in Ausnahmefällen eine Beschwer nach sich ziehen, wenn sie in anderen Bereichen nachteilige Auswirkungen hat.

Beispiele:

– Durch eine zu niedrige Steuerfestsetzung wird der Ansatz von zu verrechnenden Beträgen – etwa Lohnsteuer, Kapitalertragsteuer – ermöglicht, und aufgrund dessen muss

---

115 BFH vom 4. 11. 1981, II R 144/78, BStBl II 1982, 262.
116 Dumke, in: Schwarz, AO, § 350 (Stand: 6/2006), Rz. 17.
117 Tipke, in: Tipke/Kruse, § 350 AO (Stand: April 2007), Rz. 11; sowohl die Erläuterungen zum Bescheid als auch der Betriebsprüfungsbericht stellen, da sie sich auf die Höhe des festgestellten Gewinns nicht auswirkten, nicht rechtserhebliche Meinungsäußerungen des Finanzamts dar, die nicht als Verwaltungsakte zu beurteilen und daher weder mit dem Einspruch noch mit einem anderen Rechtsbehelf angreifbar sind, vgl. BFH vom 27. 1. 1972, IV R 157/71, BStBl II 1972, 465.

der Steuerpflichtige einen höheren Betrag als bisher entrichten; da dadurch eine höhere Zahllast entsteht, ist die Beschwer gegeben.[118]
- Wenn eine zu niedrige Steuerfestsetzung sich in einem anderen – früheren oder späteren – Besteuerungszeitraum oder Zeitpunkt, insbesondere aufgrund des Bilanzenzusammenhangs oder durch Verringerung der AfA-Bemessungsgrundlage, ungünstig auswirken kann.[119]
- Durch unmittelbare verbindliche Wirkung der zu niedrigen Steuerfestsetzung für eine andere Steuerart, wie etwa bei der Auswirkung des Einheitswertes des Betriebsvermögens.[120]

(3) Steuerfestsetzung auf Null

Die Beschwer ist grundsätzlich nicht gegeben, wenn die Steuerpflicht zwar bejaht, die Steuer aber auf Null festgesetzt wird.[121] Auch hiervon – ebenso wie bei der Ablehnung einer beantragten Steuerfestsetzung – gibt es Ausnahmen: Eine Beschwer wird bejaht, wenn der Steuerpflichtige

- die Festsetzung eines negativen Steuerbetrages,
- eines Erstattungsbetrages,
- oder einer Steuervergütung begehrt.[122]

Selbst wenn hierdurch die Steuerpflicht dem Grunde nach angenommen wird, fehlt die Beschwer. Eine Ausnahme gilt etwa dann, wenn bei Bejahung der Steuerpflicht eines bisher als gemeinnützig anerkannten Vereines durch die Auswirkung der begehrten Steuerfreistellung auf den Spendenabzug in anderen Bereichen nachteilige Wirkungen eintreten können.[123]

(4) Einzelne Besteuerungsgrundlagen

Einzelne Besteuerungsgrundlagen sind nicht selbständig anfechtbar, ihre unrichtige Festsetzung ist deshalb auch nicht mit einer Beschwer verbunden. Haben sie

---

118 BFH vom 8. 11. 1985, VI R 238/80, BStBl II 1986, 186. Dies gilt aber nicht, wenn die Verrechnung in keinem Fall in Betracht kommt, vgl. FG Niedersachsen vom 12. 10. 1990, XIII 44/89, EFG 1991, 487.
119 BFH vom 7. 8. 1979, VIII R 153/77, BStBl II 1980, 181; vom 27. 7. 1981, I R 123/77, BStBl II 1982, 212; vom 9. 9. 2005, IV B 6/04, BFH/NV 2006, 22.
120 FG Hamburg vom 5. 4. 1991, I 188/88, EFG 1991, 646.
121 AEAO Nr. 3 zu § 350.
122 Vgl. Tipke, in: Tipke/Kruse, § 350 AO (Stand: April 2007), Rz. 12 ff.
123 BFH vom 17. 2. 1977, IV R 169/75, BStBl II 1977, 352; vom 18. 3. 1983, I R 263/82, BStBl II 1983, 602; vom 14. 9. 1994, I R 153/93, BStBl II 1995, 499. Zur Bindungswirkung einer auf Null lautenden Steuerfestsetzung für die Ausübung steuerlicher Wahlrechte s. BFH vom 25. 2. 1992, IX R 41/91, BStBl II 1992, 621.

jedoch für andere Verwaltungsakte eine bindende Wirkung – etwa aufgrund der einheitlichen und gesonderten Feststellung nach §§ 179, 180 AO – kann bei fehlerhafter Entscheidung eine Beschwer gegeben sein. Diese Situation ist in § 351 Abs. 2 AO gesetzlich geregelt. In folgenden Fällen ist die Beschwer besonders zu untersuchen:

– Einordnung von Einkünften im Einkommen- oder Körperschaftsteuerbescheid als gewerbliche Einkünfte hat keine verbindliche Wirkung für die Gewerbesteuerfestsetzung;[124]
– Einkommenshöhe und Tarifbelastung des Körperschaftsteuerbescheides hatten verbindliche Wirkung für die Feststellung des verwendbaren Eigenkapitals und des für Ausschüttungen verwendbaren Nennkapitals nach § 47 KStG.[125]

(5) Nebenbestimmungen des Verwaltungsakts

Auch soweit man annimmt, dass die Nebenbestimmungen unselbständige Teile des Verwaltungsakts sind, liegt eine Beschwer vor; denn die (unselbständige) Nebenbestimmung beeinflusst den Regelungsgehalt des Verwaltungsakts. Insoweit ist die Aufnahme oder Ablehnung einer Befristung, Bedingung, eines Widerrufvorbehaltes, des Vorbehalts der Nachprüfung oder der Vorläufigkeitserklärung eines Steuerbescheides (vgl. § 120 AO) eine Maßnahme, die eine Beschwer des Steuerpflichtigen bewirkt.[126] Ebenso kann die Aufhebung einer begünstigenden Nebenstimmung (wie etwa die Aufhebung des Nachprüfvorbehalts nach § 164 Abs. 3 Satz 2 AO) eine Beschwer begründen.[127]

Wird ein Steuerbescheid wegen angeblicher Verfassungswidrigkeit einer Steuernorm nach § 165 Abs. 1 Satz 2 Nr. 3 AO mit einem Vorläufigkeitsvermerk versehen, so fehlt für einen mit dieser Begründung eingelegten Einspruch insoweit die Einspruchsbefugnis, wenn ein Verfahren beim BVerfG in dieser Frage anhängig ist.[128] Ein Rechtsschutzbedürfnis, den Fall offen zu halten, um möglicherweise

---

124 BFH vom 22. 5. 1974, I R 169/72, BStBl II 1975, 37; vom 30. 4. 2002, X B 207/01, BFH/NV 2002, 1313.
125 BFH vom 18. 5. 1983, I R 263/82, BStBl II 1983, 60. Zum Verhältnis der einzelnen Bescheide im Bereich der Körperschaftsteuer vgl. BFH vom 28. 4. 2004, I R 86/02, BStBl II 2005, 151.
126 BFH vom 27. 9. 1973, IV R 212/70, BStBl II 1974, 121; vom 30. 10. 1980, IV R 168/79, BStBl II 1981, 150.
127 BFH vom 4. 8. 1983, IV R 216/82, BStBl II 1984, 85.
128 BFH vom 10. 11. 1993, X B 83/93, FR 1994, 61; vom 22. 3. 1996, III B 173/95, BStBl II 1996, 506; zu Ausnahmen von diesem Grundsatz vgl. BFH vom 16. 2. 2005, VI R 37/01, BFH/NV 2005, 1323.

von weiteren verfassungsrechtlichen Streitigkeiten zu profitieren, besteht in diesen Fällen nicht.

cc) Beschwer aus außersteuerlichen Gründen
Eine Beschwer aus außersteuerlichen Gründen kann nur bejaht werden, wenn der Steuerverwaltungsakt auch für ein nichtsteuerliches Verfahren bei einer anderen Behörde oder Stelle verbindlich ist oder Rechtsauswirkungen hat, die den Einspruchsführer materiell belasten können. Eine bloße Erschwerung sonstiger – etwa privatrechtlicher – Positionen oder bloßer wirtschaftlicher Interessen reicht hierzu jedoch nicht aus.[129] Auswirkungen, die die Beschwer begründen können, haben jedoch steuerliche Entscheidungen für die Festsetzung des Kindergeldes oder Leistungen nach dem BAföG[130], nicht aber für das Wohngeldverfahren, die Bewilligung von Leistungen nach dem oder dem AFG sowie im Prozesskostenhilfeverfahren nach §§ 114 ff ZPO.

e) *Wegfall der Beschwer*
Die Einspruchsbefugnis entfällt, wenn der Verwaltungsakt zurückgenommen, widerrufen oder auf sonstige Weise aufgehoben wird. In diesem Fall fehlt für die Fortführung des Einspruchsverfahrens ein Rechtsschutzbedürfnis. Entfällt dagegen die Beschwer während des Einspruchsverfahrens, wird aus diesem Grund der Einspruch nicht nachträglich unzulässig.[131] Der Einspruch kann aber dadurch in der Sache keinen Erfolg mehr haben – er wird als unbegründet zurückgewiesen.

3. *Ausschluss und Wegfall der Einspruchsbefugnis aus besonderen Gründen*

a) *Einspruchsbefugnis bei geänderten Verwaltungsakten*

Literatur:

Seitrich, § 351 AO, eine reine Zulässigkeitsnorm?, FR 1983, 551; *Macher*, Die beschränkte Anfechtbarkeit von Steuerverwaltungsakten, StuW 1985, 33; *Alexander*, Die Änderung von Änderungsbescheiden in Beispielen, StWa 1986, 109; *Guth*, Abwehrmaßnahmen bei der Korrektur von Steuerbescheiden, StWa 1988, 1; *Marfels*, Wahlrecht auf getrennte Veranlagung bis zur Aufhebung des Änderungsbescheides, DB 1992, 1162; *Kies*, Besonderheiten bei Einspruchsverfahren gegen korrigierte Steuerbescheide, DStR 2001, 1555; *Wüllenkemper*, Verwaltungsverfahren und Klageantrag bei beabsichtigter Bestandskraftdurchbrechung gemäß § 351 Abs. 1 AO, DStZ 1996, 304

---

129 FG Hamburg vom 22. 2. 1980, IV 29/79, EFG 1980, 406; FG Düsseldorf vom 20. 6. 1977, XI 70/75 E, EFG 1978, 31; BFH vom 27. 7. 1983, II R 21/83, BStBl II 1983, 645.
130 BFH vom 20. 12. 1994, IX R 124/92, BStBl II 1995, 628.
131 BFH vom 29. 3. 1974, III B 43/73, BStBl II 1974, 463.

aa) Bedeutung

Die Einspruchsbefugnis (Beschwer) nach § 350 AO wird durch die Regelung des § 351 Abs. 1 AO sachlich eingeschränkt. Grundlage dieser Regelung ist die Bestandskraftwirkung des Verwaltungsakts. Wird ein Verwaltungsakt – als Erstbescheid – nach Unanfechtbarkeit geändert, ist er nur insoweit angreifbar, als die Änderung reicht. Die in § 351 Abs. 1 AO festgeschriebene Rechtsfolge ist insoweit nur eine verfahrensmäßige Konsequenz der aus diesen Verwaltungsakten vorhandenen Rechtswirkungen. Eine Durchbrechung der Bestandskraft ist nur zulässig, soweit andere gesetzliche Korrekturtatbestände dies zulassen. Für eine Überprüfung des bestandskräftigen Erstbescheides besteht nämlich in der Sache kein Rechtsschutzbedürfnis. Damit soll ein Steuerpflichtiger durch Erlass eines Änderungsbescheides nicht eine günstigere Rechtsposition zurückerlangen, die er mit Eintritt der formellen Bestandskraft (Unanfechtbarkeit) bereits verloren hatte.

§ 351 Abs. 1 AO will aber nicht die allgemeinen Vorschriften über die Korrektur von Steuerbescheiden einschränken. Deshalb ist die Durchbrechung der materiellen Bestandskraft mit Hilfe einer Korrekturvorschrift weiterhin möglich. In der Verwaltungspraxis hat § 351 Abs. 1 AO in der Regel nur insoweit Bedeutung, als eine zusätzlich belastende Änderung eines belastenden Verwaltungsakts erfolgt. Konsequenz: Der Einspruchsführer kann über die Regelung des § 351 I AO maximal die Belastung des ursprünglichen Verwaltungsakts erreichen.

Bei der den Steuerpflichtigen belastenden Änderung eines begünstigenden Verwaltungsakts ist der Einspruch nur insoweit zulässig, als es um die Verböserung geht – mit dem Einspruch kann keine „Verbesserung" des begünstigenden Verwaltungsakts erreicht werden.

Verfahrensrechtlich führt die Vorschrift des § 351 Abs. 1 AO zu einer teilweisen Unzulässigkeit eines Einspruchs, wenn nach dem Vortrag des Steuerpflichtigen nach keinem denkbaren rechtlichen Gesichtspunkt eine Korrekturvorschrift eingreifen kann. Andernfalls ist im Rahmen der Begründetheit des Einspruchs zu prüfen, ob eine Durchbrechung der materiellen Bestandskraft möglich ist.

Beispiel:

Die Einkommensteuer ist bestandskräftig auf 50.000 Euro festgesetzt. Das Finanzamt erhöht wegen neuer Tatsachen nach § 173 Abs. 1 Nr. 1 AO die Steuer auf 60.000 Euro. Der Steuerpflichtige legt dagegen Einspruch ein und macht jetzt erstmals Betriebsausgaben in beträchtlicher Höhe geltend, wonach die Steuer auf 40.000 Euro im Ergebnis herabzusetzen wäre. Der Einspruch ist in vollem Umfang zulässig. Allerdings verbietet § 351 Abs. 1 AO, dass die unanfechtbar festgesetzte Steuer von 50.000 Euro unterschritten wird.

Dies aber begehrt gerade der Steuerpflichtige. Die Durchbrechung der Bestandskraft wäre – materiell – möglich, wenn die geltend gemachten Betriebsausgaben unter den Korrekturtatbestand des § 173 Abs. 1 Nr. 2 AO fallen würden. Ob dies der Fall ist, entscheidet sich nicht in der Zulässigkeitsstation, sondern es ist eine Frage der Begründetheit, ob der Steuerpflichtige in der Sache (materiell) die niedrigere Steuerfestsetzung nach § 173 Abs. 1 Nr. 2 AO erreichen kann.

bb) Voraussetzungen

Der Erstbescheid muss unanfechtbar (formell bestandskräftig) sein. Auch auf den Änderungsbescheid, den das Finanzamt zum Zwecke der Erledigung des Einspruchsverfahrens erlassen hat, ist § 351 Abs. 1 AO anwendbar, wenn durch übereinstimmende Erledigungserklärungen der angefochtene Verwaltungsakt mit dem modifizierten Inhalt bestandskräftig geworden ist.[132] Außerdem kann der Erstbescheid i. S. d. § 351 Abs. 1 AO bei mehrfacher Änderung selbst ein korrigierender Verwaltungsakt sein. Ist die Korrektur dagegen vor Eintritt der formellen Bestandskraft erfolgt, kann der Änderungsbescheid in vollem Umfang angefochten werden: Alle gegen den vorhergehenden Bescheid möglichen Einwendungen können im Verfahren gegen den Änderungsbescheid vorgebracht werden.[133]

Obwohl § 351 Abs. 1 AO von „ändern" bestandskräftiger Verwaltungsakte spricht, ist entscheidendes Kriterium nicht der uneinheitliche Sprachgebrauch bei den Korrekturvorschriften, den die AO praktiziert, sondern die Überlegung, dass die bestandskräftige Regelung durch eine „Änderung" nicht inhaltlich umgestaltet und daher unterlaufen werden soll. Änderungsbestimmungen sind insbesondere die §§ 164, 165, 189, 190[134], 280 AO sowie § 35b GewStG.[135] Als inhaltliche Änderung gilt auch die Berichtigung nach § 129 AO.[136]

§ 351 Abs. 1 AO gilt nach h. M.[137] und der Verwaltungsauffassung[138] nicht für die gemäß den §§ 130, 131 AO zurückgenommenen oder widerrufenen Verwaltungs-

---

132 FG Berlin vom 30. 4. 1987, I 146/86, EFG 1987, 627; FG Hamburg vom 28. 10. 2003, III 219/02, EFG 2004, 832.
133 BFH vom 10. 7. 1980, IV R 11/78, BStBl II 1980, 5; vom 9. 8. 2006, II R 24/05, BStBl II 2007, 87.
134 Zur Anwendung von § 351 Abs. 1 AO im Zerlegungsverfahren vgl. BFH vom 24. 4. 1999, VIII R 13/97, BStBl II 1999, 542.
135 FG Rheinland-Pfalz vom 19. 8. 1988, 6 K 100/88, n. v.
136 BFH vom 13. 12. 1983, VIII R 67/81, BStBl II 1984, 511; s. a. AEAO Nr. 4 zu § 351.
137 BFH vom 24. 7. 1984, VII R 122/80, BStBl II 1984, 791; a. A.: Tipke, in: Tipke/Kruse, § 351 AO (Stand: April 2007), Rz. 6, der auch „Geldverwaltungsakte" – wie Haftungsbescheide, Verspätungszuschläge, Säumniszuschläge, Zwangsgeld, Abrechnungsbescheide und Erstattungsbescheide – von der Präklusion erfasst haben will.
138 AEAO Nr. 3 zu § 351 AO.

akte. Diese Auffassung, die sich so nicht ohne Weiteres aus dem Gesetzeswortlaut ableiten lässt, hat die praktisch bedeutsame Konsequenz, dass gegen korrigierte Haftungsbescheide – ohne die Einschränkung nach § 351 Abs. 1 AO – alle Einwendungen gegen den Haftungsgrund und den Haftungsbetrag geltend gemacht werden können. Außerdem sind Aufhebungs- und Ersetzungsbescheide sowie der Erlass von Ergänzungsbescheiden in die Einschränkung des § 351 Abs. 1 AO aufzunehmen. Die Anfechtungsbeschränkung findet auch keine Anwendung auf die Ausübung des Wahlrechts nach § 26 Abs. 1 Satz 1 EStG.[139] Dies bedeutet indessen nicht, dass bei Ausübung des Wahlrechts andere Korrekturen möglich wären. Insoweit greift wieder § 351 Abs. 1 AO.[140]

cc) Ausschluss der Einschränkung
Die Einschränkung der Änderungsmöglichkeit und des Wegfalls der Einspruchsbefugnis gilt nicht, wenn die Steueränderung auf sonstigen Korrekturvorschriften beruht. Ohne jede Beschränkung können etwa Steuerfestsetzungen unter dem Vorbehalt der Nachprüfung nach § 164 Abs. 2 AO oder vorläufige Steuerfestsetzungen (§ 165 AO), soweit die Vorläufigkeit reicht, ohne Rücksicht auf die Bestandskraft des Erstbescheides geändert werden[141], da diese Steuerbescheide auf eine Korrektur nach endgültiger Überprüfung der Besteuerungsgrundlagen bzw. Eintritt des ungewissen Ereignisses angelegt sind. Dies gilt auch für die Aufhebung des Vorbehalts bzw. des Vorläufigkeitsvermerkes, wenn keine inhaltliche Änderung der Regelung damit verbunden ist.

b)   *Einspruchsbefugnis bei Grundlagen- und Folgebescheiden*

Literatur:
Söhn, Die Anfechtung von Folgebescheiden, StuW 1974, 50; *Mennacher*, Selbständige Anfechtbarkeit des Gewerbesteuermeßbescheides beim Verlustrücktrag und verfahrensrechtliche Folgen, DStR 1980, 284; *Baum*, Neue Verfahrensregelungen für Verlustzuweisungsgesellschaften, DStZ 1991, 532; *Jestädt*, Klagebefugnis von Treugebern, DStR 1992, 99; *Ling*, § 351 Abs. 2 AO – eine Zulässigkeitsvorschrift?, DStZ 1993, 659

aa) Bedeutung
Nach § 351 Abs. 2 AO – die Parallelvorschrift für den Finanzgerichtsprozess findet sich in § 42 FGO – können Regelungen des Grundlagenbescheides nur im Einspruchsverfahren gegen den Grundlagenbescheid und umgekehrt Regelun-

---
139 BFH vom 25. 6. 1993, III R 32/91, BStBl II 1993, 824; vom 24. 1. 2002, III R 49/00, BStBl II 2002, 408.
140 So zu Recht Tipke, in: Tipke/Kruse, § 351 AO (Stand: April 2007), Rz. 35.
141 BFH vom 6. 3. 1992, III R 47/91, BStBl II 1992, 588; vom 11. 3. 1999, V B 24/99, BStBl II 1999, 335.

gen des Folgebescheides, die nicht durch den Grundlagenbescheid verbindlich getroffen worden sind, nur im Einspruchsverfahren gegen den Folgebescheid angegriffen werden. Dies ist eine Folge der Bindungswirkung der Grundlagen- für die Folgebescheide (§ 182 Abs. 1 AO). Wenn schon – entgegen der Grundregel des § 157 Abs. 2 AO – Besteuerungsgrundlagen gesondert (und einheitlich) festgestellt und angefochten werden können und müssen, soll auch der betroffene Steuerpflichtige den Verwaltungsakt anfechten können, durch dessen verantwortliche und verbindliche Regelung er betroffen und beschwert ist. Grundlagenbescheide sind in § 171 Abs. 10 AO definiert – die Bedeutung der Folgebescheide ergibt sich aus § 182 Abs. 1 AO. Wird allerdings der Folgebescheid vor dem Grundlagenbescheid erlassen, was nach § 155 Abs. 2 AO möglich ist, greift die Einspruchsbeschränkung nach § 351 Abs. 2 AO solange nicht ein, bis der Grundlagenbescheid ergangen ist.[142]

bb) Beispielsfälle
- Ein Einkommensteuerbescheid ist nicht mit dem Einwand anfechtbar, dass eine andere Einkunftsart vorliege, als im Gewinnfeststellungsbescheid festgestellt.[143]
- Ein Gewerbesteuermessbescheid ist nicht mit dem Einwand anfechtbar, dass der zugrunde liegende Wertfortschreibungsbescheid fehlerhaft sei.[144]
- Grundsteuerbescheide sind nicht mit den Gründen anfechtbar, die im Anerkennungsbescheid nach §§ 83, 93 Abs. 2 Wohnungsbaugesetz zu berücksichtigen sind.[145]
- Ein Kirchensteuerbescheid ist nicht anfechtbar mit den Gründen, die sich nur gegen die als Bemessungsgrundlage dienende festgesetzte Einkommensteuer richten.[146]
- Der Zinsbescheid ist nicht anfechtbar mit Einwendungen, die sich nur gegen die Steuerfestsetzung, das Leistungsgebot bzw. den Stundungsbescheid richten.[147]
- Der Aufteilungsbescheid ist nicht anfechtbar mit Gründen, die die im Einkommensteuerbescheid festgestellten Besteuerungsgrundlagen betreffen.

---

142 BFH vom 26. 7. 1984, IV R 13/84, BStBl II 1985, 3.; vom 20. 12. 2005, III S 24/05, BFH/NV 2006, 486.
143 BFH vom 29. 9. 1977, VIII R 67/76, BStBl II 1978, 44.
144 BFH vom 21. 1. 1974, III R 51/73, BStBl II 1974, 263.
145 BFH vom 18. 4. 1980, III R 34/78, BStBl II 1980, 682.
146 BFH vom 23. 5. 1990, III R 145/85, BStBl II 1990, 895.
147 FG Hamburg vom 23. 9. 1985, III 309/83, EFG 1986, 106; FG Düsseldorf vom 9. 1. 2004, 14 V 6204/03 A (E, AO), n. v.; FG Düsseldorf vom 26. 7. 1995, 14 V 3298/95 A (E), EFG 1995, 1073.

- Einwendungen gegen die festgesetzte Steuerschuld sind im Duldungsbescheid ausgeschlossen.[148]
- Ein Abrechnungsbescheid ist nicht anfechtbar mit Einwendungen gegen die Steuerfestsetzung.[149]
- Die verbindliche Entscheidung über die Einkünfte eines betrieblich an einer vermögensverwaltenden Gesellschaft beteiligten Gesellschafters ist sowohl ihrer Art als auch ihrer Höhe nach durch das für die persönliche Besteuerung dieses Gesellschafters zuständige (Wohnsitz-)Finanzamt zu treffen.[150] Demzufolge muss ein Betroffener, der sich gegen diese Entscheidung wehren will, Einspruch gegen den Einkommensteuerbescheid einlegen.

cc) Verfahrensrechtliche Bedeutung

Anders als bei § 351 Abs. 1 AO ist bei der Einspruchsbeschränkung des Absatzes 2 umstritten, ob dies eine Sachentscheidungsvoraussetzung ist – womit bei Tatbestandsverwirklichung der Einspruch als unzulässig zu verwerfen ist –, oder ob § 351 Abs. 2 AO den Einspruch unbegründet macht. Die h. M.[151] hält aufgrund des Wortlautes sowie aus rechtssystematischen Gründen die Vorschrift für eine Sachentscheidungsvoraussetzung; dagegen nimmt der BFH[152] teilweise in seiner Rechtsprechung – entgegen der Rechtsprechung der Finanzgerichte[153] – an, dass der Verstoß gegen § 351 Abs. 2 AO die Unbegründetheit des Einspruchs bewirke. Auch ein Antrag auf Aussetzung der Vollziehung des Folgebescheides, der mit Zweifeln an der Rechtmäßigkeit des Grundlagenbescheides begründet wird, ist nach Meinung des BFH unzulässig.[154]

Wird statt des Grundlagenbescheides unzulässiger Weise der Folgebescheid angegriffen oder umgekehrt, kann – wenn nicht die Einspruchsfrist versäumt ist – in Ausnahmefällen eine Auslegung dazu führen, dass ein Einspruch gegen den Grundlagenbescheid angenommen wird. Im Regelfall wird, insbesondere bei klarer Formulierung, eine solche Auslegung ausscheiden. Auch eine Umdeutung

---

148 BFH vom 1. 3. 1988, VII R 109/86, BStBl II 1988, 408.
149 BFH vom 22. 7. 1986, VII R 10/82, BStBl II 1986, 776; vom 4. 5. 2006, VII B 36/06, BFH/NV 2006, 1446.
150 BFH vom 11. 4. 2005, GrS 2/02, BStBl II 2005, 679; vom 1. 11. 2007, XI B 22/06, BFH/NV 2007, 909.
151 Vgl. Ling, § 351 Abs. 2 AO – eine Zulässigkeitsvorschrift?, DStZ 1993, 659 m. w. N.
152 BFH vom 26. 8. 1987, I R 141/86, BStBl II 1988, 142; dagegen BFH vom 29. 12. 1989, X B 73/69, n. v.: Sachentscheidungsvoraussetzung.
153 Vgl. statt aller FG Hamburg vom 28. 11. 1989, V 242/86, EFG 1990, 282.
154 So BFH vom 21. 3. 1985, IV R 277/84, BFH/NV 1986, 709; vom 29. 10. 1987, VIII R 413/83, BStBl II 1988, 240; vom 24. 8. 2004, IX S 7/04, n. v., gegen BFH vom 15. 4. 1988, III 26/85, BStBl II 1988, 660.

wird grundsätzlich nicht in Betracht kommen. Bei Rechtsunkundigen kann aber bei unverschuldeter Fristversäumung die Wiedereinsetzung in den vorigen Stand nach § 110 AO gewährt werden.

c) *Einspruchsbefugnis bei der einheitlichen Feststellung*

Literatur:

Beckerath, Einheitliche Feststellung im Veranlagungs- und Einspruchsverfahren, DStR 1983, 475; *Olberts*, Rechtsbehelfsbefugnis bei einheitlichen Feststellungsbescheiden – § 352 AO, DB 1988, 733; *ders.*, Rechtsbehelfsbefugnis § 352 AO im Überblick, StWa 1988, 227; *Heißenberg*, Rechtsbehelfsbefugnisse bei Gesellschaften und Gemeinschaften, KÖSDI 1990, 8037; *Bilsdorfer*, Rechtsbehelfe von Personengesellschaftern im Steuerprozess, NWB Fach 2, 8859; *von Wedelstädt*, Grenzpendlergesetz: Änderungen der Abgabenordnung, DB 1994, 1261; *Dißars/Dißars*, Einspruchsbefugnis bei einheitlicher Feststellung, BB 1996, 773; *Voigt*, Einspruchsbefugnis bei einheitlicher und gesonderter Gewinnfeststellung, AO-StB 2002, 127; *Heinke*, Der Einspruchsbevollmächtigte, DStZ 1997, 558

aa) Bedeutung
§ 352 AO enthält eine Einschränkung der Einspruchsbefugnis bei der einheitlichen Feststellung von Besteuerungsgrundlagen (Feststellungsbescheiden). Die Regelung ist inhaltsgleich mit der des § 48 FGO, welche die Klagebefugnis von Gesellschaftern in der gerichtlichen Fallkonstellation regelt. Diese Einspruchsbeschränkung ist eine Rechtfolge der Bindungswirkung von Feststellungsbescheiden für alle an der Feststellung beteiligten Personen.

bb) Hintergrund der Neuregelung
§ 352 AO ist durch die AO-Reform im Grenzpendlergesetz[155] wesentlich geändert worden. Die bis Ende 1995 geltende Fassung der Regelung unterschied zwischen Feststellungsbescheiden bei Personenzusammenschlüssen mit gewerblichen Einkünften und solchen mit anderen Einkünften.

Die Einspruchsbefugnis – und parallel dazu die Klagebefugnis nach § 48 FGO – ist nunmehr bei einheitlichen Feststellungsbescheiden unabhängig von der Art der in die Feststellung einbezogenen Besteuerungsgrundlagen geregelt. Der Gesetzgeber will dadurch Einsprüche eindämmen, eine bessere Koordination von Einspruchsverfahren erreichen, die Einspruchsentscheidungen vereinheitlichen und somit auch zur Verfahrenseffizienz beitragen.

---

155 Gesetz vom 24. 6. 1994, BGBl I 1994, 1395, Art. 4–8; dazu v. Wedelstädt, Grenzpendlergesetz, Änderungen der Abgabenordnung, DB 1994, 1261.

cc) Die Einzelregelungen

(1) Einspruchsbefugnis des Geschäftsführers

Gegen Bescheide über die einheitliche und gesonderte Feststellung von Besteuerungsgrundlagen (§§ 179, 180 AO) können die zur Vertretung berufenen Geschäftsführer Einspruch einlegen (§ 352 Abs. 1 Nr. 1 AO). Der vertretungsbefugte Gesellschafter oder Gemeinschafter hat jedoch kein eigenes Recht zum Einspruch, sondern er handelt als Organ für die Gesellschaft oder Gemeinschaft, die ihrerseits Beteiligte des Verfahrens als eigenes Steuerrechtssubjekt ist.

Die Frage, wer zur Geschäftsführung berufen ist, richtet sich nach den zivilrechtlichen Vorschriften (z. B. § 114 HGB für die OHG, §§ 161 Abs. 2, 170 HGB für die KG i. V. m. den gesellschaftsvertraglichen Regelungen), wobei der geschäftsführende Gesellschafter auch nach außen vertretungsbefugt sein muss. Bei gemeinschaftlicher Vertretungsbefugnis mehrerer Gesellschafter müssen alle Gesellschafter der Einspruchseinlegung zustimmen – Vertretungsmängel können allerdings noch nach Ablauf der Einspruchsfrist durch Genehmigung rückwirkend geheilt werden.

Dass grundsätzlich nur der Geschäftsführer die Einspruchsbefugnis hat, beruht auf der Überlegung, dass es diesem aufgrund des Gesellschaftsvertrages obliegt, die Interessen der Gesellschaft wahrzunehmen, wozu neben der Bilanzerstellung auch die Abgabe von Steuererklärungen und – folgerichtig – auch die Überprüfung der ergehenden Bescheide mit der Möglichkeit des Einspruchs gehört. Die übrigen Gesellschafter haben auch aufgrund ihrer Informationsdefizite regelmäßig nicht die Kompetenz, das Einspruchsverfahren sachgerecht zu führen.

(2) Personengruppen ohne Geschäftsführer – Einspruchsbefugnis des Empfangsbevollmächtigten

Betrifft die einheitliche Feststellung eine Personengruppe, die keinen vertretungsberechtigten Geschäftsführer hat – etwa eine Erbengemeinschaft –, so gilt nach § 352 Abs. 1 Nr. 1 i. V. m. § 352 Abs. 2 AO folgendes: Haben die Feststellungsbeteiligten nach § 183 Abs. 1 Nr. 1 AO bzw. § 6 Abs. 1 Satz 1 der Verordnung zu § 180 Abs. 2 AO[156] einvernehmlich einen Empfangsbevollmächtigten benannt, ist in diesem Falle ausschließlich dieser Empfangsbevollmächtigte einspruchsbefugt. Allerdings muss das Finanzamt die Beteiligten in der Feststellungserklärung oder in der Aufforderung zur Benennung des Empfangsbevollmächtigten über die Einspruchsbefugnis desselben belehrt haben (§ 352 Abs. 2 Satz 3 AO); auch darf kein Sonderfall i. S. des § 352 Abs. 1 Nr. 2 bis 5 AO vorliegen.

---

156 BGBl I 1986, 2663.

Abgrenzung zu anderen Verfahren und Sachentscheidungsvoraussetzungen

Ist ein einvernehmlich benannter Empfangsbevollmächtigter nicht oder nicht mehr – etwa wegen Widerrufs der Vollmacht – vorhanden, steht die Einspruchsbefugnis dem nach § 183 Abs. 1 Nr. 2 AO fingierten Empfangsbevollmächtigten – als Vertretungs- bzw. Verwaltungsberechtigten – zu (§ 352 Abs. 2 Satz 2 1. Alt. AO). Ist auch ein solcher Empfangsbevollmächtigter nicht vorhanden, kann die Finanzbehörde unter den Voraussetzungen des § 183 Abs. 1 Sätze 3 bis 5 AO bzw. § 6 Abs. 1 Sätze 3 bis 5 der Verordnung zu § 180 Abs. 2 AO einen Empfangsbevollmächtigten bestimmen. Diesem steht dann grundsätzlich auch die ausschließliche Einspruchsbefugnis zu (§ 352 Abs. 1 AO).

Aus Gründen des nach Art. 19 Abs. 4 GG geschützten Anspruchs auf effektiven Verwaltungsrechtsschutz darf die Rechtsposition des Feststellungsbeteiligten aber nicht unterlaufen werden. Deshalb gilt die grundsätzliche Beschränkung der Einspruchsbefugnis auf den fingierten bzw. den von der Finanzbehörde bestimmten Empfangsbevollmächtigten nur, wenn

– die Feststellungsbeteiligten in der Feststellungserklärung des betreffenden Jahres oder in der Aufforderung zur Benennung eines Empfangsbevollmächtigten über dessen ausschließliche Einspruchsbefugnis belehrt worden sind (§ 352 Abs. 2 Satz 3 AO) und
– die Feststellungsbeteiligten nicht gegenüber der Finanzbehörde der Einspruchsbefugnis des Empfangsbevollmächtigten widersprochen haben (§ 352 Abs. 2 2. Halbs. AO). Der Widerspruch ist gegenüber der für das Feststellungsverfahren örtlich und sachlich zuständigen Finanzbehörde zu erheben[157]. Die Feststellungsbeteiligten müssen beachten, dass mit wirksamer Bekanntgabe des Feststellungsbescheides an den Empfangsbevollmächtigten die Einspruchsfrist auch gegenüber solchen Feststellungsbeteiligten zu laufen beginnt, die der Einspruchsbefugnis des Empfangsbevollmächtigten widersprochen haben oder widersprechen wollen; ein Widerspruch muss daher – um die Einlegung des Einspruchs in eigener Person des Beteiligten zu ermöglichen – vor Ablauf der Einspruchsfrist der Finanzbehörde zugehen.

(3) Einspruchsbefugnis jeden Gesellschafters

Ist weder ein zur Vertretung berufener Geschäftsführer noch ein Einspruchsbevollmächtigter i.S. des § 352 Abs. 2 AO vorhanden, kann jeder Gesellschafter, Gemeinschafter oder Mitberechtigter gegen den der Feststellungsbescheid ergangen ist, Einspruch einlegen (§ 352 Abs. 1 Nr. 2 AO). In diesen Fällen ist die Vorschrift des § 360 Abs. 5 AO – Hinzuziehung in Massenfällen – zu beachten.

---

157 Schriftform ist zwar nicht vorgeschrieben, dürfte sich jedoch aus Nachweisgründen empfehlen.

(4) Ausgeschiedene Gesellschafter

Ein ausgeschiedener Gesellschafter, Gemeinschafter oder Mitberechtigter ist stets (allein) persönlich einspruchsbefugt (§ 352 Abs. 1 Nr. 3 AO), soweit gegen ihn ein Feststellungsbescheid ergangen ist oder zu ergehen hat. Dem ausgeschiedenen Gesellschafter ist auch der Gewinnfeststellungsbescheid besonders bekanntzugeben (§ 183 Abs. 2 Satz 1 AO). Der vertretungsbefugte Geschäftsführer kann nämlich für den Ausgeschiedenen nicht mehr rechtsverbindlich handeln. Diese Regelung bezieht sich aber nur auf vor dem Ausscheiden liegende Feststellungszeiträume.

Befindet sich die Gesellschaft in Auflösung bzw. Liquidation, treten hinsichtlich der Einspruchsbefugnis nach § 352 Abs. 1 Nr. 3 AO die Gesellschafter/Liquidatoren an die Stelle des Geschäftsführers. Die Gesellschafter müssen in diesem Fall als gemeinsam Handelnde (vgl. § 730 Abs. 2 Satz 2 BGB, § 150 Abs. 1 HGB) auch gemeinsam den Einspruch einlegen, soweit nicht durch Gesellschafterbeschluss etwas anderes vereinbart wurde.

Im Insolvenzverfahren gilt folgendes: Die Einspruchsbefugnis steht hinsichtlich des insolvenzfreien Vermögens den Liquidatoren und hinsichtlich des zur Insolvenzmasse gehörenden Vermögens dem Insolvenzverwalter zu. Bei Ablehnung der Eröffnung des Insolvenzverfahrens mangels einer die Kosten des Verfahrens deckenden Masse lebt die Einspruchsbefugnis des Geschäftsführers wieder auf, selbst wenn der die Geschäftstätigkeit eingestellt hat.[158]

(5) Nichtgeschäftsführende Gesellschafter

§ 352 Abs. 1 Nr. 4 und 5 AO enthalten – inhaltsgleich mit den früheren § 352 Abs. 1 und 2 AO – Sonderregelungen für die Einspruchsbefugnis der nicht geschäftsführenden Gesellschafter (Gemeinschafter). Dadurch wird die Einspruchsbefugnis des Geschäftsführers nicht eingeschränkt.

Jeder einzelne Beteiligte ist nach § 352 Abs. 1 Nr. 4 AO insoweit einspruchsbefugt, als es sich darum handelt, wer an dem festgestellten Betrag beteiligt ist und wie dieser sich auf die einzelnen Beteiligten auswirkt. Der einspruchführende Beteiligte muss von der Feststellung berührt, d.h. er muss durch die Entscheidung in seinen Rechten beschwert sein.

Beispiele:
– Klärung der Frage, ob er an dem festgestellten Betrag beteiligt ist, wenn seine Beteiligung durch den Feststellungsbescheid nicht anerkannt oder beachtet wurde;[159]

---

158 BFH vom 10. 10. 1985, IV B 30/85, BStBl II 1986, 68.
159 BFH vom 26. 3. 1971, VI R 131/68, VI R 132/68, VI R 133/68, VI R 134/68, VI R 135/68, VI R 131–135/68, BStBl II 1971, 478.

- Frage, welcher Anteil des festgestellten Betrages auf den Beteiligten fällt;
- Feststellungsbescheid über den Einheitswert einer OHG, wenn es um die Aufteilung des Einheitswertes auf die Gesellschafter geht;
- wenn streitig ist, welche Personen Mitunternehmer sind;
- wenn durch die Anerkennung der Mitunternehmerstellung des Dritten die Verteilung des Gesellschaftsgewinns geändert wird, sind die anderen Gesellschafter einspruchsbefugt.[160]

Nach § 352 Abs. 5 AO ist ferner jeder Gesellschafter oder Gemeinschafter (allein) einspruchsbefugt, soweit der Streitgegenstand des Einspruchsverfahrens eine Frage ist, die ihn persönlich angeht und er von den Feststellungen über die Frage berührt ist.

Beispiele:

- Sonderbetriebseinnahmen,
- Höhe der Sondervergütung,
- Abzug von Schulden, die den Anteil eines Gesellschafters betreffen,
- Verlustausgleich/Verlustabziehbarkeit nach § 15 a EStG.

d)   *Einspruchsbefugnis bei der Rechtsnachfolge*
aa) Bedeutung
Die Einspruchsbefugnis ist auch bei Verwaltungsakten mit Drittwirkung (sog. dinglichen Verwaltungsakten) eingeschränkt (§ 353 AO). Bei den Grundlagenbescheiden, die als Feststellungsbescheide über einen

- Einheitswert,
- Grundsteuermessbescheid,
- Zerlegungs- oder Zuteilungsbescheid über einen Grundsteuermessbescheid

gegenüber dem Rechtsnachfolger wirken, ohne dass sie diesen bekanntgegeben worden sind, bedeutet dies, dass der Rechtsnachfolger nur innerhalb der für den Rechtsvorgänger maßgebenden Einspruchsfrist Einspruch einlegen kann. Die verfahrensrechtlichen Konsequenzen dieser Bescheide mit dinglicher Wirkung ergeben sich neben der persönlichen Bindungswirkung aus §§ 182 Abs. 2, 184 Abs. 1 Satz 4, 185 und 190 AO auch hinsichtlich der Zulässigkeit des Einspruchs, und zwar für die Einspruchsfrist (§§ 355, 356 Abs. 2 AO) und folglich auch für die Einspruchsbefugnis. Die dingliche – d.h. von der Person des Bekanntgabeadressaten losgelöste – Wirkung dieser Grundlagenbescheide besteht darin, dass die Rechtswirkungen des Verwaltungsakts auch ohne Bekanntgabe eintreten, und

---

160 BFH vom 21. 5. 1992, IV R 47/90, BStBl II 1992, 865; vom 7. 11. 2006, VIII R 5/04, BFH/NV 2007, 906. Vgl. dazu die Anmerkung von Ballof, AO-StB 2007, 121.

zwar gegenüber dem Rechtsnachfolger, wenn die Rechtsnachfolge hinsichtlich des Gegenstandes, auf den sich der Steuerbescheid bezieht, nach Bekanntgabe des Bescheides an den Rechtsvorgänger eingetreten ist.

Oder anders ausgedrückt: Da der dingliche Bescheid gegen alle Personen wirkt, denen der Gegenstand zuzurechnen ist – folglich auch gegenüber dem Rechtsnachfolger –, ist der Rechtsnachfolger auch beschwert (und damit einspruchsbefugt), ohne dass ihm der Bescheid bekanntgegeben worden ist. Dem Rechtsnachfolger wächst die Einspruchsbefugnis des Rechtsvorgängers zu. Entscheidend ist allerdings der Zeitpunkt, in dem die Rechtsnachfolge eintritt: Für den Rechtsnachfolger ist die Einspruchsfrist maßgeblich, die für den Rechtsvorgänger gilt.

Anders sieht die Rechtslage aus, wenn die Rechtsnachfolge eintritt, bevor der dingliche Bescheid ergangen ist: Er wirkt in diesem Fall nur dann gegen den Rechtsnachfolger, wenn er ihm bekanntgegeben wurde (vgl. § 182 Abs. 2 Satz 2 AO). Folglich muss der Feststellungsbescheid mit dinglicher Wirkung dem Rechtsnachfolger bekanntgegeben worden sein, wenn er vor Eintritt der Rechtsnachfolge dem Rechtsvorgänger noch nicht bekanntgegeben worden war. Denn die Bekanntgabe an den Rechtsvorgänger nach Eintritt der Rechtsnachfolge kann logischerweise keine Rechtsbindung gegenüber dem Rechtsnachfolger erzeugen.

Zusammenfassend ist festzustellen, dass § 353 AO dem Rechtsnachfolger die Einspruchsbefugnis nur gewährt,

– wenn die Rechtsnachfolge während der Einspruchsfrist eintritt und
– solange die Einspruchsfrist für den Rechtsvorgänger läuft.

Tritt die Rechtsnachfolge bei den dinglich wirkenden Bescheiden ein, während die Einspruchsfrist läuft, steht bei Bekanntgabe an den Rechtsvorgänger dem Rechtsnachfolger das Recht zu, sich ebenfalls gegen den Steuerbescheid zu wenden.

bb) Fallalternativen
Eine Übersicht zu den in Betracht kommenden Fällen gibt AEAO zu § 353.[161]
Tritt danach die Rechtsnachfolge ein,

– bevor einer der dinglichen Feststellungsbescheide ergangen ist: Der Bescheid wirkt gegen den Rechtsnachfolger nur, wenn er ihm bekanntgegeben worden ist;

---

161 AO-Kartei § 353.

- nach der Bekanntgabe eines dinglichen Feststellungsbescheides, aber noch innerhalb der Einspruchsfrist: Der Rechtsnachfolger kann innerhalb der schon laufenden Frist Einspruch einlegen;
- nach Ablauf der Einspruchsfrist für einen dinglichen Feststellungsbescheid: Der Bescheid wirkt gegenüber dem Rechtsnachfolger, ohne dass dieser die Möglichkeit des Einspruchs hat;
- während eines Einspruchsverfahrens gegen einen dinglichen Feststellungsbescheid: Der Gesamtrechtsnachfolger tritt in die Rechtsstellung des Rechtsvorgängers als Verfahrensbeteiligter ein, ohne dass es einer Hinzuziehung bedarf. Beim Einzelrechtsnachfolger hat die Finanzbehörde jedoch eine Hinzuziehung zum Verfahren zu prüfen (einfache Hinzuziehungsmöglichkeit, § 360 Abs. 1 AO);
- während die Klagefrist läuft: Da auch in diesem Fall der Bescheid gegenüber dem Rechtsnachfolger wirkt, kann dieser nur innerhalb der für den Rechtsvorgänger maßgebenden Frist gem. § 40 Abs. 2 FGO Klage erheben;
- während eines Finanzgerichtsverfahrens: Bei Gesamtrechtsnachfolge wird das Verfahren bis zur Aufnahme durch den Rechtsnachfolger unterbrochen (§ 155 FGO, § 239 ZPO), es sei denn, der Rechtsvorgänger war durch einen Prozessbevollmächtigten vertreten (§ 246 ZPO). Bei Einzelrechtsnachfolge prüft das Finanzgericht, ob die Beiladung des Rechtsnachfolgers sachgerecht ist (§§ 57, 60 FGO).

IV. Allgemeines Rechtsschutzbedürfnis

1. Grundsätzliche Bedeutung

Weitere Sachentscheidungsvoraussetzung – die in der AO für das Einspruchsverfahren nicht besonders genannt ist – ist das Vorliegen eines Rechtsschutzbedürfnisses. Dieses muss nicht nur für das Einspruchsverfahren, sondern für jedes außergerichtliche oder gerichtliche Rechtsbehelfs- und Rechtsmittelverfahren festgestellt werden. Für den nach Art. 19 Abs. 4 GG garantierten Rechtsschutz bedarf der Einspruchsführer deshalb eines schutzwürdigen und berücksichtigungswürdigen Interesses an der konkreten Entscheidung durch die Finanzbehörde oder das Gericht.[162] Das Rechtsschutzbedürfnis fehlt generell in folgenden Fällen:

- Die Gewährung des Rechtsschutzes ist nicht erforderlich.
- Es besteht für den Betroffenen ein einfacherer und billigerer Weg, der zum selben Ziele führt.
- Der Antrag (Rechtsbehelf, Rechtsmittel) hat nach der objektiven Sachlage nur das Ziel, die Behörde oder das Gericht zu belästigen oder dem Beklagten oder einem Dritten zu schaden (Beispiel: querulatorische Einwendungen).

---

162 BFH vom 24. 11. 1982, II R 172/80, BStBl II 1983, 237; vom 10. 1. 2008, VI R 17/07, DStR 2008, 188; EuGH vom 5. 3. 1980, Rs 245/78, HFR 1980, 528.

- Die Streitsache hat sich vor Erledigung des Rechtsbehelfs/Rechtsmittels durch Abhilfe oder auf andere Weise erledigt.

2. Beispiele im Einspruchsverfahren

- Für einen Einspruch gegen die Entscheidung über die Eintragung auf der Lohnsteuerkarte entfällt mit Ablauf des Monats März des Folgejahres das Rechtsschutzbedürfnis, weil sich die Eintragung danach nicht mehr auswirken kann.[163]
- Der Einspruch hat sich durch Abhilfe – d. h. Änderung des angegriffenen Steuerverwaltungsakts im beantragten Sinne – erledigt. Für die Weiterverfolgung des Einspruchsverfahrens fehlt das Rechtsschutzinteresse.[164]
- Das Arrestverfahren ist in das Vollstreckungsverfahren übergegangen: Dem Einspruch gegen die Arrestanordnung fehlt das Rechtsschutzinteresse, weil das Sicherungsverfahren beendet ist.
- Die Einsprüche gegen eine Außenprüfungsanordnung erledigen sich mit dem Abschluss der Außenprüfung; gegen die Anordnung des persönlichen Erscheinens (§ 93 Abs. 4 AO) mit dem Tod des Einspruchsführers; gegen eine Pfändungsmaßnahme mit Versteigerung der Pfandsache und Abschluss des Vollstreckungsverfahrens.
- Für einen Einspruch gegen die Ablehnung eines Antrages auf Aufhebung oder Änderung eines Steuerbescheides fehlt nach Auffassung des BFH[165] das Rechtsschutzbedürfnis, wenn der Antrag auf schlichte Änderung nach § 172 Abs. 1 Satz 1 Nr. 2 a AO abgelehnt wurde.
- Das Rechtsschutzbedürfnis in einem Einspruchsverfahren entfällt bei einem vorläufig ergangenen Steuerbescheid, wenn der Steuerpflichtige erklärt, dass durch den Vorläufigkeitsvermerk seinem Einspruch abgeholfen worden ist.[166]

---

163 BFH vom 7. 4. 1987 IX R 41/86, BFH/NV 1987, 714; vom 2. 11. 2000 X R 156/97, BFH/NV 2001, 476). Zu den Folgen dieser Rechtsprechung auf ein Revisionsverfahren vgl. BFH vom 10. 1. 2008, VI R 17/07, DStR 2008, 188.
164 Zur Erledigung siehe unten 2. Teil, 2. Kap., B. II (S. 192).
165 BFH vom 21. 2. 1991, V R 25/87, BStBl II 1991, 496; vom 27. 9. 1994, VIII R 36/89, BStBl II 1995, 353.
166 BFH vom 10. 11. 1993, X B 83/93, BStBl II 1994, 119; allein die Vorläufigkeitserklärung beseitigt jedoch nicht das Rechtsschutzinteresse, da durch die Vorläufigkeitserklärung nicht das Interesse des Steuerpflichtigen an der Klärung seines Begehrens im Einspruchsverfahren und ggf. im anschließenden Klageverfahren beseitigt werden kann, vgl. BFH vom 18. 9. 1992, III B 43/92, BStBl II 1993, 123; vom 17. 12. 2003, XI R 4/03, n. v.; a. A.: Nordholt, Massenrechtsbehelfsverfahren und vorläufige Steuerfestsetzung, DStR 1992, 1756.

B. Sonstige Sachentscheidungsvoraussetzungen

I. Ordnungsgemäße Einlegung des Einspruchs

Literatur:

Streck, Der Schriftsatz im Steuerstreitverfahren, DStR 1989, 439; Schwebel, „Faxen" mit dem Finanzamt, DB 1990, 1841; Ebnet, Rechtsprobleme bei der Verwendung von Telefax, NJW 1992, 2985; Jestädt, Klageerhebung per Telefax, StB 1993, 90

1. Überblick

Der Einspruch muss als verfahrensrechtliche Willenserklärung bestimmten, in § 357 AO näher beschriebenen Anforderungen genügen. Er muss

- eine bestimmte Form beachten,
- inhaltlich bestimmten Anforderungen genügen,
- gegen einen bestimmten Adressaten gerichtet sein,
- bei einer bestimmten Behörde eingelegt werden,
- innerhalb der Einspruchsfrist angebracht sein.

Zweck dieser Regelungen ist es, aus Gründen der Rechtssicherheit und -klarheit bestimmte Kriterien zu benennen, bei deren Erfüllung ein förmlicher außergerichtlicher Rechtsbehelf wirksam erhoben ist; andererseits soll – um einen effektiven Rechtsschutz zu erreichen – die Einspruchseinlegung für den (Normal-) Steuerbürger möglichst einfach und wenig formalistisch gestaltet sein, um unnötige Schwierigkeiten bei dem „Reparaturbetrieb" des Massenbesteuerungsverfahrens, den das Einspruchsverfahren als verlängertes Veranlagungsverfahren darstellt, zu vermeiden. Auch dem rechtlich unerfahrenen Steuerbürger soll der Zugang zum Einspruchsverfahren offengehalten werden; seine Einwendungen gegen Steuerverwaltungsakte sollen nach Möglichkeit nicht an „Formalien" scheitern.

Gegenüber der Klageschrift ist das Einspruchsschreiben einfacher abzufassen. Deshalb bringen auch die Formerfordernisse für die Beratungspraxis der Angehörigen steuerberatender Berufe im Regelfall keine Probleme mit sich.[167] Dies heißt jedoch nicht, dass nicht doch der ein oder andere steuerliche Berater bereits an dieser Hürde strauchein würde.

---

167 Streck, Der Steuerstreit, Rz. 471.

2. Einspruchsform

a) Schriftstück
aa) Schriftlichkeit

Nach § 357 Abs. 1 Satz 1 AO ist der Einspruch „schriftlich einzulegen". Wegen der verfahrenseinleitenden Wirkung hat die Schriftform Beweisfunktion, auch und gerade im Hinblick auf die Einhaltung der Einspruchsfrist. Sie dient der Rechtssicherheit, weil damit mögliche Zweifel, die bei nur mündlicher Einlegung des Einspruchs auftreten können, vermieden werden. Schriftlichkeit liegt vor, wenn sich der Inhalt des Einspruchs aus einem von Einspruchsführer herrührenden Schriftstück ergibt. Eine telefonische Einlegung ist selbst dann, wenn der Gesprächsinhalt zur Niederschrift aufgenommen werden soll oder wird, nicht ausreichend für eine formgerechte Anbringung des Einspruchs.[168] Hierin unterscheidet sich die Korrekturmöglichkeit von Steuerbescheiden im Wege des Einspruchsverfahrens von dem Antrag auf schlichte Änderung nach § 172 Abs. 1 Satz 1 AO, der auch mündlich (fernmündlich) gestellt werden kann.

bb) Sprache, Unterschrift

Die Einspruchsschrift muss in deutscher Sprache abgefasst sein (§ 87 Abs. 1 AO). Die Einlegung in einer fremdsprachlichen Form hat dann fristwahrende Wirkung, wenn innerhalb der von der Finanzbehörde gesetzten Frist eine Übersetzung vorgelegt wird (§ 87 Abs. 4 AO).

Die Einspruchsschrift muss nicht eigenhändig unterschrieben werden. Die Unterschrift kann sogar ganz fehlen,[169] wenn sich der Urheber des Einspruchs aus dem Schreiben (etwa Briefkopf), der Absenderangabe oder aus der angegebenen Steuernummer hinreichend deutlich ergibt (§ 357 Abs. 1 Satz 2 AO). Entscheidend ist, dass die Finanzbehörde den schriftlich geäußerten Willen des Einspruchsführers – dessen Rechtsschutzziel – erkennt: Dieser muss deutlich machen, dass er die Rechtmäßigkeit des Steuerverwaltungsakts angreift und eine Überprüfung desselben im einem förmlichen Verwaltungsverfahren begehrt.

b) Telegramm, Fernschreiben, Telefax, E-Mail

Die Einlegung des Einspruchs durch Telegramm – als eine besondere Art der Schriftform – ist möglich (§ 357 Abs. 1 Satz 3 AO). Hierbei genügt die fernmündliche Aufgabe des Telegramms.[170] Außerdem entsprechen die modernen Telekommunikationsmittel Fernkopie, Telex, Telebrief und Telefax den Formerfordernissen, da eine eigenhändige Unterschrift – wie oben ausgeführt – nicht erforderlich

---

168 Einhellige Meinung, vgl. BFH vom 10. 7. 1964, III 120/61 U, BStBl III 1964, 590.
169 FG Saarland vom 7. 5. 1992, 2 K 129/88, EFG 1992, 712.
170 BFH vom 10. 3. 1982, I R 91/81, BStBl II 1982, 573 m.w.N.; dazu die Anmerkung von Rößler, FR 1982, 613.

ist.[171] Allerdings muss beim Telefax der Einspruch spätestens bis zum Ablauf der Einspruchsfrist vom Empfangsgerät der Finanzbehörde vollständig aufgezeichnet sein. Der Statusbericht beim Absender ist insoweit kein ausreichender Nachweis für die Fristwahrung.[172]

Auch per E-Mail lässt sich ein Einspruch einlegen. Nach § 87a Abs. 1 Satz 1 AO kann die Übermittlung elektronischer Dokumente erfolgen, wenn die Finanzbehörde hierzu einen Zugang eröffnet, etwa durch Nennung einer E-Mail-Adresse im Briefkopf.[173] Dies gilt u. E. selbst dann, wenn die Behörde – etwa auf ihrer Homepage- zum Ausdruck bringt, eine Einspruchseinlegung per E-Mail sei unzulässig. Denn ein per E-Mail gefertigter und abgesandter Einspruch erfüllt alle Erfordernisse des § 357 Abs. 1 AO. Insbesondere ist keine Unterschrift (hier ersetzt durch eine elektronische Signatur) erforderlich.[174]

c) *Erklärung zur Niederschrift*
Der Einspruch kann auch zur Niederschrift bei der Finanzbehörde erklärt werden. Die Erklärung muss persönlich durch den Einspruchsführer oder dessen Vertreter mündlich an Amtsstelle erfolgen. Die Niederschrift des Finanzbeamten – dieser ist zur Entgegennahme verpflichtet – muss das Einspruchsbegehren unter Angabe des Einspruchsführers, des angefochtenen Verwaltungsakts, des Datums gegen Unterschrift protokollieren. Unterbleibt bei einer Vorsprache an Amtsstelle diese Protokollierung, liegt kein formgerechter Einspruch vor, auch wenn die Finanzbehörde schuldhaft gehandelt hat.[175] Es gehört zur Fürsorgepflicht der Finanzbehörde, den rechtlich unerfahrenen Steuerbürger auf die Formerfordernisse seines Rechtsschutzgesuches hinzuweisen. Bei mangelhafter Aufklärung durch die Finanzbehörde kann bei dadurch unverschuldeter Fristversäumung Wiedereinsetzung in den vorigen Stand gewährt werden (§ 110 Abs. 1 AO).[176] Wiedereinsetzung kann auch in Betracht kommen, wenn die Behörde den Empfänger

---

171 BFH vom 10. 3. 1982, I R 91/81, BStBl II 1982, 573; BGH vom 11. 10. 1989, IV a ZB 7/89, HFR 1990, 584; BFH vom 26. 3. 1991, VIII B 83/90, BStBl II 1991, 463.
172 Eingehend zu den Problemen mit Rechtsprechungsnachweisen Schwebel, „Faxen" mit dem Finanzamt, DB 1990, 1841; Ebnet, Rechtsprobleme bei der Verwendung von Telefax, NJW 1992, 2985; Jestädt, Klageerhebung per Telefax, StB 1993, 90.
173 So zu Recht Dumke, in: Schwarz, AO, § 357 (Stand: 6/2003), Rz. 22a.
174 Dazu auch Nöcker, Die E-Mail im Einspruchs- und Klageverfahren, AO-StB 2007, 267; Fett/Martin, Formerfordernisse contra elektronischer Datenaustausch, DStZ 2007, 176.
175 BFH vom 28. 10. 1988, III R 204/83, BFH/NV 1989, 547.
176 BFH vom 28. 10. 1988, III R 204/83, BFH/NV 1989, 547; FG Saarland vom 25. 10. 1990, 2 K 4/89, EFG 1991, 439; s. a. BFH vom 6. 10. 1993, X B 85–86/93, X B 85/93, X B 86/93, BFH/NV 1994, 680.

eines mit einer ordnungsgemäßen Rechtsbehelfsbelehrung versehenen Bescheides in seiner rechtsirrigen Annahme bestärkt oder die Annahme erst hervorruft, der „zur Niederschrift bei der Behörde" zu erhebende Einspruch könne auch durch eine telefonisch veranlasste Aktennotiz wirksam eingelegt werden.[177] Allein die Bitte um Fristverlängerung führt hingegen nicht zu der Verpflichtung des Finanzamts, den Steuerpflichtigen nochmals auf die Voraussetzungen der Einspruchseinlegung hinzuweisen.

3. Inhalt des Einspruchsschreibens

a) Mindestanforderungen

An den Inhalt des Einspruchsschreibens sind kein großen formalen Anforderungen zu stellen. Mindesterfordernisse sind jedoch

- Erkennbarkeit des Einspruchsführers,
- Geltendmachung einer Beschwer,
- Begehren der Überprüfung eines konkreten Verwaltungsakts.

Die unrichtige Bezeichnung des Einspruchs schadet nicht (§ 357 Abs. 1 Satz 4 AO). Der Steuerpflichtige kann also auch den Rechtsbehelf als Widerspruch, Einwendung oder Klage bezeichnen oder überhaupt keinen Rechtsbehelfsbegriff verwenden.[178] Entscheidend ist nur die Erkennbarkeit seines Rechtsschutzgesuches.

Wird der Einspruch durch einen Vertreter eingelegt, muss das Vertretungsverhältnis aber deutlich gemacht werden, damit feststeht, wer der Einspruchsführer ist. Auch bei Ehegatten muss zweifelsfrei erklärt werden, für wen der Einspruch eingelegt worden ist, da die Zusammenveranlagung nicht notwendig für beide Ehegatten die Beteiligtenstellung im Einspruchsverfahren begründet.[179]

Sind die Essentialien der Einspruchsform nicht eindeutig gekennzeichnet, muss die Finanzbehörde im Wege der Auslegung oder Umdeutung den wirklichen Willen des Einspruchsführers ermitteln. Auslegungsmaßstab ist dabei die Grundüberlegung, dass der Steuerpflichtige denjenigen Verwaltungsakt anfechten will, der nach Lage der Sache angefochten werden muss, um den erkennbar angestrebten Erfolg (das Rechtsschutzziel) zu erreichen.[180] Bestehen Zweifel an der Wil-

---

177 BFH vom 23. 7. 2004, XI B 42/03, n. v.
178 FG Hamburg vom 13. 12. 1989, II 218/88, EFG 1990, 281.
179 BFH vom 27. 11. 1984, VIII R 73/82, BStBl II 1985, 296; vom 26. 4. 2006, II R 35/06, BFH/NV 2006, 1800.
180 BFH vom 11. 9. 1986, IV R 11/83, BStBl II 1987, 5; vom 31. 10. 2000, VIII R 47/98, BFH/NV 2001, 589.

lenserklärung, die durch Auslegung nicht zu klären sind, muss die Finanzbehörde aufgrund ihrer Fürsorgepflicht (§ 89 AO) den Steuerpflichtigen anhalten, sachdienliche oder ergänzende Angaben zu machen.

Praxishinweis:

Um der Gefahr zu begegnen, dass durch eine einengende Formulierung Verwaltungsakte von der gewollten Anfechtung nicht erfasst werden, empfiehlt *Streck*[181], die Schriftsätze eher allgemein zu halten, da jede allzu konkrete Spezifizierung dem Argument Raum gibt, gerade durch die Spezifizierung habe der Berater ausdrücken wollen, dass er nicht bezeichnete Bescheide nicht habe anfechten wollen.[182] So könne es nach einer Betriebsprüfung oder Steuerfahndung ausreichen, wenn dem Finanzamt mitgeteilt werde, dass alle Auswertungsbescheide, die vom Prüfungsbericht erfasst werden, angefochten werden. Durch diese „Globalanfechtung" könne der Gefahr begegnet werden, dass bei einer Vielzahl von Bescheiden einzelne vergessen würden.

Praktisch bedeutsam ist, dass eventuelle Zweifel innerhalb der Einspruchsfrist geklärt werden. Zuweilen besteht die Frage, ob ein (schlichter) Änderungsantrag nach § 172 Abs. 1 Satz 1 Nr. 2a AO oder ein Einspruch gewollt ist. Wenn die Finanzbehörde dies durch Rückfrage beim Steuerpflichtigen oder seinem Berater nicht aufklärt, wird sie grundsätzlich einen formellen Rechtsbehelf (also einen Einspruch) annehmen, da er gerade wegen der Möglichkeit der Aussetzung der Vollziehung (§ 361 Abs. 2 AO) die Rechte des Steuerbürgers effektiver schützt als eine bloße Änderungsanregung.[183]

Eine Auslegung oder Umdeutung ist auch bei Einsprüchen oder Anträgen von Angehörigen rechts- und steuerberatender Berufe möglich und zulässig; allerdings muss die Erklärung auslegungsbedürftig sein. Hieran fehlt es, wenn die Erklärung nach Wortlaut und Zweck einen eindeutigen Inhalt hat.[184]

b) Sollanforderungen

Was den Inhalt des Einspruchsschreibens anbetrifft, gibt es nach § 357 Abs. 3 AO im Gegensatz zur äußeren Form nur Sollerfordernisse. Deren Fehlen führt nicht

---

181 Streck, Der Steuerstreit, Rz. 467 f.
182 FG Köln vom 5. 12. 1990, 7 K 231/85, EFG 1991, 515; BFH vom 30. 8. 1994, IX R 42/91, BFH/NV 1995, 481; vom 9. 11. 1988, I R 202/84, BFH/NV 1989, 616.
183 So die Verwaltungsanweisung in AEAO Nr. 1 vor § 347 AO.
184 BFH vom 28. November 2001 I R 93/00, BFH/NV 2002, 613; vom 18. 1. 2007, IV R 35/04, BFH/NV 2007, 1509 m. w. N.

zur Unzulässigkeit des Einspruchs – gleichwohl sollte der Steuerpflichtige folgende Erfordernisse im eigenen Interesse beachten. Das Einspruchsschreiben soll

- den Verwaltungsakt bezeichnen, gegen den der Einspruch gerichtet ist (§ 357 Abs. 3 Satz 1 AO),
- angeben, inwieweit der Verwaltungsakt angefochten und seine Änderung beantragt wird (§ 357 Abs. 3 Satz 2 AO),
- Tatsachen, die zur Begründung dienen, sowie die Beweismittel anführen (§ 357 Abs. 3 Satz 3 AO).

Ein Begründungszwang besteht nicht, da die Finanzbehörde im Fall der Anhängigkeit des Einspruchsverfahrens von Amts wegen die Rechtmäßigkeit des angegriffenen Verwaltungsakts zu überprüfen hat. Als Begründung kommen alle tatsächlichen und rechtlichen Ausführungen in Betracht, um die angenommenen Fehler des Verwaltungsakts zu überprüfen. Bei Schätzungsbescheiden genügt regelmäßig die inhaltlich vollständige Abgabe von Steuererklärungen, aus denen sich die zutreffenden Besteuerungsgrundlagen ergeben. Ohne Begründung ist der Einspruch nicht unzulässig;[185] dies beeinflusst jedoch die finanzbehördliche Aufklärungspflicht, mit der Folge, dass bei Verletzung dieser Obliegenheit nur eine Überprüfung nach Aktenlage stattfindet. Außerdem ist durch die Präklusionsmöglichkeit nach § 364b AO die Gefahr groß, dass eine Begründung – meist in Form der Steuererklärung – erst im finanzgerichtlichen Verfahren zu spät kommt (§ 76 Abs. 3 FGO).[186]

Einsprüche unter einer Bedingung sind unzulässig. Allerdings ist ein nur vorsorglich eingelegter Einspruch – bei Vorliegen der anderen Sachentscheidungsvoraussetzungen – zulässig. Dagegen stellt die schriftliche Ankündigung eines Einspruchs – ebenso wie ein Vorbehalt, der bei Abgabe der Erklärung oder bei der Steuerzahlung gemacht wird – keine wirksame Einspruchseinlegung dar.

4. Einlegung bei der zuständigen Behörde

a) Bedeutung

Der Einspruch ist bei der – örtlich und sachlich zuständigen – Finanzbehörde anzubringen, deren Verwaltungsakt angefochten wird oder bei der, in Fällen des Untätigkeitseinspruches, ein Antrag auf Erlass des Verwaltungsakts gestellt ist. Da die Finanzämter nach der Reform des außergerichtlichen Rechtsbehelfsverfahrens des Jahres 1994 über alle Steuerverwaltungsakte im Einspruchsverfah-

---

185 BFH vom 8. 11. 1972, I R 257/71, BStBl II 1973, 120; vom 27. 11. 1985, II R 90/83, BStBl II 1986, 243.
186 Dazu unten 2. Teil A, VII (S. 160).

ren entscheiden, weil das frühere Beschwerdeverfahren nach §§ 349, 368 AO a. F. weggefallen ist, ist die Unterscheidung zwischen Einlegungsbehörde (Finanzbehörde, bei der der Einspruch einzulegen ist) und Entscheidungsbehörde (Behörde, die über den Einspruch zu entscheiden hat) obsolet geworden. Die Finanzämter sind – mit Ausnahme des Falles nach § 357 Abs. 2 Satz 3 AO – in allen Fällen Anbringungs- und Entscheidungsbehörden.

b) Besondere Fallgestaltungen
aa) Grundlagenbescheide
Bei Einsprüchen gegen Grundlagenbescheide (vgl. § 171 Abs. 10, §§ 179, 180, 184, 188, 190 AO)[187] genügt es, dass der Einspruch bei der zum Erlass des Steuerbescheides – als Folgebescheid – zuständigen Finanz- oder Gemeindebehörde angebracht wird (§ 357 Abs. 2 Satz 2 AO). Dies reicht zur fristwahrenden Einlegung des Einspruchs aus. Diese Regelung dient dem Schutz des Steuerpflichtigen, der sich möglicherweise nicht durch den Grundlagenbescheid beschwert fühlt, sondern erst durch den darauf gründenden Folgebescheid, der die Steuer betragsmäßig festsetzt. Eine Bedeutung hat die Vorschrift insoweit, als Grundlagen- und Folgebescheid gleichzeitig ergehen. Zutreffender Weise wird man unter diesem Gesichtspunkt u. E. auch zulassen müssen, dass § 357 Abs. 2 Satz 3 AO auch für die Fälle analog greift, in denen der Einspruch gegen einen Folgebescheid bei der Behörde eingelegt wird, die den Grundlagenbescheid erlassen hat.

In diesem Fall wird die Einlegungsbehörde den Einspruch an die Entscheidungsbehörde weiterleiten. Die Dauer der Übermittlung hat für die Unterbrechung der Einspruchsfrist keinen Einfluss – der Einspruchsführer hat also keinen Nachteil aus der Einlegung des Einspruchs bei der „falschen" Behörde.

bb) Einspruch bei Verwaltungsakt einer anderen Behörde
Ein Einspruch, der sich gegen einen Verwaltungsakt richtet, den eine Behörde auf Grund gesetzlicher Vorschrift für die zuständige Finanzbehörde erlassen hat, kann auch bei der zuständigen Finanzbehörde angebracht werden (§ 357 Abs. 2 Satz 3 AO).

5. *Einspruch bei unzuständiger Behörde*

Wird der Einspruch bei einer anderen Behörde, die nicht zuständig ist, angebracht, ist dies nur dann unschädlich, wenn der Einspruch vor Ablauf der Einspruchsfrist einer der Behörden übermittelt wird, bei der er nach § 357 Abs. 2 Sätze 1 bis 3 AO

---

187 Über den Gesetzeswortlaut hinaus ist es sachgerecht, alle Fälle von Grundlagen- und Folgebescheiden in diese Regelung einzubeziehen, zutr. Tipke, in: Tipke/Kruse, § 357 AO (Stand: April 2007), Rz. 24.

angebracht werden kann bzw. muss (§ 357 Abs. 2 Satz 4 AO). Die Einspruchserhebung kann also auch bei der OFD, dem Finanzministerium oder anderen (allgemeinen) Verwaltungsbehörden, auch etwa der Bundesagentur für Arbeit, erfolgen. Allerdings trägt in diesem Fall der Einspruchsführer des Übermittlungsrisiko.[188] Fraglich ist, ob die sonstige (Anbringungs-) Behörde zur Weiterleitung des Einspruchs verpflichtet ist.[189] Leitet sie – was wohl Regelfall sein dürfte – den Einspruch an die zuständige Anbringungsbehörde weiter, so ist für die Bestimmung des Zeitpunktes des Einspruchseingangs der Zugang des Schreibens bei der Einlegungsbehörde maßgeblich. Die Dauer der Übermittlung geht damit zu Lasten des Einspruchsführers. Hat jedoch die unzuständige Behörde die Übermittlung schuldhaft verzögert oder überhaupt unterlassen, kommt im Falle willkürlichen, offenkundig nachlässigen und nachgewiesenen Fehlverhaltens der Behörde die Gewährung von Wiedereinsetzung in den vorigen Stand in Betracht.[190]

Wird ein Einspruch bei einem Wechsel der örtlichen Zuständigkeit nach Erlass eines Verwaltungsakts entgegen § 357 Abs. 2 Satz 1 AO bereits bei der Entscheidungsbehörde eingelegt, so gilt auch in diesem Fall § 357 Abs. 2 Satz 4 AO. Der Einspruch muss in diesem Fall der „alten" Behörde innerhalb der Einspruchsfrist übermittelt werden, damit diese ihre evtl. Zuständigkeit nach § 26 Satz 2 AO prüfen kann. Wird der Einspruch nicht rechtzeitig innerhalb der Einspruchsfrist übermittelt, können die Voraussetzungen des § 110 AO – Wiedereinsetzung in den vorigen Stand – gegeben sein.[191]

6. Einspruch beim Finanzgericht

Beim Finanzgericht kann der Einspruch grundsätzlich nicht wirksam angebracht werden. Das Risiko der fristwahrenden Übersendung bei der Zuleitung an die Einlegungsbehörde trägt auch in diesem Fall der Einspruchsführer.

Ist eine Sprungklage (§ 45 Abs. 1 Satz 1 FGO) als Einspruch zu behandeln, sei es, weil die Finanzbehörde der Sprungklage nicht zustimmt, sei es, dass sie durch

---

188 Unstreitig, vgl. AEAO Nr. 1 zu § 357.
189 Nach Auffassung des FG Nürnberg vom 5. 11. 1980, V 255/80, EFG 1981, 162, ist die unzuständige Behörde aus rechtsstaatlichen Gründen verpflichtet, einen bei ihr eingehenden Rechtsbehelf ohne schuldhaftes Zögern – aber nicht unter Hintanstellung ihrer eigentlichen Aufgaben – der zuständigen Behörde weiterzuleiten. Anders zwar BFH vom 19. 12. 2000, VII R 7/99, BStBl II 2001, 158. Letztgenannte Entscheidung wurde jedoch durch das BVerfG (vom 2. 9. 2002, 1 BvR 476/01, BStBl II 2002, 835) aufgehoben. S. a. BFH vom 23. 8. 2004, X B 71/03, n. v.
190 BVerfG vom 2. 9. 2002, 1 BvR 476/01, BStBl II 2002, 835
191 So die Verwaltungsanweisung in AEAO Nr. 2 zu § 357; BFH vom 15. 9. 1992, VIII R 26/91, BFH/ NV 1993, 219.

Gerichtsbeschluss zur Durchführung eines Vorverfahrens an die Finanzbehörde abgegeben wird[192], wahrt die fristgerechte Klageerhebung bei Gericht mittelbar auch die Einspruchsfrist, da in diesem Fall der Einspruch über die Klage bei Gericht zulässigerweise und wirksam erhoben wurde.

II. Einspruchsfrist

Literatur:

Frenkel, Termine und Fristen im Steuerrecht, DStR 1978, 8; *ders.*, Fristen und Fristberechnung, StB 1979, 77; *Rößler*, Beginn der Rechtsbehelfsfrist bei nach § 122 Abs. 2 AO bekanntgegebenen Bescheiden, DStZ 1979, 451; *Bink*, Rechtsbehelfseinlegung schon vor Abgabe des Verwaltungsaktes?, DB 1983, 1626; *Weiler*, Fristenkontrolle tut not, DStR 1986, 788; *Ziegeltrum*, Grundfälle zur Berechnung von Fristen und Terminen, JuS 1986, 705, 784; *Scholtz*, Beginn der Einspruchsfrist bei Zustellung eines Steuerbescheides, DStR 1986, 79; *Carl*, Einlegung eines Rechtsbehelfs vor Bekanntgabe des angefochtenen Bescheids, DStZ 1989, 221; *Stahl*, Fristen der Abgaben- und Finanzgerichtsordnung, KÖSDI 1987, 6806; *Lohmeyer*, Fristen und Termine im Steuerrecht, ZKF 1988, 21; *Streck/Rainer*, Bei mündlichen Verwaltungsakten beträgt die Rechtsbehelfsfrist auch dann ein Monat, wenn keine Rechtsbehelfsbelehrung erfolgt, Stbg. 1988, 366; *dies.*, Einspruch gegen eigene Steueranmeldungen, Stbg. 1989, 101; *App*, Zum Antrag des Einspruchsführers auf Wiedereinsetzung in den vorigen Stand und zur Entscheidung des Finanzamts über diesen Antrag, BB 1990, 3212; *Weyand*, Rechtsfragen zum Telefaxeinsatz in der Steuerberaterkanzlei, INF 1993, 435; *ders.*, Aktuelle Entscheidungen zum Telefaxeinsatz in der Beratungspraxis, INF 1995, 53; *Stöcker*, Segen und Fluch neuer Kommunikationsmittel im finanzgerichtlichen Verfahren – Glosse zur Nichtschriftform der Fotokopie, KÖSDI 1995, 10087; *Klos*, Irrtum über die Rechtsbehelfsfrist und Wiedereinsetzung in den vorigen Stand, INF 1995, 100; *Schenkewitz/Fink*, Die außergerichtlichen Rechtsbehelfsfristen im Steuerrecht und im allgemeinen Verwaltungsrecht, BB 1996, 2117

1. Bedeutung

Zweck aller Fristsetzungen in verwaltungsbehördlichen Rechtsbehelfs- und gerichtlichen Rechtsmittelverfahren ist die Schaffung von Rechtssicherheit und -frieden.[193] Denn für ein geordnetes Rechtssystem ist es notwendig zu wissen, wann ein Verwaltungsakt formell bestandskräftig geworden ist.[194] Der Eintritt von Rechtsfrieden ist insoweit höher zu werten als die dem Einzelnen zuzubilligende Möglichkeit, Verwaltungsentscheidungen – bis zum Eintritt der Verjährung – unbefristet angreifen zu können. Die Bindungswirkung von – wenn auch

---

192 Möglich nach § 45 Abs. 2 FGO.
193 BFH vom 9. 11. 1990, III R 103/88, BStBl II 1991, 168; dazu auch BVerfG vom 15. 1. 2008, 2 BvF 4/05, n. v.; vom 25. 11. 1994, 2 BvR 852/93, NJW 1995, 711.
194 Dazu schon BVerfG vom 11. 8. 1954, 2 BvK 2/54, BVerfGE 4, 31.

fehlerhaften – bestandskräftigen Verwaltungsakten[195] ist auch Grundvoraussetzung dafür, dass die Steuerverwaltung ihre Besteuerungsaufgabe nach § 85 AO überhaupt erfüllen kann. Die Bedeutung der Einhaltung der Einspruchsfrist wird insoweit erhöht, als der Steuerbürger bestandskräftig festgesetzte Steuern grundsätzlich auch nicht mehr im Erlassverfahren wegen Unbilligkeit der Steuerfestsetzung in der Sache überprüfen lassen kann.[196] Steuern, die bestandskräftig festgesetzt worden sind, können nur dann im Billigkeitsverfahren sachlich überprüft werden, wenn die Steuerfestsetzung offensichtlich und eindeutig unrichtig ist und es dem Steuerpflichtigen nicht möglich oder nicht zumutbar war, sich gegen deren Fehlerhaftigkeit rechtzeitig zu wehren.[197]

Deshalb ist die Einhaltung der Einspruchsfrist als Sachentscheidungsvoraussetzung von primärer Bedeutung für ein erfolgreich zu führendes Einspruchsverfahren. Dies gilt im Besonderen für den Berater, der durch eine sorgfältige Fristenkontrolle[198] Rechtsbehelfs- und Rechtsmittelfristen überwachen muss, um keine Rechtsnachteile für sich und seinen Mandanten zu erleiden.

2. Bestimmung der Einspruchsfrist

a) Überblick

Im Rahmen der Einspruchsfrist entstehen bei Berechnung der Frist auch materielle Probleme, die zu klären sind, weil sie für die Einspruchsfrist Bedeutung haben. Folgende Fragen treten regelmäßig auf:

- Ist der angegriffene Verwaltungsakt wirksam bekanntgegeben?
- Wann ist der Verwaltungsakt bekanntgegeben?
- Ist eine ordnungsgemäße Einspruchsbelehrung erfolgt?
- Wie lange dauert die Frist und wie ist sie zu berechnen?
- Kann bei evtl. Fristversäumung Wiedereinsetzung in den vorigen Stand beantragt werden?

Nach § 355 Abs. 1 AO ist der Einspruch nach § 347 Abs. 1 Satz 1 AO innerhalb eines Monats nach Bekanntgabe des Verwaltungsakts einzulegen. Ein Einspruch gegen eine Steueranmeldung ist innerhalb eines Monats nach Eingang der Steueranmeldung bei der Finanzbehörde, in den Fällen des § 168 Satz 2 AO innerhalb eines Monats nach Bekanntwerden der Zustimmung, einzulegen. Der

---

195 Siehe die Regelung des § 124 Abs. 2 AO.
196 Unstreitig, vgl. BFH vom 11. 8. 1987, VII R 121/84, HFR 1988, 19.
197 BFH vom 14. 11. 2007, II R 3/06, n. v.; Urteile vom 13. 1. 2005 V R 35/03, BStBl II 2005, 460; vom 6. 10. 2005 V R 15/04, BFH/NV 2006, 836, jeweils m. w. N.
198 Dazu ausführlich und instruktiv Streck, Der Steuerstreit, Rz. 127 ff., 166 ff.

Einspruch nach § 347 Abs. 1 Satz 2 AO – Untätigkeitseinspruch – ist unbefristet (§ 355 Abs. 2 AO).

Der Gesetzgeber hat die Monatsfrist wie nach der bisherigen Regelung nicht verändert, obwohl insbesondere von den Verbänden der steuerberatenden Berufe eine Ausweitung der Frist auf zwei Monate im Rahmen der Reformdiskussion im Zuge der Reformen von 1994 gefordert worden waren.[199] Insbesondere aus Gründen der Rechtseinheitlichkeit wurde die Ein-Monats-Frist – parallel zu den Klage- und Widerspruchsfristen im Finanzgerichtsverfahren bzw. den sozial- und verwaltungsgerichtlichen Vorverfahren – zu Recht beibehalten. So reicht sicherlich die Frist von einem Monat aus, um den Erfordernissen einer ordnungsmäßigen Einspruchseinlegung zu genügen. Alsdann liegt es an dem Steuerpflichtigen und seinem Berater mittels eines begründeten Antrags auf Fristverlängerung ein zureichendes Zeitpolster zu schaffen, um den Einspruch vernünftig und Erfolg versprechend zu begründen. Sollten die Finanzbehörden – nur um dem Grundsatz „(Nur) schnelles Recht ist gutes Recht" zu huldigen – hier allzu rigide mit den Betroffenen umgehen – etwa indem sie voreilig eine Einspruchsentscheidung erlassen –, liegt es an den Finanzgerichten, dieser Praxis durch eine die Finanzbehörde belastende Kostenentscheidung im Rahmen des § 138 FGO entgegen zu wirken.

b) Fristbeginn
aa) Wirksame Bekanntgabe des Verwaltungsakts
Primärvoraussetzung für den Fristbeginn ist die wirksame Bekanntgabe des angegriffenen Verwaltungsakts. Da ein nichtiger Verwaltungsakt nicht bekanntgegeben werden kann, gibt es bei deren "Anfechtung" keine Monatsfrist[200]. Ob eine wirksame Bekanntgabe vorliegt, ergibt sich aus § 122 Abs. 1 i. V. mit § 124 Abs. 1 AO. Die Einspruchsfrist beginnt auch zu laufen, wenn ein heilbarer Mangel der Bekanntgabe vorliegt, insbesondere wenn der richtige Adressat den Verwaltungsakt tatsächlich empfangen hat (§ 8 VwZG). Bei der materiellen Richtigkeit der Bekanntgabe eines Verwaltungsakts ist im Einzelnen zu untersuchen,

---

199 So hatte etwa der Deutsche Steuerberaterverband argumentiert, die sich ständig ändernden Steuergesetze würden zu einer zunehmenden Belastung der steuerberatenden Berufe führen, die eine Verlängerung der Rechtsbehelfsfrist erforderlich machten. Hinzu komme eine stetige Verlängerung der Postlaufzeiten, die faktisch zu einer Verkürzung der Frist führten. Die dem Steuerpflichtigen und seinem Berater gesetzte Frist stehe im Übrigen in keinem Zusammenhang mit der Dauer des Einspruchsverfahrens. Die Zweimonatsfrist sei notwendig, um den Sachverhalt hinreichend aufklären und den Einspruch sorgfältig begründen zu können.
200 BFH vom 17. 7. 1986, V R 96/85, BStBl II 1986, 834.

Sachentscheidungsvoraussetzungen

- an wen er sich richtet – im Regelfall den Steuerschuldner;
- wem er bekanntgegeben werden soll – dies ist der Adressat oder Destinatär;
- welcher Person er übermittelt werden soll – dies ist der Empfänger;
- ob eine besondere Form der Bekanntgabe erforderlich oder zweckmäßig ist – dies betrifft die Frage nach der einfachen oder förmlichen Bekanntgabe (Zustellung).

Die wichtigsten Fragen einer wirksamen Bekanntgabe ergaben sich früher aus dem sog. BMF-Bekanntgabeerlass vom 8. 4. 1991[201]. Dieser Erlass wurde im Jahr 2000 in den AEAO (hier zu § 122 AO) übernommen.

bb) Schriftlicher Verwaltungsakt im Inland
Soweit ein Verwaltungsakt (überhaupt) wirksam bekanntgegeben worden ist, ist im nächsten Schritt zu klären, wann er dem Betroffenen bekanntgegeben wurde. Ein schriftlicher Verwaltungsakt, der – als sog. einfache Bekanntgabe – durch die Post im Geltungsbereich der AO (also im Inland) übermittelt wird, gilt nach § 122 Abs. 2 Nr. 1 AO mit dem dritten Tag nach der Aufgabe zur Post als bekanntgegeben. Ausnahme: Der Verwaltungsakt ist nicht oder zu einem späteren Zeitpunkt zugegangen. Die Beweislast der wirksamen Bekanntgabe und des Bekanntgabezeitpunktes liegt nach § 122 Abs. 2 2. Halbsatz AO bei der Behörde. Bestreitet der Steuerpflichtige wirksam den Zugang insgesamt, muss die Behörde neu bekanntgeben, will sie nicht in einem Rechtsstreit unterliegen. Auf den Anscheinsbeweis kann die Finanzbehörde den Zugangsbeweis nicht stützen.[202] Unerheblich ist die Datierung des Steuerbescheides ebenso wie die früher als die nach der Drei-Tages-Frist (=Bekanntgabefiktion) eingetretene tatsächliche Bekanntgabe.[203]

Der in § 122 Abs. 2 AO verwandte Begriff der „Post" ist im Übrigen nicht auf die Deutsche Post AG (als Nachfolgeunternehmen der Deutschen Bundespost) beschränkt, sondern umfasst alle Unternehmen, soweit sie Postdienstleistungen erbringen.[204]

Die Bekanntgabevermutung greift auch dann, wenn die Bekanntgabe nicht durch die Übermittlung im Briefverkehr, sondern durch Telefax (einschließlich Computerfax) erfolgt. Denn auch ein so bekannt gegebener Verwaltungsakt ist ein im Sinne des § 122 Abs. 2a AO elektronisch übermittelter Verwaltungsakt. Er gilt somit grundsätzlich am dritten Tag nach der Absendung als bekannt gegeben. Die

---
201 BStBl I 1991, 398, zuletzt geändert. durch BMF v. 14. 9. 1995, BStBl I 1995, 796.
202 St. Rspr., BFH vom 14. 3. 1989, VII R 75/85, BStBl II 1989, 534; vom 14. 2. 2008, X B 11/08, n. v.
203 FG Saarland vom 19. 8. 1992, 1 K 87/92, EFG 1993, 243.
204 AEAO Nr. 1.8.2. zu § 122.

Abgrenzung zu anderen Verfahren und Sachentscheidungsvoraussetzungen

für elektronische Verwaltungsakte geltenden Regelungen des § 87a AO sind auf ihn aber nicht anwendbar.[205] Die Einspruchsfrist beginnt allerdings –wegen der Nachweispflicht der Finanzbehörde- erst an dem Tag zu laufen, an dem das den Verwaltungsakt verkörpernde Schriftstück vom Telefax-Gerät des Empfängers vollständig aufgezeichnet wurde.[206] Insoweit gelingt dem Empfänger der Nachweis des späteren Zugangs i.S. von § 122 Abs. 2 AO.

Ein Dritter, der zwar nicht Adressat des Verwaltungsakts ist, aber von ihm betroffen und damit persönlich einspruchsbefugt ist, kann Einspruch einlegen, sobald der Verwaltungsakt dem Adressaten bekanntgegeben wurde. Solange die Finanzbehörde die Bekanntgabe an den Dritten unterlässt, wird jedoch für diesen keine Einspruchsfrist in Gang gesetzt.

Behauptet der Steuerpflichtige, den Verwaltungsakt nicht innerhalb der Zugangsfiktion, sondern erst später tatsächlich erhalten zu haben, muss er durch detaillierten und substantiierten Vortrag glaubhaft machen, dass in seinem konkreten Fall die Drei-Tages-Frist versäumt wurde.[207] Sofern der Tag der Aufgabe zur Post feststeht, hat in einem sich anschließenden finanzgerichtlichen Verfahren das Gericht den Sachverhalt unter Berücksichtigung des substantiierten Vorbringens des Steuerpflichtigen über den Zugang des Schriftstücks aufzuklären und die festgestellten oder unstreitigen Umstände im Wege der freien Beweiswürdigung nach § 96 Abs. 1 FGO gegeneinander abzuwägen.[208]

In der Praxis ist hin und wieder die Strategie anzutreffen, wegen dieser schwierigen Vortrags- und Beweislast den Zugang des Verwaltungsakts als solchen zu bestreiten.[209] In diesem Fall trägt – wie erwähnt – die Finanzbehörde die Beweislast für die wirksame Bekanntgabe des Verwaltungsakts.

Bei einem mündlich bekanntgegebenen Verwaltungsakt gilt die Drei-Tages-Fiktion nicht; die Einspruchsfrist – auch die Klagefrist – läuft damit unmittelbar ab dem Tag der mündlich bekanntgegebenen Regelung.[210]

---

205 Vgl. AEAO Nr. 1.8.2. zu § 122.
206 FG Baden-Württemberg vom 26. 11. 1991, 4 K 100/91, EFG 1992, 705.
207 BFH vom 23. 10. 1986, IV R 21/85, BFH/NV 1987, 412; vom 21. 1. 1992, VII B 234/91, BFH/NV 1992, 578; vom 20. 8. 1992, VI B 99/91, BFH/NV 1993, 75; vom 22. 5. 2006, X B 190/05, BFH/NV 2006, 1681.
208 BFH vom 20. 8. 1992 VI B 99/91, BFH/NV 1993, 75.
209 Dazu aus Beratersicht korrekt Streck, Der Steuerstreit, Rz. 451.
210 BFH vom 11. 1. 1994, VII R 53/93, BStBl II 1994, 358; vom 30. 8. 1994, VII R 32/94, BFH/NV 1995, 442 für den Fall der mündlichen Bekanntgabe des Ergebnisses des Steuerberaterprüfung nach § 28 Abs. 1 Satz 3, Abs. 2 DVStB; BFH vom 9. 7. 2003, V R 29/02, BStBl II 2003, 904 zur Zustimmung zu einer Umsatzsteueranmeldung.

cc) Schriftlicher Verwaltungsakt bei Bekanntgabe im Ausland
Ist der Verwaltungsakt im Ausland bekannt zu geben[211], beträgt die Frist, in der der Verwaltungsakt als bekanntgegeben gilt, einen Monat nach der Aufgabe zur Post (§ 122 Abs. 1 Nr. 2 AO)[212]. Diese Vermutung gilt durchgängig für das gesamte Ausland. Im Zweifel aber gilt wiederum: Die Behörde hat den Zugang des Verwaltungsakts und den Zeitpunkt des Zugangs nachzuweisen.

dd) Öffentliche Bekanntgabe und Zustellung
Wird ein schriftlicher Verwaltungsakt öffentlich bekanntgegeben (§ 10 VwZG), so gilt er zwei Wochen nach dem Tag der ortsüblichen Bekanntmachung als bekanntgegeben (§ 122 Abs. 4 Satz 3 AO).[213] In einer Allgemeinverfügung kann ein hiervon abweichender Tag, jedoch frühestens der auf die Bekanntmachung folgende Tag bestimmt werden (§ 122 Abs. 4 Satz 4 AO).

Auf die Zustellung (also die förmliche Bekanntgabe) nach § 122 Abs. 5 AO i. V. m. den Vorschriften des VwZG ist die Zugangsfiktion des § 122 Abs. 2 Nr. 1 AO nicht anzuwenden. Zugangszeitpunkt ist in diesen Fällen tatsächlich auf der Postzustellungsurkunde oder der Empfangsbestätigung vermerkt.[214]

ee) Einspruch gegen noch nicht bekanntgegebenen Verwaltungsakt
Ein Einspruch gegen einen noch nicht bekanntgegebenen Verwaltungsakt ist grundsätzlich nicht statthaft.[215] Fraglich ist, ob, bevor die Frist des § 122 Abs. 2 AO abgelaufen ist, also der Verwaltungsakt noch nicht wirksam ist, es an der Sachentscheidungsvoraussetzung eines einspruchsfähigen Verwaltungsakts und der Einspruchsbefugnis fehlt, da der Steuerpflichtige noch nicht beschwert sein kann.

---

211 Dazu Bock, Die Bekanntgabe von Steuerverwaltungsakten im Ausland, DStZ 1986, 329.
212 Die Regelung gilt auch bei Bekanntgabe an einen Bevollmächtigten im Ausland; vgl. BFH vom 1. 2. 2000, VII R 49/99, BStBl II 2000, 334.
213 Zur Ladung durch öffentliche Zustellung vgl. etwa BFH vom 9. 8. 2007, V B 149/06, BFH/NV 2007, 2310.
214 Vgl. BFH vom 19. 6. 1991, I R 77/89, BStBl II 1991, 826.
215 Vgl. BFH vom 13. 12. 1973, I R 143/73, BStBl II 1974, 433; vom 8. 4. 1983, VI R 209/79, BStBl II 1983, 551; FG München vom 28. 4. 2004, 14 K 1869/01, DStRE 2004, 1299; zum Problem ausführlich Carl, Einlegung eines Rechtsbehelfs vor Bekanntgabe des angefochtenen Bescheids, DStZ 1989, 221.

Beispiel:

Das Finanzamt gibt den Einkommensteuerbescheid 2007 für den Steuerpflichtigen S am 10. Mai 2008 zur Post. Der Bescheid erreicht S am 11. Mai 2008. Am selben Tag legt S Einspruch ein.

Hier gilt der Steuerbescheid nach § 122 Abs. 2 Nr. 1 AO (erst) am 13. Mai 2008 als bekannt gegeben. Da nach § 355 Abs. 1 Satz 1 AO die Einspruchsfrist (erst) mit der Bekanntgabe zu laufen beginnt und ein Einspruch auch nur zulässig ist, wenn er innerhalb der Einspruchsfrist eingelegt worden ist, wäre der Einspruch von S unzulässig – ein aus unserer Sicht höchst unbefriedigendes Ergebnis, lag doch der Bescheid dem S bereits vor.

Die Rechtsprechung sieht in diesem Fall den Einspruch gegen einen Verwaltungsakt vor der Bekanntgabe als zulässig an, wenn der Einspruchsführer aus seiner Sicht davon ausgehen konnte und durfte, dass der Verwaltungsakt bereits bekanntgegeben worden ist.[216] Dies geschieht im Wege der Wiedereinsetzung in den vorigen Stand bezüglich der Fristversäumnis nach Bekanntgabe des Bescheides. Allerdings soll es hier besonderer Umstände bedürfen. Der Rechtsuchende muss sich im Zeitpunkt der Einspruchseinlegung einer Situation gegenübersehen, die den Rechtsschein erweckt, ein (neuer) Verwaltungsakt existiere bereits.[217] Die Literatur ist sich weitgehend[218] einig, dass eine rechtschutzverweigernde Betrachtung als „formalistisch"[219] einzustufen sei und mit der Rechtsschutzgarantie des Art. 19 Abs. 4 GG nicht in Einklang stehe. Der „Weg zum Ziel" jedoch ist unterschiedlich. *Tipke*[220] argumentiert damit, dass Verfahrensvorschriften nicht begriffsjuristisch verstanden werden dürften und keinen Selbstzweck verfolgten.[221] *Brockmeyer*[222] will den zunächst unzulässigen Rechtsbehelf mit Ablauf der Drei-Tages-Frist in einen zulässigen Rechtsbehelf „umwandeln". Uns erscheint der Hinweis darauf zielführend, dass § 122 Abs. 1 Nr. 1 AO eine Fiktion beinhaltet, die durch die Realität „korrigiert" werden kann. Dies zeigt der Umstand, dass die Fiktion etwa dadurch entkräftet werden kann, dass ein Nichtzugang oder späterer Zugang dazu führt, dass die Behörde den Zugang und den Zeitpunkt des Zugangs nachzuweisen hat.

---

216 BFH vom 25. 1. 1983, VIII R 54/79, BStBl II 1983, 543.
217 BFH vom 25. 8. 1999, X R 30/98, BFH/NV 2000, 439
218 Dumke, in: Schwarz, AO, § 355 (Stand: 11/2006), Rz. 15a, folgt ohne jedwede Einschränkung der BFH-Rechtsprechung.
219 Tipke, in: Tipke/Kruse, § 355 AO (Stand: April 2007), Rz. 8.
220 Tipke, in: Tipke/Kruse, § 355 AO (Stand: April 2007), Rz. 8.
221 Vgl. auch FG Bremen vom 24. 10. 1979, I 142/79, EFG 1980, 58.
222 In: Klein, § 355, Rz. 5.

ff) Zeitpunkt bei Steueranmeldungen
Da bei einer Steueranmeldung kein Steuerbescheid ergeht, bestimmt § 357 Abs. 1 Satz 2 AO, dass ein Einspruch innerhalb eines Monats nach Eingang der Steueranmeldung bei der Finanzbehörde, in den Fällen des § 168 Satz 2 AO – die Zustimmung der Finanzbehörde ist erforderlich – innerhalb eines Monats nach Bekanntwerden der Zustimmung einzulegen ist. Ist die Zustimmung allgemein erteilt worden,[223] stehen die Anmeldungen erst dann einer Steuerfestsetzung unter Vorbehalt der Nachprüfung gleich, wenn dem Steuerpflichtigen die Zustimmung bekannt wird. Wird der Steuerpflichtige schriftlich bzw. elektronisch über die Zustimmung unterrichtet (z.B. zusammen mit einer Abrechnungsmitteilung), ist grundsätzlich davon auszugehen, dass ihm die Zustimmung am dritten Tag nach Aufgabe zur Post bzw. nach der Absendung bekannt geworden ist. Zu diesem Zeitpunkt beginnt demnach auch die Einspruchsfrist.[224] Bei einer abweichenden Steuerfestsetzung ergeht ein Steuerbescheid, womit die Fiktion des § 122 Abs. 2 Nr. 1 AO gilt.

gg) Besonderheit nach Art 97 § 18a Abs. 2 EGAO
Art. 97 § 18a EGAO regelt die Erledigung bestimmter Massenrechtsbehelfen. Wurde mit einem vor dem 1.1. 1995 eingelegten Einspruch die Verfassungswidrigkeit von Normen des Steuerrechts gerügt, derentwegen eine Entscheidung des Bundesverfassungsgerichts ausstand, galt der Einspruch im Zeitpunkt der Veröffentlichung der Entscheidungsformel im Bundesgesetzblatt (§ 31 Abs. 2 BVerfGG) ohne Einspruchsentscheidung als zurückgewiesen, soweit er nach dem Ausgang des Verfahrens vor dem Bundesverfassungsgericht als unbegründet abzuweisen wäre. Abweichend von § 47 Abs. 1 und § 55 FGO endete die Klagefrist mit Ablauf eines Jahres nach dem Zeitpunkt der Veröffentlichung gemäß Satz 1. Die Sätze 1 und 2 waren auch anzuwenden, wenn der Einspruch unzulässig war.[225]

---

223 AEAO Nr. 9 Satz 1 zu § 168: Aus Vereinfachungsgründen kann bei Steueranmeldungen, die zu einer Steuervergütung oder zu einem Mindersoll führen, die Zustimmung allgemein erteilt werden.
224 AEAO Nr. 9 Satz 2, 3 zu § 168.
225 Zur Anwendung von § 172 Abs. 3 und § 367 Abs. 2b AO in der Fassung des Artikels 10 Nr. 12 und 16 des Gesetzes vom 13.12. 2006 (BGBl I 2006, 2878), soweit Aufhebungs- oder Änderungsanträge oder Einsprüche vor dem 19.12. 2006 gestellt oder eingelegt wurden und die Allgemeinverfügung nach dem 19.12. 2006 im Bundessteuerblatt veröffentlicht wurde, vgl. Art. 97 § 18a Abs. 12 EGAO.

Abgrenzung zu anderen Verfahren und Sachentscheidungsvoraussetzungen

c) Fristdauer
aa) Einmonatige Einspruchsfrist

Die Monatsfrist[226] ist die Regeldauer. Die einmonatige Einspruchsfrist gilt stets für Verwaltungsakte, die schriftlich oder elektronisch erlassen wurden. Sie gilt außerdem (nur) für Verwaltungsakte, die mit einer ordnungsgemäßen Einspruchsbelehrung versehen sind. Entscheidend ist die Schriftform, auch wenn sich der Regelungsinhalt des Verwaltungsakts aus dem Schriftstück nur konkludent ergibt.[227]

Beispiel:

Die Sachpfändung durch den Vollziehungsbeamten ist kein schriftlicher Verwaltungsakt, auch wenn hierüber eine Niederschrift zu fertigen ist. § 356 AO ist deshalb nicht anwendbar.[228]

Der Untätigkeitseinspruch nach § 355 Abs. 2 AO ist grundsätzlich zeitlich unbefristet. Er kann ab Antragstellung bis zur Bekanntgabe des über den Antrag entscheidenden Verwaltungsakts erhoben werden. Allerdings kann dieser Einspruch bei unangemessen langer Nichteinlegung – also bei einer Sachlage, bei der der Einspruch vernünftigerweise bei großzügigen Maßstäben noch zu erheben wäre – verwirkt sein.

bb) Einspruchsfrist bei unrichtiger oder unterlassener Einspruchsbelehrung

Für schriftlich oder elektronisch ergangene Verwaltungsakte beginnt die Einspruchsfrist nicht, wenn die Einspruchsbelehrung nicht oder nicht richtig erteilt worden ist (§ 356 Abs. 1 AO). Dies gilt unabhängig davon, ob sie nach dem Gesetz schriftlich ergehen musste oder nicht.[229] Die Einspruchsbelehrung ist nicht erteilt, wenn sie nicht oder nicht in der vorgesehenen Schriftform durch die Behörde gegenüber dem Adressaten vorgenommen worden ist. Sie ist unrichtig, wenn zwingend notwendige Teile der Belehrung, d. h.

- die schriftliche Unterrichtung über die Einlegung des Einspruchs als solche,
- die Finanzbehörde, bei der der Einspruch einzulegen ist,

---

226 Und nicht wie in der Praxis im Sprachgebrauch vielfach verwendet „vier Wochen"!
227 Dumke, in: Schwarz, AO, § 355 AO (Stand: 11/2006), Rz. 9; FG Hamburg vom 16. 1. 1992, IV 110/90 S-H, EFG 1992, 476.
228 FG Köln vom 29. 10. 1990, 1 K 1275/90, EFG 1991, 301.
229 Vorgeschrieben ist eine Rechtsbehelfsbelehrung i.S. von § 356 Abs. 1 AO z.B. für Steuerbescheide (§ 157 Abs. 1 Satz 3 AO), Feststellungsbescheide, Steuermess- und -zerlegungsbescheide, Zuteilungsbescheide, Prüfungsanordnungen (§ 196 AO), Aufteilungsbescheide (§ 279 Abs. 2 Satz 1 AO) und die Ablehnung des Antrags auf Eintragung eines Freibetrages auf der Lohnsteuerkarte (§ 39a Abs. 4 Satz 3 EStG).

Sachentscheidungsvoraussetzungen

– ihren Sitz sowie
– die einzuhaltende Frist und Form

fehlen oder falsch sind. Die Dauer der Einspruchsfrist wird durch § 356 Abs. 1 AO aber dadurch rechtlich gesehen nicht verändert – lediglich der Lauf der Einspruchsfrist beginnt nicht. Faktisch wird damit jedoch die Einspruchsmöglichkeit über ein Jahr hinaus ausgedehnt. Praktische Bedeutung hat dies vor allem in den Fällen, in denen die Finanzverwaltung bewusst keine Einspruchsbelehrung erteilt, wie z. b. bei abgelehnten Fristverlängerungsanträgen, der Androhung und Festsetzung von Zwangsgeldern nach § 328 ff. AO, in den Bescheiden über die Korrektur einbehaltener Steuerabzugsbeträgen, bei der Zahlungsaufforderung in Haftungsbescheiden oder in den gesetzlichen Fällen der § 39 Abs. 3 b Satz 5 EStG und § 39a Abs. 4 Sätze 2, 3 EStG.

d) Fristberechnung
aa) Grundlagen
Die Einspruchsfrist ist eine gesetzliche Frist, da sie vom Gesetz (§ 355 AO) selbst bestimmt ist. Der Wirkung nach sind gesetzliche Fristen Ausschlussfristen, die nicht verlängert werden können. Stattdessen ist bei unverschuldeter Fristversäumung die Wiedereinsetzung in den vorigen Stand (§ 110 AO) möglich. Behördliche Fristen – die das Finanzamt setzt – und die Frist zur Abgabe von Steuererklärungen können dagegen verlängert werden (§ 109 Abs. 1 AO). Für die Fristberechnung[230] – auch für die des Einspruchsverfahrens – gelten gem. § 365 Abs. 1 i. V. mit § 108 Abs. 1 AO die §§ 187 bis 193 BGB.

Für die Fristberechnung hat *Streck*[231] eine Grundregel aufgestellt, die für die Beraterschaft, Gerichte und Verwaltung gleichermaßen gilt: „Ist eine Frist problematisch, so sollte dies grundsätzlich anhand des Gesetzes und der Kommentierung überprüft werden. Antworten auf Fristfragen dürfen nicht nach Wahrscheinlichkeiten, Näherungswerten oder Vermutungen gegeben werden". – Zur Praxis der Einspruchseinlegung empfiehlt er[232]: „Den Einspruch rechtzeitig einzulegen, ist grundsätzlich kein Praxisproblem, sofern man der Rechtsbehelfseinlegung die genügende Aufmerksamkeit schenkt. Man sollte die Einspruchseinlegung nicht bis zum Fristende aufschieben, um der Gefahr der Unzulässigkeit zu begegnen. Bes-

---

230 Dazu ausführlich Dumke, in: Schwarz, AO-Kommentar, § 355 AO (Stand: 11/2006), Rz. 20 ff.; Streck, Der Steuerstreit, Rz. 127 ff.
231 Streck, Der Steuerstreit, Rz. 141.
232 Streck, Der Steuerstreit, Rz. 461.

Abgrenzung zu anderen Verfahren und Sachentscheidungsvoraussetzungen

ser ist es, den Einspruch vorsorglich einzulegen, um dem Fristendruck zu entgehen."[233]

bb) Fristanfang
Die Frist wird in vollen Tagen berechnet. Bei der Berechnung einer Frist, deren Anfang von einem bestimmten Ereignis – hier der Bekanntgabe der Steuerverwaltungsaktes – abhängig ist, wird der Tag, in der das Ereignis – die Bekanntgabe – fällt, nicht mitgerechnet.
Also:

- Tag der Bekanntgabe: 1. 4. 2008
- Fristanfang: 2. 4. 2008

Für den Beginn der Frist ist es unerheblich, ob dieser Tag ein Werktag, Sonnabend, Sonntag oder gesetzlicher Feiertag ist.

Wichtiger Hinweis:

Auch der Bekanntgabezeitpunkt nach der Zugangsfiktion des § 122 Abs. 2 AO oder der des § 122 Abs. 3 AO ist ein Ereignis, das den Fristbeginn bestimmt. Die Regelung des § 108 Abs. 3 AO kam nach der früheren Rechtsprechung[234] nicht zur Anwendung, weil es sich bei der Zugangsvermutung nicht um eine Frist, sondern um einen Zeitpunkt handele. Der BFH hat diese Rechtsprechung jedoch aufgegeben.[235] Danach gilt auch im Rahmen der §§ 122 Abs. 2, 3 AO die Regelung des § 108 Abs. 3 AO, wonach dann, wenn der letzte Tag der Zugangsberechnungsfrist auf einen Sonnabend, Sonntag oder gesetzlichen Feiertag fällt, eine Verschiebung des Ereignisses auf den nächstfolgenden Werktag fällt.

Beispiel:

Das Finanzamt erlässt einen Einkommensteuerbescheid am Mittwoch. Nach § 122 Abs. 2 Nr. 1 AO wird der Zugang auf Samstag fingiert. § 108 Abs. 3 AO verlegt den Fristbeginn auf den darauffolgenden Montag. Dementsprechend berechnet sich auch der Fristbeginn für die Einspruchsfrist.

---

233 Nach Streck, Der Steuerstreit, Rz. 128, bestimmen Fristen die Gefährdung der beratenden Berufe. Fristversäumnisse zählen mit zu den häufigsten Gründen für Haftpflichtansprüche. Denn im Streitfall bedeutet die Fristversäumnis in der Regel einen Rechtsverlust, der leicht beweisbar und quantifizierbar ist.
234 BFH vom 20. 12. 2000, III B 34/00, BFH/NV 2001, 884.
235 BFH vom 17. 9. 2002, IX R 68/98, BStBl II 2003, 2; vom 23. 9. 2003, IX R 68/98, BStBl II 2003, 875.

cc) Fristende

Grundsätzlich endet eine Frist, die nach einem Monat oder einem Jahr bestimmt ist, mit Ablauf des Tages im folgenden Monat bzw. Jahr, welcher dem Tag vorhergeht, der durch seine Zahl dem Anfangstage entspricht (§ 188 Abs. 2 BGB)[236]. Also:

- Tag der Bekanntgabe: 30. 1. 2007
- Fristanfang: 31. 1. 2007
- Fristdauer: 1 Monat
- Fristablauf: 28. 2. 2007

Ausnahmsweise endet nach § 193 BGB bzw. § 108 Abs. 3 AO die Einspruchsfrist mit dem Ablauf des nächstfolgenden Werktages, wenn der berechnete Tag des Fristablaufs ein Sonnabend, Sonntag oder gesetzlicher Feiertag[237] ist.

dd) Fristablauf

Die Einspruchsfrist kann – wie alle Fristen – vom Steuerpflichtigen bis zum letzten Tag ausgeschöpft werden, ohne dass der Einspruchsführer die Ausnutzung der Frist zu rechtfertigen hätte. Die Einspruchsfrist ist gewahrt, wenn bis zum Ablauf des letzten Tages der Frist – also um 24.00 Uhr – der Einspruch eingeht. Das Einspruchsschreiben muss also bis 24.00 Uhr im Hausbriefkasten des Finanzamtes eingeworfen sein. Hat der Behördenbriefkasten keine Vorrichtungen, die eine Kontrolle ermöglichen, ob der Einspruch bis 24.00 Uhr oder danach eingeworfen worden ist.[238] so müssen alle Eingänge, die bei Leerung des Kastens am Morgen entnommen werden, mit dem Eingangsstempel des Vortages versehen werden.[239] Unterhält die Behörde ein Postschließfach, ist ihr das Schriftstück mit dem Zeitpunkt des Einsortierens in das Postschließfach zugegangen.

Wird das fristwahrende Schriftstück per Telefax übermittelt, so ist für die Endkontrolle der Fristüberwachung des Absenders erforderlich, dass die Frist im Fristenkontrollbuch erst gelöscht wird, wenn das vom Telefaxgerät des Absenders ausgedruckte Absendungsprotokoll vorliegt, das die ordnungsgemäße Über-

---

[236] Diese Regelung gilt bei Schaltjahren entsprechend.
[237] Maßgeblich ist für letzteres die am Sitz der Einlegungsbehörde bestehende Feiertagsregelung; vgl. Dumke, in: Schwarz, AO, § 355 AO (Stand: 11/2006), Rz. 22 b.
[238] Gerichte haben zumeist – anders als Finanzbehörden – Nachtbriefkästen, die die vor 24.00 Uhr eingegangene Post von der nach 24.00 Uhr eingegangenen trennen.
[239] Vgl. BFH vom 29. 3. 2005, IX B 236/02, n. v.; BFH vom 21. 11. 1974, IV B 66/74, IV B 67/74, IV B 66–67/74, BStBl II 1975, 300.

mittlung belegt.[240] Im Übrigen ist festzuhalten, dass das Absendeprotokoll nur eine relative Beweisbedeutung hat.[241] Die Finanzbehörde hat sicherzustellen, dass ihr Empfangsgerät funktionstüchtig ist – ist dies nicht der Fall, kann Wiedereinsetzung in den vorigen Stand gewährt werden.[242]

Den Zugang muss derjenige beweisen, der die Frist zu wahren hat. Im Zweifelsfall trägt deshalb der Steuerpflichtige die Feststellungs- und Beweislast für den rechtzeitigen Eingang des Einspruchsschreibens beim Finanzamt. Dabei begründet der Eingangsstempel der Finanzbehörde eine durch die besonderen Umstände des Einzelfalls widerlegbare Vermutung für den Eingang zu dem laut Stempel vermerkten Zeitpunkt. Der Stempelaufdruck der Posteingangsstelle des Finanzamtes bewirkt das Entstehen einer öffentlichen Urkunde i.S. von § 415 ZPO. Um die Beweiswirkung derselben zu entkräften, ist es erforderlich, jede Möglichkeit dafür auszuschließen, dass die Angabe des Eingangsstempelaufdruckes richtig ist.[243] Auf Organisationsmängel bei der Bearbeitung der eingehenden Post kommt es nur im Rahmen des zulässigen Gegenbeweises der Unrichtigkeit eines Eingangsstempels an.[244] Allerdings: Der von der Behörde angebrachte Eingangsstempel erbringt als öffentliche Urkunde dann nicht den Beweis über Zeit oder Ort des Eingangs des Schriftstücks, wenn das Gericht davon überzeugt ist, dass der Stempelaufdruck den Zeitpunkt des Eingangs unzutreffend wiedergibt.[245]

3. *Fristversäumnis und Wiedereinsetzung in den vorigen Stand*

a) *Bedeutung der Fristversäumung*

Ist die Einspruchsfrist versäumt, ist der Einspruch unzulässig, da es an der Sachentscheidungsvoraussetzung „Einhaltung der Einspruchsfrist" fehlt (vgl. § 358 AO). Der Verwaltungsakt wird formell bestandskräftig. Der Einspruch nach Ablauf der Einspruchsfrist wird auch nicht dadurch zulässig, dass nach unwirksamer Bekanntgabe oder Zustellung die Bekanntgabe oder Zustellung wiederholt wird.

---

240 BGH vom 28. 9. 1989, VII ZB 9/89, HFR 1990, 395; vom 24. 3. 1993, XII ZB 12/93, BB 1993, 966; BSG vom 19. 5. 2005, B 10 EG 3/05 B, n. v.; Streck, Der Steuerstreit, Rz. 179.
241 BFH vom 23. 12. 2002, IV B 9/02, BFH/NV 2003, 786; LG Darmstadt vom 17. 12. 1992, 9 O 170/92, NJW 1993, 2448.
242 Zu den Sorgfaltspflichten beim Telebrief, BFH vom 20. 3. 1986, IV R 182/83, BStBl II 1986, 562; BGH vom 2. 10. 1991, IV ZR 68/91, HFR 1992, 572; Einzelheiten auch bei Weyand, Aktuelle Entscheidungen zum Telefaxeinsatz in der Beraterpraxis, INF 1995, 53.
243 BFH vom 17. 10. 1972, VIII R 36–37/69, BStBl II 1973, 721; FG Saarland vom 30. 9. 1992, 1 K 277/92, EFG 1993, 199.
244 BFH vom 7. 7. 1998, VIII R 83/96, BFH/NV 1999, 475.
245 BFH vom 7. 11. 2007, X R 19/07, BFH/NV 2008, 578.

Die „Zweitbekanntgabe" beseitigt nicht die Bestandskraft und setzt damit den Lauf der Einspruchsfrist nicht erneut in Kraft. Eine inhaltliche Korrektur ist auch nicht mehr im Wege einer Billigkeitsentscheidung (§§ 163, 227 AO) möglich – die anderen Korrekturvorschriften – etwa §§ 173, 174, 175 oder §§ 164, 165 AO – sind davon jedoch nicht ausgeschlossen, da sie die materielle Bestandskraft betreffen.

Bei Versäumung der Einspruchsfrist (als Ausschlussfrist) ist zwar keine Fristverlängerung möglich, da die Frist unumkehrbar verstrichen ist. § 109 Abs. 1 AO erlaubt bei gesetzlichen Fristen keine Verlängerung. Es ist jedoch zu prüfen, ob im Fall der Versäumung der Einspruchsfrist eine Wiedereinsetzung in den vorigen Stand zu gewähren ist (§ 110 AO).

b) Wiedereinsetzung in den vorigen Stand

Literatur:

Kammann, Wiedereinsetzung in den vorigen Stand bei unverschuldeter Steuersäumnis, DStR 1981, 553; *Schlücking*, Fehlende Begründung eines Verwaltungsaktes als Wiedereinsetzungsgrund, DB 1981, 728; *Rohner*, Die Wiedereinsetzung als Hilfsmittel bei mangelhafter Begründung von Steuerbescheiden, DStR 1982, 25; *Apitz*, Wiedereinsetzung in den vorigen Stand im Falle fehlender Begründung, DStR 1984, 35; *Hennecke*, Zur Darlegung von Wiedereinsetzungsgründen innerhalb der Antragsfrist, DB 1986, 301; *Stahl*, Fristen der Abgaben- und Finanzgerichtsordnung – Wiedereinsetzung in den vorigen Stand, KÖSDI 1987, 6806; *Apitz*, Gründe für die Wiedereinsetzung in den vorigen Stand nach § 110 AO bei Schätzungsbescheiden, die mittels PZU bekanntgegeben worden sind, DStR 1989, 200; *Hardt*, Die Frist zum Vortrag der die Wiedereinsetzung begründenden Tatsachen und deren Glaubhaftmachung (§ 110 AO 1977), DStZ 1989, 89; *Reiche*, Wiedereinsetzung in den vorigen Stand bei Wegfall des Hindernisses während der Einspruchs- bzw. Klagefrist?, Stbg 1989, 57; *Groh*, Einzelfragen zur Büroorganisation, Stbg. 1990, 28; *Klose*, Die Wiedereinsetzung in den vorigen Stand, StB 1991, 238

aa) Bedeutung und Überblick

Nur im Ausnahmefall erlaubt der Gesetzgeber, Handlungen, die in einer gesetzlichen Frist vorzunehmen sind, nach Ablauf der Frist nachzuholen. In § 110 AO – und parallel in den Wiedereinsetzungsvorschriften der anderen Verfahrensordnungen wie z.B. in § 56 FGO – versucht das Gesetz, das Spannungsverhältnis auszugleichen zwischen der rechtstechnischen, im Interesse der Rechtssicherheit liegenden Notwendigkeit einer gewissen Fristenstrenge und dem Anliegen, nach Möglichkeit das materielle Recht, insbesondere die Gleichmäßigkeit der Besteuerung, zu verwirklichen.[246] Allerdings ist von der Ausgangssituation her zu beach-

---

246 Vgl. auch BVerfG vom 25. 11. 1994, 2 BvR 852/93, NJW 1995, 711; vom 7. 1. 2003, 2 BvR 447/02, NJW 2003, 1516.

ten, dass die Wiedereinsetzung bei versäumten gesetzlichen Fristen an strengere Voraussetzungen geknüpft ist als bei Verlängerung behördlicher Fristen. Grundüberlegung ist: Das Institut der Wiedereinsetzung in den vorigen Stand soll der Unbilligkeit abhelfen, dass der Fristablauf auch gegen denjenigen wirkt, der gar nicht in der Lage war, die Einspruchsfrist einzuhalten. Die Wiedereinsetzung hat aber nur verfahrensrechtliche Bedeutung; ein Irrtum über materielles Recht begründet niemals einen Grund für die „Nachsichtgewährung".

Die Beurteilung, ob Wiedereinsetzung in den vorigen Stand zu gewähren ist, hängt von der Kardinalfrage ab, ob dem Betreffenden bei der Fristversäumung Verschulden vorzuwerfen ist. Hier gibt es eine unendliche Fülle möglicher Sachverhaltsgestaltungen[247] – wohl keine andere verfahrensrechtliche Frage ist in dieser Tiefe und Breite Gegenstand von Rechtsprechung und Literaturbeiträgen.

Üblicherweise sind folgende Gedankenschritte notwendig, um die Wiedereinsetzung sachgerecht zu prüfen:

– Ist eine gesetzliche Frist versäumt worden?
– Trägt der Steuerpflichtige daran ein Verschulden?
– Ist dem Steuerpflichtigen das Verschulden dritter Personen zuzurechnen?
– Sind die Entschuldigungsgründe ausreichend glaubhaft gemacht worden?
– Wurde rechtzeitig Antrag auf Wiedereinsetzung gestellt?
– Ist die versäumte Verfahrenshandlung rechtzeitig nachgeholt worden?
– In welcher Weise ist verfahrensrechtlich über die Wiedereinsetzung zu entscheiden?

bb) Voraussetzungen

(1) Grundsätzliches zum Verschulden

Die Verhinderung, die Einspruchsfrist einzuhalten, muss unverschuldet sein. Verschulden heißt vorsätzliches oder fahrlässiges Handeln. Mitverschulden reicht aus. Es genügt einfache Fahrlässigkeit, wobei die bei der Einspruchseinlegung zu beachtende Sorgfalt aufgrund der besonderen Umstände des individuellen Falles und aufgrund der persönlichen Verhältnisse des Betroffenen zu beurteilen ist.[248] Bei Angehörigen der rechts- und steuerberatenden Berufe wird allgemein ein noch höherer Sorgfaltsmaßstab angewandt: Bei diesen ist ein Verschulden nur zu verneinen, wenn die äußerste, den Umständen des Einzelfalles angemessene und vernünftigerweise zu erwartende Sorgfalt angewendet wurde.[249] Richtiger-

---

247 So Streck, Der Steuerstreit, Rz. 194.
248 St. Rspr.; vgl. BFH vom 19. 12. 2006, VI R 59/02, BFH/NV 2007, 866 m. w. N.
249 St. Rspr; vgl. BFH vom 24. 1. 2005, III B 34/04, BFH/NV 2005, 720 m. w. N.

weise wird man sagen können, dass die Behörde allgemein in Fristsachen an einen „Normalbürger" keine allzu strengen Anforderungen stellen darf – zumal dieser den bürokratischen Angelegenheiten nicht ebenso viel Aufmerksamkeit und Zeit widmen kann wie ein Beamter.

Insbesondere muss der Bürger, soweit er Dritte in die Verfahrensabläufe einschaltet, darauf vertrauen dürfen, dass diese ihrerseits ihre Aufgaben ordnungsgemäß wahrnehmen. Dies gilt insbesondere etwa dann, wenn es um die Beförderung von Briefsendungen geht. Hier hat das Bundesverfassungsgericht schon frühzeitig der strengen und bürgerunfreundlichen Rechtsprechung gerade des BFH[250] widersprochen.[251] Zwischenzeitlich entspricht es der Rechtsprechung auch des BFH, dass im Rahmen der Wiedereinsetzung in den vorigen Stand das Überschreiten der normalen Postlaufzeiten nicht als Verschulden gewertet werden darf.[252]

(2) Zurechnung von Vertreterhandeln

Das Verschulden eines Vertreters wird dem Vertretenen zugerechnet (§ 110 Abs. 1 Satz 2 AO) – ein allgemeiner Rechtsgrundsatz, der generell für das Handeln Dritter – gesetzliche oder gewillkürte, insbesondere berufsmäßiger Berater – gilt. Für Boten und sonstige Hilfspersonen gilt dies indessen nicht.[253] Allerdings: Hier kann in der fehlerhaften Auswahl oder Überwachung oder Unterweisung der Hilfsperson das (eigene) Verschulden des Betroffenen liegen.[254]

(3) Ausgewählte Wiedereinsetzungssituationen

– *Abwesenheit:* Für Urlaubsabwesenheit oder sonstige vorübergehende und verhältnismäßig kurze Abwesenheit braucht keine besondere Vorsorge getroffen zu werden, wenn der Eingang von fristauslösenden Verwaltungsakten nicht zu erwarten ist.[255] Bei längerer Abwesenheit – z. B. mehr als drei Monate – muss ein Nachsendeauftrag erteilt oder ein Vertreter bestellt werden.[256]

---

250 Dazu BFH vom 29. 1. 1981, V R 43/77, BStBl II 1981, 542.
251 Grundlegend BVerfG vom 4. 5. 1977, 2 BvR 616/75, BVerfGE 44, 302.
252 Vgl. etwa BFH vom 17. 1. 2007, XI R 50/04, BFH/NV 2007, 944; vom 24. 1. 2002, III R 5/01, BFH/NV 2002, 778.
253 Vgl. BFH vom 12. 12. 2007, XI R 11/07, n. v.; vom 23. 10. 2001, VIII B 51/01, BFH/NV 2002, 162.
254 BFH vom 27. 11. 1992 VI R 95/90, BFH/NV 1993, 365; BVerwG vom 9. 10. 1973, V C 110.72, BVerwGE 44, 104; BVerwG vom 16. 7. 1980, 6 B 63.79, DÖV 1981, 180.
255 BVerfG vom 11. 2. 1976, 2 BvR 849/75, HFR 1976, 331; s. a. BFH vom 2. 11. 1999, I B 20/99, BFH/NV 2000, 718: zweimonatige Urlaubsabwesenheit; vom 11. 4. 2001, I B 123/00, BFH/NV 2001, 1221: sechswöchige Urlaubsabwesenheit.
256 BFH vom 21. 1. 1992, VII B 234/91, BFH/NV 1992, 578. S. a. Brockmeyer, in: Klein, § 110 Rz. 6 f.

Abgrenzung zu anderen Verfahren und Sachentscheidungsvoraussetzungen

- *Arbeitsüberlastung:* Ist grundsätzlich und ohne Berücksichtigung des Grundes für die Belastung kein Wiedereinsetzungsgrund, da dies eine allgemeine Zeiterscheinung ist. Nur eine unvorhersehbare und unabwendbare Überlastung kann ausnahmsweise eine Fristversäumnis entschuldigen.[257]
- *Ausnutzung einer Frist:* Ist bis zum letzten Tag erlaubt. Allerdings ist dann besonders sorgfältig auf die Fristeinhaltung zu achten.[258] Auch braucht sich ein Steuerpflichtiger nicht vorhalten zu lassen, er habe zu einem „schnelleren" Transportmittel (etwa dem Fax) greifen müssen, wenn er damit rechnen konnte, dass bei Ansatz der üblichen Postlaufzeiten auch ein (langsamerer) Brief das Ziel rechtzeitig erreichen würde. Umgekehrt gilt jedoch: Kann bei Zugrundelegung der normalen Postlaufzeit ein Brief nicht mehr rechtzeitig eingehen, handelt fahrlässig, wenn in einer solchen Situation nicht auf das Faxgerät zurückgegriffen wird.[259]
- Die *Beschlagnahme von Geschäftsunterlagen* entschuldet eine Fristversäumung nicht.[260]
- *Büroorganisation:* Organisationsmängel bei der Fristenüberwachung bedeuten Verschulden. Fristenkontrollbücher und Fristenkalender sind vorzuhalten, zu führen und sorgfältig zu überwachen.[261] Auch eine Behörde ist verpflichtet, ein Fristenkontrollbuch zu führen und den gesamten Bearbeitungsvorgang einschließlich der tatsächlichen Absendung eines Schriftstücks durch eine Person überwachen zu lassen. Sie muss sonst zumindest die mit der Absendung beauftragte Poststelle auf die Frist und die Wichtigkeit des Schriftstücks hinweisen.[262]
- *Falsche Adressierung:* Ist grundsätzlich verschuldet, wenn der Steuerpflichtige nicht die Einspruchsbelehrung liest.[263] Allerdings: Für die Behörden besteht grundsätzlich die Verpflichtung, leicht und einwandfrei als fehlgeleite-

---

257 Etwa BFH vom 20. 6. 1970, II B 42/70, BStBl II 1971, 110; s.a. FG Düsseldorf vom 3. 11. 2003, 16 K 2522/01 E, EFG 2005, 1875.
258 BFH vom 11. 12. 1986, IV R 184/84, BStBl II 1987, 303.
259 BFH vom 15. 3. 2007, VI R 31/05, BStBl II 2007, 533 zur Versendung einer Revisionsbegründung auf dem (längeren) Behördenweg (Postaustausch über die OFD) statt auf dem normalen (schnelleren) Postweg.
260 BFH vom 29. 11. 1985, IV R 109–110/85, BFH/NV 1987, 516.
261 Siehe ausführlich Streck, Der Steuerstreit, Rz. 166 ff.; nach BFH vom 7. 2. 1992, III R 57/91, BFH/NV 1992, 615 soll sogar ein Fristentagebuch anstelle eines Fristenkontrollbuches nicht ausreichen. So auch BFH vom 31. 7. 2002, VI B 17/02, BFH/NV 2002, 1490 zum unzureichenden Vermerk der Rechtsmittelbegründungsfrist in der Handakte.
262 BFH vom 15. 3. 2007, VI R 31/05, BStBl II 2007, 533.
263 BFH vom 19. 12. 2000, VII R 7/99, BStBl II 2001, 158. Insoweit bestätigt durch BVerfG vom 2. 9. 2002, 1 BvR 476/01, BStBl II 2002, 835.

te fristwahrende Einspruchsschreiben erkennbare Schriftstücke im Zuge des ordnungsgemäßen Geschäftsgangs ohne schuldhaftes Zögern an die zuständige Behörde weiterzuleiten. Hat die unzuständige Behörde die Übermittlung schuldhaft verzögert oder überhaupt unterlassen, kommt im Falle willkürlichen, offenkundig nachlässigen und nachgewiesenen Fehlverhaltens der Behörde die Gewährung von Wiedereinsetzung in den vorigen Stand in Betracht.[264]

- *Fehlende Anhörung oder fehlende Begründung* der Entscheidung der Behörde genügt grundsätzlich nicht, eine unverschuldete Fristversäumung zu begründen. Es müssen vielmehr – wenn auch der Kausalzusammenhang zwischen fehlender Anhörung/Begründung und der Fristwahrung besteht – weitere Umstände dargetan werden, die die Fristversäumung als unverschuldet erscheinen lassen[265].
- *Geschäftsunfähigkeit* zur Zeit des Fristablaufs führt zu unverschuldeter Fristversäumung.[266] Desgleichen ist bei *krankhafter Störung der Geistestätigkeit* unverschuldete Fristversäumung anzunehmen; allerdings sind die hierfür maßgebenden Umstände glaubhaft zu machen.[267]
- *Krankheit:* Nur dann ein entschuldbares Hindernis, wenn es sich um eine schwere und plötzliche Erkrankung handelt, die daran hindert, rechtzeitig einen Vertreter zu bestellen.[268] Gerade bei längerer Erkrankung muss sich ein Steuerpflichtiger ggf. vorhalten lassen, er habe es versäumt, einen Vertreter zu bestellen.[269]
- *Kurze Fristüberschreitung:* Ist kein Entschuldigungsgrund. Selbst bei einem Telefax wurde für den Fall Verschulden angenommen, dass die letzte Seite des Schriftstückes, die auch die Unterschrift enthielt, erst zwei Minuten nach dem Fristablauf bei dem Adressaten einging.[270]
- *Postlaufzeit:* Ist für die Fristeinhaltung zu berücksichtigen. Dies bedeutet, dass damit gerechnet werden muss, aber auch darf, dass die regelmäßig übliche Postlaufzeit nicht überschritten wird. Nach der ständigen Rechtsprechung des Bundesverfassungsgerichts dürfen Verzögerungen bei der Briefbeförderung oder -zustellung, die der Rechtsmittelführer nicht zu vertreten hat und auf die er auch keinen Einfluss besitzt, nicht als dessen Verschulden ge-

---

264 BVerfG vom 2. 9. 2002, 1 BvR 476/01, BStBl II 2002, 835.
265 BFH vom 10. 9. 1986, II R 175/84, BStBl II 1986, 808; FG Baden-Württemberg vom 13. 11. 1986, VI K 457/83, EFG 1987, 155; FG Niedersachsen vom 4. 2. 1987, IX 718/85, EFG 1987, 334.
266 BGH vom 22. 10. 1986, VII ZB 40/86, HFR 1987, 584.
267 BFH vom 23. 1. 1986, IV R 16/84, BFH/NV 1987, 451.
268 BFH vom 9. 8. 1989, IX 163/85, BFH/NV 1990, 303; vom 5. 4. 1991, VII B 132/90, BFH/NV 1991, 760; vom 22. 5. 1991, VII B 215/90, BFH/NV 1992, 183.
269 FG München vom 19. 7. 2006, 9 K 4011/04, n. v.
270 BFH vom 2. 12. 1991, V B 116/91, BFH/NV 1992, 532.

wertet werden.²⁷¹ In Fällen der Postlaufzeiten bei Inlandsbeförderung kann der Bürger darauf vertrauen, dass die von der Deutschen Post AG nach ihren organisatorischen und betrieblichen Vorkehrungen für den Normalfall festgelegten Postlaufzeiten auch eingehalten werden. ²⁷² Differenzierungen danach, ob die Verzögerung auf einer zeitweise besonders starken Beanspruchung der Leistungsfähigkeit der Post, etwa vor Feiertagen, oder auf einer verminderten Dienstleistung der Post, etwa an Wochenenden, beruht, sind unzulässig. Von Verfassung wegen hält es die Rechtsprechung vielmehr für erforderlich, alle Fälle, in denen sich der Bürger zur Durchsetzung seines Rechtes den Diensten der Deutschen Post AG anvertraut, gleich zu behandeln.²⁷³ In der Verantwortung des Beteiligten liegt es nur, das zu befördernde Schriftstück den postalischen Bestimmungen entsprechend (also etwa ausreichend frankiert) und so rechtzeitig zur Post zu geben, dass es nach diesen organisatorischen und betrieblichen Vorkehrungen der Post bei regelmäßigem Dienstablauf den Empfänger fristgerecht erreicht. ²⁷⁴ Die Dauer einer Inlandsbeförderung ist nach den amtlichen Verlautbarungen der Post und dem Erfahrungswissen der Gerichte grundsätzlich gerichtsbekannt.²⁷⁵

Entsprechendes – wie für die Briefbeförderung – gilt, wenn der Verfahrensbeteiligte die Beförderung mit der Paketpost wählt, auch wenn er die Briefpost benutzen könnte. In diesem Fall muss er die gegenüber der Briefpost abweichenden längeren Paketlaufzeiten in Betracht ziehen und das Paket so rechtzeitig aufgeben, dass es bei störungsfreiem Lauf innerhalb der zu wahrenden Frist eingeht.²⁷⁶ Der Bürger kann grundsätzlich Rechtsmittelfristen bis zum letzten Tag ausschöpfen, ohne sich insoweit rechtfertigen zu müssen. Er ist im Rahmen der von der Deutschen Post AG verlautbarten Regellaufzeiten auch nicht gehalten, zusätzliche Vorkehrungen zur Fristwahrung zu treffen.²⁷⁷ Gegen Ende der Rechtsmittelfrist obliegt es ihm lediglich, bei Inanspruchnahme der Post eine Beförderungsart zu wählen, die – unter Berücksichtigung der normalen Postlaufzeiten – die Einhaltung der Frist gewährleistet.²⁷⁸ Ist diese übliche Postlaufzeit überschritten, so kommt es nicht mehr darauf

---

271 BVerfG vom 7. 1. 2003, 2 BvR 447/02, NJW 2003, 1516.
272 BFH vom 6. 4. 1995, VIII B 61/94, BFH/NV 1996, 137 mit umfangreichen Nachweisen.
273 BVerfG vom 27. 2. 1992, 1 BvR 1294/91, StRK FGO § 56, R. 394 m. w. N.; BFH vom 9. 1. 1990, VII B 127/89, BFH/NV 1990, 473.
274 BFH vom 11. 1. 1994, IX R 90/92, BFH/NV 1994, 633; BFH vom 15. 7. 1992, X B 13/92, BFH/NV 1992, 763 m. w. N.
275 BFH vom 6. 4. 1995, VIII B 61/94, BFH/NV 1996, 137.
276 BFH vom 29. 4. 1981, IV R 128–129/76, BStBl II 1982, 17, insoweit n. v.
277 BFH vom 21. 12. 1990, VI R 10/86, BStBl II 1991, 437.
278 BFH vom 21. 12. 1990, VI R 10/86, BStBl II 1991, 437.

an, auf welchen Gründen die Verzögerung beruht.[279] Insbesondere trifft den Betreffenden in diesem Rahmen weder eine zusätzliche Erkundigungspflicht bei der Empfangsbehörde noch ist er verpflichtet, alternative Beförderungsmittel (etwa ein Telefax-Gerät) zu nutzen.[280] Schließlich sind nach der ständigen Rechtsprechung des BFH bei der Überschreitung von Postlaufzeiten an die Sorgfaltspflichten bei einer Behörde dieselben Anforderungen zu stellen, wie bei einem Prozessbevollmächtigten.[281]
Mit regelmäßigem Postlauf kann indessen nur gerechnet werden, wenn die Sendung eine vollständige und in allen Punkten richtige Anschrift des Empfängers trägt. Dies ist z.B. dann nicht der Fall, wenn die Angabe des Zustellpostamts und die Angabe des Postfachs fehlen, so dass der Postermittlungsdienst die Anschrift des Empfängers erst ermitteln muss.[282]

– *Poststreik:* Für das grundsätzliche Vertrauen in die Einhaltung der von der Post selbst veröffentlichten normalen Postlaufzeiten besteht kein Raum mehr, wenn außergewöhnliche Umstände, wie etwa ein Poststreik, die Dienstleistungsfähigkeit der Post beeinträchtigen und dieses dem Bürger bekannt ist.[283]
– *Rechtslage* und mögliche Unklarheiten über sie sind kein Entschuldigungsgrund. Irrt sich deshalb der Steuerpflichtige über die materielle steuerliche Rechtslage, dann ist die Fristversäumung verschuldet. Bei Irrtümern über Verfahrensfragen verfährt die Rechtsprechung großzügiger.[284]
– *Telefax:* Beruht die Fristversäumung auf technischer Störung des Absendegerätes, so ist die Wiedereinsetzung nur zu versagen, wenn der Ausfall zu einem Zeitpunkt eingetreten oder vorhersehbar gewesen ist, als noch eine Übermittlung auf anderem Wege möglich war.[285]
– *Verfahrensfehler der Finanzbehörde:* § 126 Abs. 3 AO ist ein gesetzlich geregelter Wiedereinsetzungsgrund, wenn die fehlende Begründung oder unterlassene Anhörung ursächlich für die Fristversäumung waren.[286]

---

279 BFH vom 9. 1. 1990, VII B 127/89, BFH/NV 1990, 473.
280 BVerfG vom 28. 3. 1994, 2 BvR 814/93, NJW 1994, 1854; vom 11. 1. 1991, 1 BvR 1435/89, HFR 1991, 672.
281 BFH vom 19. 7. 1994, II R 74/90, BStBl II 1994, 946.
282 BFH vom 19. 12. 1985, VIII R 3/85, BFH/NV 1987, 648.
283 BGH vom 25. 1. 1993, II ZB 18/92, MDR 1993, 577.
284 BFH vom 23. 2. 1983, I R 128/82, BFH/NV 1987, 246.
285 BSG vom 11. 3. 1993, 13 RJ 9/92, MDR 1993, 904; grds. zu Telefax BFH vom 26. 3. 1991, VIII B 83/90, BStBl II 1991, 463; vom 2. 12. 1991, V B 116/91, BFH/NV 1992, 532; zum Telebrief BFH vom 20. 3. 1986, IV R 182/83, BStBl II 1986, 563.
286 BFH vom 13. 12. 1984, VIII R 19/81, BFH/NV 1986, 417; vom 6. 12. 1988, IX R 158/85, BFH/NV 1989, 561; vom 30. 5. 2001, X B 7/01, n. v.; FG Niedersachsen vom 20. 3. 1985, IX 532/83, EFG 1985, 474; FG Baden-Württemberg vom 13. 11. 1986, VI K 457/83, EFG 1987, 155.

(4) Darlegung der Entschuldigungsgründe

Der Betroffene muss die Voraussetzungen der Wiedereinsetzung glaubhaft machen (§ 110 Abs. 2 Satz 1 AO). Die Begründung muss sich auf das Hindernis und die Tatsachen beziehen, die die Entschuldigungsgründe rechtfertigen. Die für die Begründung erforderlichen Tatsachen vornehmlich

- zur Fristenorganisation,
- zur Fristenkontrolle,
- zum Geschehensablauf und
- zu den Entschuldigungsgründen

müssen substantiiert und schlüssig vorgetragen werden[287] – und zwar innerhalb der Antragsfrist; anschließend sind nur noch Ergänzungen und Vervollständigungen möglich.[288]

Glaubhaftmachen heißt weniger als beweisen. Nicht die an Gewissheit grenzende Wahrscheinlichkeit, sondern nur eine überwiegende Wahrscheinlichkeit ist gefordert.[289] Die Glaubhaftmachung der Wiedereinsetzungsgründe kann noch nach Stellung des Antrags – aber innerhalb der Antragsfrist – erfolgen. Sämtliche Beweismittel – neben Bestätigungen, Bescheinigungen, Benennung von Auskunftspersonen und Gutachtern auch die eidesstattliche sowie die anwaltliche Versicherung – kommen in Betracht.

cc) Antrag auf Wiedereinsetzung

Grundsätzlich wird die Wiedereinsetzung nur auf Antrag gewährt (§ 110 Abs. 1 Satz 1 AO). Der Antrag – der keiner besonderen Form bedarf – muss allerdings innerhalb eines Monats nach Wegfall des Hindernisses gestellt sein (§ 110 Abs. 2 Satz 1 AO). Die Frist ist nicht verlängerbar, jedoch ist auch bei Versäumung dieser gesetzlichen Frist Wiedereinsetzung in den vorigen Stand möglich[290] – es liegt also ein Wiedereinsetzungsverfahren innerhalb eines Wiedereinsetzungsverfahrens vor. Das Hindernis ist weggefallen etwa mit Beseitigung des Irrtums des Be-

---

287 BFH vom 28. 1. 1986, VIII R 9/84, BFH/NV 1986, 417; vom 7. 12. 1988, X R 80/87, BStBl II 1989, 266; vom 22. 11. 1991, IX B 44/90, BFH/NV 1992, 329.
288 BFH vom 7. 2. 1985, V B 62/84, BFH/NV 1986, 99; vom 26.1985, IX B 11/83, BFH/NV 1986, 99; vom 19. 1. 1993, X R 82/92, BFH/NV 1993, 611; vom 29. 10. 2002, II R 60/01, BFH/NV 2003, 482.
289 St. Rspr., vgl. BFH vom 10. 7. 1974, I R 223/70, BStBl II 1974, 736; vom 27. 10. 1989, X R 76/88, BFH/NV 1990, 648; vom 25. 4. 1995, VIII R 86/94, BFH/NV 1995, 1002.
290 Streck, Der Steuerstreit, Rz. 204.

troffenen aufgrund einer Rechtsberatung oder durch Mitteilung des Finanzamtes, dass der Einspruch verspätet eingelegt wurde.[291]

Die Finanzbehörde kann auch ohne Antrag Wiedereinsetzung gewähren, wenn die versäumte Handlung innerhalb der Monatsfrist nachgeholt wurde. Diese Frage ist im Einzelfall durch Auslegung zu erforschen. Ist die versäumte Handlung bereits vor der Antragstellung nachgeholt worden, so braucht sie nicht nochmals erneuert zu werden.

dd) Nachholung der versäumten Handlung
Auch die versäumte Handlung – also die Einspruchseinlegung – ist binnen Monatsfrist nachzuholen. Der Antrag allein reicht nicht aus. Eine Ausnahme gilt dann, wenn aus der Antragstellung selbst die Vornahme der versäumten Handlung ersichtlich ist, was bei der Einspruchseinlegung in aller Regel der Fall sein dürfte. Das Finanzamt wird Wiedereinsetzung auch ohne Antrag gewähren, wenn die Tatsachen, aus denen sich das fehlende Verschulden des Steuerpflichtigen ergibt, amtsbekannt oder offenkundig sind. Dies hat vor allem bei Verletzung der Anhörungs- und Begründungspflicht – als gesetzlichem Wiedereinsetzungsgrund nach § 126 Abs. 3 AO – Bedeutung.[292]

c) Ausschluss der Wiedereinsetzung
Ein Jahr nach Ende der versäumten Frist tritt Rechtsfriede ein. Die Wiedereinsetzung kann dann grundsätzlich nicht mehr gewährt werden, die versäumte Handlung ist nicht mehr nachholbar, es sei denn, die Fristwahrung ist infolge höherer Gewalt unmöglich gewesen (§ 110 Abs. 3 AO). Bei Versäumung dieser Frist gibt es keine Wiedereinsetzungsmöglichkeit. Der Begriff der höheren Gewalt entspricht dem Begriff der „Naturereignisse oder anderen unabwendbaren Zufälle" (§ 233 Abs. 1 ZPO a. F.).[293]

d) Entscheidung über die Wiedereinsetzung
Soweit die Voraussetzungen für die Wiedereinsetzung nach § 110 AO vorliegen, hat der betroffene Einspruchsführer hierauf einen Rechtsanspruch; die Entscheidung über die Wiedereinsetzung ist also keine Ermessensentscheidung. Sie unter-

---

291 BFH vom 16. 12. 1988, III R 13/85, BStBl II 1989, 328; vom 19. 6. 1990, X B 54–59/90, X B 54/90, X B 55/90, X B 56/90, X B 57/90, X B 58/90, X B 59/90, BFH/NV 1991, 177.
292 Es besteht in der Praxis gerade bei rechtswidrigen (überhöhten), bestandskräftigen Schätzungen ein Bedürfnis, über eine nicht zu kleinliche Wiedereinsetzung Unbilligkeiten zu vermeiden; damit können auch die Probleme der Steuerkorrektur über den BilligkeitsErlass vermieden werden; vgl. OFD Köln vom 2. 7. 1985, DB 1985, 2078.
293 BVerfG vom 6. 7. 2007, 8 B 51/07, n. v.

Abgrenzung zu anderen Verfahren und Sachentscheidungsvoraussetzungen

liegt der vollen finanzgerichtlichen Nachprüfbarkeit, da sie untrennbar mit der Frage der Einhaltung der Einspruchsfrist und damit der Zulässigkeit des Einspruchs zusammenhängt.[294] Die Entscheidung ist also eine im Rahmen der §§ 355 Abs. 1, 356 AO zu entscheidende verfahrensrechtliche Vorfrage, die nicht als selbständiger Verwaltungsakt isoliert angefochten werden kann.[295]

Eine vorweggenommene stillschweigende Gewährung der Wiedereinsetzung durch die Finanzbehörde ist aber möglich; sie liegt jedoch nicht schon darin, dass das Finanzamt in sachliche Ermittlungen eintritt. Die Entscheidung des Finanzamts setzt einen erkennbaren, auf Wiedereinsetzung gerichteten Verwaltungsakt voraus – allerdings kann bei unverhältnismäßigen Schwierigkeiten im Rahmen der Prüfung der Einhaltung der Einspruchsfrist die Zulässigkeitsentscheidung dahinstehen, wenn der Einspruch in der Sache offensichtlich unbegründet ist.

e) Gerichtliche Nachprüfbarkeit
Da die Ablehnung der Wiedereinsetzung – quasi als verwaltungsrechtliches Zwischenverfahren – in der Hauptsacheentscheidung aufgeht, wird die Rechtmäßigkeit der Entscheidung im Rahmen der Klage gegen die Hauptsache überprüft. Nach h. M.[296] kann das Finanzgericht – wenn die Behörde zu Unrecht Wiedereinsetzung gewährt oder in der Sache entschieden hat – unter Aufhebung der Gewährung der Wiedereinsetzung und der Sachentscheidung die Klage wegen Unzulässigkeit des Einspruchs als unbegründet ohne weitere Entscheidung zur Sache abweisen. Die Verwaltungsentscheidung ist also für die Finanzgerichte nicht bindend.[297] Umgekehrt kann das Finanzgericht auch die vom Finanzamt abgelehnte Wiedereinsetzung gewähren, indem es der Klage stattgibt. In diesem Fall zielt die Klage nicht auf eine Sachentscheidung (etwa die Herabsetzung der Einkommensteuer) ab, sondern auf die (isolierte) Aufhebung der Einspruchsentscheidung.

Beispiel:

Das Finanzamt hat den Einspruch wegen Verfristung (ohne Sachentscheidung) als unzulässig verworfen. Die Klage zielt erst einmal darauf ab, die Einspruchsentscheidung (isoliert) aufzuheben.

---

294 BFH vom 2. 10. 1986, IV R 39/83, BStBl II 1987, 7; vom 14. 11. 2006, IV B 13/04, BFH/NV 2007, 728.
295 BFH vom 26. 10. 1989, IV R 82/88, BStBl II 1990, 277; vom 8. 11. 1996, VI R 24/96, BFH/NV 1997, 363.
296 BFH vom 2. 10. 1986, IV R 39/83, BStBl II 1987, 7; vom 14. 11. 2006, IV B 13/04, BFH/NV 2007, 728.
297 BFH vom 26. 10. 1989, IV R 82/88, BStBl II 1990, 277; vom 2. 3. 1993, IX R 75/89, BFH/NV 1993, 578.

C. Negative Sachentscheidungsvoraussetzungen

I. Anderweitige Anhängigkeit

1. Nichtanhängigkeit als negative Sachentscheidungsvoraussetzung

Es würde dem effektiven Rechtsschutz widersprechen, wenn sich die Finanzbehörde mit derselben Sache doppelt beschäftigt. Dies würde unnötigen Aufwand an Arbeit und Zeit kosten, außerdem bestünde die Gefahr einander widersprechender Entscheidungen bei demselben Streitgegenstand. Sachentscheidungsvoraussetzung eines Einspruchs ist es daher, dass ein Einspruch gleicher Art des gleichen Einspruchsführers mit dem gleichen Verfahrens- und Streitgegenstand bei der Behörde nicht bereits anhängig ist. Zwar ist diese (negative) Sachentscheidungsvoraussetzung in der AO nicht ausdrücklich geregelt, es ist jedoch ein Grundsatz jedes Rechtsbehelfs- und Rechtsmittelverfahrens, die doppelte Anhängigkeit von Streitsachen für unzulässig zu erklären.

Dadurch, dass das Beschwerdeverfahren abgeschafft wurde, ist die Gefahr divergierender Anhängigkeiten – möglich etwa früher in einer Stundungssache durch Einlegung der Beschwerde beim Finanzamt und der OFD – nach der Reform des außergerichtlichen Rechtsbehelfsverfahren gering. Allerdings kann der Einspruchsführer wegen des gleichen Verfahrens- und Streitgegenstandes mit demselben Rechtsschutzziel unterschiedliche Anträge bei einer Behörde oder Behörden der gleichen Verwaltung erheben.

Verfolgt der Einspruchsführer aber mit unterschiedlichen Einsprüchen unterschiedliche Begehren, steht die Anhängigkeit eines Einspruchs der Einlegung des anderen Einspruchs nicht entgegen. Es ist insoweit eine Frage des Verfahrens- und Streitgegenstandes, die das Problem der anderweitigen Anhängigkeit präjudiziert. Allerdings steht die Anhängigkeit eines nichtförmlichen Rechtsbehelfs der Zulässigkeit eines Einspruchs nicht entgegen.

Beispiel:

Der Steuerpflichtige erhebt Einspruch wegen eines beantragten, aber noch nicht gewährten Steuererlasses. Nachdem das Finanzamt binnen Monatsfrist nicht entschieden hat, legt er gegen den Beamten der Stundungs- und Erlassstelle Dienstaufsichtsbeschwerde ein, bei der OFD erhebt er Sachaufsichtsbeschwerde, und beim Petitionsausschuss des Landtages beschwert er sich ebenfalls über die Untätigkeit der Behörde. Alle Verfahren können nebeneinander laufen, da sie der Rechtsnatur nach verschieden sind, insoweit also nicht dieselbe Anhängigkeit betreffen.

2. Anhängigkeit bei einer anderen Verwaltung

Die Anhängigkeit eines Rechtsbehelfs bei einer anderen – sachlich unzuständigen – Verwaltung steht dem Einspruch bei der Finanzbehörde nicht entgegen. Erhebt z. B. ein Steuerpflichtiger gegen einen Grundsteuermessbescheid bei der Gemeinde Widerspruch und legt er kurz darauf bei der Finanzbehörde Einspruch ein, so hindert die Anhängigkeit des Widerspruchs bei der Gemeinde nicht die Zulässigkeit des finanzbehördlichen Einspruchs.

3. Anhängigkeit und Rechtshängigkeit

Die Anhängigkeit einer Streitsache bei der Behörde steht einer Sachentscheidung des Finanzgerichts, die Rechtshängigkeit einer Sache bei Gericht steht einer Sachentscheidung über denselben Streitgegenstand durch die Behörde nach allgemeiner Meinung nicht entgegen, da gleichzeitige Anhängigkeit und Rechtshängigkeit nicht die gleichen Wirkungen haben wie doppelte Anhängigkeit oder Rechtshängigkeit.

II. Bestands- und Rechtskraft

1. Grundsatz

Was für die Anhängigkeit gilt, muss erst recht auch für die Bestands- oder Rechtskraft einer Verwaltungs- und Gerichtsentscheidung gelten. Ist in einem Verwaltungsverfahren, sei es aufgrund des Ablaufs der Einspruchsfrist, eines Einspruchsverzichts oder einer Einspruchsrücknahme, oder im förmlichen Einspruchsverfahren – durch Einspruchsentscheidung oder Abhilfebescheid – über eine Sache formell und materiell bestandskräftig entschieden oder liegt ein rechtskräftiger Gerichtsbescheid vor, ist ein Einspruch, der die nochmalige Überprüfung desselben Verwaltungsakts begehrt, unzulässig.

Beispiel:

Der Steuerpflichtige hat beim Finanzamt A vergeblich einen Antrag auf Erlass der bestandskräftig festgesetzten Einkommensteuerschuld 2004 gestellt. Ein Einspruch hatte keinen Erfolg. Er zieht 2007 in einen anderen Ort um, womit das Finanzamt B örtlich für die Einkommensbesteuerung zuständig wird. Bei diesem Finanzamt stellt er einen erneuten Antrag, die nach seiner Auffassung überhöhte Einkommensteuerschätzung 2004 im Erlasswege zu korrigieren. Das Finanzamt B lehnt den Erlass ab. Der Steuerpflichtige legt dagegen Einspruch ein. Die Bestandskraft der Erlassentscheidung des Finanzamts A steht der Zulässigkeit des neuerlichen Einspruchs beim Finanzamt B entgegen.

Die Entscheidung über einen nichtförmlichen Rechtsbehelf (etwa eine Dienstaufsichtsbeschwerde) bewirkt im Gegensatz dazu jedoch keine Bindungswirkung im Einspruchsverfahren.

2. Ausnahmen

a) Änderung der tatsächlichen und rechtlichen Verhältnisse

Die Bestandskraft steht einem Einspruch nicht entgegen, wenn sich die Sach- oder Rechtslage nach dem schlüssigen Vorbringen des Einspruchsführers so geändert hat, dass es sich nicht mehr um die gleiche Streitsache handelt. Bedeutsam ist dies allerdings nur bei nicht fristgebundenen Einsprüchen, weil ein Einspruch nach Ablauf der Einspruchsfrist aufgrund der fehlenden Sachentscheidungsvoraussetzung aus § 355 AO unzulässig ist.

Beispiel:

Der Steuerpflichtige hat einen Steuererlass aus persönlichen Billigkeitsgründen beantragt. Das Finanzamt hat den Antrag im Jahr 2007 abgelehnt, weil die wirtschaftliche Lage des Steuerpflichtigen nicht so schlecht war, dass der Steuererlass zu seiner Existenzsicherung notwendig erschien. 2008 hat sich die Liquiditätskrise beim Steuerpflichtigen so verschärft, dass nur noch ein außergerichtlicher Vergleich, an dem auch das Finanzamt teilnehmen muss, ihn vor dem Ruin rettet. Es liegt insoweit eine Änderung der tatsächlichen Verhältnisse vor, die einen neuen Antrag auf Steuererlass (mit anschließendem Einspruchsverfahren bei Ablehnung) nicht ausschließt, selbst wenn dieselbe Steuerschuld betroffen ist.

b) Erlass eines neuen Verwaltungsakts

Die Bestandskraft steht dem Einspruchsverfahren nicht entgegen, wenn die Behörde einen neuen Verwaltungsakt erlassen hat, entweder, weil

– sie dazu berechtigt war,
– sie die Bestandskraft des ersten Verwaltungsakts missachtet hat[298],
– der neue Verwaltungsakt eine Regelung trifft, die von der Bestandskraft des ersten Verwaltungsakts nicht umfasst ist[299].

Beispiel 1:

Im Finanzrechtsstreit hat der Steuerpflichtige erreicht, dass die Ausgaben für Renovierungsarbeiten an einem Mietwohngrundstück teilweise als Werbungskosten anerkannt wurden, wobei die Steuer bei unveränderten Einkünften aus Gewerbebetrieb von 5.000 Euro und geänderten Einkünften aus Vermietung und Verpachtung von 4.000 Euro auf 1.000 Euro festgesetzt wurde. Nach einer Außenprüfung – die Bestandskraft ist eingetreten – erhöht

---

298 Beispiel: BFH vom 16. 5. 1977, VI R 243/74, BStBl II 1977, 605. Wählen danach Eheleute während des Rechtsbehelfsverfahrens gegen die getrennte Veranlagung eines Ehegatten übereinstimmend die Zusammenveranlagung, so ist diese vorbehaltlich der übrigen gesetzlichen Voraussetzungen auch dann noch durchzuführen, wenn die getrennte Veranlagung des anderen Ehegatten bereits unanfechtbar geworden ist.
299 BFH vom 19. 10. 1982, VII R 45/80, BStBl II 1983, 51.

das Finanzamt den gewerblichen Gewinn auf 8.000 Euro, die Steuer auf 1.500 Euro. Der Steuerpflichtige erhebt Einspruch mit dem Argument, die Änderung sei mangels neuer Tatsachen (§ 173 Abs. 1 Nr. 2 AO) nicht zulässig. Außerdem sei sie sachlich nicht gerechtfertigt. Die Bindungswirkung der Entscheidung erstreckt sich nur auf den vom FG-Urteil festgestellten Sachverhalt und die daraus gezogenen Rechtsfolgen, nicht auf den Streitgegenstand, der dem Änderungsbescheid zugrundeliegt.

Beispiel 2:

Das Finanzgericht hat über einen Steuerbescheid, der unter dem Vorbehalt der Nachprüfung ergangen ist, 2006 rechtskräftig entschieden. Nach der Außenprüfung im Jahre 2008 ändert das Finanzamt denselben Steuerbescheid unter Aufhebung des Vorbehalts. Bei einem Einspruch gegen diese Entscheidung handelt sich um neue Verfahrens- und Streitgegenstände, auch wenn der Sachverhalt und die Rechtsfragen ggf. gleich sind.[300]

III. Einspruchsverzicht

Literatur:

Limprecht, Zulässigkeit des Verzichts auf Rechtsmittel nach früherem Abgabenrecht vor Ergehen des Steuerbescheids, Diss. 1969; *Krauss*, Rechtsbehelfsverzicht und -rücknahme im Steuerstreit, Diss. 1976; *Baur*, Vereinbarungen in der Schlussbesprechung – Vorteile und Risiken, BB 1988, 602; *Rößler*, Tatsächliche Verständigung und Rechtsmittelverzicht, DStZ 1988, 375; *Schmidt-Liebig*, Verständigung über Schätzungsgrundlagen, DStZ 1996, 643

1. Bedeutung und Folgen

Mit dem Einspruchsverzicht kann der Adressat eines Verwaltungsakts die Durchführung eines Einspruchsverfahrens gegenstandslos machen. Der Einspruchsverzicht ist eine negative Sachentscheidungsvoraussetzung – nach § 354 Abs. 1 Satz 3 AO ist ein Einspruch unzulässig, auf den wirksam verzichtet wurde. Mit dieser verfahrensrechtlichen Willenserklärung bekundet der Steuerpflichtige, dass er sich durch den Verwaltungsakt ganz oder teilweise nicht belastet fühlt und insoweit keine Beschwer i. S. d. § 350 AO geltend gemacht wird. Legt der Steuerpflichtige trotzdem Einspruch ein, ist dieser – wegen Verlustes der Einspruchsbefugnis – als unzulässig zu verwerfen (§ 358 AO). Da dadurch formelle Bestandskraft eintritt, ist damit auch die finanzgerichtliche Klagebefugnis verloren: Dies bedeutet einen starken Rechtsverlust, weshalb der Einspruchsverzicht eindeutig aufgrund eines zweifelsfreien und klaren Willens des Steuerpflichtigen zum Ausdruck gebracht werden muss.[301] In der Praxis kommt der Einspruchsverzicht daher eher selten

---

300 BFH vom 13. 11. 1975, IV R 61/75, BStBl II 1977, 126; vom 24. 10. 2006, I B 41/06, BFH/NV 2007, 206; die Verfassungsbeschwerde wurde nicht zur Entscheidung angenommen; BVerfG vom 10. 4. 2008 1 BvR 284/07, 1 BvR 1664/07, n. v.
301 BFH vom 15. 10. 1987, III B 65/87, BStBl II 1988, 281.

Sachentscheidungsvoraussetzungen

dann vor, wenn der Steuerpflichtige an der alsbaldigen Bestandskraft eines Verwaltungsakts ein besonderes Interesse hat. An die Wirksamkeit eines Einspruchsverzichtes sind im Interesse der Rechtssicherheit und des Rechtsschutzanspruches des Steuerpflichtigen strenge Anforderungen zu stellen.[302]

Nach § 354 Abs. 1a AO besteht die Möglichkeit, durch einen Teilverzicht auf einen Einspruch einen abgrenzbaren Teil der Besteuerungsgrundlagen (etwa bzgl. bestimmter Einkünfte) bestandskräftig werden zu lassen, soweit diese für Verständigungsverfahren oder Schiedsverfahren nach einem DBA von Bedeutung sein können. Der Grund hierfür: Manche DBA setzen für den Beginn eines Verständigungs- oder Schiedsverfahrens die Bestandskraft des Steuerbescheides voraus.

2. Abgrenzungen

Ob ein schlüssiges Verhalten eines Steuerpflichtigen einen Einspruchsverzicht bedeutet, ist durch Auslegung zu ermitteln, wobei nach der regelmäßigen Interessenlage in folgenden Fällen grundsätzlich kein Einspruchsverzicht gegeben ist:

- Bei einer vorbehaltlosen Steuerzahlung beschränkt der Steuerpflichtige nicht sein Recht auf Nachprüfung der Rechtmäßigkeit der Steuerfestsetzung, sondern er befolgt nur das Leistungsgebot (§ 254 Abs. 1 AO), um die Vollstreckung abzuwenden.
- Beim schriftlichen Anerkenntnis des Arbeitgebers zur Lohnsteuernachzahlung (§§ 40 Abs. 1 Nr. 2, 40a, 42d IV Nr. 4 EStG) verzichtet dieser nicht auf die Geltendmachung von Einwendungen gegen den Steueranspruch. Er erklärt damit auch nicht konkludent den Einspruchsverzicht, sondern erkennt nur vorläufig seine steuerliche Zahlungsverpflichtung an.[303]
- Die „tatsächliche Verständigung" bedeutet nur eine Einigung über den Steueranspruch insoweit, als auf weitere Ermittlungen verzichtet wird[304]: In Fällen erschwerter Sachverhaltsermittlung „einigen" sich Steuerpflichtiger und Finanzverwaltung über die Annahme eines bestimmten Sachverhaltes oder über eine bestimmte Sachbehandlung[305], ohne einen konkreten Einspruchsverzicht auszuhandeln.[306]

---

[302] BFH vom 3. 4. 1984, VII R 18/80, BStBl II 1984, 513 m. w. N.
[303] BFH vom 3. 6. 1982, VI R 48/79, BStBl II 1982, 710.
[304] Grundlegend BFH vom 11. 12. 1984, VIII R 131/76, BStBl II 1985, 354; BFH vom 28. 7. 1993, XI R 68/92, BFH/NV 1994, 290.
[305] Siehe die Formulierung im AEAO Nr. 1 zu § 88.
[306] Ganz h. M. vgl. BFH vom 6. 2. 1991, I R 13/86, BStBl II 1991, 673; a. A.: Baur, Vereinbarungen in der Schlussbesprechung – Vorteile und Risiken, BB 1988, 602: „nach Treu und Glauben vorgezogener Rechtsbehelfsverzicht".

Abgrenzung zu anderen Verfahren und Sachentscheidungsvoraussetzungen

- Die Rechtsprechung, wonach mit der Erledigungserklärung des Verfahrens gegen einen geänderten Steuerbescheid während des finanzgerichtlichen Verfahrens kein Einspruchsverzicht verbunden sein soll[307], ist dadurch überholt, dass der Bescheid nunmehr nach § 68 Satz 1 FGO der neue Bescheid zwangsläufig Gegenstand des Klageverfahrens wird. Ein Einspruch ist insoweit ausgeschlossen (§ 68 Satz 2 FGO). Demzufolge kann die Erledigungserklärung von vornherein auch keinen Einspruchsverzicht beinhalten.
- Erst recht sind die Zustimmung zur Änderung oder Aufhebung eines Verwaltungsakts nach § 172 Abs. 2 a AO[308] bzw. die Zustimmung zum Bericht über eine Außenprüfung[309] keine Einspruchsverzichtserklärungen.

Gegenüber der Rücknahme eines Einspruchs ist der Einspruchsverzicht schon durch den Verfahrenszeitpunkt der Erklärung abgegrenzt: Der Einspruchsverzicht kann nicht nach der Einspruchseinlegung erklärt werden – allerdings wird die Erklärung evtl. als Einspruchsrücknahme auszulegen sein.[310] Nach Rücknahme des Einspruchs vor Ablauf der Einspruchsfrist ist aber wieder ein Einspruchsverzicht möglich, der die Wirksamkeit einer erneuten Einspruchseinlegung innerhalb der verbleibenden Einspruchsfrist oder nach Wiedereinsetzung in den vorigen Stand wegen Fristversäumung verhindert.

3. *Voraussetzungen*

a) Allgemein

Die Verzichtserklärung muss als prozessuale Willenserklärung wirksam sein. Beim Zugang der Erklärung muss der Verwaltungsakt erlassen bzw. die Steueranmeldung abgegeben sein (§ 354 Abs. 1 Sätze 1, 2 AO). Ein Einspruchsverfahren darf noch nicht anhängig sein. Ansonsten gelten für die Wirksamkeit der Erklärung folgende Voraussetzungen:

- Der Erklärende muss handlungsfähig sein (§ 79 AO).
- Bei einer Vertretung muss der Vertreter ordnungsgemäß bevollmächtigt sein (§ 80 AO). Eine nachträgliche Genehmigung beim Vertreter ohne Vertretungsmacht ist möglich.
- Der Erklärende muss einspruchsbefugt sein.
- Die Erklärung darf weder unter einer Bedingung ergehen noch wirksam angefochten oder widerrufen worden sein.

---

307 BFH vom 10. 7. 1980, IV R 11/78, BStBl II 1981, 5.
308 BFH vom 20. 1. 1967, VI 371/65, BStBl III 1967, 380.
309 BFH vom 2. 8. 1955, I 186/54 U, BStBl III 1955, 331.
310 Siehe unten 2. Teil, 2. Kapitel, B I 1 (S. 189).

Sachentscheidungsvoraussetzungen

b) Form und Inhalt der Erklärung

§ 354 Abs. 2 AO bestimmt, dass die Verzichtserklärung – aus Beweis- und Rechtssicherheitsgründen – schriftlich oder zur Niederschrift der zuständigen Finanzbehörde zu erklären ist. Ein Unterschriftszwang besteht ebenso wie bei der Einspruchseinlegung nach § 357 Abs. 1 Satz 2 AO nicht.[311] Erst recht ist keine eigenhändige Unterschrift erforderlich.[312] Die Erklärung darf keine weiteren Erklärungen enthalten (§ 354 Abs. 2 Satz 1 2. Halbs. AO). Dadurch soll sich der Erklärende der Tragweite des Einspruchsverzichts bewusst sein.[313] Auch die Angabe der Gründe, die den Steuerpflichtigen zum Verzicht veranlasst haben, ist schädlich und führt zur Unwirksamkeit des Einspruchsverzichts. Da der Verzicht erst nach Erlass des Verwaltungsakts erklärt werden kann (vgl. § 354 Abs. 1 Satz 1 AO), scheidet die Verzichtserklärung bereits mit Abgabe der Steuererklärung aus.

c) Teilverzicht

Ein Teilverzicht auf den Einspruch bezüglich einzelner Besteuerungsgrundlagen ist nicht möglich – Bezugspunkt ist der nicht teilbare einzelne Verwaltungsakt, der den Streitgegenstand des möglichen Einspruchs bestimmt. Ergehen nach Durchführung einer Außenprüfung in Auswertung des Prüfungsberichtes mehrere Steuerbescheide (Sammelsteuerbescheide für mehrere Veranlagungszeiträume und Steuerarten), ist jeder Verwaltungsakt einzeln Gegenstand des Einspruchsverzichts.

Ausnahmsweise ist nach § 354 Abs. 1a AO ein Teileinspruchsverzicht gegen einen Steuerverwaltungsakt möglich, wenn Besteuerungsgrundlagen für ein Verständigungsverfahren[314] oder Schiedsverfahren nach DBA oder anderen zwischenstaatlichen Verträgen wegen einer zwischenstaatlichen Einkunftsabgrenzung bedeutsam sein können. Ein Anwendungsfall ist etwa der Regelungsbereich des Übereinkommens vom 23. 6. 1990 – Schiedsstellenkonvention – über die Beseitigung der Doppelbesteuerung im Falle der Gewinnberichtigung zwischen verbundenen Unternehmen.[315] Durch diese Regelung wird es möglich, dass der Teil des Verwaltungsakts in formelle Rechtskraft erwächst, für den der Teilverzicht

---

311 Auch der per Telex oder Telefax erklärte Verzicht ist rechtswirksam. Auch ist eine elektronische Übermittlung zulässig. Vgl. Tipke/Kruse, § 354 AO (Stand: April 2007), Rz. 7. Anders Dumke, in: Schwarz, AO, § 354 (Stand: 11/2003), Rz. 15 a, der entsprechend § 126 Abs. 1 BGB eine eigenhändige Unterschrift verlangt.
312 A. A. Dumke, in: Schwarz, AO, § 354 (Stand: 11/2003), Rz. 15 a.
313 BFH vom 3. 4. 1984, VII R 18/80, BStBl II 1984, 513.
314 Dazu BMF-Merkblatt vom 26. 11. 1992, BStBl I 1993, 322; Carl/Klos, Leitfaden zur internationalen Amts- und Rechtshilfe in Steuersachen, 1995, 165 ff.; Schaumburg, Internationales Steuerrecht, 1993, 584 ff.
315 So die Gesetzesbegründung, BR-Drucks. 612/93, 107.

erklärt worden ist. In jedem Falle ist aber die genaue Bezeichnung der Besteuerungsgrundlagen notwendig, auf die sich der Verzicht beziehen soll (§ 354 Abs. 1a Satz 2 AO).

d) *Empfänger der Erklärung*
Die Verzichtserklärung ist gegenüber der zuständigen Finanzbehörde zu erklären (§ 354 Abs. 2 Satz 1 AO). Dies ist grundsätzlich das örtlich und sachlich zuständige Finanzamt;[316] bei einem Zuständigkeitswechsel ist die Einspruchsverzichtserklärung – anders als bei der Erklärung der Einspruchsrücknahme – gegenüber der nunmehr zuständigen Finanzbehörde abzugeben. Finanzamtsintern muss die Erklärung gegenüber dem zuständigen Finanzbeamten – bei Steuerbescheiden nicht etwa gegenüber dem Steuerfahnder oder Außenprüfer, sondern gegenüber der Steuerfestsetzungsstelle – abgegeben werden.

4. Geltendmachung der Unwirksamkeit

Der Einspruchsverzicht ist grundsätzlich nicht widerrufbar und auch nicht – wegen Irrtums über seine rechtliche Tragweite – anfechtbar (§ 354 Abs. 1 Satz 3 AO). Der Einspruchsführer kann nur die Unwirksamkeit des Verzichts geltend machen, wenn dessen formelle und materielle Voraussetzungen nicht erfüllt sind.[317] Dies geschieht jedoch nicht in einem selbständigen Verfahren, sondern im Rahmen der Überprüfung der Zulässigkeit des eingelegten Einspruchs.[318] Voraussetzungen für besondere Unwirksamkeitsgründe sind nach der Rechtsprechung[319] – wie bei der Einspruchsrücknahme[320] – bewusste Täuschung, Drohung oder bewusst falsche Auskunft der Finanzbehörde – also alle krassen Fälle unzulässiger Einwirkung auf die freie Willensbildung des Steuerpflichtigen. Bedeutende praktische Fälle dürften die Drohung mit der Einleitung eines Steuerstrafverfahrens oder eindeutig unrichtige Auskünfte gegenüber rechtsunkundigen Steuerbürgern sein.

„Vereinbarungen" zwischen dem Steuerpflichtigen und der Finanzbehörde über die Erklärung eines Einspruchsverzichtes – etwa im Rahmen einer tatsächlichen Verständigung („Gesamtpaketlösung") nach einer Außen- oder Steuerfahndungsprüfung – sind unwirksam, da darüber keine Dispositionsbefugnis besteht.

---

316 Vgl. aber Tipke, in: Tipke/Kruse, § 354 AO (Stand April 2007), Rz. 12, der von der (speziellen) Zuständigkeit für das Einspruchsverfahren ausgeht. Wie hier Brockmeyer, in: Klein, § 354 Rz. 3.
317 BFH vom 3. 4. 1984, VII R 18/80, BStBl II 1984, 513.
318 Dumke, in: Schwarz, AO, § 354 AO (Stand: 11/2003), Rz. 22.
319 Etwa BFH vom 17. 8. 1961, IV 176/59, BStBl III 1962, 107.
320 Siehe unten 2. Teil, 2. Kapitel B I 1 (S. 189).

Beispiel:

Nach einer Außenprüfung werden die Steuerbescheide mit erheblichen Mehrsteuern erlassen, die die Existenz des Steuerpflichtigen bedrohen können. Das Finanzamt sagt einen teilweisen Billigkeitserlass von Steuern (§ 163 bzw. § 227 AO) zu, wenn der Steuerpflichtige die Prüfungsfeststellungen anerkennt und einen Einspruchsverzicht unterzeichnet. Die Vereinbarung des Steuerverzichts ist unwirksam. Allerdings kann der Vereinbarung eine tatsächliche Verständigung zugrundeliegen, die das Finanzamt nach Treu und Glauben an die Zusage bindet, wenn der Steuerpflichtige im Vertrauen auf die Einhaltung einen (teilweisen) erfolgversprechenden Einspruch nicht eingelegt hat.

Der Einspruch, mit dem die Unwirksamkeit des Einspruchsverzichts geltend gemacht wird, muss bei Versäumung der Einspruchsfrist und Vorliegen von Wiedereinsetzungsgründe binnen Monatsfrist nach Wegfall des Hindernisses eingelegt werden (§ 354 Abs. 2 Satz 2 i. V. m. § 110 Abs. 2 AO). Bei höherer Gewalt gilt die Jahresfrist des § 110 Abs. 3 AO entsprechend.

Über die Frage der Unwirksamkeit des Einspruchsverzichts entscheidet die Finanzbehörde durch Einspruchsentscheidung im Rahmen der Sachentscheidungsvoraussetzungen „Einspruchsfrist" bzw. „kein wirksamer Einspruchsverzicht". Die – unselbständige – Entscheidung über die Wirksamkeit oder Unwirksamkeit des Einspruchsverzichts kann nicht gesondert angefochten werden – die Rechtswidrigkeit der Einspruchsentscheidung kann im Klagewege mit der Begründung, das Ergebnis bezüglich des Einspruchsverzichts sei unzutreffend, überprüft werden.[321]

IV. Verwirkung

Literatur:

Rath, Die Verwirkung im Steuerrecht, 1981; *Lohmeyer*, Verwirkung des Beschwerderechts gegen eine Prüfungsanordnung, DB 1986, S. 1753; *Carl*, Die Verwirkung im Abgabenrecht, DStZ 1988, 529; *Beermann*, Verwirkung und Vertrauensschutz im Steuerrecht, Diss. 1990

1. Bedeutung

Die negative Sachentscheidungsvoraussetzung der Verwirkung des Steueranspruchs ist in der AO nicht geregelt. Das Institut der Verwirkung ist als Anwendungsfall des Verbots widersprüchlichen Verhaltens („venire contra factum proprium") in der Rechtsordnung allgemein als Ausfluss des Prinzips von Treu und Glauben anerkannt. Es gilt auch im Öffentlichen Recht, damit auch im Steuer-

---

321 Dumke, in: Schwarz, AO, § 354 AO (Stand: 11/2003), Rz. 24.

und Abgabenrecht.[322] Speziell der Steuerpflichtige kann seine Einspruchsbefugnis verwirken; dem Einspruchsführer fehlt dadurch das Rechtsschutzbedürfnis, der Einspruch ist dann als unzulässig zu verwerfen.

2. Voraussetzungen

Verwirkt werden können neben materiellen Rechten auch Verfahrensrechte, insbesondere die Einspruchsbefugnis. Voraussetzung der Verwirkung ist, dass

- der Berechtigte von der Existenz eines Rechtes weiß und es auszuüben in der Lage ist,
- er das Recht oder die Befugnis über längere Zeit nicht ausübt, obwohl vernünftigerweise die Ausübung des Rechts oder der Befugnis zu erwarten wäre,
- durch das Verhalten des Berechtigten eine Vertrauenssituation geschaffen worden ist, der Berechtigte werde das Recht oder die Befugnis nicht mehr ausüben,
- der Verpflichtete oder sonstige Betroffene sich aufgrund dessen auf die Nichtausübung des Rechts einrichten durfte und eingerichtet hat,
- die verspätete Rechtsanwendung unter den gegebenen Umständen treuwidrig und unbillig erscheint.

Oder zusammengefasst: Jemand verwirkt sein Recht, wenn er längere Zeit von seinem Recht keinen Gebrauch macht, obwohl er es kannte oder bei gehöriger Erfüllung seiner Aufklärungspflicht hätte erkennen können, und durch sein Verhalten beim Verpflichteten einen Vertrauenstatbestand dergestalt geschaffen hat, dass nach der Zeit die Geltendmachung des Anspruchs oder der Befugnis als illoyale Rechtsausübung empfunden werden muss.[323] Die Verwirkung enthält also sowohl ein Zeitmoment als auch ein Umstandsmoment. Sowohl der Steuerbürger als auch die Finanzbehörde können Rechte, Ansprüche oder Befugnisse verwirken.

3. Verwirkung von Befugnissen des Einspruchsverfahrens

Verwirkt werden kann insbesondere die Einspruchsbefugnis, und zwar von dem Einspruchsführer als auch den sonstigen Verfahrensbeteiligten. Dies gilt haupt-

---

322 St. Rspr. des BFH, vgl. etwa BFH vom 11. 6. 1958, II 221/56 U, BStBl III 1958, 352; BFH vom 13. 9. 1991, IV B 105/90, BStBl II 1992, 148; zur Verwirkung im Kindergeldrecht vgl. BFH vom 21. 2. 2008, III B 103/07, BFH/NV 2008, 972; s. a. Carl, Die Verwirkung im Abgabenrecht, DStZ 1988, 529 mit kritischer Würdigung der Rechtsprechung.
323 BFH vom 22. 4. 1984, VIII R 60/79, BStBl II 1984, 697.

sächlich für den nicht fristgebundenen Untätigkeitseinspruch (§ 347 Abs. 1 Satz 2 i. V. mit § 355 Abs. 2 AO). Die Verwirkung ist in diesem Zusammenhang dann zu bejahen, wenn der Einspruchsführer in Kenntnis oder schuldhafter Nichtkenntnis seiner Rechtsbeeinträchtigung sowie in Kenntnis oder Nichtkenntnis des Rechts, sich gegen die Beeinträchtigung mit dem Einspruch zu wehren, von der Möglichkeit der Einspruchseinlegung für längere Zeit Abstand nimmt und damit den Eindruck erweckt, von der Einspruchseinlegung absehen zu wollen.[324]

Eine Verwirkung der Einspruchsbefugnis scheidet aber im allgemeinen aus, wenn ein schriftlicher Verwaltungsakt wirksam bekanntgegeben worden, die Einspruchsbelehrung unterblieben oder unrichtig erteilt worden ist und die Einspruchseinlegung deshalb binnen Jahresfrist (§ 356 Abs. 2 AO) nach Bekanntgabe des Bescheides hätte erfolgen müssen. Es muss immer ein besonders gelagerter Fall vorliegen, der für das Besteuerungsverfahren – vom Zeitablauf und den Umständen her – atypisch ist.

Beispiele für Verwirkung:

- Ein Feststellungsbeteiligter, dem entgegen § 183 Abs. 2 AO der Feststellungbescheid nicht bekanntgegeben wird, der aber durch Übernahme der steuerlichen Feststellungen in den Einkommensteuerbescheid Kenntnis von der Tatsache und dem Inhalt des Feststellungsbescheides erhält, kann die Einspruchsbefugnis verwirken, wenn er mehrere Monate lang untätig bleibt und dadurch die Akzeptanz der Steuerfestsetzung gegenüber dem Finanzamt zu erkennen gibt.
- Ein Steuerbürger wendet sich nicht gegen die ihm ohne Einspruchsbelehrung bekanntgegebene Außenprüfungsanordnung, er lässt die Prüfung über sich ergehen und erhebt erst Monate später – in Kenntnis der unangenehmen Prüfungsfeststellungen – Einspruch, mit dem er die Rechtswidrigkeit der Prüfungsanordnung geltend macht. Einwände während der Prüfungshandlungen wurden jedoch nicht erhoben.[325]

---

324 FG Hamburg vom 26. 8. 1974, II 11/71, EFG 1975,49; FG Köln vom 22. 9. 1983, V K 248/83, EFG 1984, 163; FG Hamburg vom 10. 1. 1985, I 124/84, EFG 1985, 435; FG Baden-Württemberg vom 27. 2. 1985, II 300/82, EFG 1985, 434; FG Saarland vom 25. 10. 1985, I 23/85, EFG 1986, 60; BFH vom 7. 11. 1985, IV R 6/85, BStBl II 1986, 435; vom 13. 9. 1991, IV B 105/90, BStBl II 1992, 148.
325 Str., ob dies die Verwirkung der Einspruchsbefugnis nach sich zieht; vgl. einerseits bejahend FG Münster vom 28. 5. 1975, III 1472/74 A, EFG 1975, 601; FG Saarland vom 25. 10. 1985, I 23/85, EFG 1986, 60; großzügiger die Rspr. des BFH, vom 7. 11. 1985, IV R 6/85, BStBl II 1986, 435, der keine Verwirkung annimmt, da im Hinblick auf die gebotene (§ 196 AO), aber unterlassene Bekanntgabe der Einspruchsbelehrung kein schützenswertes Vertrauen entstehen kann. Ebenso Kuhfus/Schmitz, Verwertungsverbote bei rechtswidrigen Mitwirkungsverlangen im Rahmen einer Außenprüfung, StuW 1992, 333.

- Bei steuerlichen Konkurrentenklagen ist dann die Einspruchsbefugnis im Hinblick auf die Verwirkung zweifelhaft, wenn ab sicherer Kenntnis von der Bekanntgabe des Verwaltungsakts an den Konkurrenten oder ab dem Zeitpunkt, in dem die Kenntnis hätte erlangt werden können, mehr als ein Jahr verstrichen ist.

Neben der Einspruchsbefugnis kann der Steuerpflichtige – in besonders gelagerten Fällen – auch sein Recht verwirken, die Unwirksamkeit eines Einspruchsverzichts oder einer Einspruchsrücknahme geltend zu machen oder aber die Verletzung von Verfahrensfehlern oder die Nichterhebung eines Beweises durch Auskünfte, Urkunden oder Einnahme eines Augenscheins zu rügen. Dieses Untätigbleiben kann dann treuwidrig sein, wenn er die Möglichkeit hatte, den strittigen Sachverhalt aufzuklären, dies der Finanzbehörde über längere Zeit verschwiegen hatte und das Finanzamt die Beweismöglichkeit im konkreten Streitfall nicht kannte oder kennen musste.

Zwar kann grundsätzlich auch der Anspruch auf die Bekanntgabe der Einspruchsentscheidung bzw. darauf, dass das Finanzamt in der Sache überhaupt entscheidet, verwirkt werden. Allerdings reicht alleine die Untätigkeit der Finanzbehörde nicht aus – das Finanzamt muss trotz jahrelanger Nichtentscheidung durch konkretes Verhalten einen Vertrauenstatbestand erwecken, der für den Einspruchsführer das öffentliche Interesse an dem Eintritt des Rechtsfriedens bekundet hat.[326]

D. Objektive Einspruchshäufung

I. Begriff

Eine Einspruchshäufung liegt dann vor, wenn der Einspruchsführer sein Anliegen statt in mehreren selbständigen Einsprüchen gegen unterschiedliche Verfahrensgegenstände oder selbständig anfechtbare Regelungen oder Teilregelungen eines Verwaltungsakts durch einen Einspruch verfolgt. Ausdrücklich ist die objektive Einspruchshäufung in der AO nicht geregelt – doch ist die Einspruchshäufung in der Praxis vielfach anzutreffen, wenn es um sog. Sammelbescheide geht, die z. B. in Auswertung eines Außen- oder Steuerfahndungsberichtes mehrere Steuerarten und -zeiträume betreffen. Im finanzgerichtlichen Verfahren hat sie ihre Parallele in der Verbindung von Klagen nach § 43 FGO.

---

326 Vgl. BFH vom 22. 6. 1977, I R 171/74, BStBl II 1978, 33 (sechsjährige Dauer des Verfahrens); vom 8. 10. 1986, II R 167/84, BStBl 1987, 12 (über neunjährige Nichtentscheidung). S. a. BFH vom 20. 4. 2006, VII B 332/05, BFH/NV 2006, 1519.

Beispiel:

Der Steuerpflichtige erhebt Einspruch gegen die Auswertungsbescheide eines Außenprüfungsberichtes: Einkommensteuerbescheide (einheitliche gesonderte Gewinnfeststellungen), Einheitswertbescheide und Umsatzsteuerbescheide. Es sind die Jahre 2004, 2005 und 2006 betroffen. Der Sammeleinspruch wendet sich gegen viele Verwaltungsakte, von denen jeder für sich gesondert anfechtbar ist. Es handelt sich um eine objektive Einspruchshäufung.[327]

Zu unterscheiden ist die objektive Einspruchshäufung von der Antragshäufung, die bei mehreren gleichwertigen Anträgen oder bei Haupt- und Hilfsanträgen vorliegt, wobei der Verfahrens- und Streitgegenstand gleich ist.

Beispiel:

Der Steuerpflichtige legt gegen einen Einheitswertbescheid Einspruch ein und beantragt gleichzeitig, die Art- und Wertfeststellung zu ändern. Die Antragshäufung beinhaltet hier gleichzeitig eine objektive Einspruchshäufung, da sie mehrere selbständig anfechtbare Regelungen betrifft.

Einspruchshäufung liegt auch nicht vor, wenn nur die Begründungen zum Einspruch kumulieren. Von subjektiver Einspruchshäufung spricht man, wenn mehrere Einspruchsführer einen Einspruch erheben.

Beispiel:

Gegen den einheitlichen und gesonderten Gewinnfeststellungsbescheid einer OHG legen alle Gesellschafter Einsprüche ein; oder: Jeder der Ehegatten wendet sich gegen den bei der Zusammenveranlagung ergehenden Einkommensteuerbescheid.

II. Arten

Es gibt Einspruchshäufungen bei mehreren Verfahrensgegenständen, wobei der Einspruchsführer kumulative Anträge stellen kann – Beispiel: mehrere gleichwertige Hauptanträge – oder Eventualanträge stellt (Haupt- und Hilfsantrag) bzw. die Anträge alternativ stellt.

III. Voraussetzungen

In Parallele zu § 43 FGO hat die objektive Einspruchshäufung folgende Voraussetzungen:

---

327 BFH vom 24. 10. 1973, VII B 47/72, BStBl II 1974, 137; vom 29. 10. 1981, I R 89/80, BStBl II 1982, 150 betr. die finanzgerichtliche Situation.

- Mehrere Einspruchsbegehren müssen vom selben Einspruchsführer geltend gemacht werden;
- die Einsprüche richten sich an dieselbe Behörde;
- ein innerer Zusammenhang zwischen den Rechtschutzgesuchen muss bestehen;
- dieselbe Entscheidungsbehörde ist für die Entscheidung über die Anträge örtlich und sachlich zuständig.

Sind diese Voraussetzungen gegeben, kann der Einspruchsführer nach seinem Ermessen seine Einwendungen in einem oder in mehreren (getrennten) Einsprüchen geltend machen. Das Finanzamt kann bei mehreren Einsprüchen bei gegebenem Zusammenhang die Einsprüche zur gemeinsamen Entscheidung verbinden; legt der Einspruchsführer einen Einspruch gegen mehrere Verwaltungsakte ein, kann die Finanzbehörde – wenn dies sachgerecht ist – die Verfahren trennen.

IV. Verfahrensrechtliche Wirkungen

Bei objektiver Einspruchshäufung, deren Zulässigkeit und Zweckmäßigkeit die Finanzbehörde von Amts wegen prüft, verfolgt der Einspruchsführer mit einem Einspruch mehrere Einspruchsbegehren. Es handelt sich um einen Einspruch, nicht etwa um eine Mehrheit nur in einem Einspruchsschreiben verbundener Einsprüche.[328] Es treten aber die gleichen Wirkungen ein wie bei der Verbindung mehrerer Einsprüche durch die Einspruchsbehörde. Ist die objektive Einspruchshäufung nicht zulässig oder ist die gemeinsame Verhandlung und Entscheidung nicht zweckmäßig, wird die Einspruchsbehörde die Verfahren trennen und die Rechtsschutzgesuche selbständig entscheiden.

Die objektive Einspruchshäufung dient der Effektivität der Einspruchsbearbeitung. Soweit bei jedem Einspruchsbegehren die Sachentscheidungsvoraussetzungen vorliegen, kann die Behörde das Verfahren gemeinsam betreiben, insbesondere die Ermittlungen und Beweiserhebungen zusammenfassen und auch mit nur einer Einspruchsentscheidung das Verfahren beenden. In der Sache wird jedoch über jeden Streitgegenstand und jedes Einspruchsbegehren selbständig entschieden – eine wie auch immer geartete „Saldierung" ist nicht möglich.[329]

Ist über diese gehäuften Einspruchsbegehren gemeinsam entschieden worden, kann der Einspruchsführer gegen die Einspruchsentscheidung im Ganzen oder auch bezüglich jedes einzelnen, den Streitgegenstand entscheidenden Verwaltungsakts den finanzgerichtlichen Klageweg beschreiten.

---

328 BFH vom 24. 10. 1973, VII B 47/72, BStBl II 1974, 137.
329 BFH vom 14. 1. 1975, VIII R 241/72, BStBl II 1975, 385.

Sachentscheidungsvoraussetzungen

E. Rechtsbehelfswechsel

I. Bedeutung

Bei der Einspruchsänderung ändert sich der Streitgegenstand des Verfahrens – beim Rechtsbehelfswechsel bleibt der Verfahrensgegenstand gleich, lediglich die Art des Rechtsbehelfs wird verändert. Der Rechtsbehelfswechsel darf nicht mit der Auslegung oder Umdeutung[330] eines unrichtig bezeichneten Einspruchs verwechselt werden. Eine Auslegung oder Umdeutung kommt in Betracht, wenn der Einspruchsführer den zutreffenden Rechtsbehelf einlegen wollte, ihn in der Einspruchsfrist aber unrichtig bezeichnet hat. Dagegen ist beim Rechtsbehelfswechsel der richtig bezeichnete Rechtsbehelf erhoben; er soll im weiteren Verfahren aber durch einen anderen Rechtsbehelf ersetzt werden. Durch den Wegfall des Beschwerdeverfahrens sind aber die Fälle des Rechtsbehelfswechsels beschränkt auf die Möglichkeit,

- vom Einspruch auf die Sprungklage,
- vom Antrag auf Feststellung der Nichtigkeit eines Verwaltungsakts (§ 125 Abs. 5 AO) auf einen Einspruch und
- vom Nichtigkeitsfeststellungsantrag auf die Feststellungsklage überzugehen.

Beispiel 1:

Der Steuerpflichtige hat sich für eine Sprungklage gegen den Einkommensteuerbescheid entschieden. Nach Erörterung der Erfolgsaussichten mit seinem Berater entschließt er sich aus Kostengründen, zunächst doch das Einspruchsverfahren durchzuführen. Ein Wechsel zwischen Einspruch und Sprungklage und umgekehrt wird allgemein für zulässig gehalten.[331]

Beispiel 2:

Der Steuerpflichtige hält einen Steuerbescheid wegen mangelhafter Bekanntgabe für nichtig. Er will – aus berechtigtem Interesse, da die Vollstreckung droht – die Nichtigkeit nach § 125 Abs. 5 AO feststellen lassen. Später hält er es für zweckmäßiger, gegen den „Scheinverwaltungsakt" Einspruch einzulegen. Beide Anträge sind nicht fristgebunden. Ein Wechsel der Rechtsschutzanträge ist möglich, in der Praxis ist aber der Einspruch zu empfehlen, um nicht die Einspruchsfrist zu versäumen, falls der Verwaltungsakt doch nicht nichtig – sondern nur rechtswidrig – ist.

---

330 Dazu BFH vom 23. 7. 1986, I R 173/82, BFH/NV 1987, 178.
331 BFH vom 28. 8. 1973, VII B 39/72, BStBl II 1973, 852.

Beispiel 3:

Wie im Fall 2 hat der Steuerpflichtige zunächst Antrag auf Feststellung der Nichtigkeit gestellt. Da das Finanzamt nach längerer Zeit nicht entschieden hat, will der Steuerpflichtige Finanzgerichtsrechtsschutz in Anspruch nehmen. Die Feststellungsklage nach § 41 Abs. 1, 2 Satz 1 FGO ist statthaft, da er bei berechtigtem Interesse an der Feststellung Klage auf Nichtigkeitsfeststellung erheben kann.[332] Beide Anträge sind möglich, weshalb auch ein Wechsel zwischen beiden nicht fristgebundenen Rechtsbehelfen zulässig ist.

II. Voraussetzungen und Wirkung

Der Rechtsbehelfswechsel setzt eine rechtlich korrekte Verfahrenserklärung des Einspruchsführers voraus, anstelle des bisherigen Einspruchs einen anderen Rechtsbehelf/Rechtsmittel einlegen zu wollen. Dabei muss als Erklärungsform die Form des neuen Rechtsbehelfs gewählt werden.[333] Der Rechtsbehelfswechsel muss außerdem in der für den neuen Rechtsbehelf maßgeblichen Frist erfolgen.

Beispiel:

Der Steuerpflichtige begehrt Einsicht in seine Steuerakten.[334] Das Finanzamt teilt ihm mit, dem Antrag könne aus grundsätzlichen Gründen nicht entsprochen werden. Gegen die Entscheidung gebe es keinen Einspruch, weshalb der Steuerpflichtige beim Finanzgericht Leistungsklage erhebt. Später erfährt er von seinem Rechtsanwalt, dass die Auffassung des Finanzamts falsch sei. Auch wenn die Monatsfrist verstrichen ist, kann der Steuerpflichtige noch von der Leistungsklage zum Einspruch wechseln, da die Rechtsbehelfsbelehrung des Finanzamts falsch war. Der Wechsel zum Einspruch muss binnen Jahresfrist erklärt werden (§ 356 Abs. 2 AO).

Weitere Voraussetzungen sind nicht zu erfüllen – insbesondere ist der Rechtsbehelfswechsel weder von der Einwilligung anderer Beteiligter noch von der Zustimmung der Finanzbehörde – etwa wegen Sachdienlichkeit – abhängig. Die Voraussetzung der Klageänderung nach § 67 FGO sind auf den Rechtsbehelfswechsel nicht anwendbar.

Der Rechtsbehelfswechsel hat folgende Wirkungen: Das Verfahren ist wegen des neu eingelegten Rechtsbehelfs anhängig – darüber ist jetzt von der Finanzbehörde oder beim Wechsel zum gerichtlichen Rechtsmittel vom Finanzgericht zu entscheiden. Im Regelfall wird das bisherige Rechtsbehelfsverfahren fortgeführt,

---

332 Vgl. den Fall des BFH vom 25. 5. 1976, VIII R 66/74, BStBl II 1976, 606; FG Hessen vom 6. 7. 1979, III 360–361/78, III 360/78, III 361/78, EFG 1980, 6.
333 Beispiel: Der Feststellungsantrag nach § 125 Abs. 5 AO ist nicht formgebunden, der Wechsel zum Einspruch muss in Schriftform erklärt werden.
334 Dazu Carl/Klos, Akteneinsicht im Steuerstreit, INF 1994, 488.

ohne dass es einer Entscheidung im "alten" Verfahren bedarf. Auch eine isolierte Einstellungsentscheidung bzgl. des Erstrechtsbehelfs ist nicht notwendig.

F. Wirkungen der Einspruchseinlegung

I. Verfahrensrechtliche Wirkungen im Überblick

Mit der wirksamen Einlegung des Einspruchs wird die Streitsache anhängig – ein Einspruchsverfahren über eine Streitsache schwebt. Im finanzgerichtlichen Rechtsmittelverfahren spricht man statt von Anhängigkeit von Rechtshängigkeit, die durch die ordnungsgemäße Klageerhebung bewirkt wird.

Die Wirkungen der ordnungsgemäßen Einspruchseinlegung lassen sich wie folgt zusammenfassen:

- Das Einspruchsverfahren wird bezüglich eines bestimmten Verfahrens- und mit einem bestimmten Streitgegenstand anhängig;
- der Einspruchsführer erhält die Rechtsstellung eines Beteiligten des Einspruchsverfahrens mit den verschiedenen Beteiligtenbefugnissen;
- Dritte können als Nebenbeteiligte hinzugezogen werden;
- die Aussetzung der Vollziehung des angegriffenen – vollziehbaren – Verwaltungsakts wird von Amts wegen oder auf Antrag ermöglicht;
- die Bindungswirkung des Verwaltungsakts entfällt;
- der Eintritt der formellen Bestandskraft wird gehemmt;
- im Einspruchsverfahren – als sog. verlängertes Verwaltungsverfahren – findet eine Gesamtüberprüfung des Verwaltungsakts statt;
- es entsteht die Verpflichtung der Finanzbehörde, über den Einspruch in der Sache zu entscheiden, sofern das Einspruchsverfahren nicht durch Rücknahme des Einspruchs oder Erledigung in der Hauptsache beendet ist;
- in materieller Hinsicht wird der Ablauf der Festsetzungsverjährung gehemmt.

II. Materiellrechtliche Wirkungen

1. Ablaufhemmung der Festsetzungsverjährung

Neben den verfahrensrechtlichen Wirkungen hat die Einspruchseinlegung auch Bedeutung für den Steueranspruch: Wird vor Ablauf der steuerlichen Festsetzungsfrist ein Antrag auf Steuerfestsetzung oder auf Aufhebung oder Änderung einer Steuerfestsetzung oder ihrer Berichtigung nach § 129 AO gestellt, so läuft die Festsetzungsfrist insoweit nicht ab, bevor über den Antrag unanfechtbar entschieden worden ist (§ 171 Abs. 3 Satz 1 AO). Dem Antrag steht die Anfechtung

Abgrenzung zu anderen Verfahren und Sachentscheidungsvoraussetzungen

eines vor Ablauf der Festsetzungsfrist erlassenen Steuerbescheides (§ 169 Abs. 1 AO) auch dann gleich, wenn der Einspruch nach Ablauf der Festsetzungsfrist eingelegt wird (§ 171 Abs. 3 Satz 2 AO). Dies gilt auch dann, wenn der Verwaltungsakt während des Einspruchsverfahrens aufgehoben oder geändert wird,[335] wenn die Einspruchsfrist verstrichen ist und nach Ablauf der Festsetzungsfrist Wiedereinsetzung in den vorigen Stand (§ 110 AO) gewährt wird.

Die Anhängigkeit des Einspruchsverfahrens ist damit der Vorgang, der den Ablauf der Festsetzungsfrist hemmt.[336] Durch einen langen Lauf oder Stillstand des Einspruchsverfahrens – die Grenze dürfte die Verwirkung bilden – entfällt die Ablaufhemmung nicht.[337]

2. Wegfall der Bindungswirkung

Ein wirksam bekanntgegebener Verwaltungsakt entfaltet formelle und materielle Bindungswirkung auch dann, wenn er formell und inhaltlich rechtswidrig ist – nur nicht bei Nichtigkeit (§ 124 Abs. 2, 3 AO). Nur wenn er aufgrund einer Korrekturvorschrift geändert, berichtigt, zurückgenommen oder widerrufen werden darf, entfällt die Bindungswirkung. Mit Einspruchseinlegung wird diese Bindungswirkung ebenfalls aufgehoben: In vollem Umfange darf und muss die Finanzbehörde die Rechtmäßigkeit des angefochtenen Verwaltungsakts überprüfen – sie ist in der Feststellung und Würdigung des Sachverhalts sowie in der Entscheidung über die Rechts- oder Ermessensfrage völlig frei, so dass man von einem „verlängerten Verwaltungsverfahren"[338] sprechen kann.[339]

---

335 BFH vom 8. 11. 1974, VII R 45/72, BStBl II 1975, 460.
336 Nicht allein der Anfechtungsakt, vgl. BFH vom 27. 7. 1977, I R 65/75, BStBl II 1978, 41. – Der Umfang der Ablaufhemmung durch Einspruchseinlegung hängt grds. vom Umfang des Rechtsbehelfsantrags ab, BFH vom 5. 2. 1992, I R 76/91, BStBl II 1992, 995; vom 7. 2. 1992, III R 61/91, BStBl II 1992, 592. Der Umfang des Rechtsbehelfsantrags ist durch Auslegung anhand der Grundsätze des Beschl. des Großen Senats vom 23. 10. 1989, GrS 2/87, BStBl II 1990, 327, zu ermitteln. Ein nicht eingeschränkter Rechtsbehelfsantrag hemmt den Ablauf der Festsetzungsfrist hinsichtlich des gesamten Steueranspruchs und nicht nur hinsichtlich des Teilbetrages, der im angefochtenen Steuerbescheid festgesetzt worden ist, vgl. BFH vom 10. 3. 1993, I R 93/92, BStBl II 1995, 165; vom 23. 4. 2003, IX R 28/00, BFH/NV 2003, 1140.
337 BFH vom 27. 7. 1977, I R 65/75, BStBl II 1978, 41.
338 So Brockmeyer, in: Klein, § 365 AO, Rz. 1.
339 Siehe unten 2. Teil, 2. Kapitel, C (S. 197).

ZWEITER TEIL

Einspruchsverfahren

1. Kapitel: Verfahrensgrundsätze und Ablauf des Verfahrens

A. Allgemeine Verfahrensfragen

I. Das Einspruchsverfahren als verlängertes Verwaltungsverfahren

1. Verfahrensvorschriften

Das außergerichtliche Einspruchsverfahren ist die Fortsetzung des sonstigen steuerlichen Verwaltungsverfahrens (sog. **verlängertes Verwaltungsverfahren**). Im Einspruchsverfahren gelten deshalb sinngemäß dieselben **Verfahrensvorschriften**, die für den Erlass des angefochtenen oder begehrten Verwaltungsakts gelten (§ 365 Abs. 1, Abs. 2 AO). In erster Linie sind dies die Verfahrensvorschriften des Dritten Teils der AO (§§ 78–133 AO). Von den dort geregelten Verfahrensgrundsätzen sind insbesondere folgende Vorschriften sinngemäß anzuwenden:

- Beteiligung am Verfahren (§§ 79, 80, 81 AO; anstelle § 78 AO gilt jedoch § 359 AO)
- Ausschließung und Ablehnung von Amtsträgern und anderen Personen (§§ 82–84 AO)
- Besteuerungsgrundsätze (§ 85 AO)
- Amtssprache (§ 87 AO)
- Untersuchungsgrundsatz (§ 88 AO)
- Beratung und Auskunft (§ 89 AO)
- Mitwirkungspflicht der Beteiligten (§ 90 AO, ergänzt durch § 364b AO)
- Anhörung Beteiligter (§ 91 AO; ergänzend gelten §§ 364 und 364a AO)

Sinngemäß gelten ferner im Einspruchsverfahren die Vorschriften über Auskunfts- und Vorlageverweigerungsrechte (§§ 101–106 AO), Entschädigung (§ 107 AO), Fristen, Termine und Wiedereinsetzung (§§ 108–110 AO), Rechts- und Amtshilfe (§§ 111–117 AO) sowie die Vorschriften über Verwaltungsakte (§§ 118–132 AO). Die Wirksamkeit bzw. Nichtigkeit der Einspruchsentscheidung richtet sich nach §§ 124, 125 AO. Für die Folgen von Verfahrens- und Formfehlern gilt § 127 AO.

Aus dem Vierten Teil (§§ 134 ff.) gelten für das Einspruchsverfahren sinngemäß insbesondere die Vorschriften über die Steuerfestsetzung (§§ 155 Abs. 1, 157 Abs. 1, 164, 165 AO), Beweisanforderungen (§§ 158–161 AO), Schätzung der Besteuerungsgrundlagen (§ 162 AO) sowie die Feststellung von Besteuerungsgrundlagen (§§ 179 ff. AO).

Das Einspruchsverfahren kennt darüber hinaus aber auch **spezielle Regelungen**, zum Beispiel die Erörterung des Sach- und Rechtsstands nach § 364a AO, die Möglichkeit der Fristsetzung (Präklusion) nach § 364b AO oder das Teilnahmerecht von Beteiligten (§ 359 AO) und ihren Bevollmächtigten an einer Beweisaufnahme (§ 365 Abs. 2 AO).

2. Prüfungsumfang

Literatur:

Apitz, Änderung der Rechtsprechung zu den Voraussetzungen einer Verböserung im Einspruchsverfahren?, DStZ 1990, 170; Flies, „Verböserung" im Einspruchsverfahren, DB 1995, 950; v. Wedelstädt, Teilanfechtung und ihre Folgen, DB 1997, 696; Kies, Besonderheiten bei Einspruchsverfahren gegen korrigierte Steuerbescheide, DStR 2001, 1555

a) Erneute Überprüfung

Im Einspruchsverfahren wird die Sache **in vollem Umfang überprüft** (§ 367 Abs. 2 Satz 1 AO). Es wird also geprüft, ob der Sachverhalt richtig und ausreichend ermittelt ist und ob das (formelle und materielle) Steuerrecht zutreffend angewandt wurde. Die umfassende Aufklärung und Beurteilung des Sachverhalts führt dazu, dass im vorausgegangenen Verwaltungsverfahren unterlaufene Verfahrensverstöße nach § 126 Abs. 1 und 2 AO geheilt werden können.

Bei **Ermessenentscheidungen** kann sich die Behörde – abweichend von § 102 FGO – nicht darauf beschränken, den betreffenden Verwaltungsakt auf Ermessenfehler hin zu überprüfen, sondern sie muss das ihr zustehende Ermessen (erneut) ausüben. Ermessensfehlgebrauch und unterlassene Ermessensausübung müssen korrigiert werden, die richtigen Gründe und die zutreffende Begründung müssen nachgeschoben werden.

Wird ein korrigierter Verwaltungsakt mit dem Einspruch angefochten, muss das Finanzamt auch prüfen, ob der ursprünglich angenommene Korrekturtatbestand vorliegt oder ob stattdessen andere Berichtigungs- oder Änderungsvorschriften heranzuziehen sind. Liegen materiell die Voraussetzungen für eine Berichtigung oder Änderung eines Verwaltungsakts vor, so kommt es nicht darauf an, ob die zur Begründung der Korrektur herangezogene Vorschrift zutrifft, weil es sich hierbei um nichts anderes als die rechtliche Begründung handelt, die jederzeit wie eine andere rechtliche Begründung ausgewechselt werden kann (vgl. § 126 Abs. 1 Nr. 2 AO). Es kommt allein darauf an, dass im Zeitpunkt des Ergehens des berichtigten oder geänderten Bescheids dieser durch eine Korrekturvorschrift materiell gedeckt war.

b) Grenzen der Überprüfung

Nach § 357 Abs. 3 Satz 2 AO soll der Einspruchsführer angeben, inwieweit er den Verwaltungsakt anficht und seine Aufhebung beantragt. Stellt der Einspruchsführer danach einen bestimmten Antrag und begründet er, wieweit und weshalb er den Verwaltungsakt angreift, muss sich die Prüfung des Finanzamts (nur) darauf beziehen.

Der Umfang der Prüfung richtet sich nach den Umständen des Einzelfalls und findet seine Grenze im angefochtenen Verwaltungsakt als formellem Gegenstand des Einspruchs, d. h. die Prüfung darf (im Einspruchsverfahren) nicht auf Steuern oder Zeiträume ausgedehnt werden, die vom angefochtenen Verwaltungsakt nicht erfasst werden. Die erneute Prüfung muss ferner in den Fällen des § 351 AO und § 352 Abs. 1 AO die Grenzen beachten, die sich aus diesen Vorschriften ergeben.[340]

Antrag und Begründung begrenzen die Sachaufklärungsverpflichtung – nicht das entsprechende Recht – des Finanzamts. Beschränkt sich der Einspruchsführer darauf, Einspruch einzulegen, ohne ihn näher zu begründen, so hat die Finanzbehörde ihrer Pflicht, die tatsächlichen und rechtlichen Verhältnisse von Amts wegen zu erforschen, regelmäßig Genüge getan, wenn sie anhand der Aktenlage den Steuerbescheid auf Fehler in rechtlicher oder tatsächlicher Beziehung überprüft. Das gilt zumal dann, wenn ein unter Vorbehalt der Nachprüfung ergangener Bescheid angefochten ist. Neues tatsächliches Vorbringen des Steuerpflichtigen in einem sich anschließenden Klageverfahren löst regelmäßig die Kostenfolge des § 137 Satz 1 FGO aus. Danach können einem Beteiligten die Kosten ganz oder teilweise auch dann auferlegt werden, wenn er obsiegt hat, die Entscheidung aber auf Tatsachen beruht, die er früher hätte geltend machen oder beweisen können und sollen.

Ist ein unter dem Vorbehalt der Nachprüfung ergangener Bescheid angefochten, so darf grundsätzlich auch die Einspruchsentscheidung den Vorbehalt aufrechterhalten. Wird der Vorbehalt nicht durch die Einspruchsentscheidung ausdrücklich aufgehoben, bleibt er bestehen. Bei seiner Aufhebung ist ein Verböserungshinweis[341] nach § 367 Abs. 2 Satz 2 AO nicht erforderlich.

---

340 Vgl. zu § 351 AO 1. Teil, 2. Kap., A. III. 3 a (S. 76 ff.).
341 2. Teil, 1. Kap., A. I. 2 c (S. 144 ff.)

Veranlassen Aktenstudium und Einspruchsbegründung zu der Annahme, dass der Sachverhalt bisher nicht hinreichend aufgeklärt ist, muss die Finanzbehörde entsprechend § 88 AO (weiter) erforschen und den Einspruchsführer zur weiteren Mitwirkung bei der Sachverhaltsaufklärung nach § 90 AO anhalten. Hat das Finanzamt die Besteuerungsgrundlagen im Wege der Schätzung nach § 162 AO ermittelt, weil der Einspruchsführer (noch) keine Steuererklärung abgegeben, ist er nach § 365 Abs. 1 AO i. V. m. § 149 Abs. 1 Satz 2 AO dazu aufzufordern.

Die Finanzbehörde darf, hat sie sich für die Schätzung der Besteuerungsgrundlagen entschieden, auch danach noch Zwangsmittel – etwa die Festsetzung von Zwangsgeld nach § 329 AO – anwenden, um die Abgabe der Steuererklärung zu erreichen. Die Steuererklärungspflicht bleibt nämlich nach § 149 Abs. 1 Satz 4 AO auch dann bestehen, wenn die Finanzbehörde die Besteuerungsgrundlagen geschätzt hat.

c) Verböserung

Aus dem Grundsatz der Vollüberprüfung folgt, dass das Finanzamt im Einspruchsverfahren die Steuerfestsetzung auch zum Nachteil des Steuerpflichtigen abändern darf (**Verböserung**). Nach § 367 Abs. 2 Satz 2 AO **kann** der Verwaltungsakt zum Nachteil dessen, der Einspruch eingelegt hat, geändert (oder – bei einem begünstigenden Verwaltungsakt – aufgehoben) werden. Es handelt sich hierbei aber nicht um eine Ermessensvorschrift; durch das Wort „kann" soll nur ausgedrückt werden, dass die Finanzbehörde zu einer verbösernden Entscheidung befugt ist. Liegen die Voraussetzungen für eine Verböserung vor, ist die Finanzbehörde hierzu verpflichtet.

aa) Voraussetzungen der Verböserung

Da die Verböserungsmöglichkeit eine Sachprüfung i. S. v. § 367 Abs. 2 Satz 1 AO voraussetzt, ist sie nur nach einem **zulässigem Einspruch** und nur in den **Grenzen des Verfahrensgegenstands** möglich.[342] Hat die Finanzbehörde einen bestandskräftigen Bescheid zuungunsten des Steuerpflichtigen geändert und will sie in einem anschließenden Einspruchsverfahren gegen den Änderungsbescheid die Steuer erneut – über den Rahmen der vorgenommenen Änderung hinaus – im Wege der Verböserung höher festsetzen, ist die Verböserung daher nur eingeschränkt zulässig. Das Finanzamt darf den ursprünglich bestandskräftigen Erstbescheid nicht in vollem Umfang in tatsächlicher und rechtlicher Hinsicht erneut überprüfen. Die Prüfung hat sich vielmehr auf den Verfahrensgegenstand des Einspruchsverfahrens zu beschränken; § 367 Abs. 2 Satz 1 AO ermöglicht insoweit nur die Überprüfung des Änderungsbescheides. Das Finanzamt kann demzufolge eigene Fehler nur im Hinblick auf den Änderungsbescheid, nicht aber im Hin-

---

342 Tipke, in: Tipke/Kruse, § 367 (Stand: April 2007), Rz. 22.

blick auf den Erstbescheid überprüfen. Daraus folgt, dass die Steuer nur dann über die im Änderungsbescheid festgesetzte Steuer hinaus erhöht werden kann, wenn die Verböserung ihre Grundlage in dem Änderungsbescheid hat.

Beispiel
Der bestandskräftige Einkommensteuerbescheid 2006 wird nach § 173 Abs. 1 Nr. 1 AO geändert, nachdem das Finanzamt im Rahmen einer Außenprüfung festgestellt hat, dass der Steuerpflichtige Betriebseinnahmen bei den Einkünften aus Gewerbebetrieb nach § 15 EStG sowie Mieteinnahmen bei den Einkünften aus Vermietung und Verpachtung nach § 21 EStG nicht vollständig erklärt hat. Das Finanzamt legt dem Änderungsbescheid allerdings nur die höheren gewerblichen Einkünfte zugrunde; hinsichtlich der Vermietungseinkünfte verbleibt es beim ursprünglichen Ansatz. Wird der Änderungsbescheid vom Steuerpflichtigen angefochten, kann das Finanzamt die Einkommensteuer nach entsprechender Belehrung nach § 367 Abs. 2 Satz 2 AO höher festsetzen, da die Tatsachen, die dem Änderungsbescheid hätten zugrunde gelegt werden müssen, bislang nicht vollständig berücksichtigt wurden. Der Steuerpflichtige kann die Verböserung jedoch durch die Rücknahme des Einspruchs vermeiden. Nach der Einspruchsrücknahme kann das Finanzamt die höheren Vermietungseinkünfte auch nicht mehr durch eine erneute Änderung nach § 173 Abs. 1 Nr. 1 AO berücksichtigen, weil es insoweit an der Neuheit der Tatsache fehlt.

Die Verböserung ist ferner nur zulässig, soweit **nicht Festsetzungsverjährung** eingetreten ist.[343] Bei einem Steuerbescheid, der mit einem Einspruch oder einer Klage angefochten wird, läuft gemäß § 171 Abs. 3 a Satz 1 AO die Festsetzungsfrist nach nicht ab, bevor über den Rechtsbehelf unanfechtbar entschieden ist. Nach § 171 Abs. 3 a Satz 2 AO wird dabei der Ablauf der Festsetzungsfrist zwar hinsichtlich des gesamten Steueranspruchs gehemmt. Nach Ablauf der regulären Festsetzungsfrist kann der angefochtene Bescheid jedoch nur noch in dem betragsmäßigen Rahmen geändert werden, der sich aus dem (vor Ablauf der Festsetzungsfrist gestellten) Rechtsbehelfsantrag ergibt.[344]

bb) Verböserungshinweis
Beabsichtigt die Behörde eine Verböserung, ist der Einspruchsführer zuvor nach § 367 Abs. 2 Satz 2 AO auf diese Möglichkeit unter Angabe von Gründen hinzuweisen. Es ist ihm Gelegenheit zu geben, sich hierzu zu äußern. Das ist Ausfluss des **Rechts auf Gehör**. Dadurch soll der Einspruchsführer vor einer Überraschungsentscheidung geschützt und in den Stand versetzt werden, Gründe gegen die Verböserung vorzutragen und gegebenenfalls die nachteilige Entscheidung durch Rücknahme des Einspruchs zu vermeiden.

---

343 BFH vom 10. 3. 1993, I R 93/92, BStBl II 1995, 165; Tipke, in: Tipke/Kruse, § 367 AO (Stand: April 2007), Rz. 24.
344 BFH vom 30. 7. 1997, II R 9/95, BStBl II 1997, 635.

Einspruchsverfahren

Das Finanzamt genügt seiner Hinweispflicht vor Erlass einer verbösernden Entscheidung nicht schon dadurch, dass es eine bestimmte Sachbehandlung im angefochtenen Bescheid als unzutreffend bezeichnet und den Einspruchsführer auffordert, die Erfolgsaussichten seines Einspruchs zu prüfen. Der **Hinweis auf die Verböserung** muss vielmehr die Sach- und Rechtsgründe enthalten, die zur Verböserung führen können. Aus den mitgeteilten Gründen muss objektiv und nachprüfbar erkennbar sein, in welcher Beziehung und in welchem Umfang das Finanzamt seine der angefochtenen Steuerfestsetzung zugrunde liegende Auffassung geändert hat.

Ein Verböserungshinweis wird den Erfordernissen des § 367 Abs. 2 AO nur gerecht, wenn er gegenüber dem Einspruchsführer erfolgt. Ein im Rahmen einer Untätigkeitsklage an das Gericht ergangener Hinweis genügt den Erfordernissen deshalb nicht. Dies gilt auch dann, wenn das Gericht dem Einspruchsführer den Schriftsatz zur Stellungnahme zugeleitet hat.[345]

Dem Einspruchsführer muss zudem eine **angemessene Frist zur Gegenäußerung** eingeräumt werden. Die Dauer der Frist hängt von den Umständen des Einzelfalls ab. Regelmäßig wird eine Frist zwischen zwei und vier Wochen für ausreichend erachtet; bei rechtlich komplizierten Erwägungen kann die Frist auch länger sein.

Ergeht die verbösernde Einspruchsentscheidung ohne den entsprechenden Hinweis, ist sie nicht nichtig. Das Einspruchsverfahren ist allerdings mit einem wesentlichen **Verfahrensmangel** behaftet, der auf eine Anfechtungsklage hin zur Aufhebung der Entscheidung und Zurückverweisung der Sache an die Einspruchsbehörde führt, um so dem Einspruchsführer die Möglichkeit der Rücknahme des Einspruchs zu geben.[346] Eine Zurückverweisung kann aber unterbleiben, wenn der Einspruchsführer keinen Nachteil erleiden kann, weil die Klage begründet ist, oder wenn der Einspruchsführer zu erkennen gibt, dass er auch bei einem entsprechenden Verböserungshinweis den Einspruch nicht zurückgenommen hätte.[347]

Der unterbliebene Hinweis auf die Möglichkeit einer verbösernden Entscheidung ist **unschädlich**, wenn der angegriffene Verwaltungsakt auch nach Rücknahme des Einspruchs zum Nachteil des Einspruchsführers geändert werden kann, etwa weil die Steuerfestsetzung unter dem Vorbehalt der Nachprüfung nach § 164

---

345 FG Saarland vom 19. 3. 2008, 2 V 1039/08, juris.
346 Tipke, in: Tipke/Kruse, § 367 AO (Stand: April 2007), Rz. 27.
347 BFH vom 1. 12. 1961, VI 264/61 U, BStBl III 1962, 140; vom 17. 1. 1963, IV 66/62 U, BStBl III 1983, 228.

AO ergangen ist.³⁴⁸ Dies gilt entsprechend, wenn dem angefochtenen Steuerbescheid ein Vorläufigkeitsvermerk nach § 165 AO beigefügt war.³⁴⁹ Der unterbliebene Hinweis ist auch unschädlich, wenn der angegriffene Steuerbescheid nach Rücknahme des Einspruchs zum Nachteil des Einspruchsführers geändert werden könnte, weil die Voraussetzungen einer Korrekturvorschrift (§§ 129, 172 ff. AO) gegeben sind.

Beispiel
Gegen eine Steuerfestsetzung über 15.000 Euro legt ein Steuerpflichtiger Einspruch ein. Das Finanzamt kommt aufgrund einer inzwischen erhaltenen Kontrollmitteilung über hinterzogene Kapitaleinkünfte zu dem Ergebnis, dass 18.000 Euro hätten festgesetzt werden müssen. Der Steuerpflichtige erhält daraufhin Gelegenheit zur Stellungnahme. Nimmt er den Einspruch zurück, um einer verbösernden Entscheidung zuvor zu kommen, nützt ihm dies nichts. Das Finanzamt könnte den nunmehr bestandskräftigen Steuerbescheid aufgrund der eigenständigen Änderungsvorschrift des § 173 Abs. 1 Nr. 1 AO ohnehin ändern.

Der Verböserungshinweis bedarf **keiner besonderen Form**. Wegen der Nachweisschwierigkeiten eines lediglich telefonischen Verböserungshinweises³⁵⁰ ist jedoch Schriftlichkeit dringend angeraten.

II. Verfahrensbeteiligte

Literatur:

Stadie, Der Begriff des „Beteiligten" im Sinne der Abgabenordnung 1977, BB 1977, 1648; Lohmeyer, Die Beteiligten am Besteuerungsverfahren, ZKF 1987, 106

Die AO unterscheidet zwischen den **Beteiligten eines Verwaltungsverfahrens** und „anderen Personen". Die Beteiligten besitzen einerseits bestimmte Verfahrensrechte (z.B. §§ 80, 84, 91, 96 Abs. 2 AO) und unterliegen andererseits besonderen Mitwirkungspflichten (z.B. §§ 90, 93 ff. AO). Im Einspruchsverfahren ist Beteiligter gemäß § 78 Nr. 2 AO jeweils der Adressat der beabsichtigten Einspruchsentscheidung.

Neben den Beteiligten i.S.d. § 78 AO treten im Einspruchsverfahren auf:

---

348 BFH vom 10. 11. 1989, VI R 124/88, BStBl II 1990, 414; Brockmeyer, in: Klein, § 367 AO, Rz. 9.
349 Birkenfeld, in: Hübschmann/Hepp/Spitaler, § 367 AO (Stand: März 2000), Rz. 196.
350 FG Köln vom 10. 6. 1996, 12 V 949/96, EFG 1997, 47.

Einspruchsverfahren

- Natürliche und juristische Personen, die am Verfahren mitwirken (z. B. durch Auskunftserteilung gem. § 93 AO) ohne die Voraussetzungen des § 78 AO zu erfüllen. Diese Personen sind Beteiligte des selbständigen Verfahrens, da die Erfüllung dieser Pflichten sie selbst betrifft.
- Gewillkürte (§ 80 AO), gesetzliche oder von Amts wegen (§ 81 AO) bestellte Vertreter und Beistände der Beteiligten, selbst wenn sie keine Vertretungsmacht besitzen. Die in §§ 34, 35 AO genannten Personen sind dagegen selbst Beteiligte, weil sie die steuerlichen Pflichten Dritter als eigene wahrzunehmen haben.
- Sachverständige.

Wer nicht Beteiligter ist, ist von den Rechten, die die AO den Beteiligten gewährt, ausgeschlossen. Er kann damit insbesondere keine Anträge zum Fortgang des Verfahrens stellen.

III. Grundsatz der Amtsermittlung (§ 85 AO) und Untersuchungsgrundsatz (§ 88 AO)

Literatur:

Mösbauer, Zum Umfang der Mitwirkungspflichten der Beteiligten und anderer Personen im Besteuerungsverfahren, DB 1985, 410; Schuhmann, Untersuchungsgrundsatz und Mitwirkungspflichten der Beteiligten, DStZ 1986, 583; Hildebrandt, Steuerliche und strafrechtliche Folgen unzureichender Mitwirkung des Steuerpflichtigen bei der Sachverhaltsaufklärung, StBp 1991, 108; Ruppel, Beweismaß bei Schätzung aufgrund der Verletzung der Mitwirkungspflichten, BB 1995, 750; Seer, Möglichkeiten und Grenzen eines „maßvollen" Gesetzesvollzugs durch die Finanzverwaltung, FR 1997, 553

1. Legalitätsprinzip und Amtsermittlung

Als Folge der Gesetzmäßigkeit und Tatbestandsmäßigkeit der Besteuerung haben die Finanzbehörden die Steuern nach Maßgabe der Gesetze festzusetzen (§ 85 AO). Ermessen steht ihnen nicht zu, wenn sie auf Grund von Rechtsvorschriften von Amts wegen tätig werden müssen (§ 86 AO). Bei Anhaltspunkten für die Erfüllung eines Steuertatbestandes ist daher das Verfahren einzuleiten. Das Legalitätsprinzip (ist etwas zu tun?) wird in § 88 AO flankiert durch den Untersuchungs- oder Amtsermittlungsgrundsatz (was und wie ist es zu tun?)[351]: Nach § 88 Abs. 1 AO ermittelt die Finanzbehörde den Sachverhalt **von Amts wegen**. Dies ist auch im Einspruchsverfahren so.

Die Behörde bestimmt Art und Umfang der Ermittlungen; an das Vorbringen und an die Beweisanträge der Beteiligten ist sie nicht gebunden (§ 88 Abs. 1 Satz 2 AO;

---

[351] Jakob, Abgabenordnung, 3. Aufl., Rz. 198.

sog. **Opportunitätsprinzip**). Im Rahmen ihrer Sachaufklärung muss die Finanzbehörde alle für den Einzelfall bedeutsamen, auch die für die Beteiligten günstigen Umstände berücksichtigen (§ 88 Abs. 2 AO). Sie darf eigene Ermittlungen anstellen, das ihr vorliegende Datenmaterial anderer Behörden nutzen (z. B. Kontrollmitteilungen, Auskünfte des Bundeszentralamts für Steuern zu Domizilgesellschaften im Rahmen des § 160 AO, gem. § 88 a AO gesammelte Daten, Mitteilungen nach § 93 a AO) und die Beweismittel des § 92 AO verwenden. Sie darf ferner Erkenntnisse aus früheren oder anderen Verfahren des Beteiligten auswerten. Die Ermittlungspflicht richtet sich dabei „nach den Umständen des Einzelfalls" (§ 88 Abs. 1 Satz 3 AO), so dass auch Spielräume eröffnet sind, innerhalb derer die Aufklärungsarbeit nach der fiskalischen Bedeutung des Steuerfalls variiert werden kann. Die Finanzbehörde muss unter dem Gesichtspunkt der **Verhältnismäßigkeit** die Aufklärungsmaßnahmen ergreifen, die den Beteiligten am wenigsten belasten, die am Erfolg versprechendsten und für alle Betroffenen zumutbar sind.[352] Soweit Bestimmungen der AO oder der Einzelsteuergesetze abweichende Regelungen treffen, ist kein Ermessen eingeräumt. So sollen gem. § 93 Abs. 3 AO andere Personen erst zur Auskunftserteilung aufgefordert werden, wenn die Sachverhaltsaufklärung durch den Beteiligten nicht Erfolg versprechend erscheint. Nach § 97 Abs. 2 Satz 1 AO soll die Vorlage von Büchern usw. erst verlangt werden, wenn der Beteiligte keine Auskunft erteilt hat.

2. Grenzen

Die **Grenzen** der amtlichen Ermittlungspflicht liegen dort, wo der Finanzbehörde (weitere) Nachforschungen den Umständen nach nicht zugemutet werden können. Dies kann der Fall sein, wenn die Ermittlungen einen unverhältnismäßigen Aufwand an Zeit und Arbeit bedeuten.[353] In Fällen erschwerter Sachverhaltsermittlung dient es unter bestimmten Voraussetzungen der Effektivität des Besteuerungsverfahrens und allgemein dem Rechtsfrieden, wenn sich die Beteiligten über die Annahme eines bestimmten Sachverhalts und über eine bestimmte Sachbehandlung einigen können (tatsächliche Verständigung).[354]

---

352 AEAO zu § 88 Nr. 1.
353 Nach dem bundeseinheitlichen Erlass betreffend Organisation der Finanzämter und Neuordnung des Besteuerungsverfahrens, Arbeitsweise in den Veranlagungsstellen vom 19. 11. 1996, BStBl I 1996, 1391 (Nachfolgeregelung zur sog. GNOFÄ) soll bei der Veranlagung auf das Wesentliche abgestellt werden, der Arbeits- und Kontrollaufwand zu den erwartenden steuerlichen Auswirkungen nicht außer Verhältnis stehen. Kritisch zur GNOFÄ Tipke, in: Tipke/Kruse, § 85 AO (Stand: April 2006), Rz. 27 ff.
354 BFH vom 11. 12. 1984, VIII R 131/76, BStBl 1985 II, 354.

Einspruchsverfahren

VI. Mitwirkungspflichten der Beteiligten

Literatur:

Kempermann, Amtsermittlung, Mitwirkungspflichten und Beweislast bei Auslandssachverhalten, FR 1990, 437; Uhländer, Ermittlungsmöglichkeiten der Finanzbehörden bei Auslandssachverhalten, AO-StB 2002, 18; Moebus, Neue Dokumentationspflichten bei Transferpreisen – Irrweg und/oder Irrglaube?, BB 2003, 1413; Schnitger, Internationale Aspekte des Entwurfs eines Gesetzes zum Abbau von Steuervergünstigungen und Ausnahmeregelungen (Steuervergünstigungsabbaugesetz – StVergAbG), IStR 2003, 73; Schnorberger, Verrechnungspreis-Dokumentation und StVergAbG – Offene Fragen und Probleme, DB 2003, 1241; Wassermeyer, Dokumentationspflichten bei internationalen Verrechnungspreisen, DB 2003, 1535

1. Die allgemeine Mitwirkungspflicht

Begrenzt wird der Untersuchungsgrundsatz auch durch die **Mitwirkungspflichten der Beteiligten** (§ 90 AO).[355] Die **Generalklausel des § 90 Abs. 1 AO** bestimmt zunächst allgemein, dass die Beteiligten zur Mitwirkung bei der Ermittlung des Sachverhalts verpflichtet sind, insb. die steuererheblichen Tatsachen vollständig und wahrheitsgemäß offen zu legen und die ihnen bekannten Beweismittel anzugeben haben. § 90 Abs. 1 AO ist wegen seiner inhaltlichen Unbestimmtheit keine Rechtsgrundlage dafür, den Beteiligten zu konkreten Handlungen aufzufordern.[356] Die allgemeine Mitwirkungspflicht des § 90 Abs. 1 AO wird vielmehr konkretisiert durch die §§ 93 ff., §§ 134 ff., §§ 140 ff. AO oder durch entsprechende Bestimmungen in den Einzelsteuergesetzen (z.B. Mitwirkungspflichten in §§ 16, 17 AStG). Zu den Mitwirkungspflichten gehören u.a.:

- die Auskunftspflicht (§ 93 AO),
- die Pflicht zur Vorlage von Urkunden, Verträgen und Geschäftspapieren (§ 97 AO),
- die Duldung des Betretens von Grundstücken (§ 99 AO) sowie
- die erhöhte Mitwirkungspflicht bei Außenprüfungen (§ 200 AO).

Nach § 160 Abs. 1 Satz 1 AO sind Schulden und andere Lasten, Betriebsausgaben, Werbungskosten und andere Ausgaben steuerlich regelmäßig nicht zu berücksichtigen, wenn der Steuerpflichtige dem Verlangen der Finanzbehörde nicht nachkommt, die Gläubiger/Empfänger genau zu benennen. § 160 Abs. 1 Satz 1 AO will sicherstellen, dass nicht nur der steuermindernde Posten (Aus-

---

[355] Vgl. BFH vom 15. 2. 1989, X R 16/86, BStBl II 1989, 462, 464: „Gemeinsame Verantwortung von Steuerpflichtigem einerseits und Finanzbehörde sowie FG andererseits für die vollständige Sachverhaltsaufklärung".
[356] BFH vom 11. Oktober 1989, I R 101/87, BStBl II 1990, 280.

Verfahrensgrundsätze und Ablauf des Verfahrens

gabe, Schuld), sondern auch der korrespondierende steuererhöhende/-begründende Posten (Einnahmen, Forderung) beim Geschäftspartner erfasst wird. Die Vorschrift dient in erster Linie dazu, Steuerausfälle beim Geschäftspartner zu verhindern. Das **Benennungsverlangen** ist **kein selbständig anfechtbarer Verwaltungsakt**, sondern eine bloße Vorbereitungshandlung, die nur im Rechtsbehelfsverfahren gegen den nachfolgenden Steuerbescheid (gesonderte Feststellung) inzidenter überprüft werden kann. Das Auskunftsverweigerungsrecht nach § 102 AO ist auch im Falle des § 160 AO zu beachten (§ 160 Abs. 2 AO).

Die **Anwendung** des **§ 160 Abs. 1 AO** vollzieht sich in **zwei Stufen:**

(1) Entscheidung der Finanzbehörde, **ob** es das **Benennungsverlangen** an den Steuerpflichtigen richten soll (Entschließungsermessen);

(2) Entscheidung über die eigentliche Rechtsfolge (wenn der Steuerpflichtige dem Verlangen nicht nachkommt), **ob und inwieweit** der **Abzug zu versagen** ist (durch Sollvorschrift eingeschränktes Ermessen: „regelmäßig" ist der Abzug zu versagen).

Steht fest, dass der Empfänger die Forderungen oder Einnahmen versteuert hat oder bei ihm gar keine Steuer anfällt (der Steueranspruch also nicht gefährdet ist), ist § 160 Abs. 1 Satz 1 AO nicht anzuwenden. Zweifel und Ungewissheiten gehen aber zu Lasten des Steuerpflichtigen.

2. *Mitwirkungspflicht bei Auslandssachverhalten*

a) Erweiterte Mitwirkungspflicht bei internationalen Steuerfällen
Bei Sachverhalten, die sich auf Vorgänge außerhalb des Geltungsbereichs der AO beziehen, besteht für den Steuerpflichtigen gem. § 90 Abs. 2 AO eine **erhöhte Mitwirkungspflicht**. Sie soll verhindern, dass die Aufklärung von Auslandssachverhalten an der Beschränkung der Hoheitsrechte der deutschen Gerichte und Behörden auf das Inland scheitert oder sie erschwert wird.

Nach § 90 Abs. 2 Satz 1 AO hat der Beteiligte den Sachverhalt mit Auslandsbezug aufzuklären; er muss die erforderlichen Beweismittel nicht nur benennen, sondern auch beschaffen. Dies bedeutet, dass der Beteiligte die Beweismittel als sog. **präsente Beweismittel** der Finanzbehörde zur Verfügung stellen muss.[357] Kommt zur Sachverhaltsaufklärung die mündliche Auskunftserteilung oder die Beeidigung einer anderen, im Ausland ansässigen Person in Betracht, trägt der Beteiligte das Risiko des Ausbleibens dieser Person am Ort des Sitzes der Fi-

---

357 BFH vom 1. 7. 1987, I R 284–286/83, BFH/NV 1988, 12.

nanzbehörde. Schriftliche Auskünfte von Ausländern muss der Beteiligte vorlegen. Eine unzureichende Sachaufklärung in diesem Bereich geht zu seinen Lasten. Nach § 90 Abs. 2 Satz 3 AO obliegt dem Beteiligten eine **Beweisvorsorgepflicht**. Er kann nicht geltend machen, er könne den Sachverhalt mit Auslandsbezug nicht aufklären und Beweismittel nicht beschaffen, wenn er bei Gestaltung seiner Verhältnisse die Möglichkeit dazu hätte begründen können. Bei steuerlich bedeutsamen Auslandsbeziehungen hat der Beteiligte sich also rechtzeitig der Mittel zur Sachverhaltsaufklärung und der Beweismittel zu versichern.[358] So kann er sich z. B. nicht damit rechtfertigen, seine Vertragspartner oder seine ausländische Betriebsstätte stellten die für die Sachverhaltsaufklärung erforderlichen Unterlagen und Nachweise nicht zur Verfügung. Derartige Erschwernisse liegen generell im Verantwortungsbereich des Beteiligten.

b) Dokumentationspflichten
Zu beschaffen sind nach § 90 Abs. 2 AO nur „bestehende" Unterlagen; eine eigenständige Pflicht, relevante verrechnungspreisspezifische Unterlagen zu erstellen, beinhaltet § 90 Abs. 2 AO nicht, wie der BFH in einem Urteil vom 17. 10. 2001[359] feststellte. Als Reaktion auf dieses Urteil wurde § 90 Abs. 3 AO mit Wirkung für Wirtschaftsjahre, die nach dem 31. 12. 2002 beginnen, geschaffen. § 90 Abs. 3 AO findet in erster Linie im Rahmen der Überprüfung konzerninterner **Verrechnungspreise** bei internationalen Konzernen Anwendung. Er verpflichtet den Steuerpflichtigen bei Sachverhalten, die Vorgänge mit Auslandsbezug betreffen, Aufzeichnungen über die Art und den Inhalt seiner Geschäftsbeziehungen mit nahe stehenden Personen zu erstellen.[360]

3. Folgen bei Verletzung der Mitwirkungspflicht
Kommen die Beteiligten ihrer Mitwirkungsverpflichtung nach § **90 Abs. 1 AO** nicht nach, muss die Behörde die ihr ansonsten zur Verfügung stehenden Erkenntnisquellen (wie etwa die Auskünfte Dritter) ausschöpfen. Erst wenn die Finanzbehörde auch auf diesem Weg nicht zur Aufklärung des Sachverhaltes kommt, kann sie zum Mittel der Schätzung (§ 162 AO) greifen. Allerdings kann sich bei einer Verletzung der Mitwirkungspflicht des Beteiligten die Ermittlungspflicht der Finanzbehörde entsprechend mindern.[361] Dabei lassen sich die Kriterien und

---

358 BFH vom 1. 6. 1994, X R 73/91, BFH/NV 1995, 2.
359 BFH vom 17. 10. 2001, I R 103/00, BFH/NV 2002, 134. Zur Verrechnungspreisbestimmung vgl. auch BFH vom 6. 4. 2005 I R 22/04, BStBl II 2007, 658.
360 Art, Inhalt und Umfang der Aufzeichnungspflichten wurden in der Gewinnabgrenzungsaufzeichnungsverordnung (GAufzV) vom 17. 10. 2003, BStBl I 2003, 739, konkretisiert.
361 BFH vom 15. 2. 1989, X R 16/86, BStBl II 1989, 462, 464.

das Ausmaß der Reduzierung von Sachaufklärungspflicht und Beweismaß nicht generell festlegen. Vielmehr ist die Situation im Einzelfall von Bedeutung.[362] Der BFH[363] sieht dabei folgende Gesichtspunkte – mit je nach den Umständen unterschiedlicher Gewichtung – als bedeutsam an:

- den Grad der Pflichtwidrigkeit[364]
- den Grundsatz der Verhältnismäßigkeit[365]
- den Gedanken der Zumutbarkeit[366]
- die gesteigerte Mitverantwortung aus vorangegangenem Tun (z. B. bei außergewöhnlicher Sachverhaltsgestaltung oder "ungeordneten Verhältnissen")[367].

Eine besondere Bedeutung misst die Rechtsprechung dem Gedanken der Beweisnähe zu: Die Verantwortung des Steuerpflichtigen für die Aufklärung des Sachverhaltes ist umso größer (und die der Finanzbehörde dementsprechend umso geringer), je mehr Tatsachen oder Beweismittel der von ihm beherrschten Informations- und/oder Tätigkeitssphäre angehören.[368] Insgesamt gilt als Prinzip: Die Verantwortung für die Sachaufklärung im Abgabenrecht bestimmt sich maßgeblich nach den Möglichkeiten der Einflussnahme auf die Sachverhaltsgestaltung und Sachverhaltsermittlung.[369]

Verletzt der Beteiligte die ihn nach § 90 Abs. 2 AO treffende Sachverhaltsaufklärungs- und Beweisbeschaffungspflicht, gilt zwar grundsätzlich dasselbe wie bei einer Verletzung der Mitwirkungspflichten nach § 90 Abs. 1 AO. Allerdings darf die Finanzbehörde, soweit der Auslandssachverhalt von ihr nicht anderweitig aufklärbar ist, zum Nachteil des Beteiligten von einem Sachverhalt ausgehen, für den unter Berücksichtigung der Beweisnähe des Beteiligten und seiner gesetz-

---

362 BFH vom 7. 7. 2004, XI R 10/03, BStBl II 2004, 911.
363 BFH vom 15. 2. 1989, X R 16/86, BStBl II 1989, 462, 464.
364 BFH vom 9. 7. 1964, IV 151/63, HFR 1964, 435.
365 BFH vom 23. 2. 1967, IV 344/65, BStBl III 1967, 322; BFH vom 31. 8. 1967, V 241/64, BStBl III 1967, 686; in diesem Zusammenhang auch Erwägungen der Prozessökonomie: BFH vom 9. 9. 1986, VIII R 100/83, BFH/NV 1987, 105, 106.
366 BFH vom 21. 1. 1976, I R 234/73, BStBl II 1976, 513, ggf. auch unter Berücksichtigung der Tatsache einer fachkundigen Vertretung: BFH vom 3. 11. 1976, II R 43/67, BStBl II 1977, 159.
367 BFH vom 12. 6. 1975, IV R 10/72, BStBl II 1975, 853, und vom 7. 7. 1983, VII R 43/80, BStBl II 1983, 760.
368 BFH vom 7. 7. 1983, VII R 43/80, BStBl II 1983, 760; BFH vom 9. 7. 1986, I B 36/86, BStBl II 1987, 487.
369 BFH vom 15. 2. 1989, X R 16/86, BStBl II 1989, 462 m. w. N.

lich verankerten Verantwortung für die Aufklärung eine gewisse Wahrscheinlichkeit spricht. Es können für den Beteiligte nachteilige Folgen gezogen werden.[370]

Bei Verletzung der Aufzeichnungs- und Vorlagepflicht nach § **90 Abs. 3 AO** zieht die Finanzverwaltung ein noch schärferes Schwert: Es wird gemäß § 162 Abs. 3 und 4 AO widerlegbar vermutet, dass die im Inland steuerpflichtigen Einkünfte des Beteiligten höher als erklärt sind; die Finanzbehörde ist befugt, unter näher bezeichneten Voraussetzungen eine Schätzung unter Vornahme eines nicht unerheblichen Zuschlags zu den erklärten Besteuerungsgrundlagen vorzunehmen.

4. Mitwirkungsverweigerungsrechte für bestimmte Personengruppen

Literatur:

Lohmeyer, Auskunfts- und Vorlageverweigerungsrechte nach der AO 1977, KStZ 1979, 9; Pinne, Steuerrechtliches Verwertungsverbot für Aussagen eines Angehörigen aus einem (Steuer-)Strafverfahren, ZfZ 1987, 126; Bilsdorfer, Auskunftspflichten und Auskunftsverweigerungsrechte im steuerlichen Verfahren, NSt 1993/23; Späth, Neues zur Verschwiegenheitspflicht der Steuerberater und Steuerbevollmächtigten, DStZ 1994, 78; Schuhmann, Auskunftsverweigerungsrechte in der steuerlichen Außenprüfung; StBp 1996, 89; Urban, Steuerliche Verwertungsverbote, NWB Fach 17, 1502

§§ 101–104 AO gewähren näher bestimmten Personenkreisen Mitwirkungsverweigerungsrechte. Hierdurch sollen Interessenkonflikte vermieden werden, die durch die Erfüllung der Mitwirkungspflicht der an sich verpflichteten Personen entstehen würden. Die Rechte aus §§ 101–104 AO können unabhängig voneinander in Anspruch genommen werden.

§ 101 AO betrifft das Auskunfts- und Eidesverweigerungsrecht (§§ 93, 94 AO) der **Angehörigen des Beteiligten**. Die Vorschrift will sicherstellen, dass ein Angehöriger nicht bei der Aufklärung des besteuerungsrelevanten Sachverhalts mitwirken muss und ggf. in einen Interessenkonflikt zwischen Wahrheitspflicht einerseits und Vertrauensverhältnis infolge familiärer Bindung zum Beteiligten andererseits gerät.[371] Das Auskunftsverweigerungsrecht besteht nicht, soweit ein Angehöriger selbst als Beteiligter in eigenen steuerlichen Angelegenheiten auskunftspflichtig ist. Zu den eigenen steuerlichen Angelegenheiten zählen hingegen nicht die steuerlichen Verhältnisse des zusammenveranlagten Ehegatten.[372]

Die Auskunftsperson muss über das Aussageverweigerungsrecht mündlich oder schriftlich belehrt werden (§ 101 Abs. 1 Satz 2, 3 AO).

---

370 BFH vom 17. 3. 1997, I B 123/95, BFH/NV 1997, 730; vgl. AEAO zu § 90, Nr. 1.
371 BFH vom 31. 10. 1990, II R 180/87, BStBl II 1991, 204.
372 Tipke, in: Tipke/Kruse, § 101 AO (Stand: März 2004), Rz. 9.

Ein Auskunftsverweigerungsrecht steht daneben Angehörigen bestimmter Berufsstände, die ein **Berufsgeheimnis** zu wahren haben, zu (§ 102 AO). § 102 AO enthält einen abschließenden Katalog der Verweigerungsberechtigten; hierzu gehören etwa Verteidiger, Angehörige rechtsberatender, steuerberatender und wirtschaftsprüfender Berufe, Ärzte, Apotheker und Hebammen sowie deren Gehilfen (§ 102 Abs. 1 Nr. 3, Abs. 2 AO) oder Mitarbeiter von Presse und Rundfunk (§ 102 Abs. 1 Nr. 4 AO).

Das Berufsgeheimnis erstreckt sich auf das, was dem Berufsangehörigen in seiner Berufseigenschaft anvertraut oder sonst bekannt geworden ist. Es besteht nicht, wenn der Berufsangehörige von der Verpflichtung zur Verschwiegenheit entbunden worden ist (§ 102 Abs. 3 AO).

Abweichend von § 101 Abs. 1 Satz 2 AO und von § 103 Satz 2 AO sieht § 102 AO keine Belehrungspflicht vor, da der Gesetzgeber offenbar davon ausgegangen ist, dass die durch § 102 AO erfassten Personen über ihre Verweigerungsrechte informiert sind.[373]

§ 103 AO erlaubt die Auskunftsverweigerung für Personen, die sich durch die Auskunft möglicherweise selbst einer **Verfolgung wegen einer Straftat** oder einer Ordnungswidrigkeit aussetzen würden. Die Vorschrift ist Ausfluss des Rechtsstaatsprinzips, nach dem niemandem abverlangt werden darf, sich selbst einer strafbaren Handlung oder einer Ordnungswidrigkeit zu bezichtigen. Sie dient zugleich der Wahrheitsfindung, weil der an sich Auskunftsverpflichtete bei Inanspruchnahme des Rechts keinen Grund mehr hat, sich oder einen Angehörigen durch eine Falschaussage vor der straf- oder bußgeldrechtlichen Verfolgung zu schützen.[374] Beteiligte sind jedoch in ihrer eigenen Sache auch dann zur Auskunft verpflichtet, wenn sie sich selbst oder einen Angehörigen der Gefahr strafrechtlicher Verfolgung oder eines Verfahrens nach dem Ordnungswidrigkeitengesetz aussetzen würden. Damit auf diese Weise die §§ 136 Abs. 1 Satz 2, 163a Abs. 4 Satz 2 StPO sowie § 46 Abs. 1 OWiG nicht ausgehöhlt werden, ist in § 393 Abs. 1 AO der Einsatz von Zwangsmitteln untersagt, soweit der Steuerpflichtige eigene Steuerstraftaten oder Steuerordnungswidrigkeiten offenbaren müsste. Ergänzt wird der Schutz in § 393 Abs. 2 AO durch ein begrenztes strafrechtliches Verwertungsverbot.

§ 104 AO erweitert das Recht auf Auskunftsverweigerung auf die Erstattung eines Gutachtens und die Vorlage von Urkunden und Wertsachen (§§ 96, 97, 100 AO). § 105 AO regelt das Verhältnis der Auskunfts- und Vorlagepflicht von Behörden

---

373 Tipke, in: Tipke/Kruse, § 102 AO (Stand: März 2004), Rz. 22.
374 Wünsch, in: Pahlke/König, § 103 AO, Rz. 1.

zu deren Schweigepflicht. § 106 AO trifft Beschränkungen der Auskunfts- und Vorlagepflicht bei Beeinträchtigung des staatlichen Wohls, wenn diese von der zuständigen Behörde geltend gemacht wird.

Die in §§ 101–106 AO genannten Mitwirkungsverweigerungsrechte sind abschließend. Die AO kennt **kein Bankgeheimnis**. Die Bank ist Dritter und grundsätzlich zur Auskunft verpflichtet. Jedoch haben die Finanzbehörden gemäß § 30a AO auf das Vertrauensverhältnis zwischen den Kreditinstituten und deren Kunden Rücksicht zu nehmen. So dürfen die Finanzbehörden von den Kreditinstituten zum Zweck der allgemeinen Überwachung keine laufenden Informationen über Kundenkonten verlangen (§ 30a Abs. 2 AO).

III. Beweiserhebung

1. Der Gegenstand des Beweises

Beweis kann nur über **Tatsachen** oder tatsächliche Verhältnisse erhoben werden. Tatsachen sind alle äußeren und inneren Vorgänge, die sinnlich wahrgenommen werden können, wie vergangene oder gegenwärtige, vorwiegend in der Außenwelt sich abspielende Ereignisse oder Zustände. Innere Vorgänge (wie etwa die Absicht zur Einkunfts- und Gewinnerzielung[375]) können nur anhand äußerer Merkmale beurteilt werden.[376] Hier muss aus objektiven Umständen auf das Vorliegen oder Fehlen des inneren Merkmals geschlossen werden. Über Werturteile kann dagegen nicht Beweis erhoben werden.

Beispiele

(1) Nach § 4 Abs. 5 Nr. 7 EStG dürfen Aufwendungen, die die Lebensführung des Steuerpflichtigen oder anderer Personen berühren, den Gewinn nicht mindern, soweit sie nach allgemeiner Verkehrsauffassung als unangemessen anzusehen sind. Zu den tatsächlichen Verhältnissen zählt auch die Verkehrsanschauung, so dass über sie auch im Wege des Sachverständigenurteils Beweis erhoben werden kann.[377] Die Praxis verfährt hier jedoch anders: Verkehrsanschauung ist danach immer die Anschauung des Urteilenden bzw. die Auffassung, die dieser als Verkehrsanschauung ansieht.[378]

(2) Beträgt das Entgelt für die Überlassung einer Wohnung zu Wohnzwecken weniger als 56 % der ortsüblichen Miete, so ist die Nutzungsüberlassung nach § 21 Abs. 2 EStG in einen entgeltlichen und einen unentgeltlichen Teil aufzuteilen. Was die Höhe der ortsüb-

---

375 Vgl. BFH vom 25. 6. 1984, GrS 4/82, BStBl II 1984, 751.
376 BFH vom 12. 6. 1978, GrS 1/77, BStBl II 1978, 620.
377 Koch, in: Gräber, § 81, Rz. 4.
378 So zu Recht Seer, in: Tipke/Kruse, § 81 FGO (Stand: Oktober 2005), Rz. 6.

lichen Miete anbelangt, handelt es sich nicht um ein Werturteil, sondern um eine Tatsache, über die Beweis durch ein Sachverständigengutachten erhoben werden kann.

Aufgrund der Geltung des Untersuchungsgrundsatzes ist es unerheblich, ob die Tatsachen von der Gegenseite auch bestritten werden. Allerdings geht von einer von den Beteiligten unstreitig gestellten Tatsache eine indizielle Wirkung aus. So wird die Rechtsbehelfsstelle schwerlich über eine Tatsache Beweis erheben, die von keiner Seite irgendwie in Zweifel gezogen wird. Nicht beweiswürdig sind alle offenkundigen Tatsachen, also alle allgemein oder der Behörde offiziell bekannten Umstände, nicht aber das, was dem Beamten privat zur Kenntnis gelangt ist.

2. Beweismittel

Die Finanzbehörde bestimmt, welche **Beweismittel** sie im Einzelfall nach pflichtgemäßem Ermessen zur Ermittlung des Sachverhalts für erforderlich hält (§ 92 Satz 1 AO). Sie kann nach § 92 Satz 2 AO insbesondere

- Auskünfte jeder Art von Beteiligten und anderen Personen einholen (§§ 93 bis 95, 101 bis 103, 105 bis 107 AO)
- Sachverständige zuziehen (§§ 96, 104 AO)
- Urkunden und Akten beiziehen (§§ 97, 104 bis 106 AO)
- den Augenschein einnehmen (§§ 98, 99 AO).

§§ 88 Abs. 2 Satz 2, 90 Abs. 2 Satz 2 AO geben den Beteiligten auf, die ihnen bekannten Beweismittel zu benennen. Die Behörde entscheidet anschließend nach pflichtgemäßem Ermessen, ob sie sich dieser Beweismittel bedient. Dabei muss sie sich einer vorweggenommenen Beweiswürdigung enthalten.

Beispiel:

Im Einspruchsverfahren des K geht es darum, dass diesem aufgrund von „Löchern" in einem Gesamtvermögensvergleich Umsätze und Gewinne zugeschätzt worden sind. K benennt seinen Vater und seinen Bruder als Zeugen für die Tatsache, dass diese ihm zur Bestreitung der Lebenshaltung Darlehen gegeben haben.

Hier kann die Behörde die Vernehmung der Zeugen nicht mit der Begründung ablehnen, diese sagten ohnehin nur das aus, was für K günstig sei, es sei denn, die Behörde unterstellt zu Gunsten von K die Richtigkeit der behaupteten Darlehensgewährung.[379]

---

[379] BFH vom 14. 9. 1988, II R 76/86, BStBl II 1989, 150.

Begrenzt wird die Pflicht zur Ermittlung wie zur Mitwirkung durch den **Verhältnismäßigkeitsgrundsatz**. Das Mittel der Ermittlung muss in Bezug auf dessen Ziel geeignet und erforderlich sein. Es wird daher in jedem Fall zu prüfen sein, ob

- sich die Ermittlungsmaßnahme auf einen entscheidungserheblichen Sachverhalt (§ 93 Abs. 1 AO) bezieht und eine Rechtsgrundlage für die Ermittlungsmaßnahme gegeben ist
- das Ermessen (§ 92 AO) fehlerfrei ausgeübt worden (§ 5 AO) und die Maßnahme insbesondere verhältnismäßig ist
- ein Auskunftsverweigerungsrecht (§§ 101 ff. AO) besteht.

Die AO hält für die jeweiligen Beweismittel nochmals spezielle Ausführungsregelungen bereit, die zu beachten sind, wenn von dem Beweismittel Gebrauch gemacht wird (z. B. bei Einholung von Auskünften: §§ 93 ff. AO). Dabei ist festzustellen, dass das Verwaltungsverfahren weit weniger formalisiert ist als dasjenige vor dem Finanzgericht.

3. Beweisaufnahme

Bei einer Beweisaufnahme im Rahmen des Einspruchsverfahrens ist zu beachten, dass § 365 Abs. 2 AO den Anspruch der Beteiligten auf rechtliches Gehör stärkt, indem ihnen und ihren Bevollmächtigten und Beiständen (§ 89 AO) Gelegenheit gegeben wird, an der Beweisaufnahme teilzunehmen. Hierdurch wird den Beteiligten (und ihren Bevollmächtigten) ermöglicht, sachdienliche Fragen an Auskunftspersonen und Sachverständige zu stellen.

Die Finanzbehörde muss die Beteiligten und ihre Bevollmächtigten rechtzeitig vor dem Beweistermin benachrichtigen.[380] Der Verstoß gegen § 365 Abs. 2 AO führt zum Verwertungsverbot der erhobenen Beweise.[381]

4. Beweiswürdigung

Sind alle notwendigen Beweise erhoben, hat die Finanzbehörde diese zu würdigen. Zwar enthält die AO keine § 96 FGO vergleichbare Regelung („Die Finanzbehörde entscheidet nach ihrer freien, aus dem Gesamtergebnis des Verfahrens gewonnenen Überzeugung"). Und trotzdem gilt hier nichts anderes. Das lässt sich aus § 88 Abs. 2 AO herleiten.

---

380 Tipke, in: Tipke/Kruse, § 365 AO (Stand: April 2007), Rz. 9.
381 Tipke, in: Tipke/Kruse, § 365 AO (Stand: April 2007), Rz. 9; Birkenfeld, in: Hübschmann/Hepp/Spitaler, § 365 AO (Stand: September 2000), Rz. 93; Pahlke, in: Pahlke/König, § 365 AO, Rz. 17.

Verfahrensgrundsätze und Ablauf des Verfahrens

Der Grundsatz lautet dabei: Bei der Feststellung und auch Gewichtung von Tatsachen ist die Behörde keinen starren Regeln unterworfen, sondern an die Überzeugung des Beurteilenden gebunden. Ist dieser von einer bestimmten Tatsache überzeugt, kann und muss er sie seiner Rechtsfindung zugrundelegen.

Im Rahmen der Beweiswürdigung gelten aber gewisse Sonderregeln: So gilt bisweilen der Anscheins- oder prima-facie-Beweis (Beweis des ersten Anscheins).

Beispiel:

Bei einem Großhandelsunternehmen spricht der Beweis des ersten Anscheins dafür, dass es in der Absicht der Gewinnerzielung betrieben wird.[382]

Auch im Fall einer Schätzung (§ 162 AO) wird das Beweismaß reduziert: Zu ihrer Bestätigung reicht die größtmögliche Wahrscheinlichkeit.[383]

Bisweilen – wie etwa im Fall der Wiedereinsetzung in den vorigen Stand (§ 110 Abs. 2 AO) – genügt die Glaubhaftmachung bestimmter Tatsachen. Der beweiserhebliche Sachverhalt muss danach mit überwiegender Wahrscheinlichkeit festgestellt werden.

IV. Feststellungs- und Beweislast

Kann der Sachverhalt auch bei äußerster Anstrengung nur unvollständig festgestellt werden, greifen die Regeln der Beweis- oder Feststellungslast ein. Beweislastentscheidungen sind im außergerichtlichen wie auch im gerichtlichen Verfahren selten, weil einmal im Rahmen der Beweiswürdigung Schlüsse aus der unzureichenden Mitwirkung der Beteiligten gezogen werden können und weil zum anderen die Schätzung (§ 162 AO) Lücken in der Sachverhaltsfeststellung ausfüllt.

Wenn dieses Instrumentarium jedoch nicht zum Tragen kommt, gilt das Prinzip: Jeder Beteiligte trägt die Beweislast für das Vorhandensein aller Voraussetzungen der Vorschriften, ohne deren Vorliegen sein Begehren keinen Erfolg haben würde.[384] Oder einfacher: Für steuerbegründende Tatsachen liegt die Feststellungslast beim Steuergläubiger (dem Finanzamt), für steuerbefreiende oder steuermindernde Tatsachen beim Steuerschuldner.

---

382 BFH vom 19. 11. 1985, VIII R 4/83, BStBl II 1986, 289.
383 Vgl. die Rechtsprechungsnachweise bei von Groll, in: Gräber, § 96 FGO, Rz. 18.
384 Von Groll, in: Gräber, § 96 FGO, Rz. 23.

Beispiele:

(1) Das Finanzamt behauptet, A unterhalte einen Gewerbebetrieb und erziele entsprechende Einkünfte. A bestreitet die vom Finanzamt dargelegten Umstände.

Folge: Es handelt sich um steuerbegründende Tatsachen, so dass – bei Lücken in der Sachverhaltsfeststellung – die Feststellungslast beim Finanzamt liegt.

(2) Der Steuerpflichtige B macht Aufwendungen für ein häusliches Arbeitszimmer geltend. Das Finanzamt bezweifelt die fast ausschließliche berufliche Nutzung.

Folge: Es handelt sich bei den geltend gemachten Aufwendungen um steuermindernde Tatsachen. Die Feststellungslast liegt beim Steuerpflichtigen.

V. Zurückweisung verspäteten Vorbringens (§ 364 b AO)

Literatur:

Söffing, Neuordnung des außergerichtlichen Rechtsbehelfsverfahrens ab 1. 1. 1996, DStR 1995, 1489; Spaeth, Grenzpendlergesetz – Auswirkungen der Präklusion nach § 364 b AO n. F., DStZ 1995, 175; Linssen, Problembereiche der Präklusion nach § 364 b AO, INF 1996, 100; Siegert, Das Arbeiten mit der Präklusion: Wie verfahren im Verfahren, wenn es um die Fristen geht?, DStZ 1995, 517; Wagner, Die Ausschlussfristen mach § 364 b AO – Segen oder Last?, StuW 1996, 169; Große, Die Fristsetzung gem. § 364 b AO, DB 1996, 60; Nacke, Anfechtbarkeit der Fristsetzung nach § 364 b AO, NJW 1996, 3402; Tiedchen, Änderungen des außergerichtlichen Rechtsbehelfsverfahrens durch das Grenzpendlergesetz, BB 1996,1033; v. Wedelstädt, Die Ausschlußfrist nach § 364 b AO – Segen oder Last für die Finanzbehörde?, StuW 1996, 186; ders., Präklusion nach § 364 b AO und anschließende Korrektur des Steuerbescheids mit präkludiertem Vortrag, DB 1996, 113; Lieber, Präklusion im Steuerverfahren Frankfurt a. M. 1998; Koch/Schreiner, Präklusion nach § 364 b – die Leiden einer gesetzlichen Regelung DStR 1998, 1197; Lange, Zurückweisung einer erst im Klageverfahren eingereichten Steuererklärung durch das Finanzgericht DStZ 1998, 544; ders., Zurückweisung verspäteten Vorbringens und gerichtliche Prozessförderungspflicht DStZ 1999, 176; v. Groll, Bestandskraft und Präklusion nach § 364 b AO, Festschrift Klaus Offerhaus, 1999, S. 837 ff.; Seeger, Das deutsche Steuerrecht zu Beginn des 21. Jahrhundert – Notwendige Reformen aus der Sicht der Finanzgerichtsbarkeit, DStR 2000, 10; Schmidt-Troje/Fumi, Fristsetzung nach § 364 b – wem zum Nutzen? Stbg 2000, 119; Suhrbier-Hahn, Die Reform der Finanzgerichtsordnung zum 1. 1. 2001, DStR 2001, 467; v. Wedelstädt, Die präkludierende Fristsetzung durch die Finanzbehörde, AO-StB 2002, 200; Wiese/Leingang-Ludolph, Präklusion und Kosten, BB 2003, 25; Kerath, Kostentragung durch den Kläger bei nicht gewahrter Ausschlussfrist im Vorverfahren?, BB 2003, 937

Verfahrensgrundsätze und Ablauf des Verfahrens

1. Fristsetzung im Einspruchsverfahren
a) Inhalt

§ 364 b Abs. 1 AO räumt der Finanzbehörde die Möglichkeit ein, dem Einspruchsführer eine **Frist mit ausschließender Wirkung** zu setzen, die sich auf folgende Begründungsmerkmale des Einspruchs bezieht:

- Die Angabe der Tatsachen, durch deren Berücksichtigung oder Nichtberücksichtigung er sich subjektiv beschwert fühlt. Die Fristsetzung dient in diesem Fall nicht nur der Klärung der Zulässigkeit des Einspruchs durch Konkretisierung der Beschwer, sondern auch der Durchführung der Begründung des Einspruchs.
- Die Erklärung über bestimmte klärungsbedürftige Punkte. Die Finanzbehörde will dabei durch Rückfragen über bestimmte Vorgänge, die für die Sach- und Rechtsentscheidung von Bedeutung sind, Klarheit gewinnen. Rechtsausführungen dürfen nicht verlangt werden.
- Die Bezeichnung von Beweismitteln oder zur Vorlage von Urkunden, soweit er dazu verpflichtet ist. Dies betrifft in der Praxis den wichtigen Fall, dass der Steuerpflichtige gegen einen Schätzungsbescheid vorgeht, weil er zuvor seine Steuererklärung nicht rechtzeitig abgegeben hatte.

Nach der Intention des Gesetzgebers soll § 364 b AO verhindern, dass das außergerichtliche (und gerichtliche) Rechtsbehelfsverfahren zu verfahrensfremden Zwecken missbraucht wird. Der Gesetzgeber hat dabei insbesondere an den Fall gedacht, dass ein Steuerpflichtiger, der seine Steuererklärung nicht abgegeben hat, gegen die Schätzung der Finanzbehörde zunächst Einspruch einlegt und später Klage erhebt und auf diese Weise die Abgabe der Steuererklärung unangemessen lang hinauszögert.

b) Ermessensentscheidung

Zur Erfüllung der Aufforderungen i. S. des § 364 b Abs. 1 AO kann die Einspruchsbehörde dem Einspruchsführer eine Ausschlussfrist setzen. Sie muss es aber nicht. Ob sie dies tut, liegt in ihrem Ermessen.

Bei der Abwägung, ob die Präklusionsfrist zu setzen ist oder nicht, muss sich die Finanzbehörde zunächst fragen, ob – nach allgemeiner Verwaltungserfahrung – bei Berücksichtigung aller Umstände angenommen werden kann, der Einspruchsführer sei mit der Mitwirkung säumig, weil er den Einspruch zu sachfremden Zwecken eingelegt habe. Dass es dem Einspruchsführer nicht in erster Linie um Rechtsschutz, sondern um Zeitgewinn – um Verschleppung des Verfahrens – geht, liegt nahe, wenn die Besteuerungsgrundlagen wegen Nichtabgabe der Steuererklärung geschätzt worden sind und der Steuerpflichtige im Einspruchsverfahren keine Steuererklärung abgibt. Bestehen allerdings erhebliche Zweifel an der Absicht des Einspruchsführers, die Einspruchsmöglichkeit zu missbrauchen, muss die Behörde diesem Umstand dadurch Rechnung tragen, dass sie zunächst zu Erklärungen, Bezeichnung von Beweismitteln oder Urkundenvorlage ohne Ausschlussfristsetzung auffordert.

c) *Länge der Frist*
Über die Länge der Frist enthält § 364b AO keine Regelung. Die Finanzbehörde muss die Frist daher den Umständen anpassen. Dabei ist die Bestimmung der Frist grundsätzlich an dem Zeitaufwand zu orientieren, den der Einspruchsführer einschließlich seines Bevollmächtigten voraussichtlich haben wird, um die angeforderte Handlung vorzunehmen. Eine Frist von nur 15 Tagen ist unangemessen kurz und daher unwirksam[385]; eine Frist von sechs Wochen dürfte dagegen in der Regel ausreichend sein[386].

Die nach § 364b Abs. 1 AO gesetzte Ausschlussfrist ist eine behördliche Frist, die an sich gem. § 365 AO i.V.m. § 109 Abs. 1 Satz 1 AO verlängerbar ist, sofern der Fristverlängerungsantrag vor Ablauf der gesetzten Ausschlussfrist bei der Finanzbehörde eingeht.[387] Nicht gem. § 109 AO (rückwirkend) verlängerbar ist die Ausschlussfrist hingegen, wenn der Fristverlängerungsantrag erst nach Fristablauf gestellt wird.[388] Geht der Antrag nach Ablauf der Frist beim Finanzamt ein, kann jedoch nach § 110 AO Wiedereinsetzung in den vorigen Stand gewährt werden.

d) *Formelle Anforderungen; Begründung*
Was nach § 364b Abs. 1 Nr. 1 bis 3 AO verlangt wird, muss hinreichend bestimmt ausgedrückt werden. Das Ermessen muss ausgeübt und **begründet** werden. Auch die gesetzte Frist muss hinreichend bestimmt sein und als Ermessensentscheidung

---

385 Brockmeyer, in: Klein, § 364b AO, Rz. 8; AEAO zu § 364b, Nr. 2: Mindestfrist von einem Monat.
386 FG Saarland vom 29. 6. 1999 1 K 28/99, EFG 1999, 1065.
387 AEAO zu § 364b, Nr. 4; Birkenfeld, in: Hübschmann/Hepp/Spitaler, § 364b AO (Stand: November 1998), Rz. 64; Brockmeyer, in: Klein, § 364b AO, Rz. 9; v. Wedelstädt, Die präkludierende Fristsetzung durch die Finanzbehörde AO-StB 2002, 200; a.A. Bilsdorfer/Carl/Klos, Handbuch des steuerlichen Einspruchsverfahrens, 1. Aufl., 130; Söffing, Neuordnung des außergerichtlichen Rechtsbehelfsverfahrens ab 1. 1. 1996, DStR 1995, 1489.
388 FG Saarland vom 10. 4. 1997, 1 K 7/97, EFG 1997, 712; Brockmeyer, in: Klein, § 364b AO, Rz. 9 ; Siegert, Das Arbeiten mit der Präklusion: Wie verfahren im Verfahren, wenn es um die Fristen geht?, DStZ 1995, 517; Tiedchen, Änderungen des außergerichtlichen Rechtsbehelfsverfahrens durch das Grenzpendlergesetz, BB 1996, 1033.

begründet werden. Es muss erkennbar sein, wie die Behörde zu ihrer Entscheidung gelangt ist. Die Begründung soll dem Einspruchsführer das Verständnis des Verwaltungsakts und dem Finanzgericht die Überprüfung des Ermessens nach § 102 FGO ermöglichen.

§ 364 b AO schreibt keine bestimmte **Form** vor. Aus Beweisgründen empfiehlt sich jedoch die Schriftform.

Über die Rechtsfolgen der Nichteinhaltung der Frist ist der Einspruchsführer zusammen mit der Fristsetzung zu **belehren** (§ 364 b Abs. 3 AO). Wird die Belehrung nachgeholt, muss eine neue Frist gesetzt werden.[389] Obwohl § 364 b Abs. 3 Satz 3 AO es nicht verlangt,[390] sollte zweckmäßigerweise auch die Rechtsfolge aus § 76 Abs. 3 FGO in die Belehrung einbezogen werden.

Kommt das Finanzgericht in einem sich anschließenden Klageverfahren zum Ergebnis, dass die Fristsetzung wegen unangemessen kurzer Frist oder fehlender Belehrung rechtswidrig war, oder ist wegen der versäumten Frist Wiedereinsetzung in den vorigen Stand zu gewähren, hat es die Einspruchsentscheidung ohne Entscheidung in der Sache selbst nach § 100 Abs. 3 FGO aufzuheben. Diese isolierte Aufhebung setzt allerdings regelmäßig voraus, dass die erforderlichen Tatsachen oder Beweismittel noch im Einspruchsverfahren vorgelegt und dann vom Finanzamt wegen Ablaufs der (nicht rechtmäßig gesetzten) Frist nicht mehr berücksichtigt wurden.

2. Ausschlussfolgen

Mit Ablauf der von der Finanzbehörde gesetzten Frist mit ausschließender Wirkung tritt die sog. **Präklusionswirkung** ein. Nach § 364 b Abs. 2 Satz 1 AO **sind** Erklärungen und Beweismittel, die erst nach Ablauf der Präklusionsfrist vorgebracht werden, **nicht zu berücksichtigen**, d. h. die Finanzbehörde hat keine Wahl, ob sie diese berücksichtigen will oder nicht. Die Präklusion gilt jedoch nicht für verspätet vorgebrachte Tatsachen oder Beweismittel, die für den Einspruchsführer nachteilig sind. Das ergibt sich aus § 364 b Abs. 2 Satz 2 AO, wonach § 367 Abs. 2 Satz 2 AO unberührt bleibt. Daraus folgt, dass auch das nach Fristablauf Vorgebrachte oder Vorgelegte für Zwecke der Verböserung verwertet werden darf. Der Einspruchsführer soll nämlich nicht daraus einen Vorteil gegenüber nichtsäumigen Einspruchsführern erlangen, dass er die Ausschlussfrist ver-

---

389 Tipke, in: Tipke/Kruse, § 364 b AO (Stand: April 2007), Rz. 31.
390 FG Brandenburg vom 28. 11. 1996, 2 K 656/96, EFG 1997, 178; FG Saarland vom 21. 2. 1997, 1 K 166/96 EFG 1997, 651.

streichen lässt. Um diese Verböserung zu verhindern, bleibt dem Steuerpflichtigen die Möglichkeit, den Einspruch nach § 362 AO zurückzunehmen.

3. Rechtsbehelfe

Die Gesetzesfassung des § 364b AO ist insofern unbefriedigend, als eine ausdrückliche Regelung über die **gesonderte Anfechtbarkeit** der Aufforderung aus § 364b Abs. 1 AO fehlt. Die ganz h. M. lehnt eine solche im Ergebnis zu Recht[391] ab, allerdings aus ganz unterschiedlichen Gründen: Teilweise wird die Auffassung vertreten, die nach § 364b Abs. 1 AO ergehende Aufforderung stelle eine bloße Vorbereitungshandlung und daher keinen Verwaltungsakt dar,[392] so dass eine gesonderte Anfechtungsmöglichkeit bereits aus diesem Grund von vornherein ausscheide. Soweit der Charakter als Verwaltungsakt bejaht wird, soll nach verbreiteter Auffassung[393] ein Einspruch zwar statthaft sein. Die Verfügung nach § 364b Abs. 1 AO sei jedoch ein lediglich verfahrensleitender Verwaltungsakt, der nach dem insoweit anzuwendenden allgemeinen verfahrensrechtlichen Rechtsgrundsatz entsprechend § 363 Abs. 3 AO, § 128 Abs. 2 FGO, § 44a VwGO nur zusammen mit dem das Verwaltungsverfahren abschließenden Einspruchsbescheid anfechtbar sei. Dem Einspruch oder einer Klage gegen die Fristsetzung fehle daher das Rechtsschutzbedürfnis.

4. Rechtsfolgen der Präklusion für das gerichtliche Verfahren

Das Finanzgericht kann gemäß § 76 Abs. 3 i. V. m. § 79b Abs. 3 Satz 1 FGO Erklärungen und Beweismittel, die erst nach Ablauf der von der Finanzbehörde nach § 364b Abs. 1 AO gesetzten Frist im Einspruchsverfahren oder im finanz-

---

[391] Es würde dem auf Beschleunigung des Einspruchsverfahrens und Entlastung der Gerichte ausgerichteten Gesetzeszweck zuwider laufen, die Fristsetzung nach § 364b AO als eine isoliert anfechtbare Entscheidung anzusehen, die ihrerseits ein neues Einspruchsverfahren auslösen könnte.

[392] FG München vom 4. 12. 1997, 13 K 2613/97 EFG 1998, 436; ebenso FG Saarland vom 21. 2. 1997, 1 K 166/96 EFG 1997, 651; Linssen, Problembereiche der Präklusion nach § 364b AO, INF 1996, 100, 102.

[393] AEAO zu § 364b, Nr. 4 Satz 3; Dumke, in: Schwarz, § 364b (Stand: Juni 2006), Rz. 17; Pahlke, in: Pahlke/König, § 364b AO, Rz. 25; Spaeth, Grenzpendlergesetz – Auswirkungen der Präklusion nach § 364b AO n. F., DStZ 1995, 175; v. Wedelstädt, Die Ausschlußfrist nach § 364b AO – Segen oder Last für die Finanzbehörde?, StuW 1996, 186; Siegert, Das Arbeiten mit der Präklusion: Wie verfahren im Verfahren, wenn es um die Fristen geht?, DStZ 1995, 517; Birkenfeld, in: Hübschmann/Hepp/Spitaler, § 367 AO (Stand: November 1998), Rz. 70 ff.; FG Saarland vom 21. 2. 1997, 1 K 166/96 EFG 1997, 651; unklar Tipke, in: Tipke/Kruse, § 364b AO (Stand: April 2007), Rz. 38 ff.

gerichtlichen Verfahren vorgebracht werden, **zurückweisen** und ohne weitere Ermittlungen entscheiden, wenn ihre Zulassung nach der freien Überzeugung des Gerichts die **Erledigung des Rechtsstreits verzögern** würde, der Beteiligte die Verspätung nicht genügend entschuldigt und der Beteiligte über die Folgen einer Fristversäumung belehrt worden ist. Der Entschuldigungsgrund ist auf Verlangen des Gerichts glaubhaft zu machen (§ 76 Abs. 3 Satz 2 i. V. m. § 79b Abs. 3 Satz 2 FGO). Eine Zurückweisung und Entscheidung ohne weitere Ermittlung ist dagegen nicht zulässig, wenn es mit geringem Aufwand möglich ist, den Sachverhalt auch ohne Mitwirkung des Beteiligten zu ermitteln (§ 76 Abs. 3 Satz 2 i. V. m. § 79b Abs. 3 Satz 3 FGO).[394]

Äußerst umstritten ist allerdings die Frage, wann das Finanzgericht eine **Verzögerung des gerichtlichen Verfahrens** annehmen darf.[395] Der V. Senat des BFH hat entschieden, dass das Finanzgericht eine erst im Klageverfahren eingereichte Steuererklärung zurückweisen darf, wenn die Fristsetzung rechtmäßig ist, die Voraussetzungen des § 79 b Abs. 3 FGO vorliegen und die Schätzung der Besteuerungsgrundlagen nach Aktenlage nicht zu beanstanden ist.[396] Demgegenüber vertreten der I. und der IV. Senat des BFH die Auffassung, dass es regelmäßig ermessensfehlerhaft sei, wenn es das Finanzgericht unterlasse, schon vor der mündlichen Verhandlung die ihm möglichen und geeigneten vorbereitende Maßnahmen gemäß § 79 Abs. 1 FGO zu ergreifen, und eine erst im Klageverfahren, aber angemessene Zeit vor der mündlichen Verhandlung nachgereichte Steuererklärung zurückweise.[397] Da es danach den Finanzgerichten allenfalls noch in Ausnahmefällen möglich ist, trotz erfolgloser Fristsetzung nach § 364 b AO erst im Klageverfahren nachgereichte Steuererklärungen zurückzuweisen, führt die Rechtsprechung des I. und IV. Senats des BFH praktisch zu einer Entwertung des § 364 b AO in Vollschätzungsfällen,[398] die der Hauptgrund für seine Einführung waren.

---

394 BFH vom 19. 3. 1998, V R 7/97, BStBl II 1998, 399.
395 Zum Streitstand: Brockmeyer, in: Klein, § 364 b AO, Rz. 18.
396 BFH vom 19. März 1998, V R 7/97, BStBl II 1998, 399.
397 BFH vom 9. 9. 1998, I R 31/98 BStBl II 1999, 26; ähnlich der IV. Senat des BFH vom 10. 6. 1999, IV R 23/98, BStBl II 1999, 664.
398 FG Saarland vom 29. 4. 1999, 2 K 207/98 EFG 1999, 758.

B. Die Durchführung des Verfahrens

I. Verfahrensgegenstand

1. Begriff und Bedeutung

Mit dem Einspruch bestimmt der Einspruchsführer den Verfahrensgegenstand. Dies ist entweder der angegriffene Verwaltungsakt oder ein bestimmtes Verhalten der Behörde – etwa die Untätigkeit bei Nichterlass eines begehrten Verwaltungsakts. § 157 Abs. 2 AO stellt klar, dass die Besteuerungsgrundlagen grundsätzlich einen unselbständigen Teil des Steuerbescheids bilden, da ihre Angabe lediglich der Begründung des Bescheids dient (vgl. § 121 Abs. 1 AO). Der Einspruch muss sich daher gegen die im Steuerbescheid festgesetzte Steuer selbst richten. Entsprechendes gilt für eine Anfechtungsklage (§ 40 Abs. 1 FGO). Streitgegenstand sind die angefochtene Steuerfestsetzung und nicht die ihr zu Grunde liegenden einzelnen Besteuerungsgrundlagen.[399]

Der Verfahrensgegenstand begrenzt das Einspruchsverfahren gegenüber den Beteiligten, dem Rechtsschutzziel (Angriffsgegenstand) und dem Umfang der Einspruchsentscheidung[400]. Das Einspruchsbegehren kann nur im Rahmen des Verfahrensgegenstandes verändert (erweitert oder eingeschränkt) werden.

Beispiel:

Der Steuerpflichtige hat Einspruch gegen einen Verspätungszuschlag von 500 Euro eingelegt mit dem Antrag, den Verspätungszuschlag auf 250 Euro herabzusetzen. Verfahrensgegenstand ist der Verwaltungsakt insgesamt. Während des Einspruchsverfahrens kann der Steuerpflichtige sein Rechtsschutzbegehren ändern und auf Festsetzung von 100 Euro erweitern.

Der Verfahrensgegenstand begrenzt bei Verwaltungsakten auch die Möglichkeit, tatsächliche oder rechtliche Gründe nachzuschieben.[401]

Beispiel:

Der Steuerpflichtige wendet sich mit seinem Einspruch gegen einen Einkommensteuerbescheid, indem er die Herabsetzung der Steuer von 100 000 Euro auf 90 000 Euro begehrt. Während des Einspruchsverfahrens erweitert er seinen Angriffspunkt auf die Nebenbestimmung "Vorbehalt der Nachprüfung".

---

399 BFH vom 4. 9. 2002, XI R 64/99, BFH/NV 2003, 183.
400 BFH vom 14. 3. 1979, II R 97/78, BStBl II 1979, 526.
401 BFH vom 29. 4. 1977, III R 154/73, BStBl II 1977, 790.

Schließlich begrenzt der Verfahrensgegenstand die Reichweite der Einspruchsentscheidung. Die Finanzbehörde darf nur über den anhängigen Verfahrensgegenstand entscheiden.[402]

2. Mehrere Verfahrensgegenstände

Der Einspruch kann mehrere Verfahrensgegenstände betreffen, wenn mehrere Verwaltungsakte mit dem Einspruchsschreiben angefochten werden sollen, so z. B. alle Verwaltungsakte, die in der Steuerbescheidausfertigung ergehen können, wie

- Steuerfestsetzungen auf das Jahr bezogen
- Festsetzung von Steuervorauszahlungen
- verschiedene Steuerarten (Einkommensteuer, Kirchensteuer, Solidaritätszuschlag)
- Festsetzung eines Verspätungszuschlags
- besondere Nebenbestimmungen zum Verwaltungsakt (Auflage, Bedingung, Befristung, Widerrufsvorbehalt, u. a.).

Mehrere Verfahrensgegenstände liegen auch bei zusammengefassten Steuerbescheiden vor, wobei Verwaltungsakte über steuerliche Nebenleistungen bei mehreren Steuerpflichtigen miteinander verbunden werden (§ 155 Abs. 3 Satz 2 AO). Auch die Sammelbescheide – die in Auswertung eines Außenprüfungsberichts ergehen – betreffen mehrere Verfahrensgegenstände.

Dagegen handelt es sich in folgenden Fällen nur um einen Verfahrensgegenstand:

- Steuerbescheid mit Wirkung für und gegen mehrere Beteiligte
- Bekanntgabe eines zusammengefassten Steuerbescheids gegen Ehegatten (§ 155 Abs. 5 AO)
- Verwaltungsakt, der mehrere Regelungen enthält, wie z. B. der Feststellungsbescheid, der mehrere Regelungen gegen mehrere Personen enthält: in diesem Fall kann jede Regelung einer jeden betroffenen Person Streitgegenstand eines Einspruchsverfahrens sein.[403]

Auch bei der Verbindung mehrerer Verfahren liegen mehrere Verfahrensgegenstände vor. Jeder Verwaltungsakt ist dann eigener Verfahrensgegenstand des Einspruchs.

---

402 BFH vom 29. 4. 1977, III R 154/73, BStBl II 1977, 790. Zur Problematik der Teileinspruchsentscheidung (§ 367 Abs. 2a AO) siehe unter C. I. 2b).
403 BFH vom 20. 1. 1977, IV R 3/75, BStBl II 1977, 509.

Einspruchsverfahren

3. Änderung des Verfahrensgegenstandes im Einspruchsverfahren

Eine Änderung des Verfahrensgegenstandes ist – wie beim Streitgegenstand des Finanzgerichtsverfahrens – nicht ausgeschlossen. Anlass für die Änderung können neben der Korrektur des Verwaltungsakts (Widerruf, Rücknahme, Änderung, Aufhebung, Berichtigung) auch eine Teilabhilfe der Einspruchsbehörde bzw. die Erklärung des Einspruchsführers sein, anstelle des bisher angegriffenen Verwaltungsakts nunmehr einen anderen Verwaltungsakt angreifen zu wollen.

§ 365 Abs. 3 AO – Parallelvorschrift dazu ist für das Finanzgerichtsverfahren § 68 FGO – enthält eine Regelung bei Änderung des Verfahrensgegenstands kraft Gesetzes: Wird ein angegriffener Verwaltungsakt während des Einspruchsverfahrens geändert und ersetzt, wird der geänderte oder neue Verwaltungsakt (automatisch) auch neuer Gegenstand des Einspruchsverfahrens.[404] Dadurch soll verhindert werden, dass der Einspruchsführer aus dem Einspruchsverfahren „hinausgedrängt" wird, wenn der ursprüngliche Verwaltungsakt geändert oder durch einen neuen ersetzt wird. In dem fortgesetzten Einspruchsverfahren wird dann auch überprüft, ob die Korrektur des ursprünglichen Verwaltungsakts rechtmäßig war.

Die Rechtsfolge des § 365 Abs. 3 Satz 1 AO tritt von Gesetzes wegen ein.[405] Ein erneuter Einspruch ist nicht zulässig.[406] Da § 365 Abs. 3 Satz 1 AO jedoch voraussetzt, dass der Einspruch zulässig war,[407] kann es dennoch ratsam sein, auch gegen den Änderungsbescheid selbst Einspruch einzulegen. Die Entscheidung über diesen Einspruch ist bis zur Unanfechtbarkeit der Entscheidung über den ursprünglichen Einspruch auszusetzen (§ 361 Abs. 1, 2 AO).

Auch bei einem Teilwiderruf oder einer Teilrücknahme bleiben der Verwaltungsakt – wenn auch eingeschränkt – bestehen und der Einspruch mit einem geänderten Verfahrensgegenstand anhängig.

II. Verbindung und Trennung von Verfahren

1. Verbindung von Einspruchsverfahren

a) Bedeutung

Obwohl die AO zur Frage der Verbindung oder Trennung von Einspruchsverfahren keine Regelung enthält, ist unbestritten, dass diese Möglichkeit in analoger Anwendung des § 73 FGO auch für das Einspruchsverfahren besteht. Die Gebote

---

404 Vgl. dazu näher Schlüßel, Teilabhilfe und Hauptsacheerledigung im Rechtsbehelfsverfahren, NWB Fach 2, 5699.
405 BFH vom 2. 12. 1999, II B 78/99, BFH/NV 2000, 680.
406 BFH vom 29. 5. 2001, VIII R 10/00, BStBl II 2001, 747 m. w. N.
407 BFH vom 13. 4. 2000, V R 56/99, BStBl II 2000, 490.

Verfahrensgrundsätze und Ablauf des Verfahrens

der Effizienz des Einspruchsverfahrens sowie die Forderung, keine divergierenden Entscheidungen bei gleichgelagerten Streitgegenständen zu verursachen, lassen es in vielen Fällen zweckmäßig erscheinen, mehrere anhängige Einsprüche zur gemeinsamen Verhandlung, Prüfung und Entscheidung zu verbinden. Zweckmäßig ist die Verfahrensverbindung insbesondere dann, wenn

– in mehreren Jahren bei parallelen Sachverhalten die gleichen Rechtsfragen zu entscheiden sind
– für mehrere Steuerarten dieselben Streitpunkte ausschlaggebend sind
– mehrere Einspruchsführer den gleichen Verwaltungsakt angreifen.

Zwingend ist die Verbindung von Einspruchsverfahren, wenn die Entscheidung gegenüber mehreren Einspruchsführern nur einheitlich ergehen kann. Die Verbindung setzt grundsätzlich voraus, dass mehrere anhängige Einspruchsverfahren bei derselben Einspruchsbehörde im gleichen Verfahrensstadium bei sachlichem Zusammenhang der Streitpunkte vorliegen, die einheitliche Entscheidung notwendig oder die Verbindung der Verfahren zweckmäßig und damit ermessensgerecht ist.

Ein sachlicher Zusammenhang kann im Sachverhalt der zugrunde liegenden Entscheidung oder in der Rechtsfrage, die zu entscheiden ist, liegen.

Beispiel:

Der Steuerpflichtige hat gegen den Einkommen-, Gewerbesteuermess- und Umsatzsteuerbescheid Einspruch mit dem Einwand erhoben, die Gewinn- und Umsatzermittlungen der Außenprüfung aufgrund einer Nachkalkulation seien unzutreffend. Die Verfahrensökonomie gebietet in diesem Falle eine Verbindung der Verfahren – es liegt eine Einspruchshäufung vor.

Ein sachlicher Zusammenhang ist immer dann anzunehmen, wenn ohne Einlegung eines Einspruchs ein Steuerpflichtiger zu einem anderen Einspruchsverfahren hinzugezogen werden müsste. Die Verbindung setzt außerdem voraus, dass verfahrensrechtlich gesehen nur eine einheitliche Entscheidung ergehen kann; dadurch, dass es nur noch den Einspruch gegen alle Verwaltungsakte gibt, ist dies – im Gegensatz zur früheren Regelung, wo Einspruch und Beschwerde differiert haben – in den meisten Fällen unproblematisch. Verfahrensrechtlich einheitliche Entscheidungen liegen aber nicht vor, wenn in dem einen Verfahren durch Einspruchsentscheidung, in dem anderen Verfahren durch einen anderen Verwaltungsakt entschieden werden muss.

Beispiel:

Der Steuerpflichtige hat gegen den Einkommensteuerbescheid 2006 Einspruch erhoben und gleichzeitig Aussetzung der Vollziehung des Steuerbescheides beantragt. Eine Verbindung beider Verfahren ist nicht möglich, da im ersten Fall die Einspruchsentscheidung, im zweiten Fall der ablehnende Verwaltungsakt die Verwaltungsentscheidung ist.

b) *Verfahrensfragen*
Die Verfahrensverbindung ist in das Ermessen der Finanzbehörde gestellt. Bei einer sachgerechten und zweckmäßigen Ermessensausübung sind die Interessen der Beteiligten und die Gebote der Verfahrensbeschleunigung sowie das Gebot, divergierende Entscheidungen bei gleichen Sachverhalten oder Rechtsproblemen zu vermeiden, zu beachten. Die Verbindung bedarf – ebenso wie die Einspruchshäufung – nicht der Zustimmung des Einspruchsführers.

Die Verfahrensverbindung hat folgende Wirkungen:

- die Einsprüche werden verfahrensmäßig in Ermittlung, Prüfung und Entscheidung einheitlich behandelt
- die Beteiligten sind Streitgenossen[408]
- eine unterbliebene notwendige Hinzuziehung im Besteuerungsverfahren wird durch die Verbindung im Einspruchsverfahren geheilt[409]
- ist eine Verbindung zwingend, ist nach der Verbindung eine Erledigungserklärung in der Hauptsache nur mit dem Einverständnis aller Einspruchsführer zulässig
- bei zwingender Verbindung erübrigt sich dadurch eine notwendige Hinzuziehung[410].

2. *Trennung der Verfahren*

Soweit es sich nicht um ein Einspruchsverfahren handelt, bei dem die Entscheidung nur einheitlich ergehen kann, ist auch die Trennung von Verfahren möglich. Hierfür sind – wie bei der entsprechenden finanzgerichtlichen Regelung des § 73 Abs. 1 Satz 2 FGO – verfahrensökonomische Gründe ausschlaggebend. Voraussetzung dafür ist

- die Anhängigkeit des Einspruchsverfahrens, das mehrere Verfahrensgegenstände, mehrere selbständig anfechtbare Regelungen eines Verwaltungsakts, mehrere Teile eines teilbaren Verfahrensgegenstandes, einen Einspruch mehrerer Einspruchsführer oder mehrere durch die Einspruchsbehörde zur ge-

---

408 BFH vom 6. 2. 1974, I R 160/73, BFHE 112, 113.
409 BFH vom 29. 10. 1987, XI R 33–34/81, BStBl II 1988, 92.
410 BFH vom 31. 5. 1978, I R 76/76, BStBl II 1978, 600.

meinsamen Behandlung und Entscheidung verbundene Einspruchsverfahren betrifft, und
- die Trennung muss ermessensgerecht sein.

Insbesondere ist die Trennung von zuvor verbundenen Einspruchsverfahren möglich, wenn die Gründe für die Verbindung nachträglich wegfallen.

III. Akteneinsicht

Literatur:

Carl/Klos, Akteneinsicht im Steuerstreit, INF 1994, 488; Schmidt-Liebig, Zum Recht auf Akteneinsicht beim Finanzamt, DStZ 1995, 558; Dißars, Das Recht auf Akteneinsicht der Beteiligten im Steuerrecht, NJW 1997, 481; Stöcker, Verfassungswidriges Versagen der Akteneinsicht, AO-StB 2002, 161

Im Gegensatz zu anderen Verwaltungs- und Gerichtsverfahren besteht im Besteuerungsverfahren **kein allgemeines Akteneinsichtsrecht**.[411] Begründet wird dies insbesondere mit der hohen Bedeutung des Steuergeheimnisses sowie dem Interesse der Verwaltung an einer zügigen Abwicklung der steuerlichen Vorgänge.

Gleichwohl geht der BFH in ständiger Rechtsprechung – ebenso wie die Finanzverwaltung in Nr. 4 AEAO zu § 91 AO – davon aus, dass dem während eines Verwaltungsverfahrens um Akteneinsicht nachsuchenden Steuerpflichtigen oder seinem Vertreter ein Anspruch auf eine **pflichtgemäße Ermessensentscheidung** der Behörde zusteht, weil die Behörde nicht gehindert sei, in Einzelfällen Akteneinsicht zu gewähren.[412] Wann Einsicht in die Akten gewährt werden kann, lässt sich dabei nicht allgemein formulieren, sondern ist abhängig von den Umständen im jeweiligen Einzelfall. Dabei sind die Interessen des Steuerpflichtigen und das Interesse der Verwaltung auf einen ordnungsgemäßen Geschäftsgang gegeneinander abzuwägen. Im Rahmen der Ermessensausübung ist zu berücksichtigen, dass

---

411 Ständige Rechtsprechung des BFH, vgl. etwa BFH vom 4. 6. 2003, VII B 138/01, BStBl II 2003, 790; AEAO zu § 91 AO, Nr. 4; Tipke, in: Tipke/Kruse, § 91 AO (Stand: August 2006), Rz. 12, 14; Söhn, in: Hübschmann/Hepp/Spitaler, § 91 AO (Stand: November 2003), Rz. 24 f.; Brockmeyer, in: Klein, § 91 AO, Rz. 4; Carl/Klos, Akteneinsicht im Steuerstreit, INF 1994, 488; Dißars, Das Recht auf Akteneinsicht der Beteiligten im Steuerrecht, NJW 1997, 481; weitergehend aber Stöcker, Verfassungswidriges Versagen der Akteneinsicht, AO-StB 2002, 161; a. A. FG des Saarlandes vom 4. 11. 1994, 1 K 151/94, EFG 1995, 156.
412 BFH vom 6. 8. 1965, VI 349/63 U, BStBl III 1965, 675, 676; vom 8. 6. 1995, IX B 168/94, BFH/NV 1996, 64.

im finanzgerichtlichen Verfahren aufgrund von §§ 71 Abs. 2, 78 FGO stets ein Recht auf Akteneinsicht besteht; dient die Akteneinsicht im Einspruchsverfahren der Vermeidung eines Finanzgerichtsprozesses, ist sie in der Regel geboten. Darüber hinaus ist die Gewährung von Akteneinsicht im Rechtsbehelfsverfahren insbesondere dann als zweckmäßig anzusehen, wenn im Einspruchsverfahren ein Beraterwechsel stattgefunden hat.[413] Dem als Haftenden in Anspruch Genommenen ist der Inhalt der Akten auf Antrag oder sogar, wenn Anlass dazu besteht, von Amts wegen zugänglich zu machen, soweit er für die Heranziehung als Haftender erheblich ist.[414] Dagegen ist es in der Regel nicht ermessensfehlerhaft, wenn die Finanzbehörde die Akteneinsicht verweigert, weil kein unmittelbarer Zusammenhang des Begehrens mit dem Besteuerungsverfahren vorliegt, sondern der Steuerpflichtige die Akten daraufhin prüfen will, warum die Steuerfahndung eingeschaltet wurde und ob Regressmöglichkeiten bestehen.[415]

Bei Gewährung von Akteneinsicht ist auf die Einhaltung des **Steuergeheimnisses** zu achten. Durch das Steuergeheimnis geschützt werden alle Umstände, Vorgänge, Merkmale oder sonstigen Tatsachen unabhängig davon, ob sie im jeweiligen Einzelfall steuerlich relevant sind oder nicht. Diese Verhältnisse dürfen nicht mitgeteilt werden und müssen damit auch von einem Recht auf Akteneinsicht ausgenommen werden. Auch der Ehegatte ist grundsätzlich ein anderer im Sinne des § 30 AO. Allerdings werden bei zusammen veranlagten Eheleuten die Verhältnisse des einen Ehegatten automatisch zu solchen des anderen und unterliegen damit nicht dem Steuergeheimnis.

Nach bestandskräftigem Abschluss des Verwaltungsverfahrens kann Akteneinsicht nicht mehr verlangt werden.

Bei der **Ablehnung** eines Antrags auf Gewährung der Akteneinsicht handelt es sich nach zutreffender Auffassung des BFH[416] um einen Verwaltungsakt im Sinne des § 118 AO; gegen die Ablehnung kann sich der Steuerpflichtige daher mit Einspruch und ggf. anschließender Verpflichtungsklage zur Wehr setzen.[417]

---

413 AEAO zu § 364 Satz 4.
414 BFH vom 13. 9. 1972, I R 189/70 BStBl II 1973, 119.
415 FG Hessen vom 16. 3. 1990, 1 K 4538/89, EFG 1990, 503.
416 BFH vom 16. 12. 1987, I R 66/84, BFH/NV 1988, 319.
417 Vgl. AEAO zu § 91, Nr. 4; BFH vom 16. 12. 1987, I R 66/84, BFH/NV 1988, 319; a. A. FG Saarland vom 4. 11. 1994, 1 K 151/94, EFG 1995, 156 (allgemeine Leistungsklage).

IV. Die Erörterung des Sach- und Rechtsstands (§ 364a AO)

Literatur:

Harder, Die Erörterung nach § 364a AO – nicht nur aus abgabenrechtlicher Sicht, DStZ 1996, 397; Thouet/Thouet, Rechtsschutz gegen Verfahrensrechtsverletzungen im außergerichtlichen Rechtsbehelfsverfahren, INF 1999, 459

Nach § 364a Abs. 1 Satz 1 AO soll die Finanzbehörde vor Erlass einer Einspruchsentscheidung auf Antrag eines Einspruchsführers den Sach- und Rechtsstand erörtern. Die Vorschrift wurde durch das Grenzpendlergesetz mit Wirkung ab 1. 1. 1996 eingefügt. Sie soll die einvernehmliche Erledigung des Einspruchsverfahrens fördern und Streitfälle vom Finanzgericht fernhalten.[418] In Ergänzung zu § 364 AO wird zugleich der auch im außergerichtlichen Rechtsbehelfsverfahren gegebene Anspruch auf rechtliches Gehör konkretisiert. Allerdings ist der materielle Gehalt des § 364a AO schon deshalb gering, weil die Möglichkeit der Erörterung auch ohne diese Vorschrift gegeben wäre.

Eine mündliche Erörterung soll grundsätzlich nur durchgeführt werden, wenn dies vom Einspruchsführer beantragt wird. Der **Antrag** ist weder form- noch fristgebunden. Er kann bis zum Erlass der Einspruchsentscheidung wirksam gestellt werden. Da der Entscheidungszeitpunkt der Finanzbehörde regelmäßig nicht bekannt ist, empfiehlt es sich, den Antrag bereits mit Einlegung des Einspruchs zu stellen.

Die Sollvorschrift bedeutet, dass eine beantragte Erörterung im **Regelfall** stattzufinden hat. Der Antrag kann jedoch ermessensfehlerfrei **abgelehnt** werden,

- wenn er offensichtlich der Verfahrensverschleppung dient[419]
- wenn eine Einspruchsbegründung fehlt und nicht erkennbar ist, was Gegenstand der Erörterung sein soll[420], oder wenn der Steuerpflichtige sich mit dem Einspruch gegen einen Schätzungsbescheid wendet und noch keine Steuererklärung abgegeben hat[421]
- bei Ruhen des Verfahrens (§ 363 AO) oder beabsichtigter Abhilfe des Einspruchs[422]

---

418 BT-Drs. 12/7427, 37.
419 BT-Drs. 12/7427, 37; AEAO § 364a Nr. 2.
420 Birkenfeld, in: Hübschmann/Hepp/Spitaler, § 357 AO (Stand: Juli 1996), Rz. 62.
421 Birkenfeld, in: Hübschmann/Hepp/Spitaler, § 364a AO (Stand: November 1998), Rz. 24.
422 AEAO zu § 364a Nr. 4.

- wenn mehr als zehn Beteiligte vorhanden sind und kein gemeinsamer Vertreter bestellt wird (§ 364a Abs. 2 AO)
- aus den in § 91 Abs. 2, 3 AO aufgeführten Gründen[423].

Die Finanzbehörde kann den Einspruchsführer (und weitere Beteiligte) auch von Amts wegen zu einer Erörterung des Sach- und Rechtsstands laden (§ 364a Abs. 1 Satz 3 AO). Dies wird insbesondere in Betracht kommen, wenn das Einspruchsverfahren durch eine steuerlich nicht gewandte Person geführt wird. Das Erscheinen zum Termin kann allerdings nicht mit Zwangsmitteln durchgesetzt werden (§ 364a Abs. 4 AO).

Die Ladung zum Termin ist zwar – ebenso wie die Ablehnung des Antrags auf Anberaumung eines Erörterungstermins – ein Verwaltungsakt;[424] dieser ist aber nicht selbständig anfechtbar.[425] Würde gegen die Ablehnung des Antrags auf Anberaumung eines Termins oder die Ladung zu einem Termin der Einspruch, gegen die Zurückverweisung des Einspruchs dann wiederum Klage zugelassen, würde dies dem Zweck des Erörterungstermins, das Verfahren zu konzentrieren, geradezu entgegenwirken und das Verfahren verschleppen.

Beteiligte können sich generell durch einen Bevollmächtigten vertreten lassen (§ 364a Abs. 3 Satz 1 AO). Die Finanzbehörde kann jedoch gem. § 364a Abs. 2 Satz 2 AO bei Sachdienlichkeit das persönliche Erscheinen zur Erörterung anordnen. Die Anordnung persönlichen Erscheinens ist „sachdienlich", wenn und soweit Sachverhaltsfragen nur von den Steuerpflichtigen beantwortet werden können und/oder deren Anwesenheit den einvernehmlichen Verfahrensabschluss fördert.

V. Aussetzung und Ruhen des Einspruchsverfahrens

Literatur:

Gast-de Haan, Ermessensschranken bei der Aussetzung des Besteuerungsverfahrens gem. § 363 AO, DStZ 1983, 254; Tiedchen, Änderungen des außergerichtlichen Rechtsbehelfsverfahrens durch das Grenzpendlergesetz, BB 1996, 1033; Löhlein, Die „Zwangsruhe" des § 363 Abs. 2 Satz 2 AO als Steuerrechtsproblem, insb. im Hinblick auf die Erhebung der Vermögensteuer, DStR 1998, 282; Thouet/Thouet, Das Ruhen des Verfahrens gem. § 363 Abs. 2 AO, DStZ 1999, 87; Bergan/Martin, Die Verfahrensruhe nach § 363 II 2 AO – Zwang ohne Ausweg?, DStR 2006, 1923

---

423 Schwarz, § 364a Rz. 15 ff.
424 Brockmeyer, in: Klein, § 364a AO, Rz. 4.
425 Birkenfeld, in: Hübschmann/Hepp/Spitaler, § 364a AO (Stand: November 1998), Rz. 30; Tipke, in: Tipke/Kruse, § 364a AO (Stand: April 2007), Rz. 6.; im Ergebnis – mangels Rechtsschutzbedürfnis – ebenso Brockmeyer, in: Klein, § 364a AO, Rz. 5.

Verfahrensgrundsätze und Ablauf des Verfahrens

1. Arten des vorübergehenden Stillstandes des Einspruchsverfahrens

a) Überblick

Im Einspruchsverfahren gilt grundsätzlich das Beschleunigungsgebot, d.h. das Verfahren ist zügig abzuwickeln. § 363 AO lässt aber Ausnahmen hiervon zu: Unter bestimmten Voraussetzungen kann die Finanzbehörde das Verfahren aussetzen (§ 363 Abs. 1 AO) oder zum Ruhen bringen (§ 363 Abs. 2 AO).

Die **Aussetzung** des Einspruchsverfahrens ist in § 363 Abs. 1 AO geregelt; sie betrifft Fälle der Vorgreiflichkeit eines anderen Rechtsverhältnisses für ein konkretes Einspruchsverfahren. Die Aussetzung ist nicht von der Zustimmung des Einspruchsführers abhängig und wird nur unter bestimmten gesetzlichen Voraussetzungen durch Verwaltungsakt angeordnet.

Das **Ruhen** des Einspruchsverfahrens ist – neben der Zustimmung des Einspruchsführers aus wichtigem Grund – nach § 363 Abs. 2 Satz 2 AO in bestimmten Fällen auch kraft Gesetzes möglich. Sowohl bei der Aussetzung als auch beim Ruhen wird das Einspruchsverfahren vorübergehend nicht fortgesetzt – es steht still.

Von Ruhen ist die **Unterbrechung** des Verfahrens zu unterscheiden, die in der AO nicht ausdrücklich geregelt ist. In Analogie zu der gerichtlichen Unterbrechung des Verfahrens nach § 155 FGO bzw. §§ 239 ff. ZPO besteht ein Bedürfnis dafür, auch die Unterbrechung des Einspruchsverfahrens in bestimmten Fallsituationen anzuordnen.[426]

b) Abgrenzung zur Aussetzung der Steuerfestsetzung

Die Fälle des vorübergehenden Stillstandes des Einspruchsverfahrens unterscheiden sich von der Aussetzung der Steuerfestsetzung nach § 165 Abs. 1 Satz 4 AO. Nur in Fällen der vorläufigen Steuerfestsetzung nach § 165 Abs. 1 Sätze 1 u. 2 AO kann auch die Steuerfestsetzung – mit oder ohne Sicherheitsleistung – ausgesetzt werden. Dieses Verfahren findet bereits auf der Festsetzungsebene statt, erspart also dem Steuerpflichtigen die Einspruchseinlegung und der Verwaltung die Aussetzung bzw. das Ruhenlassen des Einspruchsverfahrens. Ergeht diese Entscheidung erst im Einspruchsverfahren, ist das Einspruchsverfahren mit der Aussetzung abgeschlossen. Die spätere Festsetzung erfolgt in einem neuen Verfahren. Im Gegensatz dazu wird nach einem Stillstand des Einspruchsverfahrens bei Wegfall des Unterbrechens-, Aussetzungs- oder Ruhensgrundes das ursprüngliche Verfahren fortgesetzt.

---

426 Pahlke, in Pahlke/König, § 363 AO, Rz. 66.

2. Aussetzung

a) Voraussetzungen

Der Zweck der Aussetzung des Verfahrens besteht darin, die Entscheidung über für das Einspruchsverfahren erhebliche Rechtsverhältnisse, die eine andere Behörde oder ein Gericht zu treffen hat, abzuwarten. Die Behörde oder das Gericht mit der größeren Erfahrung und Sachkompetenz soll die vorgreifliche Entscheidung treffen. Damit werden fehlerhafte und widersprüchliche Entscheidungen – zum gleichen Rechtsverhältnis – vermieden. Entscheidungsgenauigkeit geht insoweit vor Verfahrensbeschleunigung. Divergierende Entscheidungen sollen nicht die Einheitlichkeit der Rechtsordnung gefährden.

Nach § 363 Abs. 1 AO setzt die Aussetzungsmöglichkeit voraus, dass der Einspruch zulässig ist und die (steuerliche) Entscheidung ganz oder zum Teil vom Bestehen oder Nichtbestehen eines Rechtsverhältnisses abhängt, das Rechtsverhältnis den Gegenstand eines anhängigen Steuerrechtsstreites bildet oder von einem Gericht oder einer Verwaltungsbehörde festzustellen ist.

aa) Vorgreiflichkeit eines Rechtsverhältnisses

Das von § 363 Abs. 1 AO vorausgesetzte **„Rechtsverhältnis"** umfasst jede aus einem Sachverhalt herrührende konkrete Rechtsbeziehung. Der Begriff ist nach dem Sinn des § 363 AO zu fassen und betrifft alle Vorfragen, deren Entscheidung einem Gericht bzw. einer Behörde als sachkompetenter Stelle übertragen ist.[427] Unerheblich ist die Rechtsnatur des Rechtsverhältnisses; es kann sowohl im Zivil- oder öffentlichen Recht, im Verfahrens- oder im materiellen Recht begründet sein.

Die präjudizielle Wirkung (**Vorgreiflichkeit**) des Rechtsverhältnisses ist gegeben, wenn der Ausgang des Einspruchsverfahrens je nach dem Ergebnis der vom Gericht oder der Verwaltungsbehörde zu treffenden Entscheidung in tatsächlicher oder rechtlicher Hinsicht unterschiedlich sein kann. Ausreichend ist die Wahrscheinlichkeit der Beeinflussung der Einspruchsentscheidung vom (Nicht-) Bestehen des Rechtsverhältnisses.[428] Die vorgreifliche Entscheidung muss also nicht unbedingt bindend für die Steuerentscheidung sein – erforderlich ist jedoch eine Abhängigkeit i.S. einer inhaltlichen Auswirkung mit der Folge, dass ein höherer Beweiswert für den Beteiligtenvortrag durch die Übernahme des Ergebnisses der Beweisaufnahme des Gerichts oder der anderen Verwaltungsbehörde entsteht.

---

427 Pahlke, in: Pahlke/König, § 363 AO, Rz. 7.
428 BFH von 18. 7. 1990, I R 12/90, BStBl II 1990, 986.

Verfahrensgrundsätze und Ablauf des Verfahrens

Beispiele für vorgreifliche Rechtsverhältnisse

- Entscheidungen anderer Behörden und Gerichte, die als rechtsgestaltende Akte der Besteuerung zugrunde liegen, wie z. B. das Scheidungsurteil des Familiengerichts, Entmündigung, Adoption, Todeserklärung, Erbschaft, Auflösung einer Gesellschaft, die die ordentliche Gerichtsbarkeit feststellt

- Rechtszustände, die an Entscheidungen der Zivilgerichte anknüpfen, wie Eigentum oder Bestehen einer Forderung[429]

- Entscheidung im Veranlagungsverfahren über die uneingeschränkte Einkommensteuerpflicht, wenn hiervon die Erstattung von Kapitalertragsteuer aufgrund eines Doppelbesteuerungsabkommens (DBA) abhängt

- Noch der Rechtsprechung des BFH[430] kann eine Aussetzung des Einspruchsverfahrens bzgl. des Folgebescheids im Regelfall geboten und zweckmäßig sein, wenn gleichzeitig oder innerhalb der Einspruchsfrist auch der Grundlagenbescheid angefochten wurde. Die Aussetzung kann jedoch nur veranlasst sein, wenn der Einspruch gegen den Folgebescheid zulässig, eine Entscheidung in dem Grundlagenverfahren zu erwarten[431] und das Einspruchsvorbringen nicht auch schon im Verfahren über den Folgebescheid – mit gleichzeitigen Auswirkungen auf den Grundlagenbescheid – entscheidungserheblich ist.[432]

Die Klärung eines Rechtsproblems in einem **Musterprozess** ist kein vorgreifliches Rechtsverhältnis i. S. d. § 363 Abs. 1 AO.[433] Allerdings besteht eine Pflicht zur Aussetzung sowohl des Einspruchs- als auch des Klageverfahrens, wenn vor dem BVerfG ein nicht als aussichtslos erscheinendes Musterverfahren gegen eine im Streitfall anzuwendende Norm anhängig ist, bei den Finanzämtern bzw. den Finanzgerichten zahlreiche Parallelverfahren anhängig sind (Massenverfahren) und keiner der Beteiligten des Einspruchs- bzw. Klageverfahrens ein besonderes berechtigtes Interesse an einer Einspruchsentscheidung bzw. Entscheidung des Finanzgerichts hat.[434] Das Problem des Umgangs mit Masseverfahren ist aber durch die in § 363 Abs. 2 und 3 AO geregelte Zwangsruhe weitgehend entschärft.

---

429 BFH vom 23. 2. 1988, VII 52/85, BStBl II 1988, 500.
430 BFH vom 12. 11. 1985, IX R 85/82, BStBl II 1986, 239; BFH vom 12. 10. 1988, VIII B 117/87, BFH/NV 1989, 446; BFH vom 2. 12. 1988, IX B 18/88, BFH/NV 1989, 525 m. w. N.; a. A. von Groll, in: Gräber, § 42 FGO, Rz. 38.
431 BFH vom 24. 3. 1999, I B 14/98, BFH/NV 1999, 1383 m. w. N.
432 BFH vom 28. 2. 2001, I R 41/99, BStBl II 2001, 416.
433 BFH vom 23. 1. 1974, II B 68/73, BStBl II 1974, 247.
434 BFH vom 8. 5. 1992, III B 138/92, BStBl II 1992, 673.

bb) Aussetzung aus sonstigen Gründen
Aus anderen als den in §§ 363 Abs. 1, 246, 247 AO genannten Gründen ist die Aussetzung des Einspruchsverfahrens grundsätzlich unzulässig. Die Einspruchsbehörde darf nicht das Verfahren aussetzen, um die Klärung umstrittener Rechtsfragen im Verfahren Dritter abzuwarten – hier besteht nur die Möglichkeit, im Einverständnis mit dem Einspruchsführer das Ruhen des Verfahrens anzuordnen.

b) Verfahrensfragen
Die Aussetzungsentscheidung ist weder an einen Antrag noch an eine Zustimmung des Einspruchsführers gebunden.

Es besteht keine Aussetzungspflicht für die Finanzbehörde, sie muss ihr Ermessen aber sachgerecht ausüben. Dazu gehört die Abwägung zwischen den Nachteilen einer Verzögerung der Einspruchsentscheidung und dem Vorteil der materiellen Richtigkeit der Entscheidung, weil sich widersprechende Entscheidungen vermieden werden sollen. Kostenersparnisse können auch Berücksichtigung finden.

Die fehlende Zustimmung verpflichtet die Finanzbehörde jedoch, die Interessen des Steuerpflichtigen im Rahmen ihrer Ermessensentscheidung sorgfältig zu berücksichtigen. Da die Aussetzungsentscheidung ein verfahrensgestaltender selbständiger Verwaltungsakt ist,[435] der die Rechtsstellung des Einspruchsführers berührt, ist vor der Entscheidung der am Einspruchsverfahren Beteiligte zu hören.

Solange ein Einspruchsverfahren ausgesetzt ist, ist eine Untätigkeitsklage (§ 46 Abs. 1 FGO) unzulässig.[436]

3. *Ruhen des Einspruchsverfahrens*

a) Voraussetzungen
Nach § 363 Abs. 2 AO bestehen drei selbständige Gründe, ein anhängiges Einspruchsverfahren ruhen zu lassen:

– Verfahrensruhe mit **Zustimmung** des Einspruchsführers, wenn dies aus wichtigen Gründen zweckmäßig erscheint
– Verfahrensruhe **kraft Gesetzes**, soweit der Einspruch darauf gestützt wird, dass wegen einer anzuwenden Rechtsnorm oder wegen einer berührten Rechtsfrage ein (Muster-) Verfahren vor dem EuGH, dem BVerfG oder

---
435 BFH vom 8. 6. 1990, III R 41/90, BStBl II 1990, 944.
436 BFH vom 14. 10. 2002, V B 170/01, BFH/NV 2003, 197.

einem obersten Bundesgerichtshof anhängig ist. Das gilt nach § 363 Abs. 2 Satz 2 Halbsatz 2 AO nicht, soweit die Steuer wegen dieses Verfahrens nach § 165 Abs. 1 Satz 2 Nr. 3 AO vorläufig festgesetzt worden ist
– Verfahrensruhe durch **Allgemeinverfügung** mit Zustimmung der obersten Finanzbehörde für bestimmte Gruppen gleichgelagerter Fälle.

aa) Ruhen mit Zustimmung des Einspruchsführers
Das Ruhen des Einspruchsverfahrens kann von der Finanzbehörde angeordnet werden, wenn der Einspruchsführer zustimmt und die Finanzbehörde das Ruhenlassen aus wichtigen Gründen für zweckmäßig hält (§ 363 Abs. 2 Satz 1 AO). Die **Zustimmung** kann grundsätzlich in jeder beliebigen Form geschehen. Aus Beweisgründen ist Schriftlichkeit empfehlenswert.[437]

Der Einspruchsführer kann die erforderliche Zustimmung ohne Angabe von Gründen verweigern. Andererseits kann die Finanzbehörde – auch wenn und soweit der Einspruchsführer dem Ruhen zugestimmt hat – das Verfahren jederzeit von Amts wegen wieder aufnehmen, wenn keine wichtigen Gründe (mehr) vorliegen, die ein weiteres Ruhen zweckmäßig erscheinen lassen.

Aus wichtigen Gründen zweckmäßig erscheint das Ruhen insbesondere, wenn dadurch Arbeitsaufwand erspart und/oder zu befürchtende Widersprüchlichkeiten vermieden werden. Dies kann z. B. zutreffen

– bei Anhängigkeit eines finanzgerichtlichen Musterverfahrens[438] oder eines finanzgerichtlichen Verfahrens, dessen Ausgang auch für weitere Veranlagungszeiträume von Bedeutung ist[439]
– bei einer schon begonnenen oder unmittelbar bevorstehenden Außenprüfung oder Steuerfahndung, dadurch umfangreiche Sacherhaltsermittlungen im Einspruchsverfahren vermieden werden
– wenn wegen Einschaltung einer Oberbehörde eine abschließende Klärung des Streitfalls bzw. der Rechtsfrage zu erwarten ist.

bb) Zwangsruhe kraft Gesetzes
§ 363 Abs. 2 Satz 2 AO enthält eine Vorschrift, die **ohne Zustimmung des Einspruchsführers** einen „zwingenden" Ruhensgrund regelt. Ist wegen der Verfassungswidrigkeit einer Rechtsnorm oder wegen einer Rechtsfrage ein Verfahren bei dem

---

437 AEAO zu § 363, Nr. 1.
438 BFH vom 8. 6. 1990, III R 41/90, BStBl II 1990, 944.
439 FG Hamburg vom 12. 2. 1969, III 67/67, EFG 1969, 508.

Einspruchsverfahren

- Europäischen Gerichtshof (EuGH)
- Bundesverfassungsgericht (BVerfG) oder
- obersten Bundesgericht (zumeist BFH oder BGH)

anhängig und wird der Einspruch hierauf gestützt, **ruht** das Einspruchsverfahren **insoweit**. Über Fragen, die nicht Anlass der Verfahrensaussetzung oder Verfahrensruhe sind, kann dagegen durch Erlass einer Teil-Einspruchsentscheidung (§ 367 Abs. 2a AO)[440] oder eines Teilabhilfebescheids entschieden werden.[441] Auch der Erlass von Änderungsbescheiden aus außerhalb des Einspruchsverfahrens liegenden Gründen (z. B. Folgeänderung gemäß § 175 Abs. 1 Satz 1 Nr. 1 AO) bleibt zulässig.

Die im **Musterverfahren** aufgeworfene Rechtsfrage muss für das Einspruchsverfahren **entscheidungserheblich** (präjudiziell) sein, d. h. die gleiche Rechtsfrage betreffen und damit für den Ausgang des Einspruchsverfahrens bedeutsam sein.[442]

Der Einspruchsführer muss in diesem Zusammenhang darlegen, worin die streitige Rechtsfrage liegt (abstrakte Benennung des höchstrichterlich zu entscheidenden Rechtsproblems), und eindeutig auf ein Musterverfahren **Bezug nehmen**.[443] Zur Information von Finanzbehörden und Einspruchsführern über die anhängigen Musterverfahren gibt das Bundesfinanzministerium vierteljährlich eine Liste der beim BFH, BVerfG und EuGH anhängigen Verfahren in Steuersachen heraus.

Die Zwangsruhe tritt nach § 363 Abs. 2 Satz 2 2. HS AO allerdings nur ein, soweit die Steuer **nicht vorläufig** nach § 165 Abs. 1 Satz 2 Nr. 3 AO festgesetzt wurde, da die Anordnung der Vorläufigkeit der Steuerfestsetzung den Interessen des Steuerpflichtigen am „Offenlassen" des Steuerfalles wegen angeblicher Verfassungswidrigkeit einer Steuernorm bereits ausreichend Rechnung trägt.

cc) Durch Allgemeinverfügung angeordnete Verfahrensruhe
§ 363 Abs. 2 Sätze 3, 4 AO sehen vor, dass mit Zustimmung der obersten Finanzbehörden durch öffentlich bekannt zu gebende **Allgemeinverfügung** für bestimmte Gruppen gleichgelagerter Fälle angeordnet werden kann, dass Einspruchsverfahren insoweit auch in anderen als den in den § 363 Abs. 2 Sätze 1,

---

440 Näher hierzu 2. Tei, 2. Kap., 6. I. 2b (S. 198 ff.).
441 AEAO zu § 363, Nr. 3; Tipke, in: Tipke/Kruse, § 363 AO (Stand: April 2007), Rz. 21; Brockmeyer, in: Klein, § 363 AO, Rz. 20.
442 BFH vom 26. 9. 2006, X R 39/05, BStBl II 2007, 222; AEAO zu § 363, Nr. 2.
443 Tipke, in: Tipke/Kruse, § 363 AO (Stand: April 2007), Rz. 17.

Verfahrensgrundsätze und Ablauf des Verfahrens

2 AO genannten Fällen ruhen. Die Vorschrift ermöglicht mithin das Ruhen des Einspruchsverfahrens auch dann, wenn zwar eines der in § 363 Abs. 2 Satz 2 AO genannten Gerichte noch nicht angerufen wurde, jedoch (z. B. aufgrund massenhafter Einsprüche und/oder eines beim Finanzgericht anhängigen Musterverfahrens) mit seiner Anrufung zur Klärung der Verfassungsmäßigkeit bzw. der jeweiligen Rechtsfrage gerechnet werden kann.

b)   Beendigung der Verfahrensruhe
Das Einspruchsverfahren ist gem. § 363 Abs. 2 Satz 4 AO fortzusetzen, wenn der Einspruchsführer dies beantragt oder die Finanzbehörde dies dem Einspruchsführer mitteilt. Der Anwendungsbereich des § 363 Abs. 2 Satz 4 AO umfasst sämtliche in § 363 Abs. 2 Sätze 1 bis 3 AO geregelten Ruhensfälle.[444]

c)   Rechtsschutz
Wie bei der Aussetzung des Verfahrens kann gegen Entscheidungen zum Ruhen des Verfahrens kein isolierter Rechtsschutz in Anspruch genommen werden. § 363 Abs. 3 AO bestimmt im Interesse der Verfahrensökonomie, dass die Ablehnung des Antrags auf Ruhenlassen des Verfahrens oder der Widerruf der Verfahrensruhe nicht selbständig, sondern nur mit der Klage gegen die Einspruchsentscheidung (§ 367 AO) beim Finanzgericht angefochten werden kann.

Nach der Erweiterung der Ruhenstatbestände sind kaum Fallgestaltungen denkbar, in denen nicht den Interessen des Einspruchsführers an einem vorübergehenden Verfahrensstillstand Rechnung getragen werden kann. Er wird deshalb auch keinen Anordnungsanspruch und -grund im Rahmen einer einstweiligen Anordnung (§ 114 FGO) geltend machen können.

4.   Unterbrechung des Verfahrens

a)   Zulässigkeit
Obwohl die AO keine Unterbrechungstatbestände kennt, ist allgemein anerkannt, dass für eine Unterbrechung ein prozessuales Bedürfnis besteht. Die Normen des Finanzgerichtsverfahrens, die ihrerseits Bezug nehmen auf den Zivilprozess (§ 155 FGO i. V. m. §§ 239 bis 250 ZPO), sind in analoger Anwendung einschlägig.

---

[444] Brockmeyer, in: Klein, § 363 AO, Rz. 25; Birkenfeld, in: Hübschmann/Hepp/Spitaler, § 363 AO (Stand: April 2001), Rz. 204; AEAO zu § 363, Nr. 3; a. A. z. B. Tiedchen, Änderungen des außergerichtlichen Rechtsbehelfsverfahrens durch das Grenzpendlergesetz, BB 1996, 1033; Löhlein, Die „Zwangsruhe" des § 363 Abs. 2 Satz 2 AO als Steuerrechtsproblem, insbesondere im Hinblick auf die Erhebung der Vermögensteuer, DStR 1998, 282.

b) Fallgruppen
Als wichtigste Anlässe, die die Durchführung des Einspruchsverfahrens unterbrechen können, sind zu nennen:

- Tod des Hauptbeteiligten (Einspruchsführers) oder des notwendig Hinzugezogenen, soweit kein Bevollmächtigter für das Verfahren bestellt ist.
- Eröffnung des Insolvenzverfahrens (§ 240 Satz 1 ZPO). Dem stellt § 240 Satz 2 ZPO den Übergang der Verwaltungs- und Verfügungsbefugnis auf einen vorläufigen Insolvenzverwalter gleich. Der Antrag auf Eröffnung des Insolvenzverfahrens führt dagegen noch nicht zur Unterbrechungswirkung;[445] auch die Bestellung eines Insolvenzverwalters ohne Übergang der Verfügungsbefugnis reicht nicht aus.[446]
- Verlust der Prozessfähigkeit oder Anordnung der Nachlassverwaltung, soweit der Nachlass durch das Einspruchsverfahren betroffen ist (§ 241 ZPO). Bei bestehender Vollmacht schließt allerdings § 246 ZPO die Unterbrechung des Verfahrens aus. Bei einer Personengesellschaft tritt Unterbrechung durch Tod des einzigen gesetzlichen Vertreters (z. B. des Komplementärs) ein.[447] Bei einer GmbH tritt Unterbrechung ein, wenn diese im Handelsregister gelöscht wird.[448]

c) Wirkungen
Anders als bei Aussetzung oder Ruhen des Verfahrens bedarf es keines anordnenden Verwaltungsakts, sondern die Unterbrechung tritt mit Verwirklichung des Unterbrechungstatbestands kraft Gesetzes ein. Die Unterbrechung ist unabhängig von der Kenntnis der Beteiligten und von der Finanzbehörde von Amts wegen zu beachten. Ihre Rechtswirkungen ergeben sich aus § 249 ZPO.

VI. Befangenheit von Amtsträgern
Literatur:

Kirchhof, Die Bedeutung der Unbefangenheit für die Verwaltungsentscheidung, VerwArch 66 (1975), 370; Fischer, Innere Unabhängigkeit und Fiskalinteresse, StuW 1992, 121

---

445 BFH vom 9. 3. 2000, IV B 129/99, BFH/NV 2000, 1087.
446 BGH vom 21. 6. 1999, II ZR 70/98, NJW 1999, 2822.
447 Pahlke, in: Pahlke/König, § 363 AO, Rz. 67.
448 BFH vom 11. 9. 1996, VII B 176/94, BFH/NV 1997, 166.

Verfahrensgrundsätze und Ablauf des Verfahrens

1. Bedeutung und Überblick

Die Regelungen über die Ausschließung und Befangenheit von Amtsträgern verfolgen den Zweck, Interessenkonflikte zu vermeiden und das Vertrauen in die Objektivität der Behörde zu sichern.

Für das Einspruchsverfahren gelten die Vorschriften des allgemeinen Besteuerungsverfahrens (§§ 82–84 AO), die die Möglichkeit der

- Ausschließung (§ 82 AO)
- Enthaltung des Amtsträgers wegen Besorgnis der Befangenheit (§ 83 AO) und
- bei im Verwaltungsverfahren tätigen Ausschüssen die Ablehnung von Mitgliedern (§ 84 AO) vorsehen.

2. Zwingender Ausschluss von Personen

In einem Verwaltungsverfahren darf für eine Finanzbehörde nicht tätig werden, wer

- einen persönlichen Bezug zu dem Verwaltungsverfahren aufgrund der Beteiligten-, Angehörigen- oder Vertreterstellung hat (§ 82 Abs. 1 Satz 1 Nr. 1–3 AO)
- Angehöriger einer Person ist, die für einen Beteiligten in diesem Verfahren Hilfe in Steuersachen leistet (§ 82 Abs. 1 Satz 1 Nr. 4 AO)
- bei einem Beteiligten gegen Entgelt beschäftigt ist oder bei ihm als Mitglied des Vorstands, des Aufsichtsrats oder eines gleichartigen Organs tätig ist; dies gilt nicht für den, dessen Anstellungskörperschaft Beteiligte ist (§ 82 Abs. 1 Satz 1 Nr. 5 AO)
- außerhalb seiner amtlichen Eigenschaft in der Angelegenheit ein Gutachten abgegeben hat oder sonst tätig geworden ist (§ 82 Abs. 1 Satz 1 Nr. 6 AO).

In diesen Fällen wird die Befangenheit unwiderleglich vom Gesetz vermutet – der Ausschluss ist zwingend. Die Ausschließungsgründe sind abschließend; kein Ausschließungsgrund für das Einspruchsverfahren ist die Mitwirkung in einem vorausgegangenen Verfahren oder das Tätigwerden des Bediensteten in diesem Verfahren in einem früheren Stadium.

Die Frage des Ausschlusses befangener Personen ist von Amts wegen zu prüfen. Der Steuerpflichtige kann aber die Finanzbehörde darauf hinweisen, dass ausgeschlossene Personen mitgewirkt haben.

Der betroffene Amtsträger muss sich jeder Tätigkeit enthalten, die im Besteuerungsverfahren eine Auswirkung auf die zu treffenden Entscheidung haben kann.

Die abstrakte Möglichkeit, dass eine Handlung sich auf das Ergebnis der Entscheidung auswirken kann, genügt. Bei einer Nichtbeachtung des Ausschlussgrundes in § 82 Abs. 1 Satz 1 Nr. 1 AO ist der betroffene Verwaltungsakt nichtig; Verstöße gegen § 82 Abs. 1 Satz 1 Nr. 2–6 AO führen zur Rechtswidrigkeit des Verwaltungsakts.[449]

3. Besorgnis der Befangenheit

Anders als im finanzgerichtlichen Verfahren, in dem die **Besorgnis der Befangenheit** in der Regel nur aufgrund eines Ablehnungsgesuchs überprüft wird (§ 51 Abs. 1 Satz 1 FGO), kennt das Besteuerungsverfahren nur eine der Selbstablehnung des Richters vergleichbare Verpflichtung zur **Unterrichtung des Behördenleiters**, die allerdings auch dann besteht, wenn vom Beteiligten dargelegt oder behauptet wird, dass ein Grund für eine mögliche Befangenheit und damit die Gefahr einer voreingenommenen Entscheidung vorliegt.

Es muss ein konkreter Grund vorliegen, der geeignet ist, Misstrauen gegen die Unparteilichkeit eines Amtsträgers in einem konkreten Verwaltungsverfahren zu rechtfertigen (§ 83 Abs. 1 Satz 1 AO). Soweit die Tatbestände des § 82 AO vorliegen, kommt § 83 AO nicht zur Anwendung. Ein Grund kann vor allem in persönlichen Beziehungen zwischen dem Amtsträger und dem Beteiligten liegen, etwa bei Freundschaft, persönlicher Feindschaft, Streitigkeiten zwischen den Ehegatten, langen und engen wirtschaftlichen Beziehungen, prozessualen Auseinandersetzungen zwischen den Beteiligten und dem Amtsträger oder den Angehörigen des Amtsträgers. Insbesondere persönliche und wirtschaftliche Interessenkollisionen sollen durch die Nichtmitwirkung des Amtsträgers ausgeschlossen werden. Ein Grund kann auch in dem Verhalten des Amtsträgers liegen, wie beispielsweise vorangegangene unsachliche oder verletzende Äußerungen des Bediensteten, ein auf Verunsicherung des Beteiligten angelegtes Befragen oder das voreilige Festlegen auf eine Rechtsauffassung.

Erst die Anordnung, nicht mehr am Besteuerungsverfahren mitzuwirken, bewirkt ein Mitwirkungsverbot. Wirkt der Amtsträger trotz des Vorsteherverbotes mit, ist die Verwaltungsentscheidung nicht nichtig, sondern als rechtswidrig anfechtbar. Die Rechtswidrigkeit eines Verwaltungsakts aus Gründen des § 83 AO führt jedoch nur dann zur Aufhebung des Verwaltungsakts, wenn eine andere Entscheidung in der Sache hätte getroffen werden können (§ 127 AO).

Sieht der Behördenleiter die Befangenheit nicht als gegeben an, so ist die Entscheidung nicht selbständig anfechtbar, da das Ablehnungsverfahren in diesem

---

449 Tipke, in: Tipke/Kruse, § 82 AO (Stand: April 2007), Rz. 12.

Verfahrensgrundsätze und Ablauf des Verfahrens

Stadium nur innerdienstlich abläuft;[450] eine einstweilige Anordnung ist nicht zulässig.[451]

4. *Ablehnung von Mitgliedern eines Ausschusses*

Jeder Beteiligte kann ein Mitglied eines in einem Verwaltungsverfahren tätigen Ausschusses ablehnen, das in diesem Verfahren aus den in § 82 AO geschilderten Gründen nicht tätig werden darf oder bei dem die Besorgnis der Befangenheit nach § 83 AO besteht. Anwendbar sind die Vorschriften der §§ 82 Abs. 3, 83 Abs. 2, 84 AO auch auf die Mitglieder der Prüfungsausschüsse für die Steuerberaterprüfung.[452]

---

450 AEAO zu § 83, Nr. 2 Satz 2.
451 BFH vom 5. 7. 1981, IV B 60/80, BStBl II 1981, 635.
452 BFH vom 26. 8. 1980, VII R 42/80, BStBl II 1980, 699.

2. Kapitel: Abschluss des Einspruchsverfahrens

A. Allgemeines

Über den Abschluss des Einspruchsverfahrens trifft § 367 Abs. 2 AO nähere Regelungen. Sie betreffen das Verfahren sowie die Notwendigkeit und den Inhalt einer Einspruchsentscheidung. § 367 Abs. 1 und 3 AO enthalten Regelungen über die Zuständigkeit der Finanzbehörde zur Entscheidung über den Einspruch.

I. Überblick über die Erledigungsarten

Ein Einspruchverfahren erledigt sich – je nach Fallkonstellation – verfahrensrechtlich durch

- Rücknahme des Einspruchs nach § 362 AO
- Abhilfebescheid nach § 367 Abs. 2 Satz 3 AO bzw. Teilabhilfe und Ergehen einer förmlichen Einspruchsentscheidung über den nicht erledigten Teil des Einspruchs
- durch Einspruchsentscheidung nach § 367 Abs. 1 Satz 1 AO.

II. Zuständige Einspruchsbehörde

1. Allgemeine Zuständigkeit

Über den Einspruch entscheidet nach § 367 Abs. 1 Satz 1 AO die **Finanzbehörde, die den Verwaltungsakt erlassen hat**. Über den Einspruch gegen eine Steueranmeldung nach § 150 Abs. 1 Satz 3 AO i.V.m. § 168 AO – z.B. gegen eine Umsatzsteuervoranmeldung nach § 18 Abs. 1 UStG oder gegen eine Umsatzsteuerjahresanmeldung nach § 18 Abs. 3 UStG – entscheidet die Finanzbehörde, welche die Steuer bei Abweichungen von der Steueranmeldung festsetzen oder die der Steueranmeldung unter den Voraussetzungen des § 168 Satz 2 AO zustimmen muss.

Über Einsprüche gegen Eintragungen auf der **Lohnsteuerkarte** oder gegen die Ablehnung solcher Eintragungen hat die Gemeinde als örtliche Landesfinanzbehörde nach § 39 Abs. 6 Satz 1 EStG selbst zu entscheiden. Das gilt selbst dann, wenn sie nach § 39 Abs. 6 Satz 2 EStG den Weisungen des Finanzamts entsprechend entschieden hat. Das Finanzamt kann das Einspruchsverfahren nach § 39 Abs. 6 Satz 3 EStG aber aufgrund seiner vorrangigen sachlichen Zuständigkeit selbst an sich ziehen oder – wenn die Gemeinde nicht abhilft – über den Einspruch entscheiden. Auf § 367 Abs. 3 Satz 1 AO lässt sich die sachliche Zuständigkeit des Finanzamts vorliegend für den Erlass der Einspruchsentscheidung dagegen nicht stützen. Diese Vorschrift greift nur ein, wenn eine Behörde einen Verwaltungsakt für die zuständige Finanzbehörde erlassen hat. Die Gemeinde nimmt aber Eintragungen auf der Lohnsteuerkarte nicht für das Finanzamt vor, sondern sie tut dies aufgrund des § 39 Abs. 6 EStG in eigener sachlicher Zuständigkeit. Hat die Finanzbehörde die Eintragung oder Ablehnung selbst vorgenommen, hat nur dieses auch über die Einsprüche zu entscheiden.

Die Durchführung des Familienleistungsausgleichs ist nach §§ 31, 62 bis 78 EStG den Familienkassen übertragen worden. Diese setzen das **Kindergeld** nach § 70 Abs. 1 Satz 1 EStG durch Bescheid fest. Dagegen ist nach § 347 Abs. 1 Nr. 1 AO der Einspruch statthaft. Über den Einspruch entscheidet nach § 367 Abs. 1 Satz 1 AO die Familienkasse, die den Kindergeldbescheid erlassen hat.

2. Zuständigkeitswechsel

Ist für den Steuerfall nachträglich eine andere Finanzbehörde zuständig geworden, so entscheidet diese nach § 367 Abs. 1 Satz 2 AO, d. h. jeder nach Erlass der Einspruchsentscheidung eintretende Zuständigkeitswechsel bewirkt grundsätzlich auch eine **Zuständigkeitsänderung** im Einspruchsverfahren.

Die Zuständigkeit der Finanzbehörde kann sich z. B. durch Wohnsitzwechsel des Steuerpflichtigen ändern. Die zunächst zuständige Behörde kann jedoch unter Wahrung der Interessen der Beteiligten aus Zweckmäßigkeitsgründen das Einspruchsverfahren fortführen, wenn das neu zuständige Finanzamt nach § 26 Satz 2 AO zustimmt (**Zuständigkeitsvereinbarung**). Eine Zuständigkeitsvereinbarung ist beispielsweise geboten, wenn die bisher zuständige Finanzbehörde das Einspruchsverfahren gegen einen Steuerbescheid oder einen anderen mit dem Einspruch angefochtenen Verwaltungsakt abschließen soll, weil wegen der Komplexität des Steuerfalles ein Zuständigkeitswechsel zu Verzögerungen durch erneute Einarbeitung, zu Doppelarbeit oder zu Erschwernissen für den Einspruchsführer führen würde.

Der Einspruchsführer kann eine solche Zuständigkeitsvereinbarung anregen. Die Entscheidung und die Zustimmung der zuständig gewordenen Behörde sind nicht anfechtbare behördeninterne Entscheidungen. Der Einspruchsführer kann allerdings durch Anfechtung der Einspruchsentscheidung geltend machen, die Zuständigkeitsvereinbarung sei fehlerhaft zustande gekommen und die Einspruchs-

Einspruchsverfahren

entscheidung sei von einer unzuständigen Finanzbehörde erlassen worden. Um mit dieser Rüge allerdings die Aufhebung der Einspruchsentscheidung nach § 127 AO zu erreichen, muss er schlüssig darlegen und dazu Tatsachen angeben, dass die zuständige Finanzbehörde eine andere Entscheidung hätte treffen können.

Verfahrensrechtlich erhebliche Erklärungen, die das bisher zuständige Finanzamt vor dem Zuständigkeitswechsel abgegeben oder vorgenommen hat, bleiben wirksam. So bildet die Ablehnung der Aussetzung der Vollziehung durch das bisher zuständige Finanzamt nach § 69 Abs. 4 Satz 1 FGO die Zugangsvoraussetzung für einen Aussetzungsantrag an das Finanzgericht, der sich gegen das zuständig gewordene Finanzamt richtet.

3. Zuständigkeit bei Auftragshandeln

Richtet sich der Einspruch gegen einen Verwaltungsakt, den eine Behörde auf Grund gesetzlicher Vorschrift für die zuständige Behörde erlassen hat, so entscheidet nach § 367 Abs. 3 Satz 1 AO die **zuständige Behörde** über den Einspruch. Auf gesetzlicher Grundlage beruht das Auftragshandeln (vgl. § 18 FVG) der Zollstellen und Grenzkontrollstellen bei der Umsatzsteuer (vgl. §§ 16 Abs. 5, 18 Abs. 5 UStG) und KraftSt (§§ 2 Satz 1, 12 Abs. 1 KraftStDV) sowie der Marktordnungsstellen gem. § 34 Abs. 1 Satz 5 MOG.

Umstritten ist, ob der **Prüfungsauftrag** nach § 195 Satz 2 AO eine Zuständigkeitsübertragung kraft gesetzlicher Vorschriften darstellt. Der BFH verneint dies zu Recht.[453] Er vertritt demgemäß die Auffassung, eine mit der Außenprüfung beauftragte Finanzbehörde, die im Rahmen ihres Auftrags auch die Prüfungsanordnung erlässt, habe im Rahmen eines Einspruchsverfahrens gegen eine Prüfungsanordnung die Einspruchsentscheidung zu erlassen.[454] Die wohl herrschende Auffassung in der Literatur[455] und der finanzgerichtlichen Rechtsprechung[456] geht demgegenüber davon aus, die Beauftragung eines örtlich nicht zuständigen

---

[453] BFH vom 10. 12. 1987, IV R 77/86, BStBl II 1988, 322; vom 27. 11. 2003, I B 119, S 11/03, BFH/NV 2004, 756, unter II. 2. a) cc).

[454] BFH vom 27. 11. 2003, I B 119, S 11/03, BFH/NV 2004, 756, unter II. 2. a) cc). Ebenso FG München vom 29. 7. 2003, 13 K 2120/99, EFG 2003, 1589; Pahlke, in: Pahlke/Koenig, § 367, Rz. 63.

[455] Vgl. etwa Birkenfeld, in: Hübschmann/Hepp/Spitaler, § 367 AO (Stand: März 2000), Rz. 43; Eckhoff, in: Hübschmann/Hepp/Spitaler, § 195 AO (Stand: August 2004), Rz. 37; Tipke, in: Tipke/Kruse, § 367 AO (Stand: April 2007), Rz. 9; Hardtke, in: Kühn/v. Wedelstädt, 18. Aufl., § 367 AO, Rz. 10.

[456] FG München vom 30. 11. 2004, 2 K 1749/01, EFG 2005, 579; FG Düsseldorf vom 13. 12. 2006, 13 K 5642/02, EFG 2007, 982; FG München vom 4. 4. 2007, 5 K 2854/06, EFG 2007, 1389.

Finanzamts mit der Durchführung einer Außenprüfung gemäß § 195 Abs. 2 AO stelle einen Zuständigkeitswechsel aufgrund gesetzlicher Vorschrift im Sinne von § 367 Abs. 3 Satz 1 AO dar.

B. Abschluss ohne Einspruchsentscheidung

I. Rücknahme des Einspruchs

Literatur:

Krauss, Rechtsbehelfsverzicht und -rücknahme im Steuerstreit, 1976; v. Wedelstädt, Teilanfechtung und ihre Folgen, DB 1997, 696; Heß Einspruchsrücknahme und Verböserung, NWB Fach 2, 7687; Olgemöller/Kamps, Handlungsbedarf bei „Abhilfebescheiden", die entgegen der Erklärung des Finanzamts dem Einspruch nicht umfassend abhelfen?, DStR 2000, 1723

1. Voraussetzungen für die Wirksamkeit der Rücknahme

a) Allgemeines

Wenn der Einspruchsführer das von ihm durch Einlegung des Einspruchs eingeleitete Verfahren nicht weiter durchführen will, so kann er den Einspruch zurücknehmen. Die Rücknahme des Einspruchs (§ 362 AO) ist eine verfahrensrechtliche Willenserklärung des Inhalts, dass der Einspruchsführer seinen Einspruch nicht mehr aufrechterhält und das durch den Einspruch eingeleitete außergerichtliche förmliche Verfahren beenden will.

Materiell-rechtlichen Inhalt hat die Rücknahme nicht; insbesondere ist damit nicht die Anerkennung der materiell-rechtlichen Rechtslage, wie sie durch den ursprünglich angefochtenen Verwaltungsakt Gestalt erlangt hat, verbunden.

b) Voraussetzungen

aa) Anhängiges Einspruchsverfahren

Eine Rücknahme des Einspruchs ist nur möglich, wenn ein Einspruchsverfahren (noch) **anhängig** ist. Die Rücknahme des Einspruchs ist daher nur bis zur Bekanntgabe der „Entscheidung über den Einspruch" möglich (§ 362 Abs. 1 Satz 1 AO). Hat der Einspruchsführer die Hauptsache für erledigt erklärt, kann dies als Rücknahme auszulegen sein. Eine weitere Rücknahme des Einspruchs ist nicht mehr möglich.

bb) Rücknahmebefugnis

Zur Rücknahme **befugt** ist der Einspruchsführer, ggf. in den Fällen des § 353 AO auch der Rechtsnachfolger. Haben mehrere Personen Einspruch eingelegt, kann jeder den Einspruch für seine Person zurücknehmen; hinsichtlich der übrigen Einspruchsführer ist das Einspruchsverfahren ggf. fortzuführen. Der Hinzugezogene (§ 360 AO) ist zur Rücknahme des Einspruchs nicht befugt.

Auch ein Bevollmächtigter (§ 80 Abs. 1 AO) kann die Einspruchsrücknahme erklären. Der Einspruchsführer bleibt jedoch daneben zur Rücknahme befugt.[457] Eine vom Bevollmächtigten ohne Wissen oder gegen den Willen des Einspruchsführers erklärte Einspruchsrücknahme ist grundsätzlich wirksam.[458] Eine die Einspruchsrücknahme intern ausschließende Beschränkung der Vollmacht ist nur beachtlich, wenn sie der Finanzbehörde bekannt[459] bzw. nach den Umständen eindeutig erkennbar ist.[460] Hat ein vollmachtloser Vertreter Einspruch eingelegt, kann der Einspruchsführer selbst den Einspruch zurücknehmen.[461]

cc) Form und Inhalt der Rücknahme
Für die Rücknahme des Einspruchs gelten die für seine Einlegung geforderten formellen Voraussetzungen in gleicher Weise (§ 362 Abs. 1 Satz 2 AO i.V.m. § 357 Abs. 1, 2 AO). Die Rücknahme besteht in der Erklärung, dass das Ersuchen um Überprüfung des angefochtenen Verwaltungsakts oder um Erlass eines unterlassenen Verwaltungsakts nicht aufrechterhalten wird. Auf die Verwendung des Wortes **Rücknahme** kommt es dabei nicht an. Als verfahrensrechtliche Willenserklärung ist die Rücknahmeerklärung nach den allgemeinen Grundsätzen auszulegen.[462] Eine Rücknahme unter einer Bedingung (Eintritt eines zukünftigen, ungewissen Ereignisses) ist unzulässig[463] und damit wirkungslos.

§ 362 Abs. 1 Satz 2 AO schreibt mit der sinngemäßen Geltung des § 357 Abs. 1 und 2 AO die **Schriftform** der Rücknahmeerklärung vor; diese Regelung dient dem Schutz des Einspruchsführers vor übereilter Rücknahme.[464] Auch die Rücknahme durch Telefax ist möglich. Soweit die Finanzbehörde nach § 87a AO für die Übermittlung elektronischer Dokumente einen Zugang eröffnet, ist auch die elektronische Einspruchsrücknahme möglich.

Die Rücknahme ist bei der Finanzbehörde vorzunehmen, bei der auch der Einspruch anzubringen ist (§ 362 Abs. 1 Satz 2 AO i.V.m. § 357 Abs. 2 Satz 1 AO) bzw. angebracht werden kann. Wird die Rücknahmeerklärung gegenüber einer anderen Behörde abgegeben (vgl. § 357 Abs. 2 Satz 4 AO), wird sie erst wirksam, wenn sie der zuständigen Behörde rechtzeitig übermittelt worden ist.

---

457 BFH vom 17.2.1981, VII R 14/80, BStBl II 1981, 395.
458 BFH vom 4.11.1993, III B 72/93, BFH/NV 1994, 525; FG Baden-Württemberg vom 18.10.1995, 12 K 90/95, EFG 1996, 350.
459 BFH vom 4.11.1993, III B 72/93, BFH/NV 1994, 525; BFH vom 5.12.1997 VIII B 11/97, BFH/NV 1998, 681.
460 BFH vom 13.10.1960, IV 302/59 U, BStBl III 1960, 526.
461 FG Köln vom 3.6.1983, V K 107/83, EFG 1984, 132.
462 BFH vom 5.12.1967, III R 69/67, BStBl II 1968, 203.
463 BFH vom 19.1.1972, II B 26/69, BStBl II 1972, 352.
464 BT-Drs. VI/1982, 191.

2. Wirkungen der Rücknahme

Die Rücknahme führt nur zum Verlust des eingelegten Einspruchs (§ 362 Abs. 2 Satz 1 AO). Ist die Einspruchsfrist noch nicht abgelaufen oder läuft keine Einspruchsfrist, ist ein erneuter Einspruch möglich.[465] Erst nach Ablauf der Einspruchsfrist führt die Rücknahme zur Unanfechtbarkeit des zuvor angefochtenen Verwaltungsakts. Hat von mehreren Einspruchsführern nur einer den Einspruch zurückgenommen, bleibt das Verfahren im Übrigen anhängig.

Ist die Rücknahme wirksam geworden, ist ein Widerruf oder eine Zurücknahme nicht möglich; ein Widerruf oder eine Zurücknahme ist nur dann zulässig, wenn die entsprechenden Erklärungen vor der Rücknahmeerklärung bei den zuständigen Adressaten eingehen, da in diesem Fall die Rücknahmeerklärung noch keine Wirkungen entfaltet hat. Als Verfahrenshandlung kann die Rücknahme auch nicht wegen Irrtums (vgl. § 119 BGB) angefochten werden.[466]

3. Teilrücknahme

Eine Teilrücknahme des Einspruchs ist grundsätzlich nicht möglich. Um eine Teilrücknahme handelt es sich allerdings nicht, wenn gleichzeitig mehrere Verwaltungsakte angefochten worden sind, aber nur der Einspruch gegen einen oder mehrere – nicht alle – der angefochtenen Verwaltungsakte zurückgenommen wird. Der Grundsatz der Unzulässigkeit der Teilrücknahme wird allerdings durchbrochen durch die Ausnahme des § 362 Abs. 1a AO, wenn in einem zwischenstaatlichen Verfahren eine Vereinbarung erreicht werden soll. Die Besteuerungsgrundlage, auf die sich die Teilrücknahme bezieht, darf dann entgegen § 367 Abs. 2 Satz 1 AO nicht mehr überprüft werden.

Eine Teilrücknahme ist mithin ausgeschlossen, wenn

- die Teilung des angefochtenen Verwaltungsakts unmöglich ist (z.B.: Aufforderung zur Auskunft – § 93 AO – oder zur Vorlage von Urkunden – § 97 AO)
- die Teilung des angefochtenen Verwaltungsakts unzulässig ist (z.B.: bei Verwaltungsakt mit unselbständigen Nebenbestimmungen wie Befristung, Bedingung, Widerrufsvorbehalt – § 120 Abs. 2 AO –, einem Nachprüfungsvorbehalt – § 164 Abs. 1 AO – oder einer Vorläufigkeitserklärung – § 165 Abs. 1 AO – ist eine Teilrücknahme weder bezüglich der Anfechtung der Hauptregelung noch bezüglich der Anfechtung der Nebenbestimmungen möglich)
- Verfahrensregelungen entgegenstehen.

---

465 BT-Drs. VI/1982, 191.
466 BFH vom 3. 7. 1952, IV 192/52 U, BStBl III 1952, 291; vom 19. 1. 1972, II B 26/69, BStBl II 1972, 352.

Eine Teilbarkeit und eine daraus folgende Zulässigkeit der Teilrücknahme ist demgegenüber z. B. gegeben, wenn

- hinsichtlich der in einem Sammelbescheid enthaltenen mehreren Verwaltungsakte der Einspruch nur bezüglich eines Verwaltungsakts zurückgenommen wird
- Nebenbestimmungen zu Verwaltungsakten, soweit diese gesondert anfechtbar sind, nicht mehr angegriffen werden. Bei nicht selbständig anfechtbaren Nebenbestimmungen (z. B. §§ 164 Abs. 1, 165 Abs. 1 AO) scheidet eine Teilrücknahme aus.

An einer Teilbarkeit fehlt es demgegenüber, wenn das Einspruchsbegehren auf einen bestimmten bezifferten Teilbetrag oder einen bestimmten abgegrenzten Teil des steuererheblichen Sachverhalts beschränkt wird.[467]

II. Erledigung durch Abhilfe

Einer Einspruchsentscheidung bedarf es nur insoweit, als die Finanzbehörde dem Einspruch nicht abhilft (§ 367 Abs. 2 Satz 3 AO).

1. Abhilfeentscheidung

Die Finanzbehörde muss dem Einspruch abhelfen, wenn und soweit die Einwendungen des Steuerpflichtigen berechtigt sind. Da § 132 AO ausdrücklich klarstellt, dass die Vorschriften über Rücknahme, Widerruf, Aufhebung und Änderung von Verwaltungsakten auch im Einspruchsverfahren gelten, erfolgt die Abhilfe durch Stattgabe im Wege der Bekanntgabe eines dem ursprünglichen, erweiterten oder eingeschränkten Antrags entsprechenden korrigierten Verwaltungsakts.

a) Begriff der Abhilfe
Einem Einspruch ist grundsätzlich dann abgeholfen, wenn durch Korrektur oder Berichtigung des Regelungsinhalts des Verwaltungsakts oder durch Erlass des begehrten Verwaltungsakts die vom Einspruchsführer begehrte Rechtsfolge unter Berücksichtigung seines Anliegens – gegebenenfalls auch aus anderen als den vorgetragenen Gründen – angeordnet wird.

---

467 Tipke, in: Tipke/Kruse, § 362 AO (Stand: April 2007), Rz. 8; a. A. Birkenfeld, in: Hübschmann/Hepp/Spitaler, § 362 AO (Stand: Juni 2006), Rz. 66 ff.; v. Wedelstädt, Teilanfechtung und ihre Folgen, DB 1997, 696, jeweils unter Berufung auf BFH vom 23. 10. 1989, GrS 2/87, BStBl II 1990, 327.

Abschluss des Einspruchsverfahrens

Beispiel:

A begehrt Stundung seiner Einkommensteuerschuld wegen seiner schlechten wirtschaftlichen Lage, also aus persönlichen Gründen. Das Finanzamt stundet die Steuer wegen sachlicher Unbilligkeit (aus einer bereits abgegebenen Umsatzsteuererklärung steht A in mindestens gleicher Höhe ein Erstattungsanspruch zu). Dem Einspruch ist abgeholfen.

Ausnahmsweise kann Abhilfe auch dann angenommen werden, wenn zwar dem Anliegen des Einspruchsführers voll Rechnung getragen wird, die begehrte Rechtsfolge aber dennoch nicht ausgesprochen wird.

Beispiel:

A legt gegen den Einkommensteuerbescheid Einspruch ein mit dem Antrag, Umzugskosten anzuerkennen und die Einkommensteuer von 10.000 Euro auf 9.000 Euro herabzusetzen. Das Finanzamt erkennt die Umzugskosten an, setzt aber aufgrund nachträglich bekannt gewordener Tatsachen bezüglich Vermietungseinnahmen des A die Einkommensteuer im Ergebnis auf 9.500 Euro fest.

Um eine Abhilfe handelt es sich auch dann, wenn die Finanzbehörde einem Einspruch ohne abschließende Prüfung entspricht, jedoch ein Vorbehalt der Nachprüfung gem. § 164 AO oder ein Vorläufigkeitsvermerk (§ 165 AO) aufrechterhalten wird.

Keine Abhilfe liegt vor, wenn dem Einspruch ohne Berücksichtigung des Anliegens des Einspruchsführers stattgegeben wird.

Beispiel:

A legt gegen den Einkommensteuerbescheid Einspruch ein mit dem Antrag, Umzugskosten anzuerkennen und die Einkommensteuer von 10.000 Euro auf 9.000 Euro herabzusetzen. Aufgrund nachträglich bekannt gewordener Tatsachen bezüglich der gewerblichen Einkünfte setzt die Finanzbehörde die Einkommensteuer gem. § 173 Abs. 1 Nr. 2 AO auf 8.000 Euro herab. Dem Einspruch ist nicht abgeholfen.

Eine Abhilfe ist auch dann nicht gegeben, wenn dem Begehren des Einspruchsführers nur dem wirtschaftlichen Ergebnis nach entsprochen wird (z. B. durch Erlass einer Steuer, wenn deren Festsetzung auf Null begehrt wird).

b) Rechtsgrundlagen

Rechtsgrundlagen der Abhilfeentscheidung sind die **materiellen Korrekturnormen**, d.h. alle Vorschriften, die eine Aufhebung oder Änderung eines Verwaltungsakts ermöglichen:
- § 129 AO: Berichtigung offenbarer Unrichtigkeiten
- § 130 AO: Rücknahme eines rechtmäßigen Verwaltungsakts

- § 131 AO: Widerruf eines rechtswidrigen Verwaltungsakts
- § 164 AO: Änderung eines unter Vorbehalt der Nachprüfung erlassenen Steuerbescheids
- § 165 AO: Änderung einer vorläufigen Steuerfestsetzung
- §§ 172 ff. AO: Aufhebung und Änderung von Steuerbescheiden
- § 189 AO: Änderung der Zerlegung.

c) *Voraussetzungen der Abhilfe*
Die Abhilfe setzt voraus, dass

- ein Einspruch anhängig ist
- der Einspruch zulässig ist
- die zuständige Behörde (vgl. § 367 Abs. 2 Satz 3, Abs. 3 Satz 2 AO) nunmehr aufgrund des Vorbringens des Einspruchsführers den angefochtenen Verwaltungsakt für rechtswidrig oder unzweckmäßig oder den Erlass des begehrten Verwaltungsakts für recht- und zweckmäßig hält und
- die entsprechenden Rechtsgrundlagen die Korrektur bzw. den Erlass des Verwaltungsakts ermöglichen.

Maßgeblich für die Abhilfe ist die Sach- und Rechtslage im Zeitpunkt der Abhilfe. Es ist daher gleichgültig, ob die Gründe für die Abhilfe schon bei Erlass des Verwaltungsakts bzw. der Weigerung des Erlasses schon vorgelegen haben oder erst später eingetreten sind. Eine Teilabhilfe ist möglich – das Einspruchsverfahren wird dann im Übrigen fortgeführt, ohne dass es eines erneuten Einspruchs gegen den ändernden Teilabhilfebescheid bedarf.

2. *Rechtsfolgen*

a) *Vollabhilfe*
Der geänderte, dem Einspruchsbegehren entsprechende Verwaltungsakt wird gemäß § 365 Abs. 3 Satz 1 AO **Gegenstand des Einspruchsverfahrens**. Dies gilt entgegen der wohl h. M.[468] nicht nur, wenn dem Einspruchsbegehren teilweise entsprochen wird, sondern auch dann, wenn der geänderte Verwaltungsakt dem Einspruchsbegehren in vollem Umfang Rechnung trägt. Etwas anderes lässt sich weder dem Wortlaut noch dem Sinn und Zweck des § 365 Abs. 3 AO entnehmen. Die Auffassung entspricht im Übrigen dem zu § 68 FGO einhellig vertretenen Grundsatz.[469]

---

468 Tipke, in: Tipke/Kruse, § 365 AO (Stand: April 2007), Rz. 29; Brockmeyer, in: Klein, § 365 AO, Rz. 8; Pahlke, in: Pahlke/König, § 367 AO, Rz. 46 f.; FG Düsseldorf vom 15. 11. 1990, 11 K 65/87 BG, EFG 1991, 234.
469 Statt vieler: Seer, in Tipke/Kruse, § 68 FGO (Stand: Oktober 2007), Rz. 9. Die Rechtsprechung des BFH (BFH vom 31. 10. 1990, II R 45/88, BStBl II 1991, 102) zu § 68

Abschluss des Einspruchsverfahrens

Ein erneuter Einspruch ist daher nicht zulässig.[470]

Hilft die Finanzbehörde mit dem geänderten Verwaltungsakt dem Einspruchsbegehren in vollem Umfang ab, bedarf es **keiner förmlichen Einspruchsentscheidung** (§ 367 Abs. 2 Satz 3 AO). Zur Klarstellung weist die Finanzbehörde in diesen Fällen in den Erläuterungen zum Bescheid den Steuerpflichtigen darauf hin, dass seinem „Antrag vom ...in vollem Umfang entsprochen wurde und sich der Einspruch bzw. Antrag vom ... erledigt".

Gibt der Einspruchsführer zu erkennen, dass der geänderte Verwaltungsakt seinem Einspruchsbegehren nicht in vollem Umfang Rechnung trägt – etwa indem er gegen den neuen Verwaltungsakt Einspruch einlegt – und erlässt die Finanzbehörde dennoch keine Einspruchsentscheidung, kann der Einspruchsführer **Untätigkeitsklage** (§ 46 FGO) erheben.[471]

Die Abhilfe nach § 367 Abs. 2 Satz 3 AO (i. V. m. § 172 Abs. 1 Nr. 2 Buchst a AO) wahrt die Rechte des nach § 360 AO Hinzugezogenen nur, wenn sie seinem Antrag der Sache nach entspricht oder wenn er ihr zustimmt. Wird das Einspruchsverfahren ohne Antrag oder Zustimmung des Hinzugezogenen abgeschlossen, so ist der **Hinzugezogene** nicht i. S. des § 174 Abs. 5 Satz 1 AO beteiligt worden, d.h. eine Korrektur wegen widerstreitender Steuerfestsetzung nach § 174 Abs. 4 AO ist gegenüber ihm ausgeschlossen.

b) Teilabhilfe

Hat der Einspruch nur teilweise Erfolg, kann die Finanzbehörde insoweit einen Teilabhilfebescheid erlassen und den Einspruch im Übrigen anschließend durch Einspruchsentscheidung zurückweisen. Diese sich aus § 367 Abs. 2 Satz 3 AO ergebende Befugnis dient der Rechtsbehelfsstelle der Verfahrenserleichterung. Die Einspruchsbehörde kann die Teilabhilfe aber auch in die Einspruchsentscheidung einfließen lassen.

Obwohl der Teilabhilfebescheid den Einspruch nicht voll erledigt, ist gegen den Änderungsbescheid nicht erneut Einspruch einzulegen. Der angefochtene Verwaltungsakt wird nach § 365 Abs. 3 AO automatisch zum Gegenstand des Ver-

---

FGO a. F. steht dem nicht entgegen.
470 BFH vom 29. 5. 2001, VIII R 10/00, BStBl II 2001, 747/752 m. w. N.; Brockmeyer, in: Klein, § 365 AO, Rz. 6.
471 Olgemöller/Kamps, Handlungsbedarf bei „Abhilfebescheiden", die entgegen der Erklärung des Finanzamts dem Einspruch nicht umfassend abhelfen?, DStR 2000, 1723, 1726.

fahrens. In der Praxis wird dies dem Einspruchsführer auch regelmäßig in den Erläuterungen des Teilabhilfebescheids mitgeteilt.

III. Sonstige Fälle der Erledigung

Die Finanzbehörde ist nach dem klaren Wortlaut des § 367 Abs. 2 Satz 3 AO zum förmlichen Abschluss des Einspruchsverfahrens durch Einspruchsentscheidung verpflichtet, sofern der Einspruch noch anhängig ist – also nicht zurückgenommen wurde – und keine (Voll-) Abhilfe erfolgt. Eine andere Form der Erledigung kennt die Abgabenordnung nicht.[472] Eine Einspruchsentscheidung wird nicht dadurch entbehrlich, dass das Einspruchsbegehren durch ein nachträgliches äußeres Ereignis, etwa durch Eintritt der Zahlungsverjährung[473] objektiv gegenstandslos wird.[474] Zwar wird der Einspruch in diesen Fällen mangels Beschwer (§ 350 AO) bzw. mangels Rechtsschutzbedürfnis unzulässig sein; hierüber hat die Finanzbehörde jedoch im Wege der Einspruchsentscheidung zu befinden.

Entgegen der in Rechtsprechung[475] und Literatur[476] teilweise vertretenen Auffassung erledigt sich ein Einspruch auch nicht dadurch, dass der Einspruchsführer nach Ergehen eines Teilabhilfebescheids das Einspruchsverfahren (formlos oder gar stillschweigend) für erledigt erklärt. Gibt der Einspruchsführer zu erkennen, dass er das Einspruchsverfahren nach Erlass eines Teilabhilfebescheids nicht mehr fortführen will und entspricht diese Erklärung in Inhalt und Form den Voraussetzungen des § 362 Abs. 1 Satz 2 AO i. V. m. § 357 Abs. 1, 2 AO[477], ist die Erklärung als Rücknahme auszulegen; dies gilt auch dann, wenn ausdrücklich von „Erledigung" die Rede ist. Entspricht die „Erledigungserklärung" nicht den formellen Voraussetzungen des § 362 Abs. 1 Satz 2 AO, ist das Einspruchsverfahren fortzusetzen.[478]

Dieser Verpflichtung kann sich die Finanzbehörde erst recht nicht dadurch entziehen, dass sie ihrerseits das Einspruchsverfahren (einseitig) für erledigt erklärt.[479]

---

472 Ebenso Birkenfeld, in: Hübschmann/Hepp/Spitaler, § 367 AO (Stand: März 2000), Rz. 162.
473 BFH vom 24. 4. 1996, II R 37/93, BFH/NV 1996, 865.
474 A. A. Pahlke, in: Pahlke/König, § 367 AO, Rz. 50.
475 BFH vom 4. 11. 1981, II R 119/79, BStBl II 1982, 270; FG München vom 24. 9. 2002, 6 K 3779/99, EFG 2003, 136; FG Baden-Württemberg vom 9. 3. 1995, 6 K 74/91, EFG 1995, 868.
476 Pahlke, in: Pahlke/König, § 367 AO, Rz. 48; Bilsdorfer/Carl/Klos, Handbuch des steuerlichen Einspruchsverfahrens, 1. Aufl., 164.
477 Vgl. hierzu 2. Teil, 2. Kap., B. I. 1 b, cc (S. 190).
478 A. A. FG Baden-Württemberg vom 9. 3. 1995, 6 K 74/91, EFG 1995, 868.
479 Pahlke, in: Pahlke/König, § 367 AO, Rz. 49.

C. Abschluss durch Einspruchsentscheidung oder Allgemeinverfügung

Literatur:

Frenkel, Form, Inhalt und Bekanntgabe außergerichtlicher Rechtsbehelfsentscheidungen (§ 366 AO), DStR 1980, 558; Daumke, Zur Verböserung bei Einsprüchen gegen Vorbehaltsbescheide, DStR 1984, 517; Apitz, Die Möglichkeit der Änderung zum Nachteil des Steuerpflichtigen im Rahmen des Einspruchsverfahrens, DStR 1985, 101; Maywald, Nachprüfung mit Bumerangeffekt, INF 1986, 118; Seitrich, Wann ist das Finanzamt an einer Verböserung gehindert?, BB 1988, 1799; Bilsdorfer, Das außergerichtliche Rechtsbehelfsverfahren der Abgabenordnung, SteuerStud 1991, 123

Kann die Finanzbehörde einem Einspruch nicht (in vollem Umfang) abhelfen, hat sie eine förmliche Einspruchsentscheidung zu fertigen (§ 367 Abs. 1 Satz 1 AO) oder – in dem Sonderfall des § 367 Abs. 2b AO – den Einspruch durch Allgemeinverfügung zurückzuweisen.

I. Einspruchsentscheidung

1. Gegenstand der Einspruchsentscheidung

Gegenstand der Einspruchsentscheidung ist der angefochtene Verwaltungsakt bzw. der Verwaltungsakt, dessen Erlass begehrt wird

- für den Einspruchsführer (bzw. dessen Nachfolger) und etwaige Hinzugezogene

- für die im angegriffenen Verwaltungsakt geregelte Materie

- für den im angegriffenen Verwaltungsakt geregelten oder für den Verwaltungsakt maßgeblichen Zeitraum

Beispiel:

A bestreitet den Zufluss bestimmter Einnahmen im Jahr 2004 zu Recht. In der Entscheidung über den Einspruch gegen den Einkommensteuerbescheid 2005 darf die Steuerfestsetzung des Jahres des Zuflusses (2004) nicht geändert werden.

- für das im Verwaltungsakt bestimmte Objekt.

Einspruchsverfahren

2. Umfang

a) Einspruchsentscheidung

In der Einspruchsentscheidung ist in der Regel über den gesamten Streitgegenstand zu entscheiden. Hat der Einspruchsführer mit einem Einspruch mehrere Verwaltungsakte angefochten, können die Einspruchsverfahren entsprechend getrennt und über jeden Verwaltungsakt gesondert entschieden werden.

b) Teil-Einspruchsentscheidung

Literatur:

Bergan/Martin, Pendlerpauschale und die Folgen für die Einkommensteuerveranlagung, DStR 2008, 289; dies., Allgemeinverfügung und Teileinspruchsentscheidung – die Wunderwaffe der Finanzverwaltung im Kampf gegen Massenrechtsbehelfe?, DStR 2007, 1384; Schneider, Teil-Einspruchsentscheidung – ein Foulspiel der Finanzverwaltung?, Steuer-Consultant 12/2007, 29; Hagen, Regelungen zur Abwicklung von Masseneinsprüchen und -anträgen, Reaktion auf die stetig steigende Einspruchs- und Antragsflut, NWB 2007, Fach 2, 9453; Intemann, Ausgewählte Probleme der Teileinspruchsentscheidung, DB 2008, 1005; Balke, Vorläufigkeitsvermerke, Teileinspruchsbescheide und effektiver Rechtsschutz, NWB 2008, Fach 2, 9863

§ 367 Abs. 2a AO wurde durch das Jahressteuergesetz 2007 vom 13. 12. 2006 (BGBl I 2006, 2903) eingefügt. Die Vorschrift lässt nach Ermessen der Finanzbehörde **Teileinspruchsentscheidungen** zu. Der Gesetzgeber reagierte damit auf die Vielzahl von „Masseneinspruchsverfahren", d. h. Einspruchsverfahren, bei denen sich die Steuerpflichtigen zur Begründung ihrer Einsprüche auf noch anhängige Verfahren vor dem BFH, dem BVerfG oder dem EuGH berufen. Neben dem Vorläufigkeitsvermerk nach § 165 AO und der Zwangsruhe nach § 363 AO wollte der Gesetzgeber mit dem Instrument der Teil-Einspruchsentscheidung die Möglichkeit schaffen, über einen bereits entscheidungsreifen Teil eines Einspruchsbegehrens zu entscheiden, um – so die Gesetzesbegründung – den Steuerpflichtigen in diesen Fällen einen „schnelleren gerichtlichen Rechtsschutz" zu ermöglichen.[480]

aa) Voraussetzungen
– *Einspruchsteil*
Nach § 367 Abs. 2a AO kann die Finanzbehörde vorab über **Teile des Einspruchs** zu entscheiden. Während die – auf den ersten Blick vergleichbare – Vorschrift des § 98 FGO, wonach das Gericht ein Teilurteil erlassen kann, wenn ein Teil des Streitgegenstands zur Entscheidung reif ist, eine Teilbarkeit des Streitgegenstands voraussetzt,[481] ist § 367 Abs. 2a AO insoweit offener. Nach Sinn und Zweck der

---

480 BT-Drucks 16/3368, 25.
481 Vgl. etwa BFH vom 9. 12. 2003, VI R 148/01, BFH/NV 2004, 527.

Vorschrift kann es sich bei einem einer Teil-Einspruchsentscheidung zugänglichen „Teil des Einspruchs" auch um die steuerliche Behandlung eines konkreten Lebenssachverhalts, also einzelne, unselbständige Besteuerungsgrundlagen handeln. Anderenfalls ginge die Vorschrift des § 367 Abs. 2a AO nämlich weitgehend ins Leere.[482]

– *Sachdienlichkeit*
Voraussetzung ist, dass die Teil-Einspruchsentscheidung **sachdienlich** ist. Was im Einzelnen hierunter zu verstehen ist, ist freilich nicht klar. Nach der Gesetzesbegründung – auf die sich die Verwaltung im Anwendungserlass stützt[483] – ist eine Teil-Einspruchsentscheidung insbesondere dann sinnvoll, wenn ein Teil des Einspruchs entscheidungsreif ist, während über einen anderen Teil des Einspruchs zunächst nicht entschieden werden kann, weil insoweit die Voraussetzungen für eine Verfahrensruhe nach § 363 Abs. 2 Satz 2 AO vorliegen oder weil hinsichtlich des nicht entscheidungsreifen Teils des Einspruchs noch Ermittlungen zur Sach- oder Rechtslage erforderlich sind.[484]

Ob der Erlass einer Teil-Einspruchsentscheidung sachdienlich ist, wenn mit ihr ausschließlich der Zweck verfolgt wird, „neuen Masseneinsprüchen entgegenzuwirken", indem in Fällen, in denen mit dem Einspruch ausschließlich das Ziel verfolgt wird, im Hinblick auf anhängige Gerichtsverfahren mit Breitenwirkung den angefochtenen Verwaltungsakt nicht bestandskräftig werden zu lassen, möglichst zeitnah von der Möglichkeit der Teil-Einspruchsentscheidung Gebrauch gemacht wird,[485] dürfte zumindest zweifelhaft sein.[486]

Ist der Einspruch unzulässig, ist eine Teil-Einspruchsentscheidung nicht sachdienlich.

– *Ermessen*
Der Erlass einer Teileinspruchsentscheidung steht im **Ermessen** der Finanzbehörde. Diese muss ihre Ermessenserwägungen spätestens in der Teil-Einspruchsentscheidung darlegen (§§ 121 Abs. 1, 366 AO). Ein pauschaler Verweis auf die Sachdienlichkeit der Teil-Einspruchsentscheidung genügt insoweit nicht.

---

482 So auch Intemann, Ausgewählte Probleme der Teileinspruchsentscheidung, DB 2008, 1005.
483 AEAO zu § 367, Nr. 6.1.
484 BT-Drucks 16/3368, 25.
485 So AEAO zu § 367, Nr. 6.2.
486 Ablehnend Intemann, Ausgewählte Probleme der Teileinspruchsentscheidung, DB 2008, 1005; FG Niedersachsen vom 12. 12. 2007, 7 K 249/07, juris.

bb) Gesamtüberprüfung

Gemäß § 367 Abs. 2 Satz 1 AO hat die Finanzbehörde, die über den Einspruch entscheidet, die Sache in vollem Umfang erneut zu prüfen. Diese Vorschrift lässt daher grundsätzlich Teileinspruchsentscheidungen über einzelne entscheidungserhebliche Sach- oder Rechtsfragen oder über Teile des Streitgegenstands nicht zu.[487] § 367 Abs. 2 Satz 1 AO ist daher mit § 367 Abs. 2a AO nicht ohne weiteres in Einklang zu bringen.

cc) Tenor der Teil-Einspruchsentscheidung

Die Teilentscheidung kann darin bestehen, dass dem Einspruch teilweise stattgegeben, dass er teilweise zurückgewiesen wird oder dass zum Teil stattgegeben, zum Teil zurückgewiesen wird. Soweit das Finanzamt nachgibt, kann das durch förmliche Entscheidung geschehen, aber auch durch formlose Abhilfe. Nach § 367 Abs. 2a Satz 2 AO hat die Finanzbehörde in der Teileinspruchsentscheidung überdies zu **bestimmen**, hinsichtlich welcher Teile **Bestandskraft** nicht eintreten soll. Diese Vorgabe ist im Grunde überflüssig,[488] denn eine Einspruchsentscheidung kann immer nur insoweit in Bestandskraft erwachsen, als über den Einspruch entschieden wurde. Die Reichweite der (Teil-) Einspruchsentscheidung muss sich aber, da die Wirksamkeit eines Steuerbescheids nach §§ 119, 157 AO dessen hinreichende Bestimmtheit voraussetzt, ohnehin aus dem Tenor zu ergeben.

Die Bestimmung nach § 367 Abs. 2a Satz 2 AO ist weder Nebenbestimmung i. S. des § 120 AO noch Grundlagenbescheid.[489] Ist der Steuerpflichtige der Meinung, sie sei fehlerhaft, muss er daher Klage gegen die Teileinspruchsentscheidung erheben.

3. Form, Inhalt und Bekanntgabe der Einspruchsentscheidung

Literatur:

Frenkel, Form, Inhalt und Bekanntgabe außergerichtlicher Rechtsbehelfsentscheidungen (§ 366 AO), DStR 1980, 588; App, Form und Inhalt der Einspruchsentscheidung, StWa 1988, 69

---

487 BFH vom 26. 9. 2006, X R 39/05, BStBl II 2007, 222; vom 27. 9. 1994 VIII R 36/89, BStBl II 1995, 353.
488 Bergan/Martin, Allgemeinverfügung und Teileinspruchsentscheidung – die Wunderwaffe der Finanzverwaltung im Kampf gegen Massenrechtsbehelfe?, DStR 2007, 1384.
489 AEAO zu § 367, Nr. 6.3.

Abschluss des Einspruchsverfahrens

Nach § 366 AO ist die Einspruchsentscheidung schriftlich abzufassen, zu begründen, mit einer Rechtsbehelfsbelehrung zu versehen und den Beteiligten bekannt zu geben.

a) Form

Das Gebot der Schriftlichkeit bezieht sich auf den gesamten notwendigen Inhalt der Entscheidung einschließlich der Einspruchsbelehrung. Die Einspruchsentscheidung mit Begründung kann aber durch die elektronische Übermittlung mit qualifizierter elektronischer Signatur (§ 87a Abs. 4 AO) ersetzt werden; sie kann ferner zu gerichtlichem Protokoll erklärt werden.[490] Da die Einspruchsentscheidung ein Verwaltungsakt ist, muss sie die Behörde, die sie erlässt, erkennen lassen (§§ 366, 365 Abs. 1, 119 Abs. 3 AO). Sie muss unterschrieben sein oder den Namen des Beamten wiedergeben, der für die Entscheidung verantwortlich ist. Ausnahmsweise sind Unterschrift und Namenswiedergabe gem. §§ 365 Abs. 1, 119 Abs. 3 Satz 2, 2. HS AO entbehrlich, wenn die Einspruchsentscheidung formularmäßig oder mit Hilfe automatischer Einrichtungen erlassen wird. Aufgrund der notwendigen Einzelfallprüfung kann eine formularmäßige oder automatisierte Einspruchsentscheidung nur ergehen, wenn der Einspruch nicht oder nicht individuell (so bei Massenrechtsbehelfen mit gleich lautender Einspruchsbegründung) begründet wurde.[491]

Eine mündlich erteilte Einspruchsentscheidung ist nichtig und damit gem. § 124 Abs. 3 AO unwirksam. Gleiches gilt, wenn die Einspruchsentscheidung nicht die erlassende Behörde erkennen lässt (§ 125 Abs. 2 Nr. 1 AO). Fehlt die Unterschrift, ist die Einspruchsentscheidung nicht nichtig, aber anfechtbar.[492]

b) Inhalt

– *Rubrum*
Das Rubrum muss enthalten:

– Namen und Anschriften der **Beteiligten**, gegebenenfalls die Namen und Anschriften der gesetzlichen Vertreter und Bevollmächtigten
– die genaue Bezeichnung des angegriffenen **Verwaltungsakts** nach Steuerart, Steuerabschnitt (z.B. Einkommensteuer 2004), Erst- oder Berichtigungsbescheid und Bekanntgabedatum

---

490 BFH vom 20. 12. 2000, III R 17/97, BFH/NV 2001, 914.
491 Birkenfeld, in: Hübschmann/Hepp/Spitaler, § 366 AO (Stand: Juni 2000), Rz. 28; Pahlke, in: Pahlke/König, § 366 AO, Rz. 6; a.A. – keine formularmäßige Einspruchsentscheidung – Brockmeyer, in: Klein, § 366 AO, Rz. 3.
492 Birkenfeld, in: Hübschmann/Hepp/Spitaler, § 367 AO (Stand: März 2000), Rz. 183.

– das Anfechtungsdatum (nach Eingangsstempel).

– *Tenor*
Kern der Einspruchsentscheidung ist der **Tenor**, d. h. der Entscheidungssatz; allein dieser entfaltet Rechtswirkung. Der Tenor kann lauten:

– Bei einem unzulässigen Einspruch:
  „Der Einspruch wird als unzulässig verworfen."
– Bei einem zulässigen, aber unbegründeten Einspruch:
  „Der Einspruch wird als unbegründet zurückgewiesen."
– Bei einem zulässigen, aber verbösernden unbegründeten Einspruch:
  „Unter Abänderung des Steuerbescheids vom...wird die Einkommensteuer 2006 auf...Euro festgesetzt. Der Einspruch wird als unbegründet zurückgewiesen."
– Bei einem zulässigen, aber nur teilweise begründeten Einspruch:
  „Unter Abänderung des Steuerbescheids vom...wird die Einkommensteuer 2006 auf...Euro festgesetzt. Im Übrigen wird der Einspruch als unbegründet zurückgewiesen."

– *Sachverhalt und Entscheidungsgründe*
Die Pflicht zur schriftlichen Begründung der Einspruchsentscheidung (§ 366 AO) dient der Selbstkontrolle der Finanzbehörde, vor allem aber dem Rechtsschutzinteresse der Beteiligten. Erst aufgrund der Begründung lassen sich die Erfolgsaussichten eines finanzgerichtlichen Verfahrens beurteilen. Zweckdienlich – und in der Praxis üblich – ist die getrennte Darstellung von Sachverhalt (Tatbestand) und Entscheidungsgründen.[493]

Der **Sachverhalt** sollte folgende Angaben enthalten:

– kurze Charakterisierung der Streitfrage
– Darstellung der unstreitigen Tatsachen
– Verfahrensgeschichte
– Anträge des Einspruchsführers, deren Begründung sowie die Rechtsauffassung des Einspruchsführers
– Ermittlungen der Behörde und die Wiedergabe einer eventuell stattgefundenen Beweisaufnahme.

Im Sachverhalt sollte keine Würdigung der Tatsachen erfolgen; diese sind den Entscheidungsgründen vorbehalten.

---

493 Vgl. AEAO zu § 366, Nr. 3 Satz 1.

Am Anfang der **Entscheidungsgründe** sollte eine Wiederholung des Entscheidungstenors stehen, an die sich eine Darstellung der Zulässigkeitsfragen anschließt. Hierauf folgt die rechtliche Würdigung des Sachverhalts, die erkennen lassen soll, warum die Behörde dem Einspruch nur teilweise oder gar nicht stattgibt. Dabei sind die Entscheidungsgründe im Urteilsstil abzufassen, d. h., dass mit dem jeweiligen (Teil-)Ergebnis begonnen wird, das in der Folge begründet wird.

Bei **Ermessensentscheidungen** kommt der Begründung eine besondere Bedeutung zu. Aus ihr muss sich ergeben, dass eine ausreichende Ermessensprüfung stattgefunden hat. Das Gericht muss anhand der Begründung überprüfen können, ob die Finanzbehörde von dem Ermessen in einer dem Zweck der Ermächtigung entsprechenden Weise Gebrauch gemacht hat und ob die Grenzen des Ermessens beachtet worden sind. Bei einer Verletzung der Begründungspflicht ist der Verwaltungsakt daher in diesen Fällen regelmäßig fehlerhaft.[494]

Eine **Verweisung** auf die Begründung des angegriffenen Verwaltungsakts genügt nicht; § 121 Abs. 2 AO ist auf die Einspruchsentscheidung nicht anwendbar.[495] Fehlt die Begründung oder ist sie mangelhaft, ist die Einspruchsentscheidung nicht nichtig, aber anfechtbar. Eine lediglich unzutreffende Begründung genügt dagegen der Begründungspflicht.[496]

Bezugnahmen auf anderweitige Schriftstücke (z. B. auf Berichte über Außen- oder Sonderprüfung, Gutachten, Urkunden, Begründung der Ausgangsentscheidung oder konkret bezeichnete Teile des Akteninhalts) sind in der Einspruchsentscheidung dagegen zulässig. Verweisungen und Bezugnahmen dürfen jedoch keine Unklarheiten oder Zweifel über die tatsächlichen und rechtlichen Entscheidungsgrundlagen entstehen lassen.[497]

Die Begründung kann bis zum Abschluss des Einspruchsverfahrens, d. h. bis zur Bestandskraft der Einspruchsentscheidung oder der Erhebung der finanzgerichtlichen Klage, mit der Wirkung **nachgeholt** werden, dass der Mangel geheilt ist (§§ 365 Abs. 1, 126 Abs. 1, 2 AO). Ermessenserwägungen kann die Finanzbehörde nach § 102 Satz 2 FGO bis zum Abschluss der Tatsacheninstanz eines finanzgerichtlichen Verfahrens **ergänzen**.

---

494 BFH vom 22. 9. 1992, VII R 73–74/91, BFH/NV 1993, 215.
495 Tipke, in: Tipke/Kruse, § 366 (Stand: April 2007), Rz. 4 m. w. N.; a. A. BFH vom 28. 4. 1983, IV R 255/82, BStBl II 1993, 621.
496 BFH vom 29. 7. 1986, IX R 123/82, BFH/NV 1987, 359.
497 Birkenfeld, in: Hübschmann/Hepp/Spitaler, § 366 AO (Stand: Juni 2000), Rz. 42; Pahlke, in: Pahlke/König, § 366 AO, Rz. 16.

Einspruchsverfahren

– *Rechtsbehelfsbelehrung*
Der Inhalt der Einspruchsbelehrung muss so beschaffen sein, dass auch ein Rechtsunkundiger ohne Kenntnis von in der Belehrung nicht erwähnten Vorschriften aus der Belehrung selbst eindeutig entnehmen kann, was für ihn zur Einhaltung der Frist erforderlich ist. Im Einzelnen muss sie enthalten (vgl. § 55 FGO):

– den Rechtsbehelf (Klage), der gegen die Einspruchsentscheidung gegeben ist
– das Gericht, bei dem Klage zu erheben ist
– die Frist, binnen der die Klage zu erheben ist
– die Form, in der die Klage zu erheben ist.

Ist die Belehrung unterblieben oder unrichtig erteilt, beginnt die Klagefrist nicht zu laufen. Unrichtig im Sinne des § 55 Abs. 2 Satz 1 FGO ist eine Rechtsbehelfsbelehrung, wenn sie in wesentlichen Aussagen unzutreffend oder derart unvollständig ist, dass hierdurch bei objektiver Betrachtung die Möglichkeit zur Fristwahrung gefährdet erscheint.[498] Die Klageerhebung ist allerdings nur innerhalb eines Jahres seit Bekanntgabe der Einspruchsentscheidung zulässig (§ 55 Abs. 2 FGO). War die Klageerhebung vor Ablauf der Jahresfrist infolge höherer Gewalt unmöglich oder ist eine schriftliche oder elektronische Belehrung dahin erfolgt, dass ein Rechtsbehelf nicht gegeben sei, bleibt die Klageerhebung auch nach Ablauf der Jahresfrist zulässig.

c) *Bekanntgabe*
Die Einspruchsentscheidung ist **allen Beteiligten** (d.h. Einspruchsführer und Hinzugezogenen, § 359 AO) bekannt zu geben. Da die Einspruchsentscheidung ein Verwaltungsakt ist, gilt für die Bekanntgabe § 122 AO. Hinsichtlich der Form der Bekanntgabe hat die Finanzbehörde ein (Auswahl-) Ermessen[499]: Sie kann die Einspruchsentscheidung mittels einfachem Brief (§ 122 Abs. 2 AO) bekannt geben, die Zustellung der Einspruchsentscheidung gemäß § 122 Abs. 5 AO anordnen, wenn ein eindeutiger Nachweis des Zugangs der Einspruchsentscheidung für erforderlich gehalten wird[500], sie kann aber auch eine elektronische Übermittlung mit qualifizierter elektronischer Signatur (§ 87a Abs. 4 AO) oder durch Telefax[501], durch Boten oder durch Übergabe an Amtsstelle[502] wählen.

---

498 BFH vom 29. 7. 1998, X R 3/96, BStBl II 1998, 742.
499 BFH vom 15. 1. 2001, IX B 99/00, BFH/NV 2001, 887.
500 AEAO zu § 366, Nr. 2.
501 BFH vom 8. 7. 1998, I R 17/96, BStBl II 1999, 48; BFH vom 15. 1. 2001, IX B 99/00, BFH/NV 2001, 887; Brockmeyer, in: Klein, § 122 AO, Rz. 11.
502 BFH vom 15. 1. 2001, IX B 99/00, BFH/NV 2001, 887; BFH vom 27. 6. 2001, X B 23/01, BFH/NV 2001, 1529.

Mit der Bekanntgabe der Einspruchsentscheidung beginnt gemäß § 47 Abs. 1 FGO die Frist für die Erhebung der Anfechtungs- und Verpflichtungsklage. Voraussetzung ist jedoch eine wirksame[503] und vollständige[504] Bekanntgabe. Im Zweifel hat die Finanzbehörde den Zugang der Einspruchsentscheidung und den Zeitpunkt ihres Zugangs nachzuweisen.

4. Bestandskraft

a) *Formelle Bestandskraft*
Wenn eine Einspruchsentscheidung nicht mehr mit ordentlichen Rechtsbehelfen (Klage) anfechtbar ist, ist sie **formell bestandskräftig**. Formelle Bestandskraft tritt ein mit:

- Klageverzicht
- Ablauf der Klagefrist
- Klagerücknahme
- Rechtskraft des Finanzgerichtsurteils, das die Klage als unbegründet zurückweist.

Die Möglichkeit zur Erhebung nichtförmlicher (Sachaufsichtsbeschwerde) und außerordentlicher Rechtsbehelfe (Wiedereinsetzung in den vorigen Stand) hindert den Eintritt der formellen Bestandskraft nicht. Aufgehoben werden kann die formelle Rechtskraft nur mit der Wiedereinsetzung in den vorigen Stand (§ 56 FGO).

Aus der formellen Rechtskraft folgen:

- die materielle Rechtskraft
- die Unzulässigkeit ordentlicher Rechtsbehelfe
- der Wegfall der Aussetzbarkeit der Vollziehung.

b) *Materielle Bestandskraft*
Materielle Bestandskraft ist die mit der formellen Bestandskraft eintretende Bindung der Beteiligten und der Behörde an den **Inhalt** eines Verwaltungsakts (Einspruchsentscheidung) in einem neuen Verfahren in dem Sinne, dass bei unverändertem Sachverhalt eine andere als die getroffene Regelung ausgeschlossen ist.

Materiell bestandskräftig wird nur der **Tenor**. Wird der Einspruch als unzulässig verworfen, wirkt die materielle Bestandskraft nur dahingehend, dass ein erneuter

---

503 BFH vom 20. 10. 1987, VII R 19/87, BStBl II 1988, 97.
504 BFH vom 25. 7. 2007, III R 15/07, BStBl II 2008, 94.

Einspruch aus den zur Verwerfung führenden Gründen unzulässig ist. Wird auf den Einspruch in der Sache entschieden, erstreckt sich die materielle Bestandskraft auf die Feststellungen oder Gestaltungen, die durch die Einspruchsentscheidung getroffen wurden. Im Einzelnen gilt Folgendes:

- Die materielle Bestandskraft betrifft regelmäßig die Art, Höhe und Zurechnung der Abgabe für einen bestimmten Zeitpunkt oder Zeitraum.[505]
- Die Besteuerungsgrundlagen werden grundsätzlich nicht erfasst, es sei denn, sie sind Gegenstand einer einheitlichen oder gesonderten Feststellung.
- Die materielle Bestandskraft gilt nur für die betreffende Abgabe.

Der sachliche und zeitliche **Umfang der materiellen Bestandskraft** ergibt sich aus der durch den bekannt gegebenen Inhalt des Verwaltungsakts verbindlich nach außen getroffenen Regelung.[506] Ist ein Verwaltungsakt nur zum Teil angefochten und ist er teilbar, tritt eine Teilbestandskraft ein.[507] Das Gleiche gilt, wenn die Finanzbehörde über den angefochtenen Verwaltungsakt nur zum Teil entscheidet (§ 367 Abs. 2a AO). Die Regelung des § 367 Abs. 2a Satz 2 AO, wonach die Finanzbehörde in der Teil-Einspruchsentscheidung zu bestimmen hat, hinsichtlich welcher Teile Bestandskraft nicht eintreten soll, ist daher überflüssig[508] und verwirrend. Mit ihr wird nämlich der Eindruck erweckt, die Finanzbehörde könne die Reichweite der Teil-Einspruchsentscheidung abweichend von dem Umfang, auf den sie sich erstreckt, bestimmen.

Da sich die materielle Bestandskraft nicht auf den Sachverhalt und die Gründe erstreckt,[509] kann eine andere Steuer aufgrund des gleichen Sachverhalts für den gleichen Zeitraum erhoben werden, selbst wenn sich die Abgaben nach dem gesetzlichen Tatbestand gegenseitig ausschließen. Die materielle Bestandskraft wirkt nicht gegenüber jedermann, sondern nur gegenüber dem Einspruchsführer, Hinzugezogenen, der Behörde, die den Verwaltungsakt erlassen hat, und den Abgabeberechtigten. Gegenüber Dritten wirkt sie nur aufgrund ausdrücklicher gesetzlicher Anordnung (z. B. gegenüber Gesamtrechtsnachfolger; vgl. §§ 45, 166 AO).

---

505 Vgl. BFH vom 22. 5. 1968, I 111/65, BStBl II 1968, 547; vom 19. 11. 1971, III R 115/70, BStBl II 1972, 382.
506 BFH vom 13. 4. 2000, V R 25/99, BFH/NV 2001, 137.
507 BFH vom 23. 10. 1989, GrS 2/87, BStBl II 1990, 327, 330.
508 Bergan/Martin, Allgemeinverfügung und Teileinspruchsentscheidung – die Wunderwaffe der Finanzverwaltung im Kampf gegen Massenrechtsbehelfe?, DStR 2007, 1384.
509 BFH vom 21. 10. 1985, GrS 2/84, BStBl II 1986, 207, 212; Tipke, in: Tipke/Kruse, § 118 AO (Stand: Juli 2007), Rz. 50.

Die materielle Bestandskraft ist von Amts wegen zu beachten. Sie verbietet den Erlass eines inhaltlich abweichenden Verwaltungsakts für den entschiedenen Verfahrensgegenstand gegenüber den Personen, gegen die sie wirkt. Ein erneuter Einspruch gegen den Verwaltungsakt, der bereits Verfahrensgegenstand war, ist unzulässig.[510] Die materielle Bestandskraft entfällt mit Wegfall der formellen Bestandskraft bei Wiedereinsetzung in den vorigen Stand.

c) *Korrektur des Verwaltungsakts nach Bestandskraft*
Ein Steuerbescheid kann auch dann nach § 172 Abs. 1 Satz 2 AO geändert oder aufgehoben werden, wenn er durch eine Einspruchsentscheidung bestätigt oder geändert worden ist.

II. Allgemeinverfügung

Beruhen anhängige Einsprüche auf einer vorgreiflichen Entscheidung des EuGH, des BVerfG oder des BFH, können die Einsprüche insoweit durch Allgemeinverfügung zurückgewiesen werden (§ 367 Abs. 2b AO).[511] Die Allgemeinverfügung ist lediglich eine **besondere Form der Einspruchsentscheidung**, vgl. § 118 Satz 2 AO. Sachlich zuständig für den Erlass einer Allgemeinverfügung ist die **oberste Finanzbehörde**. § 367 Abs. 2b Satz 2 AO verdrängt als speziellere Bestimmung § 367 Abs. 1 Satz 1 AO i.V.m. § 17 Abs. 2 FVG. Oberste Finanzbehörde wird daher im Regelfall das Landesfinanzministerium als die für die Finanzverwaltung zuständige oberste Landesbehörde sein, § 6 Abs. 2 Nr. 1 AO, § 2 Abs. 1 Nr. 1 FVG, soweit gemäß Art. 108 Abs. 2 GG die Verwaltung der Steuern durch die Landesfinanzbehörden erfolgt. Sie ist im Bundessteuerblatt oder auf den Internetseiten des BMF zu veröffentlichen. Sie gilt am Tag nach der Herausgabe des Bundessteuerblatts als bekannt gegeben.[512]

Ergeht eine Allgemeinverfügung nach § 367 Abs. 2b AO, bleibt das Einspruchsverfahren im Übrigen anhängig. Gegenstand des Einspruchsverfahrens ist der angefochtene Verwaltungsakt und nicht ein Teil der Besteuerungsgrundlagen oder ein einzelner Streitpunkt.[513] Auch wenn sich die Allgemeinverfügung auf sämtliche vom Einspruchsführer vorgebrachten Einwendungen erstreckt, ist deshalb das Einspruchsverfahren im Übrigen fortzuführen. Dies gilt nicht, soweit bereits eine Teil-Einspruchsentscheidung (§ 367 Abs. 2a AO) ergangen ist, die den „noch offen bleibenden" Teil des Einspruchs auf den Umfang beschränkt hat, der

---

510 BFH vom 14. 9. 1967 V S 9/67, BStBl III 1967, 615.
511 Vgl. z.B. Allgemeinverfügung der obersten Finanzbehörden der Länder vom 22. Juli 2008, BStBl I 2008, 746: BStBl I 2008, 747.
512 Tipke, in: Tipke/Kruse, § 367 AO (Stand: April 2007), Rz. 65.
513 AEAO zu § 367, Nr. 7.2.

Einspruchsverfahren

Gegenstand der Allgemeinverfügung ist. Über die Rechtsfrage, die Gegenstand der Allgemeinverfügung war, kann in einer eventuell notwendig werdenden Einspruchsentscheidung (§ 366 AO, § 367 Abs. 1 AO) nicht erneut entschieden werden.[514]

Gegen die Zurückweisung durch Allgemeinverfügung kann Klage erhoben werden; Klagegegner ist dabei nicht die oberste Finanzbehörde, sondern die Einspruchsbehörde gemäß § 367 Abs. 2b Satz 3 AO, § 63 Abs. 1 Nr. 1 FGO. Die Klagefrist endet – abweichend von § 47 Abs. 1 FGO – erst mit Ablauf eines Jahres nach dem Tag der Bekanntgabe (§ 367 Abs. 2b Satz 4 AO). Dies führt dazu, dass für eine Klage nach einer Zurückweisung des Einspruchs durch Allgemeinverfügung und für eine Klage nach Erlass einer Einspruchsentscheidung durch die örtlich zuständige Finanzbehörde unterschiedliche Fristen gelten.

---

514 AEAO zu § 367, Nr. 7.2.

3. Kapitel: Kosten

Literatur:

Hidien, Kostenerstattung nach Amtshaftungsgrundsätzen im abgaberechtlichen Vorverfahren?, NJW 1987, 2211; Hollatz, Gebühren des Steuerberaters im außergerichtlichen Vorverfahren, NWB Fach 2, 7935; ders., Kosten und Kostenerstattung im Finanzrechtsstreit, NWB Fach 2, 7591; Müller, Erstattungsfähige Kosten des Vorverfahrens, EFG 2005, 1646; Kilian/Schwerdtfeger, Amtshaftung und Einspruchsverfahren. Neues zur Höhe des Kostenersatzes bei Korrektur von Steuerbescheiden im Einspruchsverfahren, DStR 2006, 1773

Das förmliche Einspruchsverfahren ist **kostenfrei**. Was zunächst gut klingt, hat für den Rechtsschutzsuchenden einen großen Haken: Aus der Kostenfreiheit des Einspruchsverfahrens folgt nämlich umgekehrt, dass der Einspruchsführer seine eigenen Kosten – entstanden etwa durch Beauftragung eines Steuerberaters oder Rechtsanwaltes – selbst tragen muss.[515]

Die notwendigen Aufwendungen des Einspruchsverfahrens werden dem Steuerpflichtigen nur ersetzt, wenn er in einem anschließenden finanzgerichtlichen Verfahren obsiegt (§ 139 Abs. 1 FGO); die Aufwendungen für einen Bevollmächtigten oder Beistand im Einspruchsverfahren werden dem Einspruchsführer nur erstattet, wenn das Finanzgericht die Hinzuziehung eines Bevollmächtigten für das Vorverfahren für notwendig erklärt (§ 139 Abs. 3 Satz 3 FGO).

Die Kostenfreiheit des Einspruchsverfahrens schließt allerdings die Geltendmachung von Schadensersatzansprüchen wegen Amtspflichtverletzung (Art. 34 GG, § 839 BGB) nicht aus.

---

515 Verfassungsrechtliche Bedenken, dass bei erfolgreichem Einspruch nicht einmal die notwendigen Auslagen des Einspruchsführers ersetzt werden, hat das BVerfG nicht: BVerfG vom 29. 10. 1969, 1 BvR 65/68, BVerfGE 27, 175, 391; vom 20. 6. 1973, 1 BvL 9, 10/71, BStBl II 1973, 720.

DRITTER TEIL

Vorläufiger Rechtsschutz

1. Kapitel: Abgrenzung der einzelnen Rechtsinstitute

A. Einleitung

Der *vorläufige Rechtsschutz*, den es im Steuerrecht in Form der Aussetzung der Vollziehung und der einstweiligen Anordnung gibt, ist – anders als in anderen Verfahrensordnungen (z. B. ZPO, VwGO) – wenig ausgeprägt[516]. Eine Vollstreckung ist grundsätzlich sogar dann noch möglich, wenn ein Antrag auf Aussetzung oder Aufhebung der Vollziehung nach § 361 Abs. 2 AO, § 69 Abs. 3 FGO gestellt, aber noch nicht beschieden ist[517]. Üblicherweise wird mit Vollstreckungsmaßnahmen begonnen, wenn der Vollstreckungsstelle der Finanzbehörde eine Rückstandsanzeige zugeht, sie das Vorliegen der Vollstreckungsvoraussetzungen des § 254 AO (Fälligkeit der Leistung, Leistungsgebot ergangen, Wochenfrist nach Ergehen des Leistungsgebots verstrichen) feststellt und sich entschließt, bestimmte Maßnahmen zur Durchsetzung des Verwaltungsakts zu ergreifen. Eine richterliche Kontrolle des Verwaltungsakts hat bis zu diesem Zeitpunkt in aller Regel noch nicht stattgefunden.

Der Steuerpflichtige kann unter bestimmten Voraussetzungen aber auch die vorläufige Einstellung der Vollstreckung nach § 258 AO verlangen, u. U. sogar einen Antrag auf einstweilige Anordnung bei Gericht stellen. In diesem Zusammenhang spielt auch die Möglichkeit der Stundung (§ 222 AO) eine Rolle.

Im Folgenden werden die Voraussetzungen für die Inanspruchnahme dieser Rechtsinstitute kurz dargestellt und gegeneinander abgegrenzt, Fragen der Konkurrenz und des Zusammenwirkens erörtert und Ratschläge zum konkreten Vorgehen gegeben.

---

516 So auch Bäcker, Vorläufiger Rechtsschutz „zweiten Grades"?, DStZ 1990, 532.
517 Allerdings billigt das FG Saarland vom 7. 1. 2000, 1 V 389/99, EFG 2000, 449 dem Steuerpflichtigen grundsätzlich ein mit einstweiliger Anordnung verfolgbares Recht auf ungestörte Durchführung des gerichtlichen Aussetzungsverfahrens zu.

Vorläufiger Rechtsschutz

B. Aussetzung der Vollziehung

Allein durch die Tatsache, dass der Steuerpflichtige gegen einen steuerlichen Verwaltungsakt *Einspruch* einlegt, wird die Vollziehung des angefochtenen Bescheides nicht gehemmt (§ 361 Abs. 1 Satz 1 AO). Die Aussetzung der Vollziehung kann unter den Voraussetzungen des § 361 Abs. 2 AO gewährt werden. Liegen die oben genannten Voraussetzungen des § 254 AO – Fälligkeit der Leistung, Leistungsgebot ergangen, Wochenfrist nach Ergehen des Leistungsgebots abgelaufen – vor, kann der Verwaltungsakt im Wege der Zwangsvollstreckung vollzogen werden, es sei denn, seine Vollziehung ist ausgesetzt (§ 251 Abs. 1 AO).

Insbesondere müssen folgende Voraussetzungen gegeben sein:

- Vorliegen eines vollziehbaren Verwaltungsakts, der ausgesetzt werden kann[518]. Das sind alle belastenden Bescheide, durch die eine Verpflichtung (Steuerschuld o.ä.) festgesetzt oder ein Tun, Dulden oder Unterlassen verlangt wird, oder die Grundlage einer solchen Verpflichtung sind (z. B. Grundlagenbescheide)[519];

---

518 Vgl. Gosch, in: Beermann/Gosch, AO/FGO, § 69 FGO (Stand: Mai 1998), Rz. 28 ff.
519 Z.B.: Steuerbescheid; Steueranmeldung; negativer Gewinnfeststellungsbescheid; Vorauszahlungsbescheid (BFH vom 4. 6. 1981, VIII B 31/80, BStBl II 1981, 767); Abrechnungsbescheid, der eine Zahlungsschuld feststellt (BFH vom 10. 11. 1987, VII B 137/87, BStBl II 1988, 43); Zerlegungs- und Zuteilungsbescheid; Haftungsbescheid; Bescheid, mit dem der Vorbehalt der Nachprüfung aufgehoben wird (BFH vom 1. 6. 1983, III B 40/82, BStBl II 1983, 622); Prüfungsanordnung (BFH vom 17. 9. 1974, VII B 122/73, BStBl II 1975, 197); Leistungsgebot (BFH vom 31. 10. 1975, VIII B 14/74, BStBl II 1976, 258); Verwaltungsakte des außergerichtlichen Vollstreckungsverfahrens (Arrestanordnung, Sachpfändung); Verfügungen des gerichtlichen Vollstreckungsverfahrens; Finanzbefehle (Anordnung des Finanzamtes, durch die ein Steuerpflichtiger oder ein Dritter zu einem bestimmten Handeln, Dulden oder Unterlassen aufgefordert wird [z. B. Aufforderung zur Abgabe einer Steuererklärung: BFH vom 3. 6. 1991, IX B 13/90, BFH/NV 1991, 645]); rechtsgestaltender Verwaltungsakt (Widerruf einer Steuervergünstigung: BFH vom 18. 7. 1968, VII B 41/67, BStBl II 1968, 743; Widerruf einer Stundung: BFH vom 8. 6. 1982, VIII B 29/82, BStBl II 1982, 608; Mitteilung nach § 141 Abs. 2 AO: BFH vom 6. 12. 1979, IV B 32/79, BStBl II 1980, 427); Verwaltungsakt, durch den ein Gewerbebetrieb oder die Berufsausübung untersagt wird (§ 361 Abs. 4 Satz 1 AO; § 69 Abs. 5 Satz 1 FGO). Der Antrag auf Eröffnung des Insolvenzverfahrens ist eine zivilprozessuale Verfahrenshandlung, die auf das Tätigwerden des Insolvenzgerichts gerichtet ist, und mangels eigenen Regelungsgehalts keinen Verwaltungsakt darstellt, so dass einstweiliger Rechtsschutz nur durch einstweilige Anordnung in Betracht kommt (FG Köln vom 9. 11. 2004, 15 K 4934/04, EFG 2005, S. 372 m. Anmerkung von Brandis).

Abgrenzung der einzelnen Rechtsinstitute

– Anhängigkeit eines Rechtsbehelfs gegen den auszusetzenden Verwaltungsakt (Einspruch vor der Finanzbehörde oder – ggf. bevorstehende – Klage beim Finanzgericht);
– Bestehen ernstlicher Zweifel an der Rechtmäßigkeit des angefochtenen Verwaltungsakts[520] oder Vorliegen einer unbilligen Härte, deren Hinnahme nicht durch überwiegende öffentliche Interessen geboten ist[521].

C. Einstweilige Einstellung der Vollstreckung

Ist die Vollstreckung im Einzelfall unbillig, steht es im Ermessen der Finanzbehörde, sie gemäß § 258 AO einstweilen einzustellen oder (z. B. auf einen Teil des Rückstandes oder auf bestimmte Maßnahmen) zu beschränken. Ferner kann sie bereits ergriffene Vollstreckungsmaßnahmen wieder aufheben.

Die Voraussetzungen sind im Einzelnen:

– Vorliegen eines vollstreckbaren Verwaltungsaktes,[522]
– Anordnung der Zwangsvollstreckung durch die Finanzbehörde.

---

520 Ernstliche Zweifel bestehen, wenn neben für die Rechtmäßigkeit des Verwaltungsakts sprechenden Umständen gewichtige gegen die Rechtmäßigkeit sprechende Umstände zutage treten, die Unentschiedenheit oder Unsicherheit in der Beurteilung der Rechtsfragen oder Unklarheit in der Beurteilung der Tatfragen bewirken (st. Rspr., z. B. BFH vom 8. 8. 2001, I B 40/01, BFH/NV 2001, 1536; Schrömbges, Der Begriff der „ernstlichen Zweifel", im abgabenrechtlichen Aussetzungsverfahren, DB 1988, 1418 m. w. N.), ferner bei unklarer Gesetzeslage, streitigen Rechtsfragen und Bedenken im Schrifttum gegen die Rechtsauffassung der Finanzbehörde oder des Finanzgerichts (BFH vom 28. 11. 1974, V B 52/73, BStBl II 1975, 239). Ernstliche Zweifel bestehen auch, wenn die maßgebliche Rechtsfrage von zwei obersten Bundesgerichten oder vom BFH selbst unterschiedlich beurteilt wird (BFH vom 5. 2. 196, I B 39/85, BStBl II 1986, 490).
521 Z. B. bei drohenden schweren wirtschaftlichen Nachteilen durch die Vollziehung, die über die eigentliche Leistung hinausgehen und nicht oder nur schwer wieder gut zu machen sind, oder bei Gefährdung der wirtschaftlichen Existenz (BFH vom 1. 8. 1986, V B 79/84, BFH/NV 1988, 335).
522 Bescheid, mit dem eine Geldleistung, eine sonstige Handlung oder eine Unterlassung gefordert wird, einschließlich der Steueranmeldungen, sofern keine Aussetzung der Vollziehung erfolgt und keine Hemmung durch Einlegung eines Rechtsbehelfs (Vollziehungshemmung bei bestimmten Verwaltungsakten gemäß § 361 Abs. 4 AO, § 69 Abs. 5 FGO) eingetreten ist.

Vorläufiger Rechtsschutz

Die einstweilige Einstellung der Vollstreckung sollte regelmäßig dann beantragt werden, wenn die Zwangsvollstreckung im konkreten Einzelfall *unbillig* ist. Dies kann gegeben sein bei einem unangemessenen Nachteil für den Steuerpflichtigen[523] oder im Falle der Unbilligkeit aufgrund begleitender äußerer Umstände[524].

D. Stundung

Die Stundung (§ 222 AO) dient ebenso wie die Aussetzung der Vollziehung dem *Hinausschieben der Zahlung*. Während bei der Aussetzung der Vollziehung aber die Rechtmäßigkeit des Inhalts eines bestimmten Verwaltungsakts (z. B. einer Steuerfestsetzung) bezweifelt wird, sind bei der Stundung die Forderung der Finanzbehörde und die Zahlungspflicht des Steuerpflichtigen als solche unstreitig. Eine Stundung sollte dann beantragt werden, wenn die Tilgung der Schuld als solche zum gegenwärtigen Zeitpunkt eine erhebliche Härte für den Schuldner bedeuten würde. Auch die Stundung steht grundsätzlich im *Ermessen* der jeweiligen Finanzbehörde.

Folgende Voraussetzungen müssen gegeben sein:

- Vorliegen eines auf eine Geldleistung gerichteten Verwaltungsakts,
- Nichtgefährdung dieses Anspruchs im Falle der Gewährung der Stundung,
- Einziehung der Forderung wäre für Schuldner eine erhebliche Härte.

E. Einstweilige Anordnung

Die Aussetzung der Vollziehung und das verwandte Rechtsinstitut der einstweiligen Anordnung stehen bezüglich ihrer Voraussetzungen in einem Ausschließlichkeitsverhältnis. So darf eine einstweilige Anordnung grundsätzlich nicht erfolgen, wenn eine Aussetzung der Vollziehung in Betracht kommt (§ 114 Abs. 5 FGO). Die Hauptanwendungsfälle der einstweiligen Anordnung sind die Ablehnung

---

523 Z. B. bei Verschleuderung des Vermögens des Steuerpflichtigen durch die Vollstreckung weit unter Wert; bei Gefährdung der wirtschaftlichen Existenz durch eine konkrete Vollstreckungsmaßnahme (Kontenpfändung); wenn eine Besserung der wirtschaftlichen Verhältnisse in Sicht ist und sich der durch die Vollstreckung ergebende Nachteil durch kurzfristiges Zuwarten vermeiden ließe.

524 Z. B. ernstliche Gesundheitsgefährdung, Trauerfall, Schwangerschaft kurz vor der Entbindung.

Abgrenzung der einzelnen Rechtsinstitute

des Erlasses eines begünstigenden Verwaltungsakts[525] durch die Finanzbehörde[526] bzw. das Vorliegen eines sonstigen, nicht vollziehbaren Verwaltungsakts[527].

Die Voraussetzungen sind:

- Recht des Antragstellers auf die begehrte Amtshandlung (sog. Anordnungsanspruch),
- drohende Gefahr der Vereitelung dieses Rechts bei Unterbleiben der einstweilige Anordnung (sog. Anordnungsgrund).

---

525 Z.B. Ablehnung einer Stundung (BFH vom 8. 6. 1982, VIII B 29/82, BStBl II 1982, 608) oder eines Erlasses von Steuern (BFH vom 24. 9. 1970, II B 28/70, BStBl II 1970, 813).
526 Ein solcher ablehnender Bescheid ist nicht vollziehbar, so dass eine Aussetzung der Vollziehung begrifflich schon nicht in Frage kommen kann.
527 Z.B. erstmaliger Steuerbescheid über 0 €, auch wenn eine negative Steuerfestsetzung (Vorsteuererstattung) begehrt wird (BFH vom 17. 12. 1981, V R 81/81, BStBl II 1982, 149); auf einen negativen Betrag lautender Steuerbescheid, auch wenn eine Erhöhung des negativen Betrages (Verlustzuweisung) begehrt wird (BFH vom 28. 11. 1974, V B 44/74, BStBl II 1975, 240); Bescheid, der den Erlass oder die Änderung eines anderen Bescheides ablehnt (BFH vom 25. 3. 1971, II B 47/69, BStBl II 1971, 334).

2. Kapitel: Aussetzung der Vollziehung

Literatur:

Dietz, Die Voraussetzungen der gerichtlichen Vollziehungsaussetzung nach § 69 FGO, 1971; *Papier*, Einstweiliger Rechtsschutz bei Abgaben, StuW 1978, 332; *Felix*, Eingeschränkte Vollziehungsaussetzung wegen manifester Engpässe in öffentlichen Haushalten, KÖSDI 1982, 4871; *Mennacher*, Die Aussetzung der Vollziehung im Vorverfahren und bei Gericht, DStR 1982, 399; *Birk*, Verfassungsfragen bei der Gewährung vorläufigen Rechtsschutzes im finanzgerichtlichen Verfahren, Festschrift für *Menger*, 1983, 161; *Flügge*, Aussetzung der Vollziehung nach § 361 AO, StBp 1983, 1; *Beul/Beul*, Vorläufiger Rechtsschutz nach §§ 69 FGO, 361 AO, 32 BVerfGG wegen behaupteter Verfassungswidrigkeit eines Gesetzes, DB 1984, 1493; *Beermann*, Wandlung im vorliegenden (gerichtlichen) Rechtsschutz gegen Steuerverwaltungsakte, DStR 1986, 252; *Schrömbges*, Der Begriff der „ernstlichen Zweifel" im abgabenrechtlichen Aussetzungsverfahren, BB 1988, 1419; *Spindler*, Vorläufiger Rechtsschutz bei behaupteter Verfassungswidrigkeit von Steuergesetzen, DB 1989, 596; *Felix*, Familienlastenabzug: Aussetzung der Vollziehung wegen ernstlicher Verfassungsbeschwerden, KÖSDI 1990, 8238; *Habscheid*, Über vorläufigen Rechtsschutz wegen zu geringer Grund- und Kinderfreibeträge, BB 1992, 1322; *Carl/Klos*, Liquiditätsvorteile durch Stundung, Aussetzung der Vollziehung, Vollstreckungsaufschub und Erlass von Steuern, 1993; *App*, Zum Sicherheitsverlangen bei der Aussetzung der Vollziehung von Gewerbesteuerbescheiden durch die Gemeinde und zur Stellung des Gewerbesteuerpflichtigen, DB 1997, 2354; *Grams*, Der Widerrufsvorbehalt und der gerichtliche Antrag auf Aussetzung der Vollziehung, DStZ 1998, 855; *Luttermann*, Rechtsschutz im Steuerverfahren – Die „summarische" Prüfung und „ernstliche Zweifel" im Sinne von § 69 FGO; FR 1998, 1084; *Birkenfeld*, Die Beschränkung der Aussetzung und Aufhebung der Vollziehung, DStZ 1999, 349; *Leonard*, Ist § 69 Abs. 2 Satz 8 AO verfassungsgemäß?, DB 1999, 2280; *Haunhorst*, Das gerichtliche Verfahren zur Aussetzung der Vollziehung von Steuerbescheiden bei nachfolgender Einspruchsentscheidung, DStZ 2000, 325; *Bilsdorfer*, Vollstreckungsschutz während eines laufenden Aussetzungsverfahrens, FR 2000, 708; *Mack*, Aussetzung der Vollziehung, AO-StB 2001, 85; *Trossen*, Vorläufiger Rechtsschutz gegen Insolvenzanträge der Finanzbehörden, DStZ 2001, 877; *Loschelder*, Sicherheitsleistung im Aussetzung der Vollziehung-Verfahren, AO-StB 2002, 284; *Becker*, Vollstreckung trotz rechtshängigem Aussetzung der Vollziehung-Antrag – Was tun?, INF 2002, 166; *Schmidt*, Verfassungswidrigkeit der „Spekulationsbesteuerung" – Gewährleistung einstweiligen Rechtsschutzes, DB 2003, 473; *Heuermann*, Aufhebung der Vollziehung wegen übergangsloser und daher verfassungswidriger Einbeziehung von Anschaffungsvorgängen in der verlängerten Spekulationsfrist, INF 2004, 207

A. Rechtsgrundlagen

Die Auswirkungen eines Einspruchs auf die Vollziehung des angefochtenen Verwaltungsakts, die Aussetzung der Vollziehung sowie die Beseitigung einer eingetretenen Hemmung der Vollziehung sind für das finanzbehördliche Verwaltungsverfahren in § 361 AO, für den Finanzgerichtsprozess in § 69 FGO geregelt.

Nach der Grundregel des § 361 Abs. 1 Satz 1 AO, § 69 Abs. 1 Satz 1 FGO wird die Vollziehung des angefochtenen Verwaltungsakts weder durch Einlegung des Einspruchs bei der Finanzbehörde noch durch Erhebung der Klage vor dem Finanzgericht gehemmt; eine Ausnahme gilt nach § 361 Abs. 4 Satz 1 AO, § 69 Abs. 5 Satz 1 FGO nur für Verwaltungsakte, die die Untersagung des Gewerbebetriebes oder der Berufsausübung zum Inhalt haben. Die Aussetzung der Vollziehung muss deshalb im Regelfall vom Steuerpflichtigen durch einen besonderen Antrag verfolgt werden (§ 361 Abs. 2 AO, § 69 Abs. 2, 3 FGO). Umgekehrt hat die Finanzbehörde im Ausnahmefall der Untersagung des Gewerbebetriebs oder der Berufsausübung die Möglichkeit, die automatisch eintretende hemmende Wirkung von Einspruch bzw. Klage durch eine besondere Anordnung zu beseitigen (§ 361 Abs. 4 Satz 2 AO, § 69 Abs. 5 Satz 2 FGO).

Diese Abweichung gegenüber den Regelungen im (allgemeinen) Verwaltungsverfahren hat ihren Grund darin, dass der Gesetzgeber in einer generell aufschiebenden Wirkung eines Einspruchs in Abgabesachen eine schwerwiegende Beeinträchtigung der Interessen der öffentlichen Hand erblickt hat. Könnte ein Steuerpflichtiger mit der bloßen Einlegung eines Rechtsbehelfs erreichen, dass die Verwirklichung beispielsweise eines Steuerbescheids bis zur Rechtskraft der Entscheidung aufgeschoben würde, wäre diese stundungsgleiche Wirkung geradezu ein Anreiz, auch aussichtslose oder wenig erfolgversprechende Einsprüche einzulegen. Dies führte zu einer unnötigen Arbeitsbelastung der Verwaltung und Gerichte und hätte unliebsame Auswirkungen auf die öffentlichen Haushalte.[528]

B. Abgrenzung zwischen § 361 AO und § 69 FGO

§ 361 AO regelt die Vollziehbarkeit eines Verwaltungsakts während eines Einspruchsverfahrens; § 361 Abs. 2, Abs. 3 Satz 3, Abs. 4 Satz 2 AO erlauben es der Finanzbehörde, die Vollziehung eines Verwaltungsakts unter den dort genannten Voraussetzungen auszusetzen bzw. die eingetretene Hemmungswirkung wieder zu beseitigen.

---

528 Vgl. BT-Drucks. IV/1446 zu § 65 AO.

§ 69 FGO enthält entsprechende Regelungen für das Verfahren nach Klageerhebung beim Finanzgericht; § 69 Abs. 2 FGO regelt die Aussetzung der Vollziehung durch die Finanzbehörde, § 69 Abs. 5 Satz 2 FGO die Beseitigung der hemmenden Wirkung. § 69 Abs. 3 FGO gestattet den Finanzgerichten im Interesse eines effektiven Rechtsschutzes, die Aussetzung der Vollziehung auf Antrag ausnahmsweise schon vor Klageerhebung auszusprechen, wenn die Finanzbehörde einen Aussetzungsantrag zuvor abgelehnt hat.

C. Verhältnis von § 361 AO, § 69 FGO zu § 244 ZK

Die *materiellen* Voraussetzungen für die Aussetzung der Vollziehung zollrechtlicher Entscheidungen i. S. d. Art. 1 ZK und für die Aussetzung der Vollziehung von Entscheidungen über Ein- und Ausfuhrabgaben ergeben sich seit dem 1. Januar 1994 aus Art. 244 ZK.[529] Das *Verfahren* richtet sich gemäß Art. 245 ZK nach dem nationalen Recht, d. h. nach § 361 AO, § 69 FGO.[530]

Art. 244 ZK lautet:

Art. 244 ZK [Aussetzung der Vollziehung]
Durch die Einlegung des Rechtsbehelfs wird die Vollziehung der angefochtenen Entscheidung nicht ausgesetzt.
Die Zollbehörden setzen jedoch die Vollziehung der Entscheidung ganz oder teilweise aus, wenn sie begründete Zweifel an der Rechtmäßigkeit der angefochtenen Entscheidung haben oder wenn dem Beteiligten ein unersetzbarer Schaden entstehen könnte.
Bewirkt die angefochtene Entscheidung die Erhebung von Einfuhr- oder Ausfuhrabgaben, so wird die Aussetzung der Vollziehung von einer Sicherheitsleistung abhängig gemacht. Diese Sicherheitsleistung braucht jedoch nicht gefordert zu werden, wenn eine derartige Forderung aufgrund der Lage des Schuldners zu ernsten Schwierigkeiten wirtschaftlicher oder sozialer Art führen könnte.

Zwar erfasst Art. 244 ZK seinem Wortlaut nach nur die Aussetzung der Vollziehung, nicht aber die Aufhebung der Vollziehung. Gleichwohl können sowohl die

---

529 Verordnung (EWG) Nr. 2913/92 des Rates zur Festlegung des Zollkodex der Gemeinschaften (ZK) vom 12. 10. 1992, Amtsblatt der Europäischen Gemeinschaften 1992 Nr. L 302/1.
530 BFH vom 18. 3. 1997, VII B 267/96, BFH/NV 1997, 723.

Zollbehörden als auch die Finanzgerichte eine Aufhebung der Vollziehung anordnen.[531]

Der in Art. 244 ZK verwendete Begriff der „begründeten" Zweifel an der Rechtmäßigkeit der angefochtenen Entscheidung ist gleichbedeutend mit dem Begriff der „ernstlichen" Zweifel i.S.d. § 361 AO; § 69 FGO.

Der Begriff des „unersetzbaren Schadens" in Art. 244 ZK ist enger als derjenige der unbilligen Härte (§ 361 Abs. 2 Satz 2 AO; § 69 Abs. 3 Satz 1 i.V.m. Abs. 2 Satz 2 FGO).

D. Anwendungsbereich

I. Finanzrechtsweg

§ 361 AO, § 69 FGO setzen voraus, dass der Finanzrechtsweg in der Hauptsache gegeben ist.[532] Sind – wie bei der Verwaltung der Realsteuern (Gewerbesteuer, Grundsteuer) durch die Gemeinden – das Widerspruchsverfahren nach der VwGO und der Verwaltungsrechtsweg gegeben, haben die Gemeinden § 361 Abs. 1 Satz 2 und Abs. 3 AO entsprechend zu beachten (§ 1 Abs. 2 Nr. 6 AO).[533]

II. Anhängigkeit eines Rechtsbehelfs

§ 361 AO setzt die Anhängigkeit eines förmlichen außergerichtlichen Rechtsbehelfs, also eines Einspruchs voraus, weil in der Vorschrift wiederholt von dem „angefochtenen" Verwaltungsakt die Rede ist. Die bloße Möglichkeit, Einspruch einzulegen, weil die Rechtsbehelfsfrist noch läuft, reicht demnach nicht aus. Ein Antrag auf Änderung nach § 164 Abs. 2 Satz 2, § 172 Abs. 1 Nr. 2 Buchst. a AO stellt keine Anfechtung dar.[534] Auch durch eine Verfassungsbeschwerde zum BVerfG wird der streitige Verwaltungsakt der Finanzbehörde nicht „angefochten".[535]

Bei Gericht kann ein Aussetzungsantrag bereits vor Erhebung der Klage gestellt werden (§ 69 Abs. 3 Satz 2 FGO).

---

531 BFH vom 26. 11. 1998, VII B 206/98, BFH/NV 1999, 691.
532 BFH vom 7. 7. 1971, I B 18/71, BStBl II 1971, 738.
533 BFH vom 13. 2. 1990, VIII R 188/85, BStBl II 1990, 582.
534 Seer, in: Tipke/Kruse, § 69 FGO (Stand: April 2006), Rz. 46; Lüdicke, „Schlichte" Änderung von Steuerbescheiden, BB 1986, 1266.
535 BFH vom 11. 2. 1987, II R 176/84, BStBl II 1987, 320.

Eine Aussetzung der Vollziehung kommt grundsätzlich nicht mehr in Betracht, wenn der Verwaltungsakt bestands- oder rechtskräftig ist[536] bzw. er sich z. B. durch Rücknahme oder in sonstiger Weise erledigt hat. Eine Ausnahme gilt dann, wenn ein Antrag auf Wiedereinsetzung in den vorigen Stand (§ 110 AO) gestellt ist, der bei summarischer Prüfung aussichtsreich erscheint.[537]

III. Verhältnis zum Hauptsacheverfahren

Das Aussetzungsverfahren ist ein eigenständiges Verfahren, das ggf. neben das Hauptsacheverfahren tritt. Seine Durchführung empfiehlt sich, wenn die Erfolgsaussichten in der Hauptsache als (sehr) groß angesehen werden können. Sind die Erfolgsaussichten in der Hauptsache dagegen zweifelhaft, kann es für den Steuerpflichtigen günstiger sein, die Steuer zu bezahlen[538], zumal damit keine Anerkennung des in Streit befindlichen Steueranspruchs verbunden ist. In diesem Zusammenhang ist vor allem zu bedenken, dass nach einer Aussetzung der Vollziehung nachzuzahlende Beträge mit 6 % zu verzinsen sind und diese Zinsen erst am Ende eines u. U. Jahre dauernden Prozesses festgesetzt werden.

IV. Begriffsbestimmungen

1. Vollziehung

Nach der Rechtsprechung des BFH bedeutet Aussetzung der Vollziehung, dass der materielle Regelungsgehalt des nach wie vor wirksamen Verwaltungsakts bis auf weiteres nicht mehr verwirklicht werden kann, so dass rechtliche und tatsächliche Folgerungen aus dem Verwaltungsakt nicht gezogen werden dürfen. Für die mögliche Aufhebung der Vollziehung eines bereits vollzogenen Verwaltungsakts ergibt sich hieraus, dass alle Folgen rechtlicher und tatsächlicher Art, die von der Finanzbehörde zur Verwirklichung des Regelungsinhalts des Verwaltungsakts bereits gezogen worden sind, vorläufig rückgängig gemacht werden müssen[539]. Hierbei sind allerdings die in § 361 Abs. 2 Satz 4 AO, § 69 Abs. 2 Satz 8 FGO bestimmten Grenzen zu beachten: Danach sind die Aussetzung und die Aufhebung der Vollziehung bei Steuerbescheiden auf die festgesetzte Steuer, vermindert um die anzurechnenden Steuerabzugsbeträge, um die anzurechnende Körperschaftsteuer und um die festgesetzten Vorauszahlungen, beschränkt; dies gilt nur dann nicht, wenn die Aussetzung oder Aufhebung der Vollziehung zur Abwendung wesentlicher Nachteile nötig erscheint.

---

536 BFH vom 30. 1. 1973, VII B 128/71, BStBl II 1973, 499.
537 BFH vom 20. 9. 1973, II B 39/71, BStBl II 1973, 854.
538 So auch die Beraterempfehlung von Streck, Der Steuerstreit, Rz. 1223 ff.
539 Vgl. BFH vom 3. 7. 1995, GrS 3/93, BStBl II 1995, 730.

Der Begriff der Vollziehung betrifft hierbei nicht nur die zwangsweise Durchsetzung des Regelungsinhalts eines auf eine Leistung abzielenden Verwaltungsakts (z.B. Steuerbescheid), sondern erfasst auch feststellende und rechtsgestaltende Verwaltungsakte, die einer zwangsweisen Vollziehung nicht zugänglich sind bzw. die Vollziehung ohne weiteres in sich tragen.[540]

Vollziehung in diesem Sinne ist auch die Einbehaltung und Abführung der Lohnsteuer durch den Arbeitgeber, der insoweit als Erfüllungshilfe der Finanzbehörde handelt.

2. Aussetzung und Aufhebung der Vollziehung

Wenn man – wie hier vertreten – in der Vollziehung das Verwirklichen des Regelungsgehalts eines Verwaltungsakts sieht, kann Aussetzung der Vollziehung nur bedeuten, dass aus ihm für die Dauer der Aussetzung der Vollziehung keine unmittelbaren oder mittelbaren, tatsächlichen oder rechtlichen Folgen für die Zukunft gezogen werden dürfen.[541]

Dem entsprechend bedeutet Aufhebung der Vollziehung die Beseitigung der zur Verwirklichung des Regelungsinhalts des Verwaltungsakts ergriffenen Maßnahmen in dem nach § 361 Abs. 2 Satz 4 AO, § 69 Abs. 2 Satz 8 FGO zulässigen Umfang.

Da vom materiellen Regelungsgehalt eines Verwaltungsakts z.B. auch dann Gebrauch gemacht ist, wenn der Steuerpflichtige aufgrund des Leistungsgebots im Steuerbescheid „freiwillig" zahlt, ohne dass die Finanzbehörde zuvor Zwangsmaßnahmen ergriffen hat, bewirkt die Aufhebung der Vollziehung die Entstehung eines Erstattungsanspruchs (§ 37 Abs. 2 AO) in Höhe des Aufhebungsbetrags.[542]

V. Maßnahmen der Vollziehung

1. Vollziehung im Steuerfestsetzungsverfahren

Eine Vollziehung ist im Steuerfestsetzungsverfahren nur in Ausnahmefällen denkbar, etwa bei Teilanfechtung im Rahmen der einheitlichen und gesonderten Feststellung von Einkünften (§§ 179 ff. AO).

---

540 Birkenfeld, in: Hübschmann/Hepp/Spitaler, § 361 AO (Stand: Juli 1997), Rz. 44.
541 BFH vom 3.7.1995, GrS 3/93, BStBl II 1995, 730.
542 BFH vom 22.7.1977, III B 34/74, BStBl II 1977, 838. Siehe auch AEAO Nr. 7.2 zu § 361.

Beispiel:

Das Finanzamt setzt den Gewinn der X-OHG einheitlich auf 200.000 Euro, die Gewinnanteile der Gesellschafter A und B gesondert auf je 100.000 Euro fest. A ficht die einheitliche und die gesonderte Feststellung an, beantragt aber nur Aussetzung der Vollziehung der einheitlichen Feststellung. Da die gesonderte Feststellung keine Vollziehung der einheitlichen Feststellung ist, greift § 361 Abs. 3 Satz 1 AO nicht ein – zur Aussetzung auch der gesonderten Feststellung hätte es eines eigenen Antrags bedurft.

2. Vollziehung im Steuererhebungsverfahren

Im Steuererhebungsverfahren kann es in vielfältigen Formen zur Vollziehung kommen:

- Erlass eines Leistungsgebots (auch, wenn mit festsetzendem Verwaltungsakt verbunden)
- Verrechnung der festgesetzten Steuern mit Steuervorauszahlungen und anrechenbaren Steuern (z. B. Lohnsteuer, Kapitalertragsteuer) sowie Umbuchung[543]
- Entgegennahme von in Erfüllung der Steuerschuld durch den Steuerpflichtigen oder Dritte geleisteter Zahlungen
- Aufrechnung durch die Finanzbehörde.[544]

3. Vollziehung und Vollstreckung

Die Vollstreckung von Verwaltungsakten des Festsetzungs- oder Erhebungsverfahrens ist kein Unterfall der Vollziehung, sondern in Bezug auf diese ein aliud. Nur so ist die Regelung des § 257 Abs. 1 Nr. 1 AO zu verstehen, wonach die Vollstreckung einzustellen oder zu beschränken ist, wenn die Vollziehung ausgesetzt ist. Wenn eine behördliche Maßnahme sich daher auf einen Verwaltungsakt des Vollstreckungsverfahrens stützt, ist sie keine Vollziehung des den Steueranspruch begründenden Verwaltungsakts (Steuerbescheid), sondern eine Vollziehung des Vollstreckungsverwaltungsakts (z. B. einer Pfändung[545]) mit der Folge, dass gegebenenfalls die Aussetzung der Vollziehung dieses Verwaltungsakts zu beantragen ist.

---

543 FG Köln vom 17. 3. 1982, I 449/81 KA, EFG 1982, 475; FG Schleswig-Holstein vom 16. 11. 1979, III 266/79, EFG 1980, 449; FG Düsseldorf vom 3. 7. 1969, I 61/69 A, EFG 1969, 438; FG Baden-Württemberg vom 8. 9. 1976, VI 91/76, EFG 1976, 605.
544 BFH vom 31. 8. 1995, VII R 58/94, BStBl II 1996, 55.
545 Vgl. FG Bremen vom 12. 11. 1993, 2 93 324 V 2, EFG 1994, 334.

VI. Aussetzung der Vollziehung und EG-Recht

Literatur:

Klinke, (Vorläufiger) Rechtsschutz und Gemeinschaftsrecht, IWB-Beilage 3/1991; *Voß,* Aktuelle Entwicklung des Rechtsprechung in Zoll- und Marktordnungssachen, ZfZ 1991, 195; *Beermann,* Diskussionsbericht zu dem Thema „Aktuelle Entwicklung der Rechtsprechung in Zoll- und Marktordnungssachen", ZfZ 1991, 203; *Birk,* Zollkodex und Rechtsschutz, ZfZ 1991, 207; *Dänzer-Vanotti,* Der Gerichtshof der europäischen Gemeinschaften beschränkt vorläufigen Rechtsschutz, BB 1991, 105; *Gersdorf,* Das Kooperationsverhältnis zwischen deutscher Gerichtsbarkeit und EuGH, DVBl. 1994, 674; *Columbus,* Rechtsschutz in Zollsachen – Vorverfahren und erste Instanz, ZfZ 1994, 264; *Lohse,* Vollziehungsaussetzung und Vorabentscheidungsersuchen an den EuGH, DStR 1995, 798; *Offerhaus,* Das Verhältnis zwischen dem BFH, dem BVerfG und dem EuGH, DStZ 1997, 501; *Thesling,* Steuerliches Verfahrensrecht und Europarecht, DStR 1997, 848; *Brandt,* Steuerrechtsschutz durch den EuGH, AO-StB 2002, 236 u. 281; *Lambrecht,* Europa- und verfassungsrechtlicher Rechtsschutz jenseits der deutschen Finanzgerichtsbarkeit, StuW 2006, 201; *Carlé,* Der (Rechts-)Weg zum EuGH, AO-StB 2007, 242

1. Vorläufiger Rechtsschutz im EG-Recht

a) Grundsätze

Klagen beim EuGH haben *keine aufschiebende Wirkung*. Der EuGH kann jedoch, wenn er es den Umständen nach für nötig hält, die Durchführung der angefochtenen Handlung *aussetzen* (Art. 242 EGV). Weiterhin kann der EuGH in den bei ihm anhängigen Sachen die erforderlichen *einstweiligen Anordnungen* treffen (Art. 243 EGV).

Die Verfahrensordnungen des EuGH (Art. 83–90 EuGH-VerfO) und des EuG (Art. 104–110 EuG-VerfO) sehen zur Gewährung einstweiligen Rechtsschutzes Eilverfahren vor.

b) Zuständigkeit und Verfahren

Art. 242, 243 EGV und die vorgenannten Verfahrensordnungen ermöglichen vorläufigen Rechtsschutz nur im Rahmen einer beim EuGH oder EuG anhängigen Rechtssache (*Grundsatz der Konnexität*). Die Zuständigkeit für den vorläufigen Rechtsschutz folgt dann der Zuständigkeit für das Hauptsacheverfahren. Im Verhältnis zu den nationalen Gerichten gilt auch für den vorläufigen Rechtsschutz die Regel des Art. 240 EGV: Soweit nach dem dafür allein maßgeblichen Gemeinschaftsrecht EuGH oder EuG zuständig sind, schließt diese Zuständigkeit generell die Zuständigkeit einzelstaatlicher Gerichte aus[546]. Sind EuGH und EuG danach

---

[546] Klinke, (Vorläufiger) Rechtsschutz und Gemeinschaftsrecht, IWB-Beilage 3/1991, 5 m.w.N.

Vorläufiger Rechtsschutz

unzuständig, kann vorläufiger Rechtsschutz allein nach Maßgabe des jeweiligen nationalen Prozessrechts durch die einzelstaatlichen Gerichte erfolgen. Diese haben auch in Eilverfahren aufgrund der Verpflichtung, Gemeinschaftsrecht effektiv anzuwenden (Art. 10 EGV), europarechtliche Fragen zu prüfen[547]. Die Einleitung eines *Vorabentscheidungsverfahrens* ist auch im Verfahren des vorläufigen Rechtsschutzes möglich. Unter bestimmten Voraussetzungen nimmt der EuGH auch in Eilverfahren eine Vorlagepflicht unterinstanzlicher Gerichte an.[548]

Ist in Eilverfahren eine *Vorlagepflicht* zu bejahen, stellt sich der *Verfahrensablauf* wie folgt dar:[549]

- Aussetzung der Vollziehung des angefochtenen Verwaltungsakts durch das nationale Gericht;
- Vorlage an den EuGH bereits im Aussetzungsbeschluss;
- Aussetzung des weiteren Verfahrens des vorläufigen Rechtsschutzes bis zur Entscheidung des EuGH.

Diese Vorgehensweise führt zwangsläufig zu einer deutlichen Verlängerung der Prozessdauer.

Die *Zuständigkeitsverteilung* zwischen dem EuGH und den nationalen Gerichten bedeutet, dass vorläufiger Rechtsschutz durch die europäischen Gerichte nur im Falle von *Direktklagen* (Nichtigkeits-, Untätigkeits-, Schadensersatz-, Aufsichts- und Beamtenklagen), nicht dagegen bei *Vorabentscheidungsverfahren* in Frage kommt.

c) Arten des vorläufigen Rechtsschutzes
Bei *Nichtigkeitsklagen* nach Art. 230 EGV erfolgt der vorläufige Rechtsschutz durch *Aussetzung der Durchführung* der angefochtenen, auf rechtswidrigem Gemeinschaftsrecht beruhenden Handlung – vergleichbar der Aussetzung der Vollziehung des deutschen Verfahrensrechts (Art. 242 S. 2 EGV i. V. m. Art. 83 § 1 Abs. 1 EuGH-VerfO). Bei allen anderen Direktklagen wird der vorläufige Rechtsschutz in Form der *einstweiligen Anordnung* (Art. 243 EGV i. V. m. Art. 83 § 1

---

547 Klinke, (Vorläufiger) Rechtsschutz und Gemeinschaftsrecht, IWB-Beilage 3/1991, 11 m. w. N.
548 Rs. C-143/88 und C-92/89, Urteil vom 21. 2. 1991 – Zuckerfabrik Süderdithmarschen, ausführlich dargestellt bei Klinke, (Vorläufiger) Rechtsschutz und Gemeinschaftsrecht, IWB-Beilage 3/1991, 17 f.
549 Vgl. Klinke, (Vorläufiger) Rechtsschutz und Gemeinschaftsrecht, IWB-Beilage 3/1991, 19 m. w. N.

Aussetzung der Vollziehung

EuGH-VerfO) gewährt – vergleichbar der einstweilige Anordnung bzw. einstweiligen Verfügung des deutschen Verfahrensrechts.

2. *Voraussetzungen der Aussetzung der Vollziehung bei gültigem EG-Recht*

Voraussetzung einer Aussetzung der Vollziehung eines auf gültiges EG-Recht gestützten Verwaltungsakts sind:[550]

- erhebliche Zweifel an der Rechtmäßigkeit des Verwaltungsakts und
- Dringlichkeit des vorläufigen Rechtsschutzes.

Erhebliche Zweifel in diesem Sinne liegen nur vor, wenn die Unrechtmäßigkeit des Verwaltungsakts wahrscheinlicher ist als seine Rechtmäßigkeit. Die Zweifel können gestützt werden auf

- Verfahrensmängel beim Zustandekommen des Verwaltungsakts,
- Unklarheit in der Beurteilung von Tatfragen,
- fehlerhafte Rechtsanwendung.

In Anlehnung an Art. 242 EGV gewährt der EuGH Aussetzung der Vollziehung nur, wenn der vorläufige Rechtsschutz dringend notwendig ist, weil ohne Aussetzung der Vollziehung vor Entscheidung in der Hauptsache der Antragsteller einen schweren, nicht wiedergutzumachenden Schaden erleiden würde. Insbesondere bei Fällen, in denen es um Zahlungen geht, ist zu prüfen, ob bei Nichtgewährung von Aussetzung der Vollziehung auf der einen Seite und Stattgabe des Rechtsschutzbegehrens in der Hauptsache auf der anderen Seite irreversible Schäden eintreten würden.

3. *Voraussetzungen der Aussetzung der Vollziehung bei Zweifeln an der Gültigkeit von EG-Recht*

Ist die Frage der Aussetzung der Vollziehung eines auf EG-Recht beruhenden Verwaltungsakts zu prüfen, weil die Ungültigkeit von EG-Normen, auf denen der Verwaltungsakt beruht, in Frage steht, müssen

- erhebliche Zweifel an der Gültigkeit der EG-Norm bestehen und
- die Dringlichkeit des vorläufigen Rechtsschutzes zu bejahen sein. Das Merkmal der Dringlichkeit ist nach st. Rspr. des EuGH erfüllt, wenn die beantragte Maßnahme unter Berücksichtigung der Schwierigkeiten und Nachteile, die sich daraus für die Gemeinschaftsorgane, die Mitgliedstaaten oder Dritte er-

---

550 Vgl. EuGH vom 21. 2. 1991, Rs C-143/88 und C-92/89, BB 1991, 1035.

geben können, zur Abwendung eines schweren und nicht wiedergutzumachenden Schadens des Antragstellers erforderlich bzw. notwendig ist.[551]

E. Verfahren der Aussetzung und Aufhebung der Vollziehung

I. Überblick

Die Aussetzung der Vollziehung setzt

- einen vollziehbaren und der Aussetzung fähigen belastenden Verwaltungsakt und
- die Anfechtung dieses Verwaltungsakts oder eines Grundlagenbescheids, auf dem er beruht,

voraus. Fehlt eine dieser Voraussetzungen, kommt eine Aussetzung der Vollziehung nicht in Betracht.

II. Voraussetzungen für die Aussetzung/Aufhebung der Vollziehung

1. Überblick

Die Vollziehung wird ausgesetzt, wenn

- entweder *ernstliche* Zweifel an der Rechtmäßigkeit des angefochtenen Bescheids bestehen oder
- die Vollziehung für den Steuerpflichtigen eine unbillige, nicht durch überwiegende öffentliche Interessen gebotene *Härte* zur Folge hätte (§ 361 Abs. 2 AO).

In der Praxis spielt die Aussetzung der Vollziehung wegen unbilliger Härte keine große Rolle. Bei allen Entscheidungen über die Aussetzung der Vollziehung hat die Finanzbehörde einen gewissen *Beurteilungsspielraum*, den sie im Interesse des Steuerzahlers stets voll auszuschöpfen hat.[552]

2. Vollziehbarer, aussetzbarer belastender Verwaltungsakt

a) Verwaltungsakt

Eine Aussetzung der Vollziehung ist nur möglich bei Verwaltungsakten einer Finanzbehörde und zwar auch dann, wenn diese nichtig sind, da insoweit der Rechtsschein einer Vollziehungsgrundlage besteht.[553]

---

551 EuGH, Slg. 1960, 1019, 1023 – Lachmüller u. a./Kommission
552 AEAO Nr. 2.4 zu § 361.
553 BFH vom 14. 5. 1968, II B 41/67, BStBl II 1968, 503.

Aussetzung der Vollziehung

Die Aussetzung der Vollziehung eines die Aussetzung der Vollziehung ablehnenden Beschlusses des Finanzgerichts ist nicht möglich.[554]

b) *Vollziehbarkeit*
aa) Allgemeines
Die Vollziehbarkeit des angefochtenen Verwaltungsakts ist das entscheidende Abgrenzungskriterium für die Art des vorläufigen Rechtsschutzes: Gegen vollziehbare Verwaltungsakte kann Aussetzung der Vollziehung beantragt werden, gegen nicht vollziehbare Verwaltungsakte[555] ist die einstweilige Anordnung der richtige Rechtsbehelf.

Vollziehbar sind Verwaltungsakte, die bei Verwirklichung die Rechtsposition des Betroffenen beeinträchtigen, indem sie

- von ihm eine Geldleistung fordern,
- von ihm ein Tun, Dulden oder Unterlassen verlangen,
- eine in einem Verwaltungsakt enthaltene positive Regelung aufheben,
- die Behörde zu einem Verhalten oder zu sonstigen Folgerungen aus der Rechtsgestaltung berechtigen.

Als Faustformel gilt: Fordert die Finanzbehörde etwas, das im Falle der Weigerung durch Vollstreckungsmaßnahmen erzwungen werden kann, handelt es sich um einen vollziehbaren, ansonsten um einen nicht vollziehbaren Verwaltungsakt.[556] Die Art des Verwaltungsakts ist dagegen unmaßgeblich – es kann sich um rechtsgestaltende (begünstigende, belastende) oder feststellende Verwaltungsakte handeln.

Lehnt die Finanzbehörde gegenüber dem Steuerpflichtigen eine Leistung ab, ist eine Vollziehung bereits begrifflich nicht möglich. Beispiele:

- erstmalige Steuerfestsetzung auf 0 Euro oder einen negativen Steuerbetrag,[557]
- Ablehnung des erstmaligen Antrags auf Festsetzung von Kindergeld,[558]
- Ablehnung der Korrektur eines Verwaltungsakts,[559]

---

554 BFH vom 18. 7. 1968, VII B 145–147/67, BStBl II 1968, 744.
555 S. vor allem u. 3. Teil, 3. Kapitel, B I 2 (S. 272).
556 BFH vom 28. 11. 1974, V B 44/74, BStBl II 1975, 240; vom 3. 4. 1979, VII B 104/78, BStBl II 1979, 381.
557 BFH vom 28. 11. 1974, V B 44/74, BStBl II 1975, 240; vom 17. 12. 1981, V R 81/81, BStBl II 1982, 149.
558 BFH vom 31. 7. 2002, VIII B 142/00, BFH/NV 2002, 1491.
559 BFH vom 24. 11. 1970, II B 42/70, BStBl II 1971, 110; vom 16. 12. 1997, XI S 41/97, BFH/NV 1998, 615.

Vorläufiger Rechtsschutz

- Ablehnung eines Antrags auf Stundung[560], auf Erlass[561], auf abweichende Steuerfestsetzung aus Billigkeitsgründen[562] oder auf Herabsetzung von Vorauszahlungen,[563]
- Ablehnung der Erteilung einer Freistellungsbescheinigung nach § 44a Abs. 5 EStG[564] oder nach § 48b EStG,[565]
- Ablehnung der Freistellung vom Quellensteuerabzug nach § 50a Abs. 4 EStG.[566]

bb) Vollziehbare Verwaltungsakte im Ermittlungs- und Steuerfestsetzungsverfahren

Generell lässt sich sagen, dass alle Bescheide, die in ihrem materiellen Endergebnis vom Steuerpflichtigen eine Zahlung verlangen, vollziehbar sind. Dabei kann es sich um Bescheide handeln, die erstmals eine Zahlungspflicht begründen (z.B. Einkommensteuerbescheid mit Zahllast) oder die einen vorangegangenen Bescheid zuungunsten des Steuerpflichtigen berichtigen mit der Folge einer sich nunmehr ergebenden Zahlungsverpflichtung.[567] Zu den vollziehbaren Verwaltungsakten im Ermittlungs- und Steuerfestsetzungsverfahren gehören daher vor allem:[568]

(1) Steueranmeldungen

Steueranmeldungen (§§ 167, 168 AO) bedürfen zu ihrer Verwirklichung zwar keines Leistungsgebots (§ 254 Abs. 1 Satz 4 AO); dies hindert ihre Vollziehbarkeit indessen nicht.

(2) Vorauszahlungsbescheide

Vorauszahlungsbescheide sind bis zum Erlass des Jahressteuerbescheids vollziehbar[569] und können solange – wenn angefochten – Gegenstand eines Ausset-

---

560 BFH vom 8. 6. 1982, VIII B 29/82, BStBl II 1982, 608.
561 BFH vom 24. 9. 1970, II B 28/70, BStBl II 1970, 813.
562 BFH vom 18. 3. 1996, V B 131/95, BFH/NV 1996, 692.
563 BFH vom 27. 3. 1991, I B 187/90, BStBl II 1991, 643.
564 BFH vom 27. 7. 1994, I B 246/93, BStBl II 1994, 899.
565 FG Düsseldorf vom 4. 3. 2002, 10 V 1007/02 AE (E), EFG 2002, S. 688; FG Niedersachsen vom 18. 4. 2002, 6 V 55/02, EFG 2002, 842.
566 BFH vom 13. 4. 1994, I R 212/93, BStBl II 1994, 835.
567 FG Köln vom 10. 3. 1981, I 21/81 A, EFG 1981, 379; Koch, in: Gräber, FGO, 6. Aufl. 2006, § 69 Rz. 37.
568 Vgl. ausführlich: Birkenfeld, in: Hübschmann/Hepp/Spitaler, , § 361 AO (Stand: Juli 1997), Rz. 55 ff.; Seer, in: Tipke/Kruse, § 69 AO (Stand: April 2006), Rz. 24 ff.; Koch, in: Gräber, FGO, 6. Aufl. 2006, § 69 Rz. 55 ff.
569 Vgl. BFH vom 24. 9. 1999, XI S 18/98, BFH/NV 2000, 451 betr. ESt; vom 21. 2. 1991, V R 130/86, BStBl II 1991, S. 465 betr. USt.

Aussetzung der Vollziehung

zungsverfahrens sein. Darüber hinaus soll die Aussetzung der Vollziehung eines Vorauszahlungsbescheids selbst ohne Anfechtung möglich sein, solange die Anpassung nach § 37 Abs. 3 EStG noch möglich ist[570]. Nicht vollziehbar ist hingegen ein Bescheid, mit dem die Herabsetzung bestandskräftig festgesetzter Vorauszahlungen abgelehnt wurde.[571]

(3) Steuerfestsetzungsbescheide

Eine positive Steuer festsetzende Bescheide sind, auch wenn sie kein Leistungsgebot enthalten,[572] wegen § 361 Abs. 2 Satz 4 AO, § 69 Abs. 2 Satz 8 FGO grundsätzlich nur insoweit vollziehbar, als nach Anrechnung bereits geleisteter Zahlungen (Vorauszahlungen, Steuerabzugsbeträge, anzurechnende Steuern) noch eine fällige Geldzahlungsschuld verbleibt;[573] dies gilt nicht, wenn die Aussetzung oder Aufhebung der Vollziehung zur Abwendung wesentlicher Nachteile nötig erscheint. Noch ausstehende Vorauszahlungen können nicht mit der Abschlusszahlung ausgesetzt werden, da § 361 Abs. 2 Satz 4, § 69 Abs. 2 Satz 8 FGO auf die „festgesetzten" Vorauszahlungen abstellen.[574]

Ein auf 0 Euro oder auf eine negative Steuer lautender Bescheid ist mangels Leistungspflicht des Schuldners grundsätzlich nicht vollziehbar.[575] Ergibt sich allerdings eine Geldzahlungsschuld oder wird nach Festsetzung einer negativen Steuerzahlungsschuld (Erstattung) in einem korrigierenden Verwaltungsakt eine geringere negative, eine positive oder eine auf 0 Euro lautende Steuer oder nach einer Steuerfestsetzung auf 0 Euro nunmehr eine positive Steuerschuld festgesetzt, ist die Vollziehbarkeit zu bejahen.

Beispiele:

– S sind aufgrund Umsatzsteuer-Voranmeldungen Vorsteuern in Höhe von 50.000 Euro erstattet worden. Aufgrund der Jahreserklärung ergibt sich lediglich ein Vorsteuer-Überschuss von 40.000 Euro, so dass 10.000 Euro an das Finanzamt zurückzuzahlen sind. Der auf eine negative Steuer lautende Umsatzsteuer-Jahresbescheid ist insoweit vollziehbar.[576]

---

570 So: Streck, Der Steuerstreit, Rz. 1269 unter Hinweis auf BFH vom 19. 8. 1969, VI B 51/69, BStBl II 1969, 685.
571 BFH vom 27. 3. 1991, I B 187/90, BStBl II 1991, 643.
572 BFH vom 10. 4. 1992, I B 4/92, BFH/NV 1992, 683.
573 Der anders lautende Beschluss des BFH vom 3. 7. 1995, GrS 3/93, BStBl II 1995, 730 ist wegen der Rechtsänderungen in § 361 AO, § 69 FGO durch das Jahressteuergesetz 1997 vom 20. 12. 1996 (BGBl I 1996, 2049 = BStBl I 1996, 1523) hinfällig.
574 BFH vom 2. 11. 1999, I B 49/99, BStBl II 2000, 57.
575 BFH vom 17. 12. 1981, V R 81/81, BStBl II 1982, 149.
576 BFH vom 5. 2. 1976, V B 73/75, BStBl II 1976, 435.

Vorläufiger Rechtsschutz

– Das Finanzamt hat die Jahressteuerschuld des S unter dem Vorbehalt der Nachprüfung auf 50.000 Euro festgesetzt und den Betrag erstattet. Im späteren Jahressteuerbescheid ohne Nachprüfungsvorbehalt wird die Steuer auf 0 Euro festgesetzt; die erstatteten 50.000 Euro sind von S zurückzuzahlen. Der auf 0 Euro lautende Steuerbescheid ist vollziehbar.[577]

Eine Aussetzung der Vollziehung ist ausgeschlossen, wenn der Steuerpflichtige statt einer Steuerfestsetzung auf 0 Euro eine Erstattung (Festsetzung einer Negativsteuer) oder eine höhere Erstattung als festgesetzt begehrt.[578] Vorläufiger Rechtsschutz kann hier nur im Wege der einstweilige Anordnung erfolgen.

Vollziehbar ist auch ein Bescheid, mit dem der Vorbehalt der Nachprüfung aufgehoben wird.[579] Leistungen aufgrund eines *vorläufigen* oder unter dem *Vorbehalt der Nachprüfung* stehenden Bescheids werden wie *Vorauszahlungen* behandelt.[580] Hat der Steuerpflichtige diese Bescheide bestandskräftig werden lassen, kann Aussetzung der Vollziehung nicht gewährt werden.

(4) Erstattungs- und Vergütungsbescheide nachteilig ändernde Bescheide

Erstattungs- und Vergütungsbescheide sind nicht vollziehbar, da sie keinen Geldzahlungsanspruch begründen. Vollziehbar sind hingegen Verwaltungsakte, die einen Erstattungs- oder Vergütungsbescheid zum Nachteil des Steuerpflichtigen ändern (z. B. Aufhebung und Rückforderung von Kindergeld, Herabsetzung und Rückforderung von Investitionszulagen, Arbeitnehmer-Sparzulagen u. ä.).[581]

(5) Bescheide, die eine Besteuerungsgrundlage feststellen

Hierzu gehören folgende Bescheide:

– einheitliche und gesonderte Gewinnfeststellungsbescheide (§§ 179 ff. AO),
– Feststellungsbescheide nach § 15 a EStG,[582]
– Feststellungsbescheide nach § 17 Abs. 2, 3 GrEStG,
– Einheitswertbescheide einschließlich Nachfeststellungsbescheide, Artfortschreibungen, Wert- oder Zurechnungsfortschreibungen,

---

577 BFH vom 28. 11. 1974, V B 52/73, BStBl II 1975, 239.
578 BFH vom 28. 11. 1974, V B 52/73, BStBl II 1975, 239; vom 17. 12. 1981, V R 81/81, BStBl II 1982, 149; vom 1. 4. 1982, V B 37/81, BStBl II 1982, 515.
579 BFH vom 1. 6. 1983, III B 40/82, BStBl II 1983, 622.
580 BFH vom 27. 1. 1977, IV B 72/74, BStBl II 1977, 367; vom 5. 8. 1980, VIII B 108/79, BStBl II 1981, 35.
581 Vgl. FG Rheinland-Pfalz vom 20. 7. 1972, I 4 a/72, EFG 1973, 29.
582 BFH vom 5. 12. 1996, IV S 5/95, BFH/NV 1997, 406; vom 19. 5. 1987, VIII B 104/85, BStBl II 1988, 5.

- Gewerbesteuermessbescheide,
- Grundsteuermessbescheide.

Solche Grundlagenbescheide (Feststellungsbescheide, die Besteuerungsgrundlagen gesondert feststellen, z. B. Einheitswertbescheide, einheitliche Feststellungsbescheide, Steuermessbescheide) sind vollziehbar, so dass bei ihnen eine Aussetzung der Vollziehung unter den gleichen Voraussetzungen wie bei Steuerbescheiden möglich ist. Nach h. M. sind auch sog. negative Gewinn- oder Verlustfeststellungsbescheide, also Bescheide, durch die der Erlass eines Gewinn- oder Verlustfeststellungsbescheides abgelehnt wird, vollziehbar.[583] (Gewinn-)Feststellungsbescheide sind insbesondere dann vollziehbar, wenn

- statt einer positiven eine negative oder statt einer negativen eine höhere negative Feststellung begehrt wird[584] – wird beispielsweise in einem Feststellungsbescheid ein geringerer Verlust als in einem vorangegangenen Bescheid festgestellt, ergibt sich hieraus regelmäßig als Konsequenz eine Zahlungspflicht des Steuerpflichtigen[585] – insoweit gilt das Gleiche wie bei Steuerfestsetzungsbescheiden;
- der Anteil der einzelnen Gesellschafter auf 0 Euro festgestellt worden ist und von diesen der Ansatz eines Verlustanteils begehrt wird;[586]
- nach § 15a Abs. 4 EStG ein verrechenbarer Verlust festgestellt wird;[587]
- die Mitunternehmerschaft einzelner Beteiligter verneint wird.[588]

(6) Bescheide im Steuerermäßigungsverfahren

Bescheide, die die Eintragung eines Freibetrages auf der Lohnsteuerkarte gänzlich[589] oder in der beantragten Höhe[590] ablehnen, sind vollziehbar.

(7) Bescheide, die auf eine Geldleistung gerichtet sind

Hierzu zählen insbesondere:

- Haftungsbescheide,

---

583 St. Rspr. seit BFH vom 14. 4. 1987, GrS 2/85, BStBl II 1987, 637.
584 BFH vom 10. 7. 1979, VIII B 84/78, BStBl II 1979, 567; vom 25. 10. 1979, IV B 68/79, BStBl II 1980, 66; vom 30. 6. 1988, IX B 120/87, BFH/NV 1989, 86.
585 BFH vom 28. 11. 1973, IV B 33/73, BStBl II 1974, 220.
586 BFH vom 22. 10. 1980, I S 1/80, BStBl II 1981, 99.
587 BFH vom 2. 3. 1988, IV B 95/87, BStBl II 1988, 617.
588 BFH vom 10. 7. 1980, IV B 77/79, BStBl II 1980, 697.
589 BFH vom 29. 4. 1992, VI B 152/91, BStBl II 1992, 752.
590 BFH vom 24. 2. 1987, IX B 106/86, BStBl II 1987, 344.

- Bescheide, die Nebenleistungen (Verspätungszuschläge, Zinsen, Zwangsgelder, Kosten) festsetzen,
- Säumniszuschläge bei gesondertem Leistungsgebot.[591]

(8) Rechtsgestaltende Verwaltungsakte
Hier sind insbesondere zu nennen:

- Beschlagnahme nach § 76 Abs. 3 AO,[592]
- Widerruf oder Rücknahme eines begünstigenden Verwaltungsakts (z. B. einer Stundung[593] oder eines Zahlungsaufschubs[594]),
- Mitteilung über die Buchführungspflicht (§ 141 Abs. 2 AO).[595]

(9) Prüfungsanordnungen
Die Prüfungsanordnung (solange die Prüfung noch nicht vollzogen ist), die Bestimmung des Prüfungsortes und des Beginns der Prüfung sind vollziehbare Verwaltungsakte.[596]

(10) Finanzbefehle
Auch bei den sog. Finanzbefehlen handelt es sich um vollziehbare Verwaltungsakte.[597] Finanzbefehle sind Verwaltungsakte, die den Steuerzahler zu einem bestimmten Tun, Dulden oder Unterlassen auffordern.

Beispiele:

- Anordnung, bis zu einem bestimmten Termin eine Steuererklärung einzureichen.
- Aufforderung des Finanzamtes, eine bestimmte Auskunft zu erteilen (§ 93 AO).

cc) Vollziehbare Verwaltungsakte des Erhebungsverfahrens
Im Rahmen des Erhebungsverfahrens sind insbesondere zu nennen:

- das Leistungsgebot (§ 254 Abs. 1 AO);
- der Abrechnungsbescheid (§ 218 Abs. 2 AO), wenn die Rechtsposition des Steuerpflichtigen verschlechtert wird (z. B. durch Bestätigung einer Aufrech-

---

591 BFH vom 4. 11. 1986, VII B 108/86, BFH/NV 1987, 555.
592 BFH vom 22. 7. 1980, VII B 3/80, BStBl II 1980, 592.
593 BFH vom 8. 6. 1982, VIII B 29/82, BStBl II 1982, 608.
594 BFH vom 18. 7. 1968, VII B 41/67, BStBl II 1968, 743.
595 BFH vom 6. 12. 1979, IV B 32/79, BStBl II 1980, 427.
596 BFH vom 24. 10. 1972, VIII R 108/72, BStBl II 1973, 542; vom 5. 11. 1981, IV R 179/79, BStBl II 1982, 208; vom 25. 9. 1987, IV B 60/87, BFH/NV 1989, 13.
597 BFH vom 24. 9. 1970, II B 28/70, BStBl II 1970, 813.

nung der Finanzbehörde oder Feststellung einer Zahlungsschuld[598]). Ein Abrechnungsbescheid, mit dem festgestellt wird, dass eine Steuerforderung nicht durch Zahlungsverjährung erloschen sei, ist hingegen insoweit nicht vollziehbar;[599]
– die Verrechnungsverfügung.

Beispiel:
– Festsetzung der Steuerschuld auf 10.000 Euro und Anrechnung von 8.000 Euro Lohnsteuer hierauf. S macht mit seinem Einspruch geltend, dass 9.000 Euro Lohnsteuer anzurechnen seien.[600]
– das Verlangen nach einer Sicherheit gemäß § 221 Satz 2 AO.[601]

dd) Vollziehbare Verwaltungsakte des Vollstreckungsverfahrens
Eine Aussetzung der Vollziehung von Verwaltungsakten des Vollstreckungsverfahrens kommt dann in Frage, wenn diese selbständig mit Einspruch angefochten werden. Zu nennen sind insbesondere:

– Pfändung[602] beweglicher Sachen (§§ 281 ff. AO) bis zur Verwertung,[603]
– Forderungspfändung (§§ 309 ff. AO), solange die Vollstreckung noch nicht beendet ist,[604]
– Aufforderung zur Vorlage eines Vermögensverzeichnisses und zur Abgabe der eidesstattlichen Versicherung (§ 284 AO),[605]
– Antrag der Finanzbehörde auf Eintragung einer Sicherungshypothek,[606]

---

598 BFH vom 10. 11. 1987, VII B 137/87, BStBl II 1988, 43.
599 BFH vom 8. 11. 2004, VII B 137/04, BFH/NV 2005, 492.
600 BFH vom 31. 10. 1975, VIII B 14/74, BStBl II 1976, 258.
601 BFH vom 19. 8. 1987, V B 56/85, BStBl II 1987, 830.
602 Die Pfändung ist ein Verwaltungsakt; vgl. BFH vom 17. 1. 1985, VII B 46/84, BStBl II 1985, 302; vom 30. 1. 1990, VII B 99/89, BFH/NV 1990, 718.
603 BFH vom 10. 8. 1976, VII R 111/74, BStBl II 1977, 104; vom 17. 1. 1985, VII B 46/84, BStBl II 1985, 302; vom 26. 6. 1990, VII B 161/89, BFH/NV 1991, 393; vom 10. 8. 1993, VII B 262/92, BFH/NV 1994, 719; FG Bremen vom 12. 11. 1993, 2 93 324 V 2, EFG 1994, 334.
604 BFH vom 16. 11. 1977, VII S 1/77, BStBl II 1978, 69; vom 17. 5. 1988, VII B 27/88, BFH/NV 1989, 114.
605 FG Hamburg vom 18. 3. 1974, I 129/73, EFG 1974, 436; vgl. auch BFH vom 11. 12. 1984, VII B 41/84, BStBl II 1985, 197.
606 BFH vom 29. 10. 1985, VII B 69/85, BStBl II 1986, 236; vom 6. 11. 1990, VII B 79/90, BFH/NV 1991, 608.

Vorläufiger Rechtsschutz

– Antrag der Finanzbehörde auf Zwangsversteigerung, wenn er die Feststellung enthält, dass die gesetzlichen Voraussetzungen für die Vollstreckung vorliegen,[607]
– Anordnung eines Arrestes (§§ 324 ff. AO),[608]
– Festsetzung eines Zwangsmittels (§ 333 AO),[609]
– Aufforderung, eine Sicherheit zu leisten (§§ 241 ff. AO),[610]
– Verfügung des gerichtlichen Vollstreckungsverfahrens (§ 150 Satz 3 FGO).[611]

ee) Vollziehbare Verwaltungsakte im Bereich der Nebenbestimmungen
Ob eine Nebenbestimmung isoliert oder nur zusammen mit dem Verwaltungsakt, mit dem sie ergangen ist, angefochten werden kann, ist umstritten. Als selbständiger Verwaltungsakt kann sie isoliert angefochten werden.[612] Betrachtet man die Nebenbestimmung jedoch als funktionellen Nebenbestandteil des Verwaltungsakts, zu dem sie ergeht, ist sie selbständig nicht anfechtbar.[613] Ist die Nebenbestimmung mit der Hauptregelung so eng verbunden, dass diese ohne die Nebenbestimmung nicht ergangen wäre, ist sie als unselbständige Nebenbestimmung entsprechend dem Rechtsgedanken des § 125 Abs. 4 AO nur zusammen mit der Hauptregelung anfechtbar.[614]

c) *Aussetzbarkeit*
Aussetzung der Vollziehung kann nur erfolgen, wenn der angefochtene Verwaltungsakt seiner Natur nach von der Vollziehung ausgesetzt werden kann. In aller Regel ist ein vollziehbarer Verwaltungsakt auch aussetzbar. Die Aussetzbarkeit entfällt auch nicht durch den Vollzug, da dann immer noch die Möglichkeit der Aufhebung der Vollziehung besteht. Nicht aussetzbar sind dagegen die nichtvollziehbaren Verwaltungsakte – hier erfolgt der vorläufige Rechtsschutz über die einstweilige Anordnung[615].

---

607 BFH vom 25. 1. 1988, VII B 85/87, BStBl II 1988, 566.
608 BFH vom 20. 3. 1969, V B 5/69, BStBl 1969, 399; FG Düsseldorf vom 23. 3. 1976, II 141/76 A, EFG 1976, 399.
609 Seer, in: Tipke/Kruse, § 69 FGO (Stand: April 2006), Rz. 34.
610 BFH vom 19. 8. 1987, V B 56/85, BStBl II 1987, 830.
611 BFH vom 12. 8. 1966, IV B 6/66, BStBl III 1966, 596.
612 BFH vom 25. 8. 1981, VII B 3/81, BStBl II 1982, 34 betr. der mit der Bewilligung eines Steuerlagers verbundenen Auflage, für die Steuern Sicherheit zu leisten.
613 So Tipke, in: Tipke/Kruse, § 120 AO (Stand: März 2004), Rz. 26; BFH vom 25. 10. 1989, X R 109/87, BStBl II 1990, 278 betr. Vorläufigkeitsvermerk gem. § 165 AO.
614 Tipke, in: Tipke/Kruse, § 120 AO (Stand: März 2004), Rz. 26.
615 S. u. 3. Teil, 3. Kapitel, B I 2 (S. 272).

Aussetzung der Vollziehung

Nicht mehr aussetzbar sind Verwaltungsakte, die sich durch Zeitablauf oder in sonstiger Weise erledigt haben.[616] Nicht aussetzbar sind weiterhin Verwaltungsakte, deren Aussetzung der Vollziehung dem Antragsteller über den vorläufigen Rechtsschutz hinaus bereits die mit dem Einspruch oder der Klage begehrte Rechtsposition – wenn auch vorläufig – einräumen würde.[617]

Beispiele:
- Dem Arbeitnehmer A sind neben den laufenden Bezügen einmalig 30.000 Euro gezahlt und hiervon 10.000 Euro Lohnsteuer einbehalten worden. Bei der Einkommensteuerveranlagung hat das Finanzamt diese Zahlung nicht als tarifbegünstigte Entschädigung i. S. d. § 24 Nr. 1 EStG anerkannt und daher nicht den ermäßigten Steuersatz des § 34 Abs. 2 Nr. 2 EStG angewandt. Auf die mit 16.500 Euro festgesetzte Steuer sind insgesamt 18.000 Euro einbehaltene Lohnsteuer angerechnet und daher 1.500 Euro erstattet worden. A klagt gegen den Bescheid und beantragt, die Einkommensteuer um weitere 5.000 Euro herabzusetzen, da es sich um eine tarifbegünstigte Entschädigung handele, sowie die Vollziehung des Einkommensteuerbescheids auszusetzen. Da der Einkommensteuerbescheid mit der Anrechnung der Lohnsteuer vollzogen ist, käme eine weitere Vollziehung nur in Form einer weiteren Erstattung einbehaltener Lohnsteuer nach vorläufiger Herabsetzung der Einkommensteuer in Frage – damit erhielte der Kläger die mit der Klage begehrte Rechtsstellung, während der Zweck der Aussetzung der Vollziehung nur der Schutz vor einer Schmälerung des bei Klageerhebung bestehenden Rechtszustandes ist.[618]
- Hat die Finanzbehörde Steuerforderungen, die in den angefochtenen Bescheiden festgesetzt worden sind, schon vor Eröffnung des vorläufigen Insolvenzverfahrens gegen Steuererstattungsansprüche aufgerechnet, hat sie damit die Bescheide i. S. d. § 69 FGO vollzogen. Diese Vollziehung kann grundsätzlich nicht aufgehoben werden, wenn dies dazu führen würde, dass die Finanzbehörde die bereits vereinnahmte Steuer wieder auskehren müsste und mit dem dadurch erneut aufgelebten Steueranspruch nur Insolvenzgläubiger wäre. Eine Ausnahme hiervon gilt nur dann, wenn die besonderen Voraussetzungen für eine die Entscheidung in der Hauptsache vorwegnehmende Eilentscheidung vorliegen.[619]

Eine Ausnahme vom Grundsatz der Nichtvorwegnahme der Hauptsache hat der BFH im Falle des Streits um die Buchführungspflicht zugelassen.[620]

---

616 S. zur Erledigung i. Ü. o. 2. Teil, 2. Kapitel, A II (S. 186).
617 Vgl. zum Parallelproblem bei der einstweiligen Anordnung u. 3. Teil, 3. Kapitel, B IV (S. 282).
618 Vgl. BFH vom 22. 9. 1967, VI B 44/67, BStBl II 1968, 36.
619 BFH vom 17. 12. 2003, I B 182/02, BFH/NV 2004, 815.
620 BFH vom 6. 12. 1979, IV B 32/79, BStBl II 1980, 427.

Vorläufiger Rechtsschutz

d) Rechtsbeeinträchtigung
Aussetzung der Vollziehung kommt nur bei belastenden Verwaltungsakten in Frage[621], da § 361 AO, § 69 FGO ihrem Sinn und Zweck nach vorläufige Rechtsschutzregelungen darstellen. Enthält ein Verwaltungsakt gleichzeitig eine belastende und eine begünstigende Regelung, ist die Aussetzung der Vollziehung möglich, wenn und soweit der belastende Teil des Verwaltungsakts abtrennbar ist.

Ist der angefochtene Verwaltungsakt nicht oder nicht mehr vollziehbar, fehlt das Rechtsschutzbedürfnis. Das Gleiche gilt, wenn die Finanzbehörde zugesagt hat, von der Vollziehung bis zur Entscheidung in der Hauptsache abzusehen[622] oder bei eingetretener Unanfechtbarkeit des Verwaltungsakts[623].

e) Anhängigkeit eines Einspruchs
Voraussetzung der Aussetzung der Vollziehung durch die Behörde ist gemäß § 361 Abs. 2 AO, dass ein ordentlicher, außergerichtlicher Rechtsbehelf in der Hauptsache – also ein Einspruch – gegen den Verwaltungsakt anhängig ist, dessen Vollziehungsaussetzung begehrt wird. Voraussetzung einer Aussetzung der Vollziehung durch die Behörde gemäß § 69 Abs. 2 FGO ist die Anhängigkeit eines gerichtlichen Rechtsbehelfs (Klage, Revision, Nichtzulassungsbeschwerde o. ä.), für den der Finanzrechtsweg gegeben ist. Die Aussetzung der Vollziehung durch das Gericht gemäß § 69 Abs. 3 FGO setzt voraus, dass ein ordentlicher außergerichtlicher oder gerichtlicher Rechtsbehelf in der Hauptsache anhängig ist;[624] der Aussetzungsantrag kann aber auch schon vor Erhebung der Klage gestellt werden (§ 69 Abs. 3 Satz 2 FGO). Hat der BFH eine Beschwerde wegen Nichtzulassung der Revision zurückgewiesen, ist das Urteil des Finanzgerichts rechtskräftig geworden. Dies führt zur Bestandskraft des angefochtenen Verwaltungsakts, so dass die Gewährung einer Aussetzung der Vollziehung ausscheidet.[625]

Ein außerordentlicher Rechtsbehelf – beispielsweise eine Dienstaufsichtsbeschwerde – reicht dagegen in keinem Fall aus. Gleiches gilt für einen Antrag auf Änderung, Teilrücknahme, Teilwiderruf, Berichtigung oder sonstige Korrektur nach den einschlägigen Vorschriften der AO (§§ 164, 165, 172 ff.) sowie für einen Antrag auf Anpassung der Einkommensteuervorauszahlungen (§ 37 Abs. 3 Satz 3

---

621 BFH vom 28. 11. 1974, V B 52/73, BStBl II 1975, 239; vom 11. 10. 1987, VII B 137/87, BStBl II 1988, 43.
622 BFH vom 16. 11. 1977, VII S 1/77, BStBl II 1978, 69.
623 BFH vom 5. 9. 2001, XI S 3/01, BFH/NV 2002, 67.
624 Vgl. BFH vom 12. 1. 1978, IV S 12–13/77, BStBl II 1978, 227.
625 BFH vom 11. 7. 2007, XI S 14/07, n. v.

EStG). § 69 FGO ist nicht analog anwendbar, wenn eine Verfassungsbeschwerde erhoben ist.[626]

Ist eine Klage vor dem Finanzgericht erhoben, muss es sich in der Regel um eine Anfechtungsklage oder eine Nichtigkeits- und Restitutionsklage[627] handeln. Bei Verpflichtungs-, Leistungs-, Feststellungs- und Vollstreckungsabwehrklagen wird vorläufiger Rechtsschutz grundsätzlich durch einstweilige Anordnung gewährt.[628] Die etwaige Unzulässigkeit der Klage hindert zwar nicht ihre Anhängigkeit, ernsthafte Zweifel an der Rechtmäßigkeit des angefochtenen Verwaltungsakts dürften aber dann regelmäßig nicht bestehen,[629] es sei denn, bei Unzulässigkeit wegen Fristversäumnis kommt bei summarischer Prüfung eine Wiedereinsetzung in den vorigen Stand in Frage.[630]

Der Rechtsbehelf muss noch anhängig sein. Nach Bestands- oder Rechtskraft der außergerichtlichen oder gerichtlichen Rechtsbehelfsentscheidung kommt eine Aussetzung der Vollziehung nicht mehr in Frage.[631]

3. Ernstliche Zweifel an der Rechtmäßigkeit des angefochtenen Bescheids

a) Überblick

In der ersten Alternative des § 361 Abs. 2 Satz 2 AO, § 69 Abs. 2 Satz 2 FGO müssen

- Zweifel
- ernsthafter Art
- an der Rechtmäßigkeit des angefochtenen Bescheids

bestehen, damit eine Aussetzung der Vollziehung erfolgen kann.

Solche Zweifel bestehen – allgemein ausgedrückt –, wenn neben den für die Rechtmäßigkeit sprechenden Umständen gewichtige, gegen die Rechtmäßigkeit sprechende Gründe zutage treten, die Unentschiedenheit oder Unsicherheit in

---

626 BFH vom 11. 2. 1987, II R 176/84, BStBl II 1987, 320.
627 Vgl. hierzu BFH vom 24. 1. 1967, VII B 9/66, BStBl III 1967, 253.
628 S. u. 3. Teil, 3. Kapitel (S. 270).
629 BFH vom 12. 1. 1968, VI B 77/67, BStBl II 1968, 278; vom 12. 10. 1988, I S 9/88, BFH/NV 1989, 444.
630 BFH vom 31. 7. 1970, III B 44/69, BStBl II 1970, 846; FG Düsseldorf vom 11. 1. 1978, X 323/77 A, EFG 1978, 388.
631 BFH vom 24. 1. 1967, VII B 9/66, BStBl III 1967, 253; vom 16. 12. 1986, VIII S 3/85, BFH/NV 1987, 711.

Vorläufiger Rechtsschutz

der Beurteilung der Rechtsfragen oder Unklarheit in der Beurteilung der Tatfragen bewirken.[632] Zweifel können dabei bezüglich *Rechtsfragen* auftreten, aber auch im Tatsächlichen liegen, etwa bei unklaren, noch nicht vollständig ermittelten Sachverhalten. Dabei brauchen die für die Unrechtmäßigkeit des Bescheids sprechenden Bedenken nicht zu überwiegen, d. h., ein Erfolg des Steuerpflichtigen muss nicht wahrscheinlicher sein als ein Misserfolg.[633]

Die Prüfung, ob diese Voraussetzungen gegeben sind, erfolgt in einem sog. *summarischen Verfahren*. Das heißt, dass der Entscheidung nur der Akteninhalt zugrunde gelegt wird, eine weitere Aufklärung des Sachverhalts also nicht erfolgt,[634] und dass streitige Rechtsfragen – vor allem unter Berücksichtigung der Rechtsprechung des BFH und der Finanzgerichte – nur vorläufig (nicht abschließend) entschieden werden.[635] Durch die Aussetzung der Vollziehung darf die Entscheidung über den eingelegten Rechtsbehelf nicht vorweggenommen werden.

b) Ernstliche Zweifel
Zweifel liegen vor, wenn hinsichtlich des formellen oder materiellen Teils oder rechtlicher Grundlagen des Verwaltungsakts Unentschiedenheit, Unsicherheit oder Unklarheit besteht.

Ein lediglich *vager* Zweifel genügt nicht dem Kriterium der Ernstlichkeit.[636] Nach st. Rspr.[637] ist der unbestimmte Rechtsbegriff „ernstliche Zweifel" dann erfüllt, wenn in einem summarischen Verfahren neben den für die Rechtmäßigkeit sprechenden Gründen gewichtige gegen die Rechtmäßigkeit sprechende Gründe zutage treten, die Unsicherheit oder Unentschiedenheit in der Beurteilung einer Rechtsfrage oder Unklarheit in der Beurteilung von Tatfragen bewirken. Es ist einerseits nicht erforderlich, dass die Bedenken rechtlicher oder tatsächlicher Art gegen die Rechtmäßigkeit des Verwaltungsakts überwiegen,[638] andererseits genügt es nicht, dass Bedenken an der Rechtmäßigkeit in einem summarischen Verfahren nicht ausgeschlossen werden können.[639] Es muss daher ein nicht nur geringer

---

632 Ausführlich dazu: Beermann, Wandlungen im vorläufigen (gerichtlichen) Rechtsschutz gegen Steuerverwaltungsakte, DStR 1986, 254.
633 St. Rspr.; vgl. z. B. BFH vom 4. 12. 1987, V S 9/85, BStBl II 1988, 702.
634 St. Rspr., vgl. BFH vom 19. 5. 1987, VIII B 104/85, BStBl II 1988, 5.
635 St. Rspr., vgl. BFH vom 22. 9. 1967, VI B 59/67, BStBl II 1968, 37.
636 BFH vom 11. 6. 1968, VI B 94/67, BStBl II 1968, 657; vom 12. 12. 1975, VI B 124/75, BStBl II 1976, 543.
637 Seit BFH vom 10. 2. 1967, III B 9/66, BStBl III 1967, 182.
638 St. Rspr.; vgl. BFH vom 30. 6. 1967, III B 21/66, BStBl III 1967, 533; vom 28. 11. 1978, VII B 43/78, BStBl II 1979, 167.
639 BFH vom 15. 6. 1966, II S 23/66, BStBl III 1966, 467.

Grad von Wahrscheinlichkeit dafür sprechen, dass der Verwaltungsakt rechtswidrig ist und der Einspruch infolgedessen Erfolg haben wird. Ein gleich hohes Prozessrisiko der Beteiligten genügt. Ist ein Verwaltungsakt Gegenstand eines anhängigen Revisionsverfahrens, können ernstliche Zweifel an seiner Rechtmäßigkeit nur anerkannt werden, wenn unter Berücksichtigung der besonderen Voraussetzungen des Revisionsverfahrens und der beschränkten Prüfungsmöglichkeiten des BFH als Revisionsgericht, insbesondere seiner grundsätzlichen Bindung an die tatsächlichen Feststellungen der Vorinstanz (§ 118 Abs. 2 FGO), ernstlich mit der Aufhebung des angefochtenen Verwaltungsakts gerechnet werden kann.[640] Entsprechendes gilt, wenn in der Hauptsache eine Nichtzulassungsbeschwerde (§ 116 FGO) anhängig ist.[641]

c) *Rechtmäßigkeit des angefochtenen Verwaltungsakts*
Die ernstlichen Zweifel müssen sich auf die Rechtmäßigkeit des angefochtenen Verwaltungsakts beziehen; Mängel des Einspruchsverfahrens oder der Einspruchsentscheidung sind nur dann von Bedeutung, wenn und soweit die Einspruchsentscheidung den Tenor, also den Verfügungssatz des Verwaltungsakts geändert hat. Ist ein Grundlagenbescheid[642] mit Gründen angefochten, die lediglich gegen den Folgebescheid geltend gemacht werden können, ist die Aussetzung der Vollziehung des Grundlagenbescheids nicht möglich.[643]

Ist ein Folgebescheid angefochten, genügen ernstliche Zweifel an der Rechtmäßigkeit eines Grundlagenbescheids regelmäßig nicht, um die Vollziehung des Folgebescheids auszusetzen – der Grundlagenbescheid muss angefochten werden und seine Vollziehung ist auszusetzen, bevor Aussetzung der Vollziehung des Folgebescheids erfolgen kann.[644] Etwas anderes gilt nur dann, wenn

– der Antrag auf Aussetzung der Vollziehung des Folgebescheids auf ernstliche Zweifel an der Wirksamkeit des Grundlagenbescheids (z. B. wegen unterbliebener Bekanntgabe) gestützt wird;[645]
– in einem Grundlagenbescheid zu treffende, noch nicht festgestellte Besteuerungsgrundlagen in einem Verwaltungsakt berücksichtigt werden.

Wird ein ändernder oder ersetzender Verwaltungsakt Gegenstand des Einspruchsverfahrens (§ 365 Abs. 3 AO) oder des gerichtlichen Verfahrens, müssen

---
640 BFH vom 24. 1. 2001, I S 10/00, BFH/NV 2001, 806.
641 BFH vom 28. 1. 1997, X S 28/96, BFH/NV 1997, 510.
642 S. dazu u. 3. Teil, 2. Kapitel, E V 6 (S. 260).
643 BFH vom 24. 7. 1975, IV B 38/75, BStBl II 1975, 774.
644 BFH vom 29. 10. 1987, VIII R 413/83, BStBl II 1988, 240.
645 BFH vom 15. 4. 1988, III R 26/85, BStBl II 1988, 660.

die ernstlichen Zweifel an der Rechtmäßigkeit des korrigierenden Verwaltungsakts bestehen.[646] Dies gilt auch, wenn ein angefochtener Vorauszahlungsbescheid durch die Festsetzung der Jahressteuer abgelöst wird.[647]

Der Steuerpflichtige, der bezüglich der Rechtmäßigkeit des Verwaltungsakts ernstliche Zweifel geltend macht, muss den *Antrag* auf Aussetzung der Vollziehung *nicht besonders begründen*. Er kann insoweit auf die Einspruchsbegründung verweisen. Legt ein Steuerpflichtiger aber gegen einen *Schätzungsbescheid*, der aufgrund Nichtabgabe der Steuererklärung ergangen ist, Einspruch ein, kann er ernstliche Zweifel nur durch Vorlage einer *ordnungsmäßigen Steuererklärung* geltend machen.

Bestehen ernstliche Zweifel an der Rechtmäßigkeit eines Verwaltungsakts, ist die mögliche Gefährdung des Steueranspruchs für sich allein kein Grund, die Aussetzung der Vollziehung abzulehnen. Steuerausfälle können dadurch vermieden werden, dass die Aussetzung oder Aufhebung der Vollziehung von einer Sicherheitsleistung abhängig gemacht wird.[648]

d) *Fallgruppen ernstlicher Zweifel*
aa) Verfahrensmängel
Die Rechtmäßigkeit eines Verwaltungsakts kann ernstlich zweifelhaft sein, weil das behördliche Verfahren an Mängeln leidet, die den Bestand des Verwaltungsakts in der vorliegenden Form gefährden.

Ernstliche Zweifel sind z. B. zu *bejahen*, wenn Unentschiedenheit oder Unsicherheit besteht, ob die Verfahrensvorschriften der AO oder anderer Gesetze im Streitfall überhaupt anwendbar sind, ob sie beachtet oder ob sie zutreffend angewandt worden sind.

Beispiele:
– Zweifel an der sachlichen Zuständigkeit der Finanzbehörde,[649]
– einheitliche und gesonderte Feststellung ohne Rechtsgrundlage,[650]
– schwerer, nicht heilbarer Verfahrensmangel,[651]
– keine Bekanntgabe des Verwaltungsakts,[652]

---

646 BFH vom 7. 6. 1994, IX R 141/89, BStBl II 1994, 756.
647 BFH vom 5. 3. 2001, IX B 90/00, BStBl II 2001, 405.
648 AEAO Nr. 2.5.5 zu § 361.
649 BFH vom 27. 3. 1968, II S 8/67, BStBl II 1968, 491.
650 BFH vom 30. 9. 1986, X B 47/86, BStBl II 1987, 10.
651 BFH vom 14. 5. 1968, II B 41/67, BStBl II 1968, 503.
652 BFH vom 29. 10. 1985, VII B 84/85, BStBl II 1986, 236.

Aussetzung der Vollziehung

- Zweifel an der hinreichenden Bestimmtheit des Verwaltungsakts,[653]
- Zweifel an dem nachträglichen Bekanntwerden von Tatsachen, die die Finanzbehörde zu einem Änderungsbescheid nach § 173 Abs. 1 Nr. 1 AO veranlasst haben,
- dem Steuerpflichtigen ist nicht hinreichend rechtliches Gehör gewährt worden – eine Vollstreckung aus Bescheiden, zu deren Grundlagen sich der Steuerpflichtige nicht in ausreichender Form äußern konnte, darf nicht erfolgen,[654]
- Fehlen einer erforderlichen Begründung.[655]

Ernstliche Zweifel sind im Allgemeinen zu *verneinen*, wenn z. B.

- die vom Einspruchsführer gerügten Verfahrensmängel offensichtlich nicht gegeben sind, für ihr Bestehen ein nur geringer Grad der Wahrscheinlichkeit spricht oder die Verfahrensmängel die Rechtmäßigkeit des angegriffenen Verwaltungsakts nicht tangieren,
- im summarischen Verfahren an der Rechtmäßigkeit der Versagung der Wiedereinsetzung in den vorigen Stand keine ernstlichen Zweifel bestehen,
- bei antragsabhängigen Verwaltungsakten durch Antragstellung oder bei den in § 126 Abs. 1 Nr. 2 bis 4 AO genannten Verfahrensmängeln vor Abschluss des Einspruchsverfahrens oder der Klageerhebung der Verfahrensmangel geheilt ist,[656]
- die vom Einspruchsführer gerügten Verfahrensmängel nicht entscheidungserheblich sind.[657]

bb) Unklarheit bei Tatfragen

Ernstliche Zweifel sind zu *bejahen*, wenn z. B.

- ein unrichtiger oder unvollständiger Sachverhalt zugrunde liegt;[658]
- anspruchsbegründende Umstände undurchsichtig geblieben sind und deshalb der Steueranspruch nicht hinreichend begründet erscheint.

---

653 BFH vom 17. 7. 1984, VII S 9/84, BFH/NV 1986, 583.
654 BFH vom 4. 4. 1978, VII R 71/77, BStBl II 1978, 402.
655 BFH vom 14. 2. 1984, VIII B 112/83, BStBl II 1984, 443.
656 BFH vom 1. 12. 1982, I B 11/82, BStBl II 1983, 367; FG Düsseldorf vom 25. 11. 1977, II 484–485/77 A, EFG 1978, 311.
657 Vgl. BFH vom 17. 7. 1984, VII S 9/84, BFH/NV 1986, 583; vom 25. 1. 1989, X R 158/87, BStBl II 1989, 483.
658 BFH vom 15. 6. 1966, II S 23/66, BStBl III 1966, 467; vom 21. 2. 1985, V B 27/84, BB 1985, 1248.

Vorläufiger Rechtsschutz

Beispiele:

- bei unklaren, widersprüchlichen oder unverständlichen Außenprüfungs- und Steuerfahndungsberichten, die in Bescheide umgesetzt worden sind;[659]
- unvollständige oder verworrene Darstellung des Besteuerungssachverhalts durch die Finanzbehörde.

- aufgrund der bisherigen Ermittlungsergebnisse ungewiss ist, ob tatsächlich der anspruchsbegründende Sachverhalt gegeben ist;

Beispiele:

- Einwendungen und Behauptungen des Steuerzahlers bei *strittigen Sachfragen* (z. B. bei Schätzungen, Glaubhaftmachung von Ausgaben o. dgl.) sind nicht unwahrscheinlich;
- eine Pflichtverletzung seitens des Steuerpflichtigen – z. B. bei Haftungsbescheiden – kann nur durch Zeugenvernehmung geklärt werden.[660]

Ernstliche Zweifel sind trotz Unklarheit zu *verneinen*, wenn z. B.

- keine gewichtigen Argumente in Tatfragen vorgetragen werden;
- bei Schätzungsbescheiden wegen Nichtvorlage der Steuererklärung diese nicht nachgereicht wird, selbst wenn das Finanzamt an die obere Grenze seines Schätzungsrahmens gegangen ist;[661]
- der Steuertatbestand erfüllt und lediglich unklar ist, ob die tatsächlichen Voraussetzungen für einen Befreiungstatbestand vorliegen und insoweit den Steuerpflichtigen die objektive Beweislast trifft;[662]
- der Antragsteller lediglich neues tatsächliches Vorbringen in Aussicht stellt, während die Finanzbehörde den Sachverhalt bis zur Grenze der Zumutbarkeit aufgeklärt hat.[663]

cc) Rechtliche Bedenken

Die Rechtmäßigkeit des Verwaltungsakts kann auch aufgrund gewichtiger Darlegungen des Einspruchsführers zur Rechtslage, aufgrund besserer Erkenntnis der Behörde oder des Gerichts in vollem Umfang oder teilweise ernstlich zweifelhaft sein. Ernstliche Zweifel sind zu *bejahen*, wenn z. B.[664]

---

659 BFH vom 14. 2. 1984, VIII B 112/83, BStBl II 1984, 443; FG Düsseldorf vom 14. 1. 1982, II 183/81, EFG 1982, 393.
660 BFH vom 15. 6. 1966, II S 23/66, BStBl III 1966, 467.
661 FG Münster vom 14. 3. 1988, V 772/88 V, EFG 1989, 473.
662 BFH vom 24. 4. 1985, II B 28/84, BStBl II 1985, 520.
663 BFH vom 13. 11. 1985, I R 7/85, BFH/NV 1986, 638.
664 AEAO Nr. 2.5.2 zu § 361.

Aussetzung der Vollziehung

– die Behörde bewusst oder unbewusst von einer für den Steuerzahler *günstigen Rechtsprechung* des BFH *abgewichen* ist;[665]
– der BFH noch nicht zu der Rechtsfrage Stellung genommen hat und die Finanzgerichte unterschiedliche Rechtsauffassungen vertreten;[666]
– die Gesetzeslage unklar ist, die streitige Rechtsfrage vom BFH noch nicht entschieden ist, im Schrifttum Bedenken gegen die Rechtsauslegung der Finanzbehörde erhoben werden und die Finanzverwaltung die Zweifelsfrage in der Vergangenheit unterschiedlich beurteilt hat;[667]
– eine *Rechtsfrage* von zwei obersten Bundesgerichten oder zwei Senaten des BFH *unterschiedlich entschieden* worden ist oder widersprüchliche Urteile desselben Senats des BFH vorliegen;[668]
– Billigkeitsregelungen für eine Gruppe gleichgelagerter Fälle unter Verletzung des Grundsatzes der Gleichbehandlung im Einzelfall unberücksichtigt geblieben sind;[669]
– das Vorliegen der Voraussetzungen für eine Schätzung (§ 162 Abs. 1 Satz 1 AO) zweifelhaft ist.[670]

Ob ernstliche Zweifel bestehen, hat die Finanzbehörde oder das Gericht nach Maßgabe des Gesetzes und der eigenen, aus der Prüfung des Gesetzes folgenden Überzeugung zu entscheiden. Handelt es sich um ermessensgebundene Verwaltungsakte, bestehen bezüglich der Überprüfungsmöglichkeiten keine Beschränkungen, wenn bei der Finanzbehörde Aussetzung der Vollziehung beantragt wird. Im Verfahren nach § 69 FGO können sich dagegen ernstliche Zweifel nur ergeben, wenn die gesetzlichen Grenzen des Ermessens überschritten oder vom Ermessen in einer dem Zweck der Ermächtigung nicht entsprechender Weise Gebrauch gemacht worden ist (§ 5 AO), da das Gericht insoweit nur eine eingeschränkte Überprüfungsbefugnis hat (§ 102 FGO).

Ernstliche Zweifel sind zu *verneinen*, wenn z. B.[671]

---

665 BFH vom 15. 2. 1967, VI S 2/66, BStBl II 1967, 256; vom 2. 7. 1974, VII B 105/73, BStBl II 1974, 715.
666 Vgl. BFH vom 22. 9. 1967, III B 59/67, BStBl II 1968, 37; vom 19. 8. 1987, V B 56/85, BStBl II 1987, 830; vom 18. 10. 1989, IV B 149/88, BStBl II 1990, 71.
667 BFH vom 22. 9. 1967, VI B 59/67, BStBl II 1968, S. 37; vom 19. 8. 1987, V B 56/85, BStBl II 1987, 830.
668 BFH vom 22. 11. 1968, VI 87/68, BStBl II 1969, 145; vom 21. 11. 1974, IV B 39/74, BStBl II 1975, 175.
669 BFH vom 24. 1. 1974, V B 35/73, BStBl II 1974, 372.
670 FG Schleswig-Holstein vom 28. 11. 1979, IV 246/79, EFG 1980, 107.
671 AEAO Nr. 2.5.3 zu § 361.

Vorläufiger Rechtsschutz

– der Bescheid der höchstrichterlichen Rechtsprechung entspricht.[672] Soweit dies nach Meinung der Finanzverwaltung auch gelten soll, wenn einzelne Finanzgerichte eine hiervon abweichende Auffassung vertreten, wird verkannt, dass die Finanzgerichte ggf. durchaus in der Lage sind, beim BFH einen Meinungswandel zu bewirken. Allerdings sollen die Finanzbehörden bei der Abschätzung der Erfolgsaussichten auch die Entscheidungen des *zuständigen* Finanzgerichts ins Kalkül ziehen;[673]
– der Rechtsbehelf unzulässig ist,[674] weil er z.B. nicht fristgerecht eingelegt wurde.[675] Trotz Fristversäumung kann Aussetzung der Vollziehung gleichwohl in Betracht kommen, wenn der Steuerpflichtige rechtzeitig Wiedereinsetzung in den vorigen Strand beantragt hat und der Antrag bei summarischer Prüfung aussichtsreich erscheint.[676]

Ist im Verfahren der Hauptsache entscheidungserheblich, ob wegen Steuerhinterziehung die nach § 169 Abs. 2 Satz 2 AO auf zehn Jahre verlängerte Festsetzungsfrist gilt, ist im Aussetzungsverfahren zu prüfen, ob ernstliche Zweifel daran bestehen, dass der Steuerpflichtige die Straftat begangen hat. § 203 StPO über die Eröffnung des Hauptverfahrens bei hinreichendem Tatverdacht kann dabei weder unmittelbar noch mittelbar herangezogen werden.[677]

dd) Verfassungsmäßigkeit

Wird die Verfassungswidrigkeit einer einschlägigen Rechtsnorm geltend gemacht, sind keine strengeren Anforderungen zu stellen als im Falle der Geltendmachung fehlerhafter Anwendung einfachen Gesetzesrechts. Die Begründetheit des Aussetzungsantrags ist nicht nach den Grundsätzen zu beurteilen, die für eine einstweilige Anordnung durch das BVerfG nach § 32 BVerfGG gelten.[678] Zu prüfen ist allerdings immer, ob nicht eine verfassungskonforme Auslegung des Gesetzes möglich ist.[679]

Da bei einem formell ordnungsgemäß zustande gekommenen Gesetz zunächst dessen Verfassungsmäßigkeit zu vermuten ist, muss der Antragsteller ein *berech-*

---

672 BFH vom 24. 2. 1967, VI B 15/66, BStBl III 1967, 341.
673 AEAO Nr. 2.5.1 zu § 361.
674 BFH vom 24. 11. 1970, II B 42/70, BStBl II 1971, 110; vom 25. 3. 1971, II B 47/69, BStBl II 1971, 334.
675 BFH vom 17. 1. 1995, V S 6/94, BFH/NV 1995, 805.
676 BFH vom 5. 2. 1975, II B 29/74, BStBl II 1975, 465.
677 BFH vom 5. 3. 1979, GrS 5/77, BStBl II 1979, 570; vom 7. 12. 2000, II B 84/00, BFH/NV 2001, 630.
678 BFH vom 10. 2. 1984, III B 40/83, BStBl II 1984, 454.
679 Vgl. BFH vom 25. 7. 1969, V B 11/69, BStBl II 1969, 564.

tigtes Interesse an der Gewährung vorläufigen Rechtsschutzes haben.[680] In Ausnahmefällen kann trotz ernstlicher Zweifel an der Verfassungsmäßigkeit einer Norm das öffentliche Interesse an einer geordneten Haushaltsführung höher zu bewerten sein als das Interesse des Antragstellers an der Gewährung einstweiligen Rechtsschutzes.[681] Der Individualanspruch auf vorläufigen Rechtsschutz hat allerdings dann Vorrang vor dem rechtsstaatlichen Anliegen eines allgemeinen Normenvollzugs, wenn durch die vorläufige Vollziehung irreparable Nachteile drohen oder wenn das zu versteuernde Einkommen des Antragstellers abzüglich der darauf zu entrichtenden Steuer unter dem sozialhilferechtlich garantierten Existenzminimum liegen würde.[682]

Ernstliche Zweifel liegen in der Regel vor, wenn

- ein Senat des BFH oder eines anderen obersten Bundesgerichts gegen die Rechtsnorm verfassungsrechtliche Bedenken erhoben hat;[683]
- eine höchstrichterliche Entscheidung noch nicht ergangen ist, aber mehrere Finanzgerichte die Rechtsnorm für verfassungswidrig erachten.[684]

Hat das BVerfG einen Rechtszustand als mit dem GG für unvereinbar bezeichnet und dem Gesetzgeber aufgegeben, ihn – etwa binnen einer bestimmten Frist – zu ändern, sind mehrere Rechtsfolgen für einen Aussetzungsantrag denkbar:

- Hat das BVerfG zugelassen, dass der verfassungswidrige Zustand bis zur gesetzlichen Neuregelung fortbesteht, ist kein Raum für eine Aussetzung der Vollziehung.[685]
- Hat das BVerfG eine Norm für nichtig oder für unvereinbar mit dem GG erklärt, kommt nach den o.a. Voraussetzungen Aussetzung der Vollziehung auch dann in Betracht, wenn noch ungewiss ist, in welcher Weise der Gesetzgeber die Verfassungswidrigkeit beheben wird.[686]

---

680 BFH vom 6. 11. 1987, III B 101/85, BStBl II 1988, 134.
681 BFH vom 20. 7. 1990, III B 194/89, BStBl II 1991, 104; BVerfG vom 3. 4. 1992, 2 BvR 283/92, BB 1992, 1772. Im Beschluss vom 5. 3. 2001, IX B 90/00, BStBl II 2001, 405 hat der Senat unter Hinweis auf Seer, StuW 2001, 3, 17 f., dahingestellt gelassen, ob das Merkmal des berechtigten Interesses an der Aussetzung der Vollziehung im Gesetz eine ausreichende Grundlage findet.
682 BFH vom 19. 8. 1994, X B 318–319/93, BFH/NV 1995, 143.
683 BVerfG vom 21. 2. 1961, BvR 304/60, BVerfGE 12, 180; BFH vom 12. 12. 1963, V 239/60 S, BStBl III 1964, 54; vom 16. 12. 1969, II R 90/69, BStBl II 1970, 408.
684 BFH vom 23. 11. 1965, VII 79/65 S, BStBl III 1966, 79.
685 BFH vom 11. 9. 1996, II B 32/96, BFH/NV 1997, 270.
686 BFH vom 19. 11. 1990, III S 6/90, BFH/NV 1991, 459.

Handelt es sich um eine Dritte begünstigende Norm, deren Ausdehnung auf sich der Einspruchsführer wegen angeblichen Verstoßes gegen den Gleichheitssatz begehrt, und bestehen mehrere Möglichkeiten zur Beseitigung eines entsprechenden Verfassungsverstoßes, ist kein Raum für eine Aussetzung der Vollziehung.[687]

ee) Übereinstimmung mit EG-Recht
Ernstliche Zweifel sind zu bejahen, wenn Unsicherheit oder Unentschiedenheit über die Anwendbarkeit entscheidungserheblicher innerstaatlicher Rechtsnormen besteht, weil gewichtige Gründe sowohl für als auch gegen deren Vereinbarkeit mit übergeordnetem EG-Recht sprechen, wobei hier die Interpretation des EG-Rechts durch den EuGH heranzuziehen ist.[688] Dabei ist nach ähnlichen Kriterien zu entscheiden wie bei der Frage nach der Verfassungswidrigkeit einer Norm.

4. Unbillige Härte

a) Überblick
Eine Aussetzung der Vollziehung wegen unbilliger, nicht durch überwiegende öffentliche Interessen gebotener Härte kommt vor allem in Betracht, wenn bei sofortiger Vollziehung dem Steuerpflichtigen Nachteile drohen würden, die über die eigentliche Durchsetzung des Verwaltungsakts hinausgehen, in dem sie von ihm ein Tun, Dulden oder Unterlassen fordern, dessen nachteilige Folgen nicht mehr oder nur schwer rückgängig gemacht werden können oder sogar unmittelbar existenzbedrohend sind.[689] Der Steuerpflichtige muss die entsprechenden Umstände *im Einzelnen darlegen und glaubhaft machen.* Die Geltendmachung unbilliger Härten führt in der Regel dann nicht zum Erfolg, wenn der Rechtsbehelf in der Hauptsache offensichtlich keine Aussicht auf Erfolg hat.[690]

b) Unbillige Härte
Eine unbillige Härte liegt dann vor, wenn bei sofortiger Vollziehung dem Betroffenen Nachteile drohen würden, die über die eigentliche Realisierung des Verwaltungsakts hinausgehen, indem sie vom Betroffenen ein Tun, Dulden oder Unterlassen fordern, dessen nachteilige Folgen nicht mehr oder nur schwer rückgängig gemacht werden können oder existenzbedrohend sind.[691]

---

687 Es besteht z.B. die Möglichkeit, dass die Vergünstigung gestrichen wird. Wie hier: FG Düsseldorf vom 7. 12. 1988, 2 V 255/88 a (U), EFG 1989, 241.
688 BFH vom 22. 1. 1992, I B 77/91, BStBl II 1992, 618.
689 AEAO Nr. 2.6 zu § 361.
690 BFH vom 21. 12. 1967, V B 26/67, BStBl II 1968, 84; vom 19. 4. 1968, IV B 3/66, BStBl II 1968, 538; vom 24. 11. 1988, IV S 1/86, BFH/NV 1990, 295.
691 BFH vom 31. 1. 1967, VI S 9/66, BStBl III 1967, 255; vom 19. 11. 1985, VIII R 18/85, BFH/NV 1987, 277; vom 21. 2. 1990, II B 98/89, BStBl II 1990, 510.

Aussetzung der Vollziehung

Bei *Zahlungsansprüchen* ist eine unbillige Härte gegeben, wenn bei sofortiger Vollziehung unter Berücksichtigung der Verzinsung bei Erfolg des Einspruchs dem Betroffenen wirtschaftliche Nachteile drohen würden, die über die Zahlung hinausgehen und nicht oder nur schwer wieder gut zu machen wären oder gar die wirtschaftliche Existenz des Steuerpflichtigen gefährden.[692]

Beispiele:

- Der Steuerpflichtige müsste zur Begleichung seiner Steuerschuld ein wertvolles Grundstück in Stadtlage veräußern. Hat der Einspruch (teilweise) Erfolgsaussichten, während ein vergleichbares Grundstück kaum wieder zu beschaffen wäre, liegt eine unbillige Härte vor.
- Die Verwertung einer Lebensversicherung zum Rückkaufswert führt i. d. R. zu einem wirtschaftlichen Schaden, der bei späterer Rückzahlung der eingezogenen Beträge nicht ausgeglichen würde.[693]

Bei Zahlungsansprüchen kommt in der Praxis aber regelmäßig eher eine *Stundung*[694] in Betracht. Eine Stundung setzt nur eine „erhebliche Härte" voraus. Die Hürde liegt hier also niedriger als bei der Aussetzung der Vollziehung wegen „unbilliger Härte". Es ist daher in der Regel ratsam, im Falle des Einspruchs gegen auf Zahlung gerichtete Bescheide bei *Zahlungsschwierigkeiten* nicht Aussetzung der Vollziehung, sondern Stundung zu beantragen.

Die Vollziehung einer *Prüfungsanordnung* hat keine unbillige Härte zur Folge, da bei einem Obsiegen des Steuerpflichtigen im Verfahren der Hauptsache die durch die Betriebsprüfung gewonnenen Erkenntnisse nicht verwertet werden können.[695]

Ein Aussetzungsantrag wegen unbilliger Härte ist von der Finanzbehörde abzulehnen, wenn der Rechtsbehelf offensichtlich keine Aussicht auf Erfolg hat.[696]

c) *Überwiegendes öffentliches Interesse*
Überwiegt das öffentliche Interesse an der Vollziehung des Verwaltungsakts das Interesse des Betroffenen an der Aussetzung der Vollziehung ist trotz unbilliger Härte die Aussetzung der Vollziehung zu versagen. Ein solches Interesse liegt z. B. vor, wenn

---

692 Vgl. BFH vom 31. 1. 1967, VI S 9/66, BStBl III 1967, 255.
693 BFH vom 2. 6. 2005, III S 12/05, BFH/NV 2005, 1834.
694 S. u. 3. Teil, 5. Kapitel (S. 300).
695 BFH vom 17. 12. 2002, X S 10/02, BFH/NV 2003, 296.
696 BFH vom 21. 12. 1967, V B 26/67, BStBl II 1968, 84; vom 19. 4. 1968, IV B 3/66, BStBl II 1968, 538; vom 18. 9. 1997, X S 7/97, BFH/NV 1998, 279.

- bei Nichtverwirklichung des Verwaltungsakts unübersehbare Folgewirkungen einträten oder Berufungsfälle zu befürchten wären,
- bei hohen Steuerforderungen das fiskalische Interesse am rechtzeitigen und stetigen Steueraufkommen ins Gewicht fällt.[697]

5. Zulässigkeit des Einspruchs

Die Aussetzung der Vollziehung setzt im Ergebnis voraus, dass der entsprechende Einspruch, für dessen Verfahren die Vollziehung ausgesetzt werden soll, zulässig ist, insbesondere, dass die Einspruchsfrist eingehalten ist. Ist z.B. die Einspruchsfrist versäumt und wird *Wiedereinsetzung in den vorigen Stand* beantragt (§ 110 AO), ist für die Aussetzung der Vollziehung zuerst summarisch zu prüfen, ob Wiedereinsetzung in Betracht kommt, d.h. ob ernstliche Zweifel bestehen, dass keine Wiedereinsetzungsgründe vorliegen. Nur für den bejahenden Fall ist weiter zu prüfen, ob ernstliche Zweifel an der Rechtmäßigkeit des angefochtenen Bescheids oder eine unbillige Härte bestehen.

III. Aufhebung der Vollziehung

Ist der angefochtene Bescheid zum Zeitpunkt der Antragstellung oder vor Entscheidung über den Antrag auf Aussetzung der Vollziehung schon *vollzogen*, z.B. die strittige Steuer bereits bezahlt oder eine Sache bereits gepfändet, kommt unter den gleichen Voraussetzungen wie bei der Aussetzung auch eine *Aufhebung* der Vollziehung in Betracht.

Die Aufhebung der Vollziehung bewirkt die vorläufige Rückgängigmachung bereits erfolgter Maßnahmen zur Realisierung des Regelungsinhalts des Verwaltungsakts (Vollziehungsmaßnahmen). Aufgrund des Leistungsgebots erbrachte Zahlungen oder sonstige Leistungen sind zurückzugewähren. Dies gilt auch, soweit eine Steuer „freiwillig", d.h. abgesehen vom Leistungsgebot ohne besondere Einwirkungen der Finanzbehörde, wie Mahnung, Postnachnahme, Beitreibungsmaßnahmen, entrichtet worden ist – für die Aufhebung der Vollziehung ist es unbeachtlich, ob die Vollziehung durch Zwangsmaßnahmen oder im Wege freiwilliger Zahlung erfolgt ist, um drohenden Vollstreckungsmaßnahmen zu entgehen.[698]

---

697 Frick, Der Antrag auf Aussetzung der Vollziehung bei unbilliger Härte, BB 1972, 998; FG Saarland vom 16. 11. 1982, I 273/82, EFG 1983, 74; a. M.: Felix, Anmerkung zum genannten Urteil: Anerkennung eines Darlehens bei ungewöhnlichen Darlehensbedingungen und zur Berücksichtigung der Liquiditätslage des Steuergläubigers bei der Aussetzung der Vollziehung, DStZ 1983, 175.
698 BFH vom 22. 7. 1977, III B 34/74, BStBl II 1977, 838; vom 29. 11. 1977, VII B 6/77, BStBl II 1978, 156; so auch AEAO Nr. 7.2 zu § 361.

Aussetzung der Vollziehung

Durch die Aufhebung der Vollziehung erhält der Steuerzahler einen Erstattungsanspruch (§ 37 Abs. 2 AO) in Höhe des Aufhebungsbetrags, da der rechtliche Grund für die Zahlung nachträglich weggefallen ist. Durch die Aufhebung der Vollziehung kann aber grundsätzlich nicht die Erstattung von festgesetzten Vorauszahlungsbeträgen, Steuerabzugsbeträgen oder anrechenbarer Steuern erreicht werden (§ 361 Abs. 2 Satz 4 AO, § 69 Abs. 2 Satz 8 FGO). Diese Beschränkungen sind mit dem GG vereinbar.[699]

Beispiel:

Festgesetzte Steuer	15.000 Euro
Festgesetzte und entrichtete Vorauszahlungen	7.000 Euro
Anzurechnende Steuerabzugsbeträge	5.000 Euro
Entrichtete Abschlusszahlung	3.000 Euro

Wegen ernstlicher Zweifel an der Rechtmäßigkeit der Steuerfestsetzung verfügt die Finanzbehörde die Aufhebung der Vollziehung. Es kann lediglich die geleistete Abschlusszahlung von 3.000 Euro erstattet werden.

Ist die Vollziehung im Wege der *Aufrechnung* (§ 226 AO) erfolgt, wird sie in der Weise rückgängig gemacht, dass das Finanzamt die zur Tilgung verwandte Gegenforderung des Steuerpflichtigen einstweilig erfüllen muss.[700] Die Aufrechnung wird dabei richtigerweise als Vollziehung des entsprechenden Steuerbescheids angesehen.[701]

IV. Sachentscheidungsvoraussetzungen

1. Antrag

Für die Aussetzung der Vollziehung durch die Finanzbehörde ist ein Antrag nicht erforderlich; eine Aussetzung der Vollziehung durch das FG ist ohne Antrag dagegen nicht möglich (§ 69 Abs. 3 Satz 1 FGO). In der Praxis ist jedoch auch beim Aussetzungsbegehren gegenüber der Finanzbehörde ein Antrag anzuraten, der zweckmäßigerweise mit dem *Einspruch* gestellt werden sollte. Der Antrag ist bei der Behörde zu stellen, deren Verwaltungsakt angefochten wird; er erfasst im Allgemeinen auch den Antrag auf Aufhebung der Vollziehung, es sei denn, der Steuerpflichtige beschränkt sein Begehren ausdrücklich auf die nur für die Zukunft wirkende Aussetzung.[702] Für den Antrag brauchen die Beträge, deren

---

699 BFH vom 2. 11. 1999, I B 49/99, BStBl II 2000, 57; vom 24. 1. 2000, X B 99/99, BStBl II 2000, 559.
700 BFH vom 15. 6. 1982, VIII B 138/81, BStBl II 1982, 657.
701 BFH vom 31. 8. 1995, VII R 58/94, BStBl II 1996, 55.
702 BFH vom 3. 2. 2005, I B 208/04, BFH/NV 2005, 625.

Vollziehung ausgesetzt werden soll, nicht vom Steuerpflichtigen berechnet oder beziffert zu werden; es genügt, wenn der Antragsteller den Streitgegenstand bezeichnet, in dem er kurz angibt, woraus sich nach seiner Auffassung die ernstlichen Zweifel an der Rechtmäßigkeit des angefochtenen Verwaltungsakts ergeben – Finanzamt oder Finanzgericht haben die Beträge selbst zu berechnen.

Der Antrag beim FG kann schon vor Erhebung der Anfechtungsklage gestellt werden (§ 69 Abs. 3 Satz 2 FGO), aber erst, nachdem Einspruch eingelegt worden ist.[703]

Ungeachtet dessen, dass der Vorsitzende unter anderem darauf hinzuwirken hat, dass sachdienliche Anträge gestellt und unklare Anträge erläutert werden (§ 76 Abs. 2 FGO), ist es nach Ansicht des BFH vertretbar, einen durch einen Steuerberater vertretenen Beteiligten an dem von diesem formulierten Antrag festzuhalten, wenn er sich zur Rechtslage in einer Weise eingelassen hat, die einen an sich nach Sachlage als Hilfsantrag in Betracht zu ziehenden Antrag gerade ausschließt.[704]

Die Finanzbehörde kann die Vollziehung auch ohne Antrag aussetzen (§ 361 Abs. 2 Satz 1 AO). Von dieser Möglichkeit wird in der Praxis Gebrauch gemacht, wenn der Einspruch offensichtlich begründet ist, der Abhilfebescheid[705] aber voraussichtlich nicht mehr vor Fälligkeit der geforderten Steuer ergehen kann.[706]

2. Beschwer

Der Antragsteller muss überzeugend und in sich widerspruchsfrei darlegen, dass an der Rechtmäßigkeit des angefochtenen Verwaltungsakts ernstliche Zweifel bestehen, oder dass die Vollziehung eine unbillige Härte zur Folge hätte und dass deshalb die Nichtgewährung der Aussetzung der Vollziehung den Antragsteller in seinen Rechten rechtswidrig verletzen würde. Keine Beschwer besteht (mehr), wenn dem Begehren des Einspruchsführers durch Korrektur des Verwaltungsakts während des Einspruchs- oder des gerichtlichen Verfahrens oder durch Einspruchsentscheidung in vollem Umfang entsprochen worden ist.

3. Persönliche Antragsbefugnis

Die Aussetzung der Vollziehung kann jeder beantragen, der beteiligungsfähig[707], rechtsbehelfs-(prozess-)fähig[708] und vom Verwaltungsakt betroffen ist, also der

---

703 Vgl. BFH vom 15. 11. 1966, I B 16/66, BStBl III 1967, 130.
704 BFH vom 4. 7. 2005, VII B 101/05, BFH/NV 2005, 2020.
705 S. dazu o. 2. Teil, 2. Kapitel, B II (S. 192).
706 AEAO Nr. 2.1 zu § 361.
707 S. o. 1. Teil, 3. Kapitel, A I (S. 47).
708 S. o. 1. Teil, 3. Kapitel, A II (S. 63).

Aussetzung der Vollziehung

Einspruchsführer, Kläger, Rechtsmittelführer und Rechtsmittelbeklagte. Insoweit gelten die allgemeinen Grundsätze der Rechtsbehelfsbefugnis.[709]

Kann der Antragsteller – sein Vorbringen als richtig unterstellt – durch den angefochtenen Verwaltungsakt offensichtlich rechtswidrig nicht betroffen sein, fehlt ihm die Antragsbefugnis.

Beispiel:

Macht das Finanzamt eine nach dem Erbfall entstandene Einkommensteuerschuld des Erben gegenüber ihm als Steuerschuldner geltend, sind durch diesen Steuerbescheid rechtliche Interessen des Testamentsvollstreckers selbst dann nicht berührt, wenn und soweit die Einkommensteuer als Nachlasserbenschuld anzusehen wäre; der Testamentsvollstrecker ist deshalb weder klagebefugt noch befugt, die Aussetzung der Vollziehung dieses Steuerbescheides zu beantragen.[710]

Für die Antragsbefugnis zur Aussetzung der Vollziehung eines Feststellungsbescheids gelten die Beschränkungen von § 352 AO, § 48 FGO entsprechend.[711] Auch ein Dritter kann durch einen gegen einen anderen gerichteten Verwaltungsakt inhaltlich unmittelbar betroffen sein; dann ist er auch anfechtungsbefugt und befugt, Aussetzung der Vollziehung zu beantragen. So kann z.B. der ausgeschiedene Gesellschafter gegen einen die Zeit vor seinem Ausscheiden betreffenden einheitlichen Gewinnfeststellungsbescheid, durch dessen Inhalt er unmittelbar betroffen ist (§ 352 Abs. 1 Nr. 3 AO), Einspruch einlegen und einen Aussetzungsantrag stellen.[712]

Ein klagebefugter Feststellungsbeteiligter ist erst dann nach § 69 Abs. 3 FGO antragsbefugt, wenn er zu dem Hauptsacheverfahren beigeladen worden ist.[713]

V. Entscheidung über die Aussetzung der Vollziehung

1. Ermessensentscheidung

Für die Entscheidung über die Aussetzung der Vollziehung ist bei Vorliegen der tatbestandsmäßigen Voraussetzungen ein *enger Ermessensspielraum* eröffnet.[714]

---

709 BFH vom 21. 4. 1995, V B 91/94, BFH/NV 1995, 1042.
710 BFH vom 29. 11. 1995, X B 328/94, BStBl II 1996, 322.
711 BFH vom 18. 7. 1994, X R 33/91, BStBl II 1995, 4.
712 BFH vom 31. 7. 1980, IV R 18/77, BStBl II 1981, 33.
713 BFH vom 15. 3. 1994, IX B 151/93, BStBl II 1994, 519.
714 BFH vom 6. 2. 1967, VII B 46/66, BStBl III 1967, 123.

Vorläufiger Rechtsschutz

Die Finanzbehörden sind aber angewiesen, den gesetzlichen Ermessensspielraum im Interesse des Steuerpflichtigen stets voll auszuschöpfen.[715]

2. Umfang der Aussetzung der Vollziehung

Der Umfang der Aussetzung der Vollziehung richtet sich in erster Linie nach dem Umfang des Einspruchsbegehrens, aber auch nach dem Ausmaß der ernstlichen Zweifel oder der unbilligen Härte. Möglich ist demzufolge auch eine nur *teilweise* Aussetzung der Vollziehung.[716]

Bei *Steuerbescheiden* ist die Aussetzung der Vollziehung grundsätzlich beschränkt auf die festgesetzte Steuer, vermindert um die anzurechnenden Steuerabzugsbeträge, die anzurechnende Körperschaftsteuer[717] und die festgesetzten Vorauszahlungen (§ 361 Abs. 2 Satz 4 AO; § 69 Abs. 2 Satz 8 und Abs. 3 Satz 4 FGO).

Beispiel:

Die Einkommensteuer 2005 wurde durch Einkommensteuerbescheid auf 20.000 Euro festgesetzt. Auf diese Steuer werden Vorauszahlungen von 8.000 Euro und Steuerabzugsbeträge (Lohnsteuer, Kapitalertragsteuer, Zinsabschlag) von 10.000 Euro angerechnet, so dass sich eine Abschlusszahlung von 2.000 Euro ergibt. Gegen den Einkommensteuerbescheid legt der Steuerpflichtige Einspruch ein, begehrt eine Herabsetzung um 5.000 Euro (also von 20.000 Euro auf 15.000 Euro) und beantragt entsprechend Aussetzung der Vollziehung. Diese ist nur in Höhe der Abschlusszahlung von 2.000 Euro möglich.

Die vorgenannte Beschränkung der Aussetzung bzw. Aufhebung der Vollziehung von Steuerbescheiden auf den Unterschiedsbetrag zwischen festgesetzter Steuer und Vorleistungen, die mit dem GG vereinbar ist,[718] gilt nicht, wenn die Aussetzung oder Aufhebung der Vollziehung „zur Abwendung wesentlicher Nachteile nötig erscheint". Solche Nachteile sind in Analogie zu den von der Rechtsprechung des BFH zur einstweiligen Anordnung (§ 114 Abs. 1 Satz 2 FGO) aufgestellten Kriterien anzunehmen, wenn durch die Versagung unmittelbar und ausschließlich die wirtschaftliche oder persönliche Existenz des Antragstellers bedroht würde.[719] „Wesentliche Nachteile" liegen auch dann vor, wenn der BFH oder ein Finanzgericht von der Verfassungswidrigkeit einer streitentscheidenden

---

715 AEAO Nr. 2.4 zu § 361.
716 BFH vom 16. 10. 1991, I B 227–228/90, BFH/NV 1992, 341.
717 Das körperschaftsteuerrechtliche Anrechnungsverfahren ist mittlerweile entfallen.
718 BFH vom 2. 11. 1999, I B 49/99, BStBl II 2000, 57; vom 24. 1. 2000, X B 99/99, BStBl II 2000, 559.
719 BFH vom 22. 12. 2003, IX B 177/02, BStBl II 2004, 367.

Norm überzeugt ist und deshalb diese Vorschrift gemäß Art. 100 Abs. 1 GG dem BVerfG zur Prüfung vorgelegt hat.[720]

Keine „wesentliche Nachteile" sind dagegen – für sich allein gesehen – die allgemeinen Folgen, die mit der Steuerzahlung verbunden sind, z. B.

- ein Zinsverlust,[721]
- eine zur Zahlung der Steuer notwendige Kreditaufnahme,[722]
- ein Zurückstellen betrieblicher Investitionen oder eine Einschränkung des gewohnten Lebensstandards.[723]

Wurde ein Grundlagenbescheid angefochten, sind erst bei der Aussetzung der Vollziehung des Folgebescheids die Beschränkungen des § 361 Abs. 2 Satz 4 AO, § 69 Abs. 2 Satz 8 und Abs. 3 Satz 4 FGO zu beachten, so dass auch erst dann zu prüfen ist, ob „wesentliche Nachteile" vorliegen.[724]

Auch eine *Aufhebung* der Vollziehung hat *nicht* die Erstattung vorausbezahlter Steuerbeträge zur Folge. Denn die Zahlung der anrechenbaren Vorauszahlungen und Steuerabzugsbeträge beruht nicht auf dem angefochtenen Einkommensteuerbescheid, sondern auf dem Vorauszahlungsbescheid und den Steueranmeldungen. Der Steuerpflichtige hätte den Vorauszahlungsbescheid anfechten und in diesem Verfahren Aussetzung der Vollziehung der Vorauszahlung in entsprechender Höhe beantragen können. Dementsprechend ist es auch nicht möglich, die Aussetzung oder Aufhebung der Vollziehung eines Steuerbescheids zu erreichen, soweit Zahlungen aufgrund eines ihm vorausgegangenen vorläufigen, unter Vorbehalt der Nachprüfung stehenden[725] oder berichtigten Bescheids[726] geleistet worden sind. Leistungen aufgrund eines *vorläufigen* oder unter dem *Vorbehalt der Nachprüfung* stehenden Bescheids werden also wie *Vorauszahlungen* behandelt.[727] Wenn der Steuerpflichtige diese Bescheide hat bestandskräftig werden lassen, kann Aussetzung der Vollziehung nicht gewährt werden.

---

720 AEAO Nr. 4.6.1 zu § 361.
721 BFH vom 27. 7. 1994, I B 246/93, BStBl II 1994, 899.
722 BFH vom 12. 4. 1984, VIII B 115/82, BStBl II 1984, 492; vom 2. 11. 1999, I B 49/99, BStBl II 2000, 57.
723 BFH vom 12. 4. 1984, VIII B 115/82, BStBl II 1984, 492.
724 AEAO Nr. 4.6.1 zu § 361.
725 BFH vom 1. 6. 1983, III B 40/82, BStBl II 1983, 622.
726 BFH vom 14. 5. 1980, II S 2/80, BStBl II 1980, 517.
727 BFH vom 27. 1. 1977, IV B 72/74, BStBl II 1977, 367; vom 5. 8. 1980, VIII B 108/79, BStBl II 1981, 35.

Vorläufiger Rechtsschutz

Die Höhe der von der Vollziehung auszusetzenden Steuer wird von der Finanzbehörde oder dem Finanzgericht betragsmäßig bestimmt. Ist dies dem Finanzgericht im Einzelfall nicht möglich, weil die Ermittlung des Betrags einen nicht unerheblichen Aufwand erfordert, wird es entsprechend § 100 Abs. 2 Satz 2 FGO durch Angabe der zu Unrecht berücksichtigten oder nicht berücksichtigten tatsächlichen oder rechtlichen Umstände die maßgeblichen Verhältnisse so bestimmen, dass die Finanzbehörde den Betrag aufgrund der Entscheidung errechnen kann.

3. Nebenbestimmungen

a) Sicherheitsleistung

Es steht im pflichtgemäßen Ermessen der Finanzbehörde bzw. des Finanzgerichts, die Aussetzung der Vollziehung von einer Sicherheitsleistung abhängig zu machen (§ 361 Abs. 2 Satz 5 AO, § 69 Abs. 2 Satz 3 FGO), um eventuelle Steuerausfälle bei einem für den Steuerpflichtigen ungünstigen Ausgang des Rechtsbehelfsverfahrens zu vermeiden. Bei Grundlagen- und Folgebescheiden wird grundsätzlich aber erst bei der Aussetzung des Folgebescheids entschieden, ob Sicherheiten gefordert werden (§ 361 Abs. 3 Satz 3 AO, § 69 Abs. 2 Satz 6 FGO). Allerdings kann die Stelle, die die Aussetzung der Vollziehung des Grundlagenbescheids anordnet, ausdrücklich bestimmen, dass die Sicherheitsleistung für den Folgebescheid ausgeschlossen sein soll. In der Praxis wird davon allerdings selten Gebrauch gemacht.

Das Angebot des Steuerpflichtigen, Sicherheiten zu stellen, reicht für sich genommen nicht aus, die Aussetzung der Vollziehung zu erreichen,[728] wird aber in der Praxis seine Wirkung auf die Entscheidung der Finanzbehörde nicht gänzlich verfehlen.

Das Einfordern von Sicherheiten ist insbesondere geboten, wenn die wirtschaftliche Lage des Steuerpflichtigen die Steuerforderung als gefährdet erscheinen lässt oder wenn der Steuerbescheid nach erfolglosem Einspruch im Ausland vollstreckt werden müsste.[729] Dies gilt auch, wenn in einem Mitgliedstaat der EG zu vollstrecken wäre, es sei denn, mit diesem Staat besteht ein Abkommen, welches eine Vollstreckung unter gleichen Bedingungen wie im Inland gewährleistet.[730] Für die Gefährdung der Steuerforderung müssen konkrete Anhaltspunkte vorliegen. Eine Sicherheitsleistung ist dagegen *unzumutbar*, wenn die Zweifel an der Rechtmäßigkeit des Verwaltungsakts so bedeutsam sind, dass mit großer Wahr-

---

728 BFH vom 22. 2. 1962, IV 113/59 U, BStBl III 1962, 356.
729 BFH vom 27. 8. 1970, V R 102/67, BStBl II 1971, 1.
730 BFH vom 3. 2. 1977, V B 6/76, BStBl II 1977, 351.

scheinlichkeit seine Aufhebung oder Änderung zu erwarten ist.[731] Unsicherheiten betreffend die Besteuerungsgrundlagen können auf die Entscheidung über die Sicherheitsleistung Einfluss haben. So kann z. B. die Aussetzung der Vollziehung von Schätzungsbescheiden nach einer Steuerfahndung nicht von einer Sicherheitsleistung abhängig gemacht werden, wenn die Menge des nicht aufbereiteten Streitstoffes es Außenstehenden unmöglich macht, sich in angemessener Zeit und unter zumutbarem Arbeitsaufwand ein eigenes Urteil über den Stand der Ermittlungen zu bilden.[732]

Auch das Verlangen von Sicherheiten hat sich am Grundsatz der Verhältnismäßigkeit auszurichten. Unverhältnismäßiges, Unzumutbares darf nicht verlangt werden.[733] Kann der Steuerzahler trotz zumutbarer Anstrengungen eine Sicherheit nicht leisten, kann sie bei einer Aussetzung der Vollziehung wegen *ernstlicher Zweifel* an der Rechtmäßigkeit des angefochtenen Bescheids nicht gefordert werden.[734] Dagegen kann bei Aussetzung der Vollziehung wegen *unbilliger Härte* bei Gefährdung des Steueranspruchs ohne weiteres Sicherheitsleistung verlangt werden.[735] Im Übrigen darf durch das Gebot der Sicherheitsleistung nicht mehr gefordert werden, als im Vollstreckungswege gegen den Steueranspruch beigetrieben werden könnte, d. h. die Sicherheit darf nicht mehr garantieren als die Realisierungsmöglichkeit der Festsetzungen des angefochtenen Bescheids[736], vollstreckbares Vermögen muss daher vorhanden sein. Allerdings soll nach der Rspr. des BFH[737] bei Auslandsbeziehungen auf eine Sicherheit nur verzichtet werden können, wenn die Vollstreckung im Ausland problemlos möglich ist. Diese Entscheidung verkennt dabei, dass auch inländische Vollstreckungsmöglichkeiten bei der Entscheidung über die Sicherheitsleistung zu berücksichtigen sind.

Die Anordnung einer Sicherheitsleistung ist eine *unselbständige Nebenbestimmung* in Form einer *aufschiebenden Bedingung*[738] und kann daher nicht selbständig angefochten werden. Wenn daher Aussetzung der Vollziehung nur unter der Bedingung der Sicherheitsleistung gewährt wird, muss gegebenenfalls der entsprechende Verwaltungsakt insgesamt angefochten werden – die Beschwer resultiert

---

731 BFH vom 22. 12. 1969, V B 115–116/69, BStBl II 1970, 127.
732 BFH vom 14. 2. 1984, VIII B 112/84, BStBl II 1984, 443; FG Hamburg vom 5. 7. 1984, I 39/84, EFG 1985, 133.
733 Seer, in: Tipke/Kruse, § 69 FGO (Stand: April 2006), Rz. 13.
734 BFH vom 9. 4. 1968, I B 73/67, BStBl II 1968, 456.
735 BFH vom 9. 4. 1968, I B 73/67, BStBl II 1968, 456.
736 Streck, Der Steuerstreit, Rz. 1305; FG Rheinland-Pfalz vom 19. 4. 1968, EFG 1968, 364.
737 Vgl. BFH vom 3. 2. 1977, V B 6/76, BStBl II 1977, 351.
738 BFH vom 20. 6. 1979, IV B 20/79, BStBl II 1979, 666.

daraus, dass die Aussetzung der Vollziehung unter Sicherheitsleistung ein Minus ist gegenüber einer Aussetzung der Vollziehung ohne Sicherheitsleistung.[739]

Eine Aussetzung der Vollziehung gegen Sicherheitsleistung wird daher erst wirksam, wenn Sicherheit geleistet worden ist. In der Regel setzt die Behörde eine Frist für die Sicherheitsleistung. Die Art der Sicherheitsleistung bleibt dem Steuerpflichtigen überlassen. Die AO nennt in § 241 Abs. 1 eine Reihe von Arten der Sicherheitsleistung, z. B. die Hinterlegung von Geld, die Verpfändung von Wertpapieren etc. Nach § 245 AO kann die Finanzbehörde daneben andere Sicherheiten nach ihrem Ermessen annehmen. Es kann auch zweckmäßig sein, mit der Finanzbehörde insoweit eine Vereinbarung zu treffen, ggf. auch über eine Verlängerung der Frist. Wird die Sicherheit innerhalb der von der Finanzbehörde gesetzten Frist nicht erbracht, wird der Steuerpflichtige auf die Rechtsfolgen hingewiesen und erneut zur Zahlung aufgefordert.

Im Übrigen ist es Sache des Steuerpflichtigen, die Umstände glaubhaft zu machen, die dem Sicherheitsbedürfnis der Finanzbehörde genügen oder das Verlangen nach Sicherheitsleistung als unangemessen erscheinen lassen.[740]

b) Widerrufsvorbehalt
Ob eine Aussetzung der Vollziehung unter einem Widerrufsvorbehalt ergehen kann (vgl. § 120 Abs. 1, 2 Nr. 3 AO), ist höchstrichterlich noch nicht geklärt, u. E. aber zu bejahen. Auch die Finanzverwaltung geht hiervon aus.[741]

4. Beginn und Ende der Aussetzung der Vollziehung
Wird ein Antrag auf Aussetzung der Vollziehung *vor Fälligkeit* der strittigen Steuerforderung bei der Finanzbehörde eingereicht und begründet, wird die Aussetzung der Vollziehung regelmäßig ab dem Fälligkeitstermin der strittigen Steuerbeträge ausgesprochen.[742] Ein späterer Zeitpunkt kommt in Betracht, wenn der Steuerpflichtige, z. B. in Schätzungsfällen, die Begründung des Einspruchs oder des Aussetzungsantrags unangemessen hinausgezögert hat und die Finanzbehörde deshalb vorher keine ernstlichen Zweifel an der Rechtmäßigkeit des angefochtenen Bescheids zu haben brauchte.[743] Wird die Aussetzung der Vollziehung erst *nach Fälligkeit* der strittigen Steuerforderung *beantragt*, kann die Aussetzung der Vollziehung nur für die Zukunft (ex nunc) ausgesprochen werden, was sich

---

739 BFH vom 28. 10. 1981, I B 69/80, BStBl II 1982, 135.
740 BFH vom 17. 1. 1996, V B 100/95, BFH/NV 1996, 491.
741 AEAO Nr. 9.1 zu § 361.
742 AEAO Nr. 8.1.1 zu § 361.
743 BFH vom 10. 12. 1986, I B 121/86, BStBl II 1987, 389.

Aussetzung der Vollziehung

aus der fortgeltenden Wirksamkeit der Regelung des zugrundeliegenden Verwaltungsakts ergibt.

Bei der Aussetzung oder Aufhebung der Vollziehung von *Grundlagenbescheiden* wird als Beginn der Aussetzung bzw. Aufhebung der Vollziehung der Tag der Bekanntgabe des Grundlagenbescheids bestimmt, wenn der Rechtsbehelf oder der Antrag vor Ablauf der Einspruchsfrist begründet wurde. Bei später eingehender Begründung kommt es ebenfalls auf den Zeitpunkt an, ab dem für die Finanzbehörde oder das Finanzgericht ernstliche Zweifel an der Rechtmäßigkeit des Verwaltungsakts bestehen.[744] Der Beginn der Aussetzung der Vollziehung eines Folgebescheids richtet sich nach dem Beginn der Aussetzung der Vollziehung des Grundlagenbescheids.[745]

Trifft die Finanzbehörde keine besondere Regelung über den Beginn der Aussetzung der Vollziehung, wirkt die Aussetzung bzw. Aufhebung der Vollziehung ab *Bekanntgabe der Aussetzungsverfügung*. Wird die Vollziehung aufgehoben, entfällt der Rechtsgrund für Säumniszuschläge. Neue Säumniszuschläge können nicht mehr erhoben werden, für die Zeit nach der Aussetzung der Vollziehung bereits erhobene sind zurückzuerstatten.[746]

Die Dauer der Aussetzung der Vollziehung beschränkt sich grundsätzlich auf die jeweilige Rechtsbehelfsstufe.[747] Die Finanzbehörden sind angehalten, das Ende der Aussetzung der Vollziehung in der Aussetzungsverfügung zu bestimmen. Die Aussetzung der Vollziehung endet sonst, soweit nicht eine datumsmäßige Befristung angebracht ist, mit der bestands- oder rechtskräftigen Entscheidung in der Hauptsache,[748] d.h. einen Monat nach Zustellung der Einspruchsentscheidung bzw. der Verkündung oder Zustellung des Urteils oder einen Monat nach dem Eingang einer Erklärung über die Rücknahme des Einspruchs. Einer besonderen Aufhebung der Aussetzungsverfügung bedarf es nicht.[749]

Wird Aussetzung der Vollziehung „bis zum Abschluss des Rechtsbehelfsverfahrens" ausgesprochen, kann dies nach den Umständen des Falles zu der Auslegung

---

744 AEAO Nr. 8.1.3 zu § 361.
745 AEAO Nr. 8.1.5 zu § 361.
746 BFH vom 23. 6. 1977, V B 41/73, BStBl II 1977, 645; vom 10. 12. 1986, I B 121/86, BStBl II 1987, 389.
747 BFH vom 3. 1. 1978, VII S 13/77, BStBl II 1978, 157; vom 3. 8. 2007, V S 20/07, BFH/NV 2007, 2309.
748 BFH vom 26. 1. 1973, III S 2/72, BStBl II 1973, 456.
749 BFH vom 14. 3. 1986, VI B 44/84, BStBl II 1986, 475.

führen, dass die Aussetzung der Vollziehung auch für den Zeitraum eines nachfolgenden finanzgerichtlichen Verfahrens gilt.[750]

5. *Aussetzungszinsen*

Wird die Aussetzung der Vollziehung verfügt, dem Begehren aber später in der Hauptsache nicht gefolgt, fallen Aussetzungszinsen an (§ 237 AO). Diese sind sowohl im Einspruchs- als auch im Klageverfahren zu zahlen. Hat der Einspruch in der Hauptsache dagegen Erfolg und war keine Aussetzung der Vollziehung gewährt, werden auf etwaige Erstattungsbeträge Prozesszinsen gezahlt (§ 236 AO). Diese gibt es nur im Klageverfahren, nicht im Einspruchsverfahren; ihr Lauf beginnt mit Rechtshängigkeit. Der Zinssatz beträgt 6 % (§ 238 Abs. 1 Satz 1 AO).

Die Aussetzungszinsen beziehen sich immer nur auf die im konkreten Fall streitigen Beträge. Wenn ein Einspruch oder eine Klage dazu führt, dass auch für andere Veranlagungszeiträume Steuern zu erstatten oder zu zahlen sind, fallen diesbezüglich nur Zinsen an, wenn gerade in diesen Verfahren auch die Voraussetzungen des § 237 AO vorliegen.[751] Die Zinsen werden dann festgesetzt und fällig, wenn über die Steuerschuld abschließend entschieden worden ist. Die Festsetzungsfrist beträgt ein Jahr (§ 239 Abs. 1 Satz 1 AO).

Auf die Festsetzung von Aussetzungszinsen kann unter den gleichen Voraussetzungen verzichtet werden, unter denen auch auf Stundungszinsen verzichtet werden kann (§ 237 Abs. 4 i. V. m. § 234 Abs. 2 AO), wenn nämlich ihre Erhebung im Einzelfall unbillig wäre.[752]

6. *Besonderheiten bei Grundlagenbescheiden*

Auch bei Grundlagenbescheiden, insbesondere Feststellungs- und Steuermessbescheiden, kommt unter den allgemeinen Voraussetzungen (Anhängigkeit eines Rechtsbehelfs[753], vollziehbarer Verwaltungsakt[754], ernstliche Zweifel[755] oder unbillige Härte[756]) eine Aussetzung bzw. Aufhebung der Vollziehung in Betracht.

Eine Aussetzung der Vollziehung ist insbesondere möglich bei:[757]

---

750 BFH vom 18. 2. 1997, VII R 96/95, BStBl II 1997, 339.
751 BFH vom 9. 10. 1985, I R 193/82, BFH/NV 1986, 343.
752 S. dazu u. 3. Teil, 5. Kapitel, C II (S. 311).
753 S. dazu o. 3. Teil, 2. Kapitel, E II 2. e (S. 238).
754 S. dazu o. 3. Teil, 2. Kapitel, E II 2. b (S. 229).
755 S. dazu o. 3. Teil, 2. Kapitel, E II 3. b (S. 240).
756 S. dazu o. 3. Teil, 2. Kapitel, E II 4. (S. 248).
757 AEAO Nr. 5.1 zu § 361.

- Bescheiden über die gesonderte Feststellung von besteuerungsgrundlagen nach § 180 Abs. 1 Nr. 2 AO,
- Feststellungsbescheiden nach der Verordnung zu § 180 Abs. 2 AO,
- Bescheiden nach § 180 Abs. 1 Nr. 3 AO,
- Gewerbesteuermessbescheiden,
- Grundsteuermessbescheiden,
- Einheitswertbescheiden (§ 180 Abs. 1 Nr. 1 AO i. V. m. § 19 BewG),
- Bescheiden über die Feststellung von Grundbesitzwerten (§ 138 Abs. 5 BewG),
- Bescheiden nach der Anteilsbewertungsverordnung,
- Feststellungsbescheiden nach § 17 Abs. 2 und 3 GrEStG.

Nach der Rspr. des BFH kommt eine Aussetzung der Vollziehung auch in Betracht bei:

- Verlustfeststellungsbescheiden, soweit die Feststellung eines höheren Verlustes begehrt wird,[758]
- Feststellungsbescheiden, die Anteile einzelner Gesellschafter auf 0 Euro feststellen und angefochten werden, weil diese Gesellschafter den Ansatz von Verlustanteilen begehren,[759]
- Feststellungsbescheiden, die eine Mitunternehmerschaft einzelner Beteiligter verneinen,[760]
- negativen Gewinn-/Verlustfeststellungsbescheiden, d. h. Bescheiden, die den Erlass eines Gewinn(Verlust-)feststellungsbescheids ablehnen,[761]
- Bescheiden nach § 15a Abs. 4 EStG über die Feststellung eines verrechenbaren Verlusts.[762]

Die Aussetzung der Vollziehung eines Feststellungsbescheids kann auf die Gewinnanteile einzelner Gesellschafter beschränkt werden, auch wenn der Rechtsstreit die Gewinnanteile aller Gesellschafter berührt.[763] Wird einstweiliger Rechtsschutz nicht von der Gesellschaft, sondern nur von einzelnen Gesellschaftern

---

758 BFH vom 10. 7. 1979, VIII B 84/78, BStBl II 1979, 567; vom 25. 10. 1979, IV B 68/79, BStBl II 1980, 66.
759 BFH vom 22. 10. 1980, I S 1/80, BStBl II 1981, 99.
760 BFH vom 10. 7. 1980, IV B 77/79, BStBl II 1980, 697.
761 BFH vom 14. 4. 1987, GrS 2/85, BStBl II 1987, 637.
762 BFH vom 2. 3. 1988, IV B 95/87, BStBl II 1988, 617.
763 BFH vom 7. 11. 1968, IV B 47/68, BStBl II 1969, 85.

Vorläufiger Rechtsschutz

beantragt, sind nur diese am Aussetzungsverfahren beteiligt; einer Hinzuziehung der übrigen Gesellschafter zu dem Verfahren bedarf es nicht.[764]

Bei der Aussetzung der Vollziehung eines *Feststellungsbescheids* müssen im Falle der gesonderten und einheitlichen Feststellung die ausgesetzten Besteuerungsgrundlagen auf die einzelnen Beteiligten aufgeteilt werden. Eine Vollziehung eines *negativen Gewinnfeststellungsbescheids* wird mit der Maßgabe ausgesetzt, dass vorläufig bis zur bestandskräftigen/rechtskräftigen Entscheidung im Hauptverfahren von einem Verlust von x Euro auszugehen ist, der auf die Beteiligungen verteilt werden muss.[765]

Ist die Vollziehung eines Grundlagenbescheids ausgesetzt, ist insoweit von Amts wegen auch die Vollziehung der *Folgebescheide* entsprechend auszusetzen, und zwar auch dann, wenn die Folgebescheide nicht angefochten wurden (§ 361 Abs. 3 Satz 1 AO, § 69 Abs. 2 Satz 4 FGO). Bei der Gewerbesteuer erfolgt die Aussetzung der Vollziehung durch die Gemeinde. Eine Anfechtung des Folgebescheids mit dem Antrag auf Aussetzung der Vollziehung ist in diesen Fällen nicht erforderlich, wegen der einschränkenden Vorschrift des § 351 Abs. 2 AO auch gar nicht möglich, soweit nur Einwendungen gegen die Rechtmäßigkeit des Grundlagenbescheids erhoben werden. Wird auch insoweit Einspruch gegen den Folgebescheid eingelegt und entsprechend Antrag auf Aussetzung der Vollziehung gestellt, ist dieser Antrag mangels Rechtsschutzbedürfnisses unzulässig.[766]

Beispiel:

Ein Miteigentümer eines vermieteten Grundstücks legt gegen einen einheitlichen Feststellungsbescheid über die Einkünfte aus Vermietung und Verpachtung Einspruch ein, weil nach seiner Meinung Werbungskosten zu Unrecht nicht berücksichtigt sind. Ein Einspruch auch gegen den Einkommensteuerbescheid (Folgebescheid) ist insoweit nicht erforderlich, weil der Einkommensteuerbescheid automatisch entsprechend geändert wird, wenn der Einspruch gegen den einheitlichen Feststellungsbescheid Erfolg hat. Folglich reicht es auch aus, dass die Aussetzung der Vollziehung des angefochtenen Feststellungsbescheids beantragt wird. Bei Erfolg dieses Antrags wird entsprechend auch die Vollziehung des Einkommensteuerbescheids von Amts wegen ausgesetzt.

Ist der *Folgebescheid nach Schätzung der Besteuerungsgrundlagen* und vor Erlass des Grundlagenbescheids ergangen (§ 155 Abs. 2 AO) und berücksichtigt er nach

---

764 BFH vom 22. 10. 1980, I S 1/80, BStBl II 1981, 99; vom 5. 5. 1981, VIII B 26/80, BStBl II 1981, 574.
765 AEAO Nr. 5.3 zu § 361 unter Bezugnahme auf BFH vom 14. 4. 1987, GrS 2/85, BStBl II 1987, 637.
766 BFH vom 29. 10. 1987, VIII R 413/83, BStBl II 1988, 240.

Aussetzung der Vollziehung

Auffassung des Steuerpflichtigen die noch gesondert festzustellenden Besteuerungsgrundlagen in unzutreffender Höhe, kann bei einem Einspruch gegen den Folgebescheid die Vollziehung ausgesetzt werden.

Beispiel:

A ist an einer KG beteiligt. Er erwartet eine Verlustzuweisung, die vom Betriebsfinanzamt (Finanzamt, bei dem die KG veranlagt wird) noch nicht festgestellt ist. Er hat den zu erwartenden Verlustanteil bereits in seiner Einkommensteuererklärung geltend gemacht. Das Finanzamt hat dies im Einkommensteuerbescheid ganz oder teilweise abgelehnt. A kann hiergegen Einspruch einlegen und insoweit Aussetzung der Vollziehung des Einkommensteuerbescheids beantragen.

Entsprechendes gilt, wenn mit dem Einspruch gegen den Folgebescheid Einwendungen gegen die Wirksamkeit der Bekanntgabe eines ergangenen Grundlagenbescheids erhoben werden.[767]

Im Verfahren über die Aussetzung/Aufhebung der Vollziehung des Folgebescheids sind gegebenenfalls die Beschränkungen des § 361 Abs. 2 Satz 4 AO, § 69 Abs. 2 Satz 8 und Abs. 3 Satz 4 FGO zu beachten.[768]

Über eine *Sicherheitsleistung* ist erst bei der Aussetzung der Folgebescheide zu entscheiden, es sei denn, dass bei der Aussetzung der Vollziehung des Grundlagenbescheids die Sicherheitsleistung ausdrücklich ausgeschlossen worden ist (§ 361 Abs. 3 Satz 3 AO, § 69 Abs. 2 Satz 6 und Abs. 3 Satz 1 FGO).

VI. Hemmung der Vollziehung

Literatur:

Pump, Die Anordnung der sofortigen Vollziehbarkeit einer Gewerbeuntersagungsverfügung, StWa. 1982, 141

1. Überblick

Bei Einlegung eines außergerichtlichen oder gerichtlichen Rechtsbehelfs gegen die Untersagung des Gewerbebetriebes oder der Berufsausübung wird die Vollziehung gehemmt (§ 361 Abs. 4 Satz 1 AO, § 69 Abs. 5 Satz 1 FGO). Diese Regelungen tragen dem Umstand Rechnung, dass es wegen des verfassungsrechtlichen Schutzes der Berufsfreiheit (Art. 12 Abs. 1 GG) nicht angemessen wäre,

---

[767] BFH vom 15. 4. 1988, III R 26/85, BStBl II 1988, 660.
[768] S. dazu o. 3. Teil, 2. Kapitel, E V 2. (S. 254).

Vorläufiger Rechtsschutz

die mit der Verwirklichung dieser Verwaltungsakte verbundenen besonders einschneidenden Wirkungen sofort eintreten zu lassen.[769]

2. *Voraussetzungen für die Hemmung der Vollziehung*

Auch für die Hemmung der Vollziehung ist die Einlegung eines Einspruchs oder die Erhebung der finanzgerichtlichen Anfechtungsklage erforderlich. Auch ein unzulässiger Rechtsbehelf bewirkt die Hemmung.[770]

Kraft ausdrücklicher Verweisung (§ 164a Abs. 2 Satz 1 StBerG) sind die Bestimmungen bei folgenden Verwaltungsakten ebenfalls anwendbar:

– Rücknahme oder Widerruf der Anerkennung als Lohnsteuerhilfeverein (§ 20 StBerG),
– Anordnung der Schließung einer Beratungsstelle (§ 28 Abs. 3 StBerG),
– Rücknahme oder Widerruf der Bestellung als Steuerberater oder Steuerbevollmächtigter (§ 46 StBerG),
– Rücknahme oder Widerruf der Anerkennung als Steuerberatungsgesellschaft (§ 55 StBerG).

3. *Rechtsfolgen*

Die Hemmung tritt mit Einlegung des Rechtsbehelfs, also nicht rückwirkend, ein. Sie endet

– mit Eintritt der Bestandskraft des Verwaltungsakts oder der gerichtlichen Entscheidung,

– bei Erledigung der Hauptsache[771] mit Wegfall der Anhängigkeit oder Rechtshängigkeit.

Für die Dauer der Hemmung darf der materielle Regelungsinhalt des Verwaltungsakts nicht verwirklicht werden. Die Wirksamkeit des Verwaltungsakts wird durch die Hemmung nicht berührt, so dass bei Erfolglosigkeit des Rechtsbehelfs der Verwaltungsakt rückwirkend ab Bekanntgabe Wirksamkeit entfaltet.

---

769 Vgl. auch BFH vom 9. 4. 2002, VII B 287/01, BFH/NV 2002, 955.
770 Seer, in: Tipke/Kruse, § 69 FGO (Stand: April 2006), Rz. 191.
771 S. dazu o. 2. Teil, 2. Kapitel, B III (S. 196).

Aussetzung der Vollziehung

4. Beseitigung der hemmenden Wirkung

a) Voraussetzungen für die Beseitigung der hemmenden Wirkung

Hält die Finanzbehörde, die den Verwaltungsakt erlassen hat, die volle oder teilweise Beseitigung der hemmenden Wirkung im öffentlichen Interesse für geboten, kann sie dies durch besondere Anordnung erreichen (§ 361 Abs. 4 Satz 2 AO, § 69 Abs. 5 Satz 2 FGO).

Voraussetzung ist, dass unaufschiebbare Maßnahmen im Interesse des öffentlichen Wohls ergriffen werden müssen, hinter das der Rechtsanspruch auf vorläufigen Rechtsschutz ausnahmsweise zurücktreten muss. Das öffentliche Interesse kann auch auf außersteuerlichem Gebiet liegen. Das Interesse an der Herstellung oder Wahrung rechtmäßiger Zustände kann dann ein öffentliches Interesse am sofortigen Vollzug begründen, wenn sich aus einem grob rechtswidrigen Verhalten des Betroffenen Gefahren für die Rechtsordnung, die Allgemeinheit oder einzelne Dritte ergeben.

Es müssen aus Sicht der Behörde schwerwiegende Gründe für den sofortigen Vollzug bestehen.[772] Andererseits darf das Interesse des Betroffenen, von sofortigem Vollzug verschont zu bleiben, nicht so stark sein, dass sich eine Beseitigung der Vollziehungshemmung unter Berücksichtigung dieser Interessen verbietet. Der Anspruch auf vorläufigen Rechtsschutz wächst umso mehr, je schwerwiegender die dem Betroffenen auferlegte Belastung ist und umso unabänderlicher die Verwaltungsmaßnahmen sind.[773]

Die Anordnung steht im pflichtgemäßen Ermessen der Behörde, die dabei auch den Grundsatz der Verhältnismäßigkeit zu beachten hat. Sie kann auch schon vor Klageerhebung ergehen und mit der Untersagungsverfügung verbunden werden.[774]

b) Verfahren

Zuständig ist die Behörde, die den Verwaltungsakt erlassen hat. Die Beseitigung der hemmenden Wirkung durch besondere Anordnung ist eine Nebenentscheidung zur Untersagungsverfügung.[775] Die Anordnung hat – schon wegen

---

772 Vgl. BFH vom 8. 8. 1989, VII B 69/89, BFH/NV 1990, 275.
773 BVerfG vom 16. 7. 1974, 1 BvR 75/74, BVerfGE 38, 56.
774 Seer, in: Tipke/Kruse, § 69 FGO (Stand: April 2006), Rz. 192.
775 Str. Wie hier z.B.: Seer, in: Tipke/Kruse, § 69 FGO (Stand: April 2006), Rz. 192; Hardtke, in: Kühn/v. Wedelstädt, § 361 AO Rz. 63; FG Niedersachsen vom 27. 10. 1997, VI 765/96 V, EFG 1998, 337; Kopp/Schenke, VwGO, § 80 Rz. 78. A.A. z.B.: Dumke, in: Schwarz, FGO, § 69 (Stand: Mai 2005), Rz. 118).

Vorläufiger Rechtsschutz

des Begründungszwanges – schriftlich zu erfolgen. Sie kann mit einer Nebenbestimmung, z. B. einer Befristung oder einer Auflage, verbunden werden und ist schriftlich zu begründen (§ 361 Abs. 4 Satz 2 Halbs. 2 AO, § 69 Abs. 5 Satz 2 Halbs. 2 FGO). Begründet werden muss das öffentliche Interesse am sofortigen Vollzug, warum es das Interesse des Betroffenen an der Vollziehung überwiegt und warum deshalb die Anordnung nach Auffassung der Behörde geboten ist. Fehlt die Begründung oder ist sie unzureichend, ist die Anordnung der sofortigen Vollziehung nicht nichtig, sondern nur fehlerhaft. Das Finanzgericht muss dann auf Antrag des Betroffenen die hemmende Wirkung des Rechtsbehelfs wieder herstellen; in dringenden Fällen kann der Vorsitzende entscheiden (§ 69 Abs. 5 Satz 3 und 4 FGO). Entsprechend § 69 Abs. 3 Satz 2 FGO kann der Antrag bereits vor Klageerhebung gestellt werden.[776]

c) Wirkungen
Die Anordnung der sofortigen Vollziehung wirkt ab Bekanntgabe. Die Behörde ist berechtigt, den Verwaltungsakt inhaltlich zu verwirklichen.

d) Rechtsbehelfe
Wird die hemmende Wirkung des Einspruchs oder der Klage durch Anordnung der sofortigen Vollziehung beseitigt, kann der Betroffene dagegen Einspruch einlegen und beim Finanzgericht einen Antrag auf Wiederherstellung der hemmenden Wirkung stellen (§ 69 Abs. 5 Satz 3 FGO).

5. Wiederherstellung der hemmenden Wirkung

a) Grundsatz
Wenn die Behörde die infolge der Klageerhebung in den Fällen des § 69 Abs. 5 Satz 1 FGO eingetretene Vollziehungshemmung durch besondere Anordnung beseitigt, kann das Gericht der Hauptsache – in dringenden Fällen auch sein Vorsitzender – die hemmende Wirkung wieder herstellen, wenn ernstliche Zweifel an der Rechtmäßigkeit des den Gewerbebetrieb oder die Berufsausübung untersagenden Verwaltungsakts bestehen (§ 69 Abs. 5 Satz 3 und 4 FGO).

b) Voraussetzungen für die Wiederherstellung der hemmenden Wirkung
Die Wiederherstellung der hemmenden Wirkung durch das Gericht ist daran geknüpft, dass „ernstliche Zweifel an der Rechtmäßigkeit des Verwaltungsakts" bestehen.

Die ernstlichen Zweifel müssen sich angesichts der besonderen Tragweite des Eingriffs der Verwaltungsbehörde in die Berufsfreiheit im Interesse der Gewährleis-

---

776 FG München vom 22. 5. 1980, IV 84/80, EFG 1981, 406.

tung eines effektiven Rechtsschutzes für den Betroffenen (Art. 19 Abs. 4 GG) sowohl auf die Rechtswidrigkeit des Verwaltungsakts der Hauptsache als auch auf die Rechtswidrigkeit der besonderen Anordnung beziehen.[777] Die Entscheidung steht im Ermessen des Gerichts bzw. seines Vorsitzenden.

c) Verfahren

Das gerichtliche Verfahren zur Wiederherstellung der hemmenden Wirkung wird nur auf schriftlichen oder zur Niederschrift des Urkundsbeamten der Geschäftsstelle des Gerichts erklärten Antrag, der nicht fristgebunden ist, eingeleitet (§ 69 Abs. 5 Satz 3 FGO). Antragsbefugt ist jeder beteiligungsfähige, einspruchsfähige, von dem Verwaltungsakt in der Hauptsache Betroffene. Ein Begründungszwang ergibt sich aus dem Gesetz nicht, jedoch ist in der Praxis eine Begründung dringend anzuraten. Sie sollte sich zur Frage des (fehlenden) öffentlichen Interesses am Sofortvollzug und zur Rechtswidrigkeit des Verwaltungsakts in der Hauptsache äußern.

Der Antrag ist schon vor Erhebung der Klage im Verfahren der Hauptsache zulässig.[778]

Über die Wiederherstellung der hemmenden Wirkung entscheidet das Gericht der Hauptsache – in dringenden Fällen der Vorsitzende – im Beschlusswege. Maßgeblich ist die Sach- und Rechtslage im Zeitpunkt der Entscheidung. Die hemmende Wirkung wird bei Stattgabe auf den Zeitpunkt der Beseitigung durch besondere Anordnung – also ex tunc – wiederhergestellt. Eine Befristung der Wiederherstellung ist – anders als im allgemeinen Verwaltungsprozess (§ 80 Abs. 5 Satz 5 VwGO) – gesetzlich nicht vorgesehen.

d) Rechtsbehelfe

Gegen den die hemmende Wirkung wiederherstellenden oder den Antrag auf Wiederherstellung der hemmenden Wirkung ablehnenden Beschluss steht den Beteiligten die Beschwerde nur zu, wenn sie ausdrücklich zugelassen worden ist (§ 128 Abs. 3 FGO).

VII. Rechtsschutz gegen die Entscheidung über die Aussetzung der Vollziehung

Lehnt die Finanzbehörde einen Antrag auf Aussetzung der Vollziehung ganz oder teilweise ab, ist hiergegen der Einspruch gegeben. Nach eventueller Zurückweisung des Einspruchs durch die Finanzbehörde kann keine Verpflichtungskla-

---

777 Seer, in: Tipke/Kruse, § 69 FGO (Stand: April 2006), Rz. 194.
778 FG München vom 22. 5. 1990, IV 84/80, EFG 1981, 406.

Vorläufiger Rechtsschutz

ge zum Finanzgericht erhoben werden (§ 361 Abs. 5 AO, § 69 Abs. 7 FGO). Vielmehr kann der Steuerpflichtige die Aussetzung der Vollziehung unmittelbar beim Finanzgericht beantragen (§ 69 Abs. 3 FGO).

Eine Frist hierfür besteht – im Gegensatz zur Einlegung des Einspruchs gegen die Ablehnung – nicht. Grundsätzlich ist ein solcher Antrag nur zulässig, wenn die Finanzbehörde einen Aussetzungsantrag ganz oder zum Teil abgelehnt hat (§ 69 Abs. 4 Satz 1 FGO). Einen Antrag an das Gericht kann der Steuerpflichtige ausnahmsweise schon vor Ablehnung des Antrags durch die Finanzbehörde stellen, wenn entweder

– die Finanzbehörde über den Antrag ohne Mitteilung eines zureichenden Grundes in angemessener Frist sachlich nicht entschieden hat oder
– eine Vollstreckung droht (§ 69 Abs. 4 Satz 2 FGO).

Über den Antrag auf Aussetzung der Vollziehung entscheidet das Finanzgericht durch *Beschluss*. Gegen einen die Aussetzung der Vollziehung ablehnenden Beschluss des FG ist die Beschwerde zum BFH nur statthaft, wenn sie im Tenor oder in den Entscheidungsgründen des Beschlusses ausdrücklich oder ausnahmsweise noch in einem späteren Beschluss nachträglich vom Finanzgericht zugelassen worden ist (§ 128 Abs. 3 Satz 1 FGO). Eine Beschwerde gegen die Nichtzulassung der Beschwerde sieht die FGO bei einer Entscheidung des Finanzgerichts über einen Antrag auf Aussetzung der Vollziehung nicht vor. Den § 128 Abs. 3 Satz 2 FGO normiert zwar die entsprechende Anwendung des § 115 Abs. 2 FGO in dem Sinne, dass die dort genannten Kriterien für die Entscheidung des Finanzgerichts über die Zulassung der Beschwerde gegen einen Beschluss durch das Finanzgericht maßgebend sind. Aber die entsprechende Anwendung des § 116 Abs. 1 FGO, der die Nichtzulassungsbeschwerde zum Gegenstand hat, ist in § 128 Abs. 3 Satz 2 FGO nicht geregelt. § 128 Abs. 3 FGO gibt daher keine prozessuale Handhabe, die Zulassung der Beschwerde in einem Verfahren der Nichtzulassungsbeschwerde zu erstreiten, was auch von Verfassungs wegen nicht zu beanstanden ist.[779]

Hat das Finanzgericht einen Aussetzungsantrag teilweise oder ganz abgelehnt, kann der Antragsteller jederzeit einen neuen Antrag stellen. Dieser ist aber nur zulässig, wenn veränderte oder im ursprünglichen Verfahren ohne Verschulden nicht geltend gemachte Umstände geltend gemacht werden (§ 69 Abs. 6 Satz 2 FGO).[780] Dies gilt auch, wenn das Finanzgericht während des Klageverfahrens bereits einen Aussetzungsantrag unanfechtbar abgelehnt hat und der BFH mit der

---

779 BFH vom 27. 2. 2007, VI B 154/06, BFH/NV 2007, 970.
780 BFH vom 13. 5. 2008, VI S 7/08, BFH/NV 2008, 1352.

Einlegung der Revision oder der Nichtzulassungsbeschwerde Gericht der Hauptsache geworden ist.[781]

---

781 BFH vom 2. 6. 2005, III S 12/05, BFH/NV 2005, 1834.

3. Kapitel: Einstweilige Anordnung

Literatur:

Carl, Vorläufiger Rechtsschutz im Steuerrecht, DB 1991, 2615

A. Begriff der einstweiligen Anordnung

Die einstweilige Anordnung (§ 114 FGO) ist neben der Aussetzung der Vollziehung die zweite Erscheinungsform des vorläufigen Rechtsschutzes im Steuerrecht. Das Gericht, nicht die Finanzbehörde, kann auf Antrag in einem beschleunigten Verfahren unabhängig von einem Klageverfahren eine Anordnung bezüglich des Streitgegenstandes oder zur Regelung eines vorläufigen Zustandes treffen, wenn hierfür eine Aussetzung der Vollziehung nicht in Betracht kommt (§ 114 Abs. 5 FGO). Zuständig ist das Gericht der Hauptsache; das ist das Gericht des ersten Rechtszugs (§ 114 Abs. 2 Sätze 1 und 2 FGO), mithin der für die Entscheidung nach dem Geschäftsverteilungsplan zuständige Senat des Finanzgerichts. In dringenden Fällen kann der Vorsitzende entscheiden (§ 114 Abs. 2 Satz 3 FGO). Da die Regelung über die Entscheidungsbefugnis des Vorsitzenden in „dringenden" Fällen eine Ausnahme von dem Grundsatz der Entscheidung durch den Senat darstellt, darf der Vorsitzende nur dann entscheiden, wenn der vorgetragene Sachverhalt den sofortigen Erlass einer einstweiligen Regelung erfordert und deshalb die Zeit bis zum Zusammentritt des Kollegialorgans zur Vermeidung irreparabler Rechtsverluste nicht mehr abgewartet werden kann.[782]

Die einstweilige Anordnung setzt voraus, dass der Steuerpflichtige eine einstweilige Maßnahmen rechtfertigende Rechtsposition innehat (*Anordnungsanspruch*) und dass derartige Maßnahmen außerdem notwendig sind, weil ansonsten der Anordnungsanspruch gefährdet ist (*Anordnungsgrund*). Fehlt es an einer der beiden Voraussetzungen, kann die einstweilige Anordnung nicht ergehen (§ 114 Abs. 3 FGO i. V. m. § 920 Abs. 2 ZPO).[783]

---

[782] BFH vom 14. 4. 2000, V B 39/00, BFH/NV 2000, 1230.
[783] BFH vom 22. 12. 2006, VII B 121/06, BFH/NV 2007, 802; vom 7. 1. 1999, VII B 170/98, BFH/NV 1999, 818.

Einstweilige Anordnung

Unterschieden wird zwischen der sog. *Sicherungsanordnung*[784], die erfolgen kann, wenn durch die Veränderung eines bestehenden Zustandes die Verwirklichung eines Rechts des Antragstellers vereitelt oder wesentlich beeinträchtigt oder erschwert wird, und der sog. *Regelungsanordnung*[785], die eingreift, wenn die Regelung eines vorläufigen Zustandes erforderlich ist, um wesentliche Nachteile vom Antragsteller abzuwenden oder drohende Gewalt zu verhindern.

Die *Sicherungsanordnung* (§ 114 Abs. 1 Satz 1 FGO) dient dazu, der Finanzbehörde die Durchführung ganz bestimmter Maßnahmen (z.B. das Ergreifen bestimmter Vollstreckungsmaßnahmen wie Kontenpfändung o.ä.) einstweilen zu untersagen. Ihr Sinn liegt darin, die Gefahr einer Rechtsbeeinträchtigung durch eine Veränderung bestehender Zustände für eine begrenzte Zeit abzuwehren.[786] Mit der *Regelungsanordnung* (§ 114 Abs. 1 Satz 2 FGO) soll die Finanzbehörde verpflichtet werden, einstweilen bestimmte Maßnahmen zu ergreifen (z.B. eine Stundung auszusprechen bis zur Entscheidung über einen Erlassantrag). Sinn dieser Form der einstweilige Anordnung ist es, durch eine positive Regelung wesentliche Nachteile, drohende Gewalt oder sonstige vor der Entscheidung über das im Streit befangene Rechtsverhältnis sich abzeichnende Rechtsbeeinträchtigungen abzuwenden[787] und den Rechtsfrieden bis zur Entscheidung im Verfahren der Hauptsache im Wege des Interessenausgleichs zu bewahren.

Nach § 114 Abs. 3 i.V.m. § 920 ZPO obliegt es dem Antragsteller, den Anspruch und den Grund für den Erlass der einstweilige Anordnung zu bezeichnen und glaubhaft zu machen.

Aus der Verknüpfung des Antrags mit dem Hauptsacheverfahren folgt, dass antragsbefugt i.S.d. § 114 FGO nur derjenige sein kann, der Beteiligter des entsprechenden Verfahrens in der Hauptsache sein kann. Wer nicht befugt ist, in der Hauptsache Klage zu erheben, kann auch im Antragsverfahren nicht schlüssig einen Anspruch darlegen, den er zur Hauptsache verfechten will (§ 114 Abs. 3 FGO i.V.m. § 926 ZPO).[788]

---

784 Rechtsfolge: Die Finanzbehörde darf eine bestimmte Maßnahme nicht durchführen, einen bestimmten Zustand nicht verändern.
785 Rechtsfolge: Die Finanzbehörde wird vom Gericht angewiesen, vorläufig (bis zur Entscheidung in der Hauptsache) einen bestimmten Zustand herzustellen oder bestimmte Maßnahmen zu ergreifen.
786 FG Saarland vom 13.11.1978, 399/78, EFG 1979, 241.
787 BFH vom 9.12.1969, VII B 127/69, BStBl II 1970, 222.
788 BFH vom 11.1.2001, VIII B 83/00, BFH/NV 2001, 578.

Vorläufiger Rechtsschutz

B. Voraussetzungen für die einstweilige Anordnung im Einzelnen

I. Gegenstand des Verfahrens

1. Recht oder Rechtsverhältnis

Gegenstand des Verfahrens der einstweilige Anordnung ist ein *Recht* des Antragstellers oder ein *Rechtsverhältnis* zwischen dem Antragsteller (Steuerpflichtigen) und dem Antragsgegner (Finanzbehörde). Es ist nicht notwendig, dass bereits das Hauptsacheverfahren anhängig ist. Ist dies aber der Fall, muss es sich um eine *Verpflichtungs-, Leistungs- oder Feststellungsklage*, nicht um eine Anfechtungsklage (dann Aussetzung der Vollziehung) handeln. Gegenstand des Anordnungsverfahrens kann allerdings nur das sein, was auch in der Hauptsache begehrt wird oder begehrt werden kann.[789] Ein Verwaltungsakt der Finanzbehörde braucht noch nicht vorzuliegen. Liegt aber einer vor, darf es sich nicht um einen vollziehbaren Verwaltungsakt handeln, weil dann nur Aussetzung der Vollziehung in Betracht kommt. Vollziehbar sind nur solche Verwaltungsakte, die dem Adressaten eine Leistungspflicht (z. B. Steuerbescheid) auferlegen oder die Grundlage hierfür bilden (z. B. Grundlagenbescheid). Als *Faustformel* gilt: Fordert die Finanzbehörde etwas, das im Falle der Weigerung durch Vollstreckungsmaßnahmen erzwungen werden kann, handelt es sich um einen vollziehbaren, ansonsten um einen nicht vollziehbaren Verwaltungsakt.[790]

2. Nicht vollziehbare Verwaltungsakte

Nicht vollziehbar sind vor allem folgende Gruppen von Verwaltungsakten:

a) Verwaltungsakte, die lediglich eine Negation beinhalten
Behördliche Entscheidungen, die lediglich eine Negation beinhalten, weil sie den Erlass, die Berichtigung, die Rücknahme, den Widerruf, die Änderung oder die Aufhebung eines Verwaltungsakts ablehnen, sind nicht vollziehbar, da sich die bloße Verneinung einer Verwirklichung entzieht.

Beispiele:

– Ablehnung einer Stundung[791], eines Erlassantrags[792], der Fristverlängerung zur Abgabe der Steuererklärung oder des Antrags auf Aufhebung eines Steuerbescheids (Bescheide, die den Erlass eines anderen Bescheids ablehnen),

---

789 BFH vom 14. 7. 1971, II B 2/71, BStBl II 1971, 633.
790 BFH vom 28. 11. 1974, V B 44/74, BStBl II 1975, 240.
791 BFH vom 8. 6. 1982, VIII B 29/82, BStBl II 1982, 608.
792 BFH vom 26. 4. 1966, I S 3/66, BStBl III 1966, 359; vom 24. 9. 1970, II B 28/70, BStBl II 1970, 813.

Einstweilige Anordnung

- Ablehnung der Herabsetzung von Vorauszahlungen[793] (Bescheid, der die Änderung eines anderen Bescheids ablehnt[794]),
- Verwaltungsakt, der die Feststellung der Nichtigkeit eines Verwaltungsakts ablehnt.[795]

b) *Bescheide, die nicht mehr vollziehbar sind*
Zu dieser Gruppe zählen vor allem folgende Verwaltungsakte:

- Steuerbescheide, die nach Eröffnung des Insolvenzverfahrens ergehen bezüglich Steuerforderungen, die zur Zeit der Eröffnung des Verfahrens bereits begründet waren,[796]
- Arrestanordnungen nach Ablauf eines Monats nach Bekanntgabe (§ 324 AO i. V. m. § 929 Abs. 2 ZPO),
- Verwaltungsakte, die nicht mehr wirksam sind (§ 124 Abs. 2 AO).

c) *Bescheide, die aus anderen Gründen keinen vollziehbaren Inhalt haben*
Hier sind vor allem zu nennen:

- Steuerbescheid, der auf einen negativen Betrag lautet, auch wenn die Erhöhung des negativen Betrages verlangt wird,[797]
- erstmaliger Steuerbescheid auf 0 Euro, auch wenn eine negative Steuerfestsetzung (z. B. Vorsteuererstattung) begehrt wird,[798]
- Verwaltungsakte, die eine den Betroffenen ungünstige Feststellung enthalten, wenn erst die die Steuer festsetzende Veranlagung oder sonstige Maßnahme Rechtsfolgen zeitigt,

Beispiele:
- Feststellung im Feststellungsbescheid, die Buchführung sei nicht ordnungsgemäß,[799]
- Feststellung als Insolvenzforderung (§ 251 Abs. 3 AO),[800]
- Feststellung nach § 218 Abs. 2 AO, dass die festgesetzte Steuerschuld noch nicht entrichtet ist[801],

---

[793] FG Bremen vom 4. 3. 1977, II 5–6/77 As, EFG 1977, 273.
[794] BFH vom 25. 3. 1971, II B 47/69, BStBl II 1971, 334.
[795] BFH vom 1. 10. 1981, IV B 13/81, BStBl II 1982, 133.
[796] BFH vom 27. 11. 1974, I R 185/73, BStBl II 1975, 208 betr. Konkursverfahren.
[797] BFH vom 28. 11. 1974, V B 44/74, BStBl II 1975, 240.
[798] BFH vom 17. 12. 1981, V R 81/81, BStBl II 1982, 149.
[799] FG Schleswig-Holstein vom 20. 1. 1975, III 255/74, EFG 1975, 163.
[800] BFH vom 29. 9. 1970, II B 22/70, BStBl II 1970, 830.
[801] FG Berlin vom 14. 7. 1980, VII 919/80, EFG 1981, 328.

– Verwaltungsakte, die ein bestimmtes Verhalten der Behörde lediglich ankündigen (nicht dagegen die Androhung von Zwangsmitteln).

II. Anordnungsanspruch

1. Art des Anspruchs

a) Sicherungsanordnung

Der *Anordnungsanspruch* ist der Anspruch des Betroffenen, um den er streitet, den es durchzusetzen gilt. Bei der Sicherungsanordnung muss der Antragsteller einen im Hauptsacheverfahren geltend gemachten oder noch geltend zu machenden Anspruch auf die erstrebte Handlung der Finanzbehörde glaubhaft machen. Als ein solcher Sicherungsanspruch kommt nur ein Recht des Antragstellers in Betracht, das durch konkrete Maßnahmen der Finanzbehörde beeinträchtigt werden kann. Denkbar sind alle auf dem Finanzrechtsweg durchsetzbaren Rechte, Rechtsansprüche und Rechtspositionen sowie ein Anspruch auf Sicherung eines Rechts vor Zustandsveränderungen.

Beispiele:

– Der Vollstreckungsbeamte will im Rahmen der Pfändung Gegenstände aus dem Gewahrsam des Vollstreckungsschuldners entfernen und erscheint bei diesem mit einem LKW. Der Vollstreckungsschuldner begehrt im Wege der einstweilige Anordnung, die Finanzbehörde zu verpflichten, die Gegenstände in seinem Gewahrsam zu belassen, da die Befriedigung nicht gefährdet sei (§ 286 Abs. 2 Satz 1 AO).
– A wird vom Finanzamt die Erzwingung einer Sicherheitsleistung angedroht (§ 336 Abs. 2 Satz 1 AO). Er beantragt daraufhin, bis zur Entscheidung über einen gegen die Androhung gerichteten Einspruch die Androhung der Sicherheitsleistung im Wege der einstweilige Anordnung vorläufig auszusetzen mit der Begründung, die Androhung sei zu Unrecht ihm gegenüber ergangen, betroffen sei sein gleichnamiger Sohn.[802]
– Der als Haftender für eine Steuerschuld des A in Anspruch Genommene begehrt Einsicht in die Steuerakten des A. A beantragt, der Finanzbehörde durch einstweilige Anordnung aus Gründen des Steuergeheimnisses zu untersagen, die beabsichtigte Einsichtnahme zu gewähren.[803]
– A hat gegen einen Steuerbescheid Einspruch eingelegt und gebeten, das Verfahren ruhen zu lassen, bis über einen Musterprozess entschieden ist (§ 363 Abs. 2 AO). Die Finanzbehörde will entscheiden, da aus ihrer Sicht die Rechtslage klar und der Einspruch abzuweisen ist. A beantragt, die Finanzbehörde im Wege der einstweilige Anordnung zu verpflichten, die Einspruchsentscheidung vorerst zu unterlassen. Dazu muss er schlüssig vortragen, dass gewichtige Gründe es zweckmäßig erscheinen lassen, das Verfahren ruhen zu lassen, und dass die gegenteilige Rechtsauffassung der Finanzbehörde rechtsfehlerhaft ist.

---

802 Vgl. auch BFH vom 3. 4. 1979, VII B 104/78, BStBl II 1979, 381.
803 BFH vom 20. 11. 1969, I B 47/69, BStBl II 1970, 83.

– Ein Kreditinstitut will unter Berufung auf die drohende Beeinträchtigung der Eigentumsrechte an seinen Geschäftsunterlagen mittels einer einstweiligen Anordnung verhindern, dass anlässlich einer Steuerfahndungsprüfung gefertigte Aufzeichnungen aus Bankunterlagen den Wohnsitzfinanzämtern der betroffenen Bankkunden als Kontrollmitteilungen übersandt werden.[804]

b) Regelungsanordnung
Der *Regelungsanordnung* kommt im Finanzgerichtsprozess in der Praxis eine weitaus größere Bedeutung zu als der Sicherungsanordnung. Erforderlich ist ein Anspruch des Steuerpflichtigen aus einem *streitigen Rechtsverhältnis*. Als Rechtsverhältnisse kommen dabei insbesondere folgende in Frage:

– Begehren auf Erlass eines Verwaltungsakts, den die Finanzbehörde sich zu erlassen weigert oder über dessen Erlass sie nicht entscheiden will,

– Begehren eines Verwaltungshandelns, das keinen Verwaltungsakt darstellt,

– Begehren eines Unterlassens, während das Finanzamt eine Maßnahme ergreifen will oder bereits ergriffen hat,

– Forderung nach Folgenbeseitigung (z. B. Richtigstellung falscher Mitteilungen).[805]

Beispiele:
– A hat rechtzeitig die Zulassung zur Steuerberaterprüfung beantragt. Da die Entscheidung ohne erkennbaren Grund lange auf sich warten lässt und der Prüfungstermin naht, befürchtet A, erst im Folgejahr an der nächsten Prüfung teilnehmen zu können. Durch den Antrag auf Zulassung ist ein Rechtsverhältnis zwischen A und der Finanzverwaltung begründet worden.[806]
– Das Finanzamt lehnt es ab, eine einheitliche und gesonderte Gewinnfeststellung vorzunehmen, da nach seiner Ansicht keine Mitunternehmerschaft vorliegt.[807]

---

804 BFH vom 28. 10. 1997, VII B 40/97, BFH/NV 1998, 424.
805 FG Münster vom 18. 4. 1980, IV 229/80 Z-A, EFG 1980, 469.
806 Nach BFH vom 4. 2. 1970, I R 101/66, BStBl II 1970, 222 hätte eine vorläufige Zulassung zur Steuerberaterprüfung im Falle, dass der Bewerber die Prüfung besteht, nach rechtsstaatlichen Grundsätzen zur Folge, dass er als Steuerberater zu bestellen wäre. Durch die vorläufige Zulassung würde also eine endgültige Rechtslage geschaffen, was dem Sinn und Zweck der einstweiligen Anordnung zuwiderliefe.
807 BFH vom 22. 1. 1981, IV B 41/80, BStBl II 1981, 424.

Vorläufiger Rechtsschutz

- Das Finanzamt lehnt es ab, einer GmbH für umsatzsteuerliche Zwecke einer Steuernummer zu erteilen.[808]
- Der Verein V begehrt eine einstweilige Anordnung, die dem Finanzamt gebietet, die Behauptung zu unterlassen, der Verein sei nicht gemeinnützig.[809]
- Das Finanzamt lehnt es ab, den beim Amtsgericht gestellten Insolvenzantrag zurückzunehmen[810]. Der Steuerpflichtige behauptet, die Vollstreckung sei wegen Unbilligkeit einzustellen, der Insolvenzantrag zurückzunehmen.[811]
- Das Finanzamt will aus einem nichtigen Verwaltungsakt vollstrecken.[812]

Vor allem die Anträge auf einstweilige Anordnung zur Erreichung einer (vorläufigen) *Stundung* einer Forderung oder zur *Vermeidung der Steuervollstreckung* – also gerichtet auf eine Verpflichtung der Finanzbehörde, die Vollstreckung einstweilen einzustellen (§ 258 AO[813]) – bereiten in der Praxis Schwierigkeiten. Zwar tendiert die Rspr. dahin, vorläufigen Rechtsschutz auch zu gewähren, wenn der Anordnungsanspruch eine behördliche Ermessensentscheidung betrifft,[814] sie prüft aber nach den gleichen gesetzlichen Kriterien wie die Finanzverwaltung: Unbilligkeit der Zwangsvollstreckung im Einzelfall, so dass der Steuerpflichtige, will er die Zwangsvollstreckung abwenden, mit einem Antrag auf einstweilige Anordnung (statt eines Antrags auf Vollstreckungsaufschub nach § 258 AO[815]) allenfalls gewisse Beweiserleichterungen für sich verbuchen kann.

Das Vorbringen, kein Einkommen und Vermögen zu besitzen und derzeit und in absehbarer Zeit nicht in der Lage zu sein, die rückständigen Steuern zu zahlen, ist keine schlüssige Darlegung eines Anordnungsanspruchs (und eines Anordnungsgrundes): Nach § 258 AO ist nur ein kurzfristiges Zuwarten erlaubt, kein Aufschieben der Vollstreckung auf Dauer.[816] [817]

---

808 BFH vom 26. 2. 2008, II B 6/08, BFH/NV 2008, 1004; vom 20. 12. 2007, IX B 194/07, BFH/NV 2008, 600.
809 BFH vom 12. 11. 1975, I B 73/75, BStBl II 1976, 118.
810 Ausführlich zum Anordnungsanspruch in diesen Fällen: BFH vom 11. 12. 1990, VII B 94/90, BFH/NV 1991, 787.
811 BFH vom 1. 3. 1978, VII B 41/77, BStBl II 1978, 313 betr. Konkursantrag.
812 FG Hamburg vom 17. 12. 2007, 4 V 371/07, n. v.; FG Baden-Württemberg vom 19. 3. 1993, 9 V 4/93, EFG 1993, 703.
813 S. u. 3. Teil, 4. Kapitel (S. 285).
814 Vgl. BFH vom 4. 12. 1990, VII B 166/90, BFH/NV 1991, 758; s. aber auch BFH vom 18. 3. 1992, X B 59/91, BFH/NV 1992, 618 m. w. N.
815 S. zum Zusammenwirken u. 3. Teil, 6. Kapitel (S. 318).
816 S. u. 3. Teil, 4. Kapitel, B III (S. 292).
817 BFH vom 4. 12. 1990, VII B 166/90, BFH/NV 1991, 758.

Einstweilige Anordnung

2. Schlüssiges Vorbringen des Anspruchs

Der geltend gemachte Anspruch muss *schlüssig vorgetragen* werden. Dazu gehören:[818]

- eine rechtlich schlüssige Darlegung des Anordnungsanspruchs und
- der Nachweis der Tatsachen, die für die Entscheidung erheblich sind, durch präsente Beweismittel in dem für die Glaubhaftmachung erforderlichen Maß.

Da es beim Verfahren der einstweiligen Anordnung nur um die Gewährung von vorläufigem Rechtsschutz geht, nimmt das Finanzgericht lediglich eine *summarische Prüfung* des Vortrags des Antragstellers vor. Dabei reicht es aus, wenn nach der Überzeugung des Gerichts eine überwiegende Wahrscheinlichkeit für das Vorliegen des Anordnungsanspruchs spricht. Besondere Bedeutung kommt vor allem den Fällen zu, in denen der Steuerpflichtige in der Hauptsache eine Ermessensentscheidung des Finanzamtes begehrt (z. B. Stundung, Vollstreckungsaufschub) und mit der einstweiligen Anordnung eine gleichgerichtete Entscheidung im Verfahren des vorläufigen Rechtsschutzes begehrt (z. B. eine vorläufige Stundung). Insoweit ist nämlich zu beachten, dass § 102 Satz 1 FGO dem Gericht nur eine eng beschränkte Kontrolle behördlicher Ermessensentscheidungen erlaubt: Soweit die Finanzbehörde ermächtigt ist, nach ihrem Ermessen zu handeln oder zu entscheiden, darf das Gericht lediglich überprüfen, ob der Verwaltungsakt oder die Ablehnung oder Unterlassung des Verwaltungsakts rechtswidrig ist, weil die gesetzlichen Grenzen des Ermessens überschritten sind oder von dem Ermessen in einer dem Zweck der Ermächtigung nicht entsprechenden Weise Gebrauch gemacht ist. Grundsätzlich ist es dem Gericht verwehrt, anstelle der Verwaltung eine eigene Ermessensentscheidung zu treffen. In den Fällen der der sog. *Ermessensreduzierung auf Null* ist dies unproblematisch, weil dann keine andere Entscheidung als die Gewährung des Begehrten rechtmäßig sein kann.[819] Allerdings wird von der Rspr. ein Anordnungsanspruch auch dann schon bejaht, wenn für eine für den Steuerpflichtigen günstige Ermessensentscheidung eine *hinreichende Wahrscheinlichkeit* besteht.[820] Die bloße Möglichkeit einer für den Antragsteller positiven Entscheidung im Klageverfahren genügt insoweit jedoch nicht.[821]

---

818 Vgl. BFH vom 29. 11. 1984, V B 44/84, BStBl II 1985, 194; vom 20. 3. 1990, VII B 150/89, BFH/NV 1991, 104.
819 Vgl. z. B. BFH vom 26. 4. 1994, VII B 47/93, BFH/NV 1995, 6.
820 Vgl. BFH vom 5./13. 5. 1977, VII B 9/77, BStBl II 1977, 587; vom 21. 1. 1982, VIII B 94/79, BStBl II 1982, 307; vom 11. 4. 1989, VII B 202/88, BFH/NV 1989, 766; vom 12. 2. 1991, VII B 170/90, BFH/NV 1992, 42.
821 BFH vom 4. 7. 1986, VII B 56/86, BFH/NV 1987, 20.

Vorläufiger Rechtsschutz

Verbleibt hingegen noch ein (nennenswerter) Ermessensspielraum der Finanzbehörde, so kann in der Hauptsache lediglich ein sog. *Bescheidungsurteil* ergehen, mit dem der Finanzbehörde aufgegeben wird, den Kläger unter Beachtung der Rechtsauffassung des Gerichts neu zu bescheiden (§ 101 Satz 2 FGO). Für Fälle dieser Art bejahen das Schrifttum[822] und auch einzelne Finanzgerichte[823] ein sog. *Interimsermessen*, das es dem Gericht erlaubt, für den Zeitraum bis zum Ergehen der behördlichen Entscheidung in der Hauptsache die einstweilige Anordnung in Ausübung eigenen Ermessens zu treffen. Der BFH hat wiederholt offengelassen, ob den Gerichten ein solches Interimsermessen zusteht.[824]

III. Anordnungsgrund

1. Sicherungsanordnung

Der *Anordnungsgrund* bei der Sicherungsanordnung besteht in der Gefahr, dass durch die erwartete Maßnahme der Finanzbehörde die Verwirklichung des Anordnungsanspruchs des Steuerpflichtigen vereitelt oder doch wesentlich erschwert werden könnte. Die Inanspruchnahme des Gerichts im Wege der einstweiligen Anordnung muss als nötig erscheinen. Es muss daher mit ziemlicher Wahrscheinlichkeit damit zu rechnen sein, dass die Finanzbehörde entsprechende Maßnahmen ergreift – am unproblematischsten ist der Fall, dass diese ausdrücklich angekündigt werden. Die bloße Möglichkeit beeinträchtigender Maßnahmen reicht dagegen nicht aus. In diesem Falle ist der Antragsteller auf das ordentliche Hauptsacheverfahren zu verweisen. Der Erlass der einstweilige Anordnung kommt daher nur in Notfällen in Betracht, in denen die Durchführung des ordentlichen Verfahrens den Antragsteller nicht genügend schützen würde. Ist die abzuwehrende Veränderung dagegen bereits verwirklicht, ist es für eine Sicherungsanordnung zu spät – dann kommt nur noch eine Regelungsanordnung in Frage.

Die Verwirklichung eines Rechts ist vereitelt, wenn es nach der abzuwehrenden Zustandsveränderung nicht mehr wahrgenommen werden kann. Eine wesentliche Erschwerung der Verwirklichung liegt dann vor, wenn nach erfolgter Zustandsveränderung die Wiederherstellung des ursprünglichen Zustandes kaum oder nur mit erheblichem und unverhältnismäßigem Aufwand möglich ist (z.B. Verbreitung einer unwahren oder ehrenrührigen Behauptung).

---

822 Z.B. Loose, in: Tipke/Kruse, § 114 FGO (Stand: Juli 2007), Rz. 44; Koch, in: Gräber, FGO, 6. Aufl. 2006, § 114, Rz. 75; Gosch, in: Beermann/Gosch, AO/FGO, § 114 FGO (Stand: Sept. 1999), Rz. 88; Wagner, in: Kühn/v. Wedelstädt, § 102, Rz. 5.
823 Z.B. FG Saarland vom 3. 2. 2006, 2 V 44/06, EFG 2006, 546.
824 Z.B. BFH vom 5./13. 5. 1977, VII B 9/77, BStBl II 1977, 587; vom 1. 8. 2002, VII B 352/00, BFH/NV 2002, 1547.

Einstweilige Anordnung

Beispiel:

Das Finanzamt hat den Antrag des A, einen Teilbetrag des Verlustes aus Vermietung und Verpachtung einer im Bau befindlichen Eigentumswohnung auf der Lohnsteuerkarte einzutragen, abgelehnt. A beantragt, das Finanzamt im Wege der einstweilige Anordnung anzuweisen, den Freibetrag vorläufig einzutragen, da sein Recht auf richtige Bemessung des Lohnsteuerabzugs nur verwirklicht werden könne, wenn der Freibetrag auf der Lohnsteuerkarte zu einem Zeitpunkt eingetragen wird, in dem er sich noch beim Lohnsteuerabzug durch den Arbeitgeber auswirken kann.[825]

2. Regelungsanordnung

Ein *Anordnungsgrund* liegt bei der Regelungsanordnung dann vor, wenn die begehrte Regelung zur *Abwehr schwerwiegender Eingriffe* in das vom Anordnungsanspruch beschriebene Recht des Antragstellers unumgänglich ist. Die Regelung muss dazu dienen

- wesentliche Nachteile abzuwenden,
- eine drohende Gefahr zu verhindern oder sie muss
- aus sonstigen Gründen nötig erscheinen.

Wesentliche Nachteile liegen z.B. dann vor, wenn diese über den allgemeinen Nachteil einer Steuerzahlung oder Zulagenrückzahlung hinausgehen.[826]

Beispiele:

- A macht schlüssig geltend, dass das Finanzamt ihm bei Beachtung eines einschlägigen BMF-Schreibens, das er genau bezeichnet, die Steuer werde erlassen müssen. Bis zur Entscheidung über den Erlass will er das Finanzamt im Wege der einstweilige Anordnung verpflichten, die Steuer zu stunden. Als einziges Vermögen zur Zahlung der Steuerrückstände stünden ihm zum Kurs von 100 Euro erworbene Pfandbriefe zur Verfügung, die er wegen der hohen Zinsen z.Zt. nur zu 82 Euro verkaufen könne. Der Veräußerungszwang mit einem Verlust von 18 Euro je Anteil sei ein wesentlicher Nachteil.[827]
- Das Finanzamt erlässt einen negativen Feststellungsbescheid. Der Antragsteller macht schlüssig geltend, einen Rechtsanspruch auf eine einheitliche und gesonderte Gewinnfeststellung zu haben.[828]
- Der beamtete Antragsteller begehrt den Erlass einer einstweilige Anordnung, mit der der Finanzbehörde vorläufig untersagt werden soll, dem Dienstvorgesetzten Mittei-

---

825 Rechtsvereitelung bzw. -erschwerung vom BFH abgelehnt (BFH vom 13. 6. 1975, VI B 22/75, BStBl II 1975, 717; vom 22. 4. 1991, III B 537/90, BFH/NV 1992, 118).
826 BFH vom 21. 1. 1982, VIII B 94/79, BStBl II 1982, 307.
827 BFH vom 6. 10. 1972, III B 39/71, BStBl II 1973, 123.
828 BFH vom 10. 11. 1977, IV B 33–34/76, BStBl II 1978, 15.

lung zu machen, dass er Nebeneinkünfte in seinen Einkommensteuererklärungen nur teilweise angegeben hatte.[829]

Ein *wesentlicher Nachteil* liegt nicht schon darin, dass bei einer späteren Berücksichtigung von Besteuerungsgrundlagen im Hauptsacheverfahren ein Zinsverlust eintritt[830] – auch ein Zinsverlust bei Hinauszögern einer Entscheidung über einen geltend gemachten Anspruch des Antragstellers vermag in der Regel eine einstweilige Anordnung nicht zu rechtfertigen.[831]

Das Vorliegen eines wesentlichen Nachteils als Anordnungsgrund ist – ebenso wie der Anordnungsanspruch – *glaubhaft*[832] zu machen. Die Berufung auf eine Bedrohung der wirtschaftlichen Existenz ohne nähere Begründung und ohne konkrete, durch präsente Beweismittel gestützte Angaben reicht hierzu nicht aus.[833]

Die *Regelungsanordnung* ist vor allem im *Vollstreckungsrecht* oftmals der letzte Hoffnung für den Steuerpflichtigen, um eine drohende Zwangsvollstreckung (einstweilen) abzuwenden oder eine schon begonnene zu stoppen.[834] Der Antrag, der Finanzbehörde im Wege der einstweilige Anordnung aufzugeben, die Vollstreckung vorläufig einzustellen, setzt nicht generell einen zuvor bei der Behörde gestellten Antrag auf Vollstreckungsaufschub[835] voraus. Die Finanzbehörde muss jedenfalls den an das Gericht gerichteten Anordnungsantrag auch als Antrag auf Vollstreckungsaufschub nach § 258 AO werten.[836]

Das Tatbestandsmerkmal einer *drohenden Gefahr* dürfte im Steuerrecht selten relevant werden. In den meisten Fällen wird ein (auch) wesentlicher Nachteil vorliegen (z.B. bei der drohenden Verwertung gepfändeter Sachen). „Andere Gründe" rechtfertigen eine einstweilige Anordnung nur dann, wenn sie für die begehrte Regelungsanordnung ähnlich gewichtig und bedeutsam sind wie die wesentlichen Nachteile. Zusammenfassend lässt sich sagen, dass der befürchtete Nachteil so beschaffen sein muss, dass er über den allgemeinen Nachteil, Steuern zahlen

---

829 BFH vom 15. 1. 2008, VII B 149/07, BStBl II 2008, 337.
830 BFH vom 22. 5. 1974, I R 212/72, BStBl II 1975, 70.
831 BFH vom 22. 4. 1991, III B 537/90, BFH/NV 1992, 118.
832 Wer eine tatsächliche Behauptung glaubhaft zu machen hat, kann sich aller Beweismittel bedienen, auch zur Versicherung an Eides statt zugelassen werden. Eine Beweisaufnahme, die nicht sofort erfolgen kann, ist unstatthaft (§ 294 ZPO).
833 BFH vom 12. 5. 1992, VII B 173/91, BFH/NV 1994, 103; vom 21. 7. 1992, VII B 78/92, BFH/NV 1994, 104.
834 S. u. 3. Teil, 6. Kapitel (S. 318).
835 S. dazu u. 3. Teil, 4. Kapitel (S. 285).
836 So ausdrücklich FG Bremen vom 2. 7. 1993, 2 93 068 V 2, EFG 1994, 78.

Einstweilige Anordnung

zu müssen, hinausgeht.[837] Dies ist jedoch regelmäßig nur dann gegeben, wenn die wirtschaftliche oder persönliche Existenz des Antragstellers bedroht ist; bloße wirtschaftliche Schwierigkeiten allgemeiner Art genügen nicht.[838]

Nötig ist eine Regelung dann, wenn das private Interesse des Antragstellers an der erstrebten Anordnung das öffentliche Interesse an der Beibehaltung des bisherigen oder drohenden Zustandes überwiegt und die Maßnahme unumgänglich ist, um zugunsten des Antragstellers einen bestimmten Rechtszustand vorläufig festzuschreiben.[839]

Die im Gesetz ausdrücklich genannten Gründe (wesentliche Nachteile, drohende Gefahr) setzen Maßstäbe auch für die *„sonstigen Gründe"*. Diese rechtfertigen eine einstweilige Anordnung nur dann, wenn sie für die begehrte Regelungsanordnung ähnlich gewichtig und bedeutsam sind. Sie müssen also so schwerwiegend sein, dass sie eine einstweilige Anordnung unabweisbar machen, was nach der st. Rspr.[840] nur dann der Fall ist, wenn die wirtschaftliche oder persönliche Existenz des Betroffenen durch die Ablehnung der beantragten Maßnahme unmittelbar bedroht ist. Umstände, wie die Bezahlung von Steuern, auch wenn sie möglicherweise nach einem Obsiegen im Hauptsacheverfahren zu erstatten wären, eine zur Bezahlung von Steuern notwendige Kreditaufnahme, ein Zurückstellen betrieblicher Investitionen oder eine Einschränkung des gewohnten Lebensstandards[841] sind für sich allein gesehen keine Anordnungsgründe.[842]

3. *Schlüssiges Vorbringen des Grundes*

Auch der *Anordnungsgrund* ist durch *schlüssiges Vorbringen* unter Nennung präsenter *Beweismittel* glaubhaft zu machen. Wenn der Antragsteller keinen Sachverhalt geltend macht, aus dem sich ein Anordnungsgrund ergeben kann, ist der Antrag auf Erlass einer einstweilige Anordnung unzulässig; macht er einen An-

---

837 St. Rspr.; vgl. BFH vom 21. 1. 1982, VIII B 94/79, BStBl II 1982, 307; vom 26. 1. 1983, I B 48/80, BStBl II 1983, 233; vom 5. 9. 1989, VII B 41/89, BFH/NV 1991, 42.
838 BFH vom 20. 9. 1988, VII B 129/88, BStBl II 1988, 956; vom 20. 3. 1990, VII B 150/89, BFH/NV 1991, 104.
839 BFH vom 19. 7. 1978, I B 14/78, BStBl II 1978, 598.
840 Vgl. BFH vom 26. 1. 1983, I B 48/80, BStBl II 1983, 233; vom 7. 8. 1990, VII B 70/90, BFH/NV 1991, 255; vom 22. 1. 1991, VII B 191/90, BFH/NV 1991, 693; vom 29. 1. 1991, VII B 174/90, BFH/NV 1991, 695; vom 12. 5. 1992, VII B 173/91, BFH/NV 1994, 103.
841 Vgl. hierzu vor allem die Rechtsprechung zum Vollstreckungsaufschub: S. u. 3. Teil, 4. Kapitel, B II 2 (S. 287).
842 BFH vom 11. 8. 1992, VII B 58/92, BFH/NV 1994, 104.

ordnungsgrund geltend, der aber tatsächlich nicht durchgreift, ist der Antrag unbegründet.[843]

IV. Keine Vorwegnahme der Hauptsacheentscheidung

Da die einstweilige Anordnung nur vorläufigen Rechtsschutz gewähren soll, muss sich die Regelungsanordnung auf eine vorläufige Regelung beschränken. Sie ist grundsätzlich unzulässig, wenn sie das Ergebnis der Entscheidung in der Hauptsache praktisch vorwegnehmen und damit dieser endgültig vorgreifen würde.[844] Eine solche *Vorwegnahme der Hauptsacheentscheidung* liegt jedoch nicht vor, wenn dem Antragsteller die begehrte Rechtsposition nur vorläufig eingeräumt wird und sie bei einem für den Antragsteller ungünstigen Ausgang des Hauptsacheverfahrens wieder rückgängig zu machen ist. Grundsätzlich unzulässig wegen endgültiger Vorwegnahme der Entscheidung im Hauptsacheverfahren ist eine einstweilige Anordnung nur dann, wenn sie eine irreparablen Zustand schaffen würde, durch den das Hauptsacheverfahren praktisch bedeutungslos würde.[845] Ausnahmsweise ist eine dem Ergebnis des Hauptsacheverfahrens endgültig vorgreifende Regelungsanordnung allerdings zulässig, wenn

- sie zur Gewährung effektiven Rechtsschutzes unumgänglich ist,
- der Erfolg des Antragstellers im Hauptsacheverfahren wahrscheinlich ist und
- der Anordnungsgrund eine besondere Intensität aufweist.[846]

Beispiele:

- Vorläufige Zulassung zur Steuerberaterprüfung,[847]
- Vorläufige Stundung bis zur Entscheidung über den Stundungsantrag in der Hauptsache,[848]
- Vorläufige Erteilung einer Unbedenklichkeitsbescheinigung, um die es auch in der Hauptsache geht,[849]
- Bescheinigung, durch die die Antragstellerin vorläufig als eine mildtätigen und als besonders förderungswürdig anerkannten gemeinnützigen Zwecken dienende und zu

---

843 BFH vom 19. 11. 1991, I B 100/91, BFH/NV 1992, 478.
844 BFH vom 9. 12. 1969, VII B 127/69, BStBl II 1970, 222; vom 27. 7. 1994, I B 246/93, BStBl II 1994, 899.
845 BFH vom 21. 2. 1984, VII B 78/83, BStBl II 1984, 449.
846 BFH vom 22. 8. 1995, VII B 153, 154, 167, 172/95, BStBl II 1995, 645.
847 FG Hessen vom 24. 3. 1981, III B 120/81, DStR 1981, S. 352. A. A. BFH vom 20. 9. 1988, VII B 129/88, BStBl II 1988, 956.
848 BFH vom 21. 1. 1982, VIII B 94/79, BStBl II 1982, 307.
849 BFH vom 14. 1. 1987, II B 102/86, BStBl II 1987, 269; vom 23. 10. 2002, I B 86/02, BFH/NV 2003, 166.

Einstweilige Anordnung

den in § 5 Abs. 1 Nr. 9 KStG bezeichneten Vermögensmassen gehörende Stiftung anerkannt wird,[850]
- Rücknahme eines Antrags auf Zwangsversteigerung eines Grundstücks.

Solche Vorwegnahmen der Hauptsache sind nur dann im Wege der einstweiligen Anordnung zu erreichen, wenn ein zwingend gebotener einstweiliger Rechtsschutz auf andere Weise nicht zu erreichen ist und seine Versagung zu unerträglichen Folgen für den Antragsteller führen würde. Erforderlich sind

- eine hohe Wahrscheinlichkeit für den Erfolg in der Hauptsache und

- eine besondere Intensität des Anordnungsgrundes.[851]

Beispiel:

A begehrt, der Finanzbehörde durch einstweilige Anordnung Pfändungsmaßnahmen zu untersagen, da die Pfändung rechtswidrig sei und zur Eintragung ins Schuldnerverzeichnis mit den sich hieraus ergebenden wirtschaftlichen Konsequenzen führen würde (etwa bei einer Kontenpfändung mit nachfolgender Schufa-Meldung).

Die Finanzbehörde kann nicht im Wege der einstweilige Anordnung zur Erteilung einer Freistellungsbescheinigung (z.B. gemäß § 48b EStG) verpflichtet werden, wenn der Antragsteller lediglich vorträgt, infolge des Fehlens der Bescheinigung allgemein Wettbewerbsnachteile zu haben oder in Einzelfällen mit Angeboten nicht zum Zuge gekommen zu sein. Notwendig ist vielmehr eine substantiierte Darstellung, nach der das Unternehmen nach konkret gemachten Erfahrungen ohne die Bescheinigung die für sein wirtschaftliches Überleben notwendigen Aufträge nicht erhalten kann.[852] Dazu gehören regelmäßig glaubhaft zu machende Angaben,

- in welchem Umfang das Unternehmen von Aufträgen steuerabzugspflichtiger Leistungsempfänger abhängig ist und in welchem Umfang die fehlende Freistellungsbescheinigung die Auftragserteilung verhindert hat oder zu verhindern droht,
- wie sich die Kundenstruktur zusammensetzt, weil der Leistungsempfänger ohnehin vom Steuerabzug befreit ist, wenn er kein Unternehmer ist oder

---

850 BFH vom 23. 9. 1998, I B 82/98, BStBl II 2000, 320; vom 11. 6. 2001, I B 30/01, BFH/NV 2001, 1223.
851 Vgl. BFH vom 23. 9. 1998, I B 82/98, BStBl II 2000, 320; FG Baden-Württemberg vom 23. 1. 1978, VI 496/77, EFG 1978, 191.
852 BFH vom 23. 10. 2002, I B 86/02, BFH/NV 2003, 166.

wenn sein Unternehmen die Vermietung von Wohnungen zum Gegenstand hat und er nicht mehr als zwei Wohnungen vermietet,
- weshalb nicht eine objekt- oder auftragsbezogene Freistellungsbescheinigung ausreicht, um das wirtschaftliche Überleben zu sichern.[853]

C. Verfahren der einstweiligen Anordnung und Rechtsschutz

Eine einstweilige Anordnung kann nur vom *Finanzgericht*, nicht von der Finanzbehörde erlassen werden. Der Erlass ist in das *Ermessen* des Finanzgerichts gestellt. Die einstweilige Anordnung muss beim Finanzgericht schriftlich oder zur Niederschrift beantragt werden. Eine einstweilige Anordnung von Amts wegen gibt es nicht. Ein vorausgegangenes behördliches Verfahren ist nicht erforderlich. Das Gericht kann nach eigenem Ermessen eine *Sicherheitsleistung* verlangen (§ 114 Abs. 3 FGO i. V. m. § 938 Abs. 1 ZPO), Zinsen fallen dagegen nicht an. Die Entscheidung ergeht in der Regel ohne mündliche Verhandlung durch Beschluss (§ 114 Abs. 4 FGO).

Gegen eine vom Gericht ausgesprochene einstweilige Anordnung steht den Beteiligten die *Beschwerde* nur zu, wenn sie in der Entscheidung zugelassen worden ist. Für die Zulassung gilt § 115 Abs. 2 FGO entsprechend (§ 128 Abs. 3 FGO). D. h. die Beschwerde ist nur zuzulassen, wenn

- die Rechtssache grundsätzliche Bedeutung hat,

- die Fortbildung des Rechts oder die Sicherung einer einheitlichen Rechtsprechung eine Entscheidung des BFH erfordert oder

- ein Verfahrensmangel geltend gemacht wird und vorliegt, auf dem die Entscheidung beruhen kann.

Eine Umdeutung eines beim BFH gestellten Antrags auf Aussetzung der Vollziehung als Antrag auf Erlass einer einstweilige Anordnung kommt nicht in Betracht, weil für den Erlass einer einstweilige Anordnung das Finanzgericht zuständig ist (§ 114 Abs. 2 Satz 2 FGO).[854]

---

853 BFH vom 23. 10. 2002, I B 132/02, BFH/NV 2003, 313.
854 BFH vom 28. 11. 2007, V S 35/07, n. v.; vom 9. 8. 1994, IV S 8/94, BFH/NV 1995, 409.

4. Kapitel: Einstellung der Vollstreckung

Literatur:

Pump, Typische Fehler bei Anträgen, die auf Gewährung von Vollstreckungsaufschub gerichtet sind, StB 1985, 45; *Carl/Klos*, Liquiditätsvorteile durch Stundung, Aussetzung der Vollziehung, Vollstreckungsaufschub und Erlass von Steuern, 1993; *Carl*, Grundsatz der Verhältnismäßigkeit und Steuervollstreckung, SteuerStud 1994, 533; *Schwarzer*, Die einstweilige Einstellung der Zwangsvollstreckung nach § 258 AO, DStZ 1994, 366

A. Bedeutung des Vollstreckungsaufschubs

Die an den Grundsatz der *Gleichmäßigkeit der Besteuerung* (Art. 3 GG, § 85 AO) gebundene Finanzverwaltung darf nur in gesetzlich geregelten Ausnahmefällen von der – notfalls mit *Zwangsmitteln* erfolgenden – Durchsetzung von Steueransprüchen absehen. § 257 AO bestimmt hierzu, dass die Vollstreckung in folgenden Fällen einzustellen oder zu beschränken ist:

- Wegfall der Vollstreckbarkeitsvoraussetzungen des § 251 Abs. 1 AO im Falle der Aussetzung der Vollziehung oder der Hemmung der Vollziehung durch Einlegung eines Einspruchs,
- Aufhebung des Verwaltungsakts, aus dem vollstreckt wird,
- Erlöschen der Steuerschuld,
- Stundung der Leistung.

Daneben kann die Finanzbehörde dem Steuerpflichtigen in besonderen Härtefällen bei der Vollstreckung von Steuerforderungen eine Reihe von Erleichterungen gewähren (§ 258 AO):

- die Vollstreckung *einstweilen einstellen*, d.h. für einen bestimmten Zeitraum von Vollstreckungsmaßnahmen jeder Art absehen,
- Vollstreckungsmaßnahmen, die sie bereits ergriffen hat, wieder aufheben,
- die Vollstreckung einstweilen *auf einen Teil des Rückstands beschränken*,
- die Vollstreckung einstweilen auf *bestimmte Maßnahmen* beschränken, d.h. vom Zugriff auf einzelne Vermögenswerte absehen, vor allem solche, auf die

der Steuerpflichtige dringend angewiesen ist (z. B. bestimmte Kundenforderungen oder sein Betriebsgrundstück).

Diese Möglichkeiten der Finanzbehörden haben in der Vollstreckungspraxis eine große Bedeutung. Sie kommen dann in Betracht, wenn die allgemeinen Vollstreckungsvoraussetzungen (§ 254 AO), nämlich

- Vorliegen eines Vollstreckungstitels (Steuerbescheid) mit Leistungsgebot,
- Fälligkeit der Leistung,
- Verstreichen der Wochenschonfrist

gegeben sind.

Die konkrete Zwangsvollstreckungsmaßnahme der Finanzbehörde (Vollstreckungsstelle) muss zumindest unmittelbar bevorstehen, d. h. es ist eine Rückstandsanzeige vorhanden, aufgrund deren die Vollstreckungsstelle mit der Einzelzwangsvollstreckung beginnt. Vollstreckungsaufschub wird häufig in den Fällen gewährt, in denen bei *Großrückständen* aufgrund eines *Sanierungskonzepts* beim Vollstreckungsschuldner die Rückführung der Steuerschulden erreicht werden soll.

B. Voraussetzungen des Vollstreckungsaufschubs

I. Überblick

Voraussetzungen für einen Vollstreckungsaufschub sind, dass die

- Vollstreckung in dem *jeweiligen Einzelfall unbillig* wäre und
- Nachteile für den Steuerzahler durch *kurzfristiges Zuwarten* oder
- durch eine andere, weniger einschneidende Vollstreckungsmaßnahme vermieden werden könnten.[855]

Ob die Finanzbehörde einen Vollstreckungsaufschub im Sinne der Beschränkung oder Einstellung der Zwangsvollstreckung gewährt, liegt in ihrem *Ermessen*. Sie muss insbesondere zu der Überzeugung kommen, dass weitere Vollstreckungsmaßnahmen unbillig im Sinne des § 258 AO sind. Es ist daher die *Prognose* anzustellen, dass weitere Vollstreckungsmaßnahmen dem Vollstreckungsschuldner einen *unangemessenen Nachteil* bringen würden, der durch kurzfristiges Zuwarten oder durch eine andere, weniger einschneidende Vollstreckungsmaßnahme

---

855 So die ständige Rspr. Vgl. z. B. BFH vom 24. 9. 1991, VII B 107/91, BFH/NV 1992, 503; vom 12. 12. 2005, VII R 63/04, BFH/NV 2006, 900; vom 11. 12. 2007, VII R 52/06, BFH/NV 2008, 749.

Einstellung der Vollstreckung

vermieden werden kann. Die allgemeinen Nachteile, die üblicherweise mit der Steuervollstreckung verbunden sind, begründen in diesem Sinne keine Unbilligkeit von Vollstreckungsmaßnahmen.

II. Unbilligkeit der Vollstreckung

1. Grundsatz

Billigkeitsmaßnahmen wie der Vollstreckungsaufschub nach § 258 AO können grundsätzlich nur *vorläufiger Natur* sein; sie betreffen daher auch lediglich die *Art und Weise* der Durchführung des Vollstreckungsverfahrens und nicht – wie etwa der Steuererlass – den Bestand des Anspruchs bzw. – wie die Steuerstundung[856] – die Fälligkeit des Steueranspruchs.

Die berechtigten Interessen des Vollstreckungsschuldners sind schon dadurch geschützt, dass einige Vorschriften (§ 281 Abs. 3, §§ 295, 319 AO) ausreichenden Vollstreckungsschutz gewährleisten, der z. B. darauf abzielt, den Steuerpflichtigen vor einer „Kahlpfändung" zu bewahren, damit er nicht dem Staat über die Sozialhilfe zur Last fällt. Von der Grundstruktur sollen daher die weitergehenden Maßnahmen im Wege des Vollstreckungsaufschubs nur dann Platz greifen, wenn mit einer teilweisen Befriedigung der Steuerforderung nach einem kurzfristigen Zuwarten oder bei der Durchführung einer weniger einschneidenden Vollstreckungsmaßnahme gerechnet werden kann.

2. Unangemessener Nachteil

Voraussetzung für die Anwendung des § 258 AO ist, dass die Vollstreckung *unbillig* im Einzelfall ist. Nach Abschn. 7 Abs. 2 Satz 1 der VollstrA[857] ist eine Unbilligkeit in diesem Sinne anzunehmen, wenn die Vollstreckung oder eine einzelne Vollstreckungsmaßnahme dem Vollstreckungsschuldner einen *unangemessenen Nachteil* bringen würde, der durch kurzfristiges Zuwarten oder durch eine andere Vollstreckungsmaßnahme vermieden werden könnte. Nachteile, die üblicherweise mit der Vollstreckung oder der einzelnen Vollstreckungsmaßnahme verbunden sind, begründen keine Unbilligkeit.[858] Bei Prüfung der Unbilligkeit sind die Interessen der Allgemeinheit an einer zeitnahen Einziehung der Steuer gegen die Inte-

---

856 S. u. 3. Teil, 5. Kapitel (S. 300).
857 Allgemeine Verwaltungsvorschrift über die Durchführung der Vollstreckung nach der Abgabenordnung – Vollstreckungsanweisung (VollStrA) – vom 13. 3. 1980 (BStBl I 1980, 112), zuletzt geändert durch Allgemeine Verwaltungsvorschrift vom 22. 1. 2008 (BStBl I 2008, 274).
858 Dass der Schuldner künftig zu Fuß gehen oder mit dem Bus fahren muss, weil sein Wagen gepfändet und weggenommen wurde, ist ein solcher mit dieser Pfändungsmaßnahme üblicherweise verbundener Nachteil, der hinzunehmen ist.

ressen des Steuerpflichtigen an einer Bewahrung seiner wirtschaftlichen Existenz abzuwägen und zu berücksichtigen, dass Vollstreckung und Vollstreckungsaufschub in einem Regel-Ausnahmeverhältnis zueinander stehen.[859]

Die Unbilligkeit kann sich ergeben aus

- der Art und Weise,
- dem Umfang oder
- dem Zeitpunkt der Vollstreckung.

Beispiele:

- Der Steuerpflichtige hat mit seinen Gläubigern einen *Schuldentilgungsplan* erarbeitet. Diesen Plan hält er auch gewissenhaft ein. Es ist abzusehen, dass er in kurzer Zeit schuldenfrei und dann zur Zahlung seiner Steuerrückstände in der Lage sein wird. Vollstreckungsmaßnahmen würden hier die geregelte Schuldenabwicklung stören.
- Die Vollstreckungsmaßnahmen würden dazu führen, dass das Vermögen des Steuerpflichtigen weit *unter seinem wirklichen Wert* verschleudert würde. Er kann etwa geltend machen, dass Waren zu einem späteren Zeitpunkt erheblich vorteilhafter verkauft werden könnten, namentlich bei Saisonartikeln.
- Der Betrieb würde durch die sofortige Vollstreckung der Mittel beraubt, die zu seiner *Fortführung* erforderlich sind mit der Folge der drohenden Insolvenz und einem Unternehmenszusammenbruch, wodurch der Steuerpflichtige seinen eigenen „Arbeitsplatz" bzw. seine Erwerbsmöglichkeit verlieren würde.
- Die Pfändungsmaßnahmen des Finanzamtes führen über die Kündigung von Bankkrediten zum Widerruf der gewerberechtlichen Erlaubnis und zur Insolvenz einer juristischen Person.[860]
- Der Steuerpflichtige würde durch die Pfändung ein *Nießbrauchsrecht verlieren*, ohne dass das Finanzamt aus dem verlorenen Recht befriedigt werden könnte.
- Der Steuerpflichtige würde durch die Pfändung eines Genossenschaftsanteils seine *langjährige Wohnung* ersatzlos verlieren.
- Die Vollstreckung im gegenwärtigen Zeitpunkt würde die *Gesundheit* des Steuerpflichtigen oder die seiner engsten Angehörigen ernstlich gefährden.[861] Der nicht näher substantiierte Vortrag des Vollstreckungsschuldners, dass seine Gesundheit infolge der dauernden Sorgen und Probleme angegriffen sei, ist jedoch nicht geeignet, eine längerfristige Einstellung der Vollstreckung zu erwirken, weil eine konkrete Gefahr für das Leben oder die Gesundheit damit nicht hinreichend dargetan ist.[862]

---

859 Schwarzer, Die einstweilige Einstellung der Zwangsvollstreckung nach § 258 AO, DStZ 1994, 366, 367.
860 BFH vom 8. 12. 1992, VII B 150/92, BFH/NV 1993, 708.
861 Nachweise bei BVerfG vom 19. 6. 1979, 2 BvR 1060/78, BVerfGE 52, 220; FG Saarland vom 3. 2. 2006, 2 V 44/06, EFG 2006, 546.
862 BFH vom 8. 7. 2004, VII B 35/04, BFH/NV 2004, 1621.

Einstellung der Vollstreckung

- Die Vollstreckungsschuldnerin steht kurz vor einer *Entbindung*.[863]
- Das Finanzamt würde in einem *Trauerhaus pfänden*.
- Das Finanzamt pfändet das gesamte an sich pfändbare Einkommen eines schwer *erkrankten Steuerpflichtigen*, der gerade jetzt infolge seiner Krankheit zu erhöhten Aufwendungen gezwungen ist.
- Das Finanzamt leitet ein Verfahren zur Abnahme der eidesstattlichen Versicherung wegen eines *geringfügigen Anspruchs* gegen einen Schuldner ein, der seit jeher vermögenslos ist.

Allgemein kann man sagen, dass eine Vollstreckung unbillig ist, wenn ihre *nachteiligen Nebenwirkungen größer* sind als der Vorteil, den die Finanzbehörde durch die Vollstreckung erlangt. Bietet der Steuerpflichtige *Ratenzahlungen* an, ist die Vollstreckung nur dann unbillig, wenn mit hinreichender Wahrscheinlichkeit erwartet werden kann, dass er seine Zusage einhalten wird und wenn angesichts der Höhe der angebotenen Raten mit einer kurzfristigen Tilgung der Schuld gerechnet werden kann.[864]

Keine Unbilligkeit ist in folgenden Fällen zu sehen:

- Durch die Vollstreckung erleiden lediglich *Dritte* Nachteile, etwa die Arbeitnehmer infolge der Schließung eines Betriebs.[865] Hier ist die Finanzverwaltung der Auffassung, es sei Sache der Sozial-, Struktur- oder Wirtschaftspolitik, solche Nachteile aufzufangen.
- Der zu vollstreckende *Steuerbescheid ist fehlerhaft*, z.B. die Steuer beruht auf vom Finanzamt geschätzten Besteuerungsgrundlagen – solche Einwände sind mit den von der AO dafür vorgesehenen Rechtsbehelfen außerhalb des Vollstreckungsverfahrens zu verfolgen (§ 256 AO)[866] – dies gilt allerdings nicht im Falle der Nichtigkeit (hier schließt § 256 AO die Möglichkeit einer einstweiligen Einstellung der Zwangsvollstreckung nach § 257 Abs. 1 Nr. 2 AO analog nicht aus).[867]

---

863 OLG Frankfurt vom 18. 8. 1980, 20 W 484/80, Rpfleger 1981, 24.
864 BFH vom 24. 9. 1991, VII B 107/91, BFH/NV 1992, 503; kritisch dazu Kraemer, Einstweilige Einstellung der Vollstreckung bei Angebot von Ratenzahlungen, DStZ 1993, 175. BFH vom 11. 12. 2007, VII R 52/06, BFH/NV 2008, 749.
865 Vgl. Pump, Typische Fehler bei Anträgen, die auf Gewährung von Vollstreckungsaufschub gerichtet sind, StB 1985, 45; Schwarzer, Die einstweilige Einstellung der Zwangsvollstreckung nach § 258 AO, DStZ 1994, 366.
866 Vgl. dazu BFH vom 8. 12. 1992, VII B 150/92, BFH/NV 1993, S. 708; FG München vom 15. 1. 2008, 14 V 3842/07, n.v.
867 FG Baden-Württemberg vom 19. 3. 1993, 9 V 4/93, EFG 1993, 703.

Vorläufiger Rechtsschutz

- Dem Steuerpflichtigen droht eine Zwangsverwaltung oder Zwangsversteigerung eines Grundstücks oder der Verlust einer selbstgenutzten Eigentumswohnung.[868]
- Der Steuerzahler muss seinen *privaten Lebensstandard* einschränken. Dies mutet das Gesetz einem Schuldner zu[869] – gleiches gilt für die Stundung.[870] Im Allgemeinen gewährleisten die gesetzlichen Schuldnerschutzvorschriften,[871] dass dem Schuldner die Mittel für den notwendigen Lebensbedarf erhalten bleiben.

Neben Einschränkungen im privaten Lebensstil sind dem Vollstreckungsschuldner die vollständige Beleihung des privaten bzw. betrieblichen Vermögens, die Aufnahme eines Teilhabers, die Aufnahme auch eines teueren Kredits und der zeitweilige Verzicht auf betriebliche Expansion zuzumuten.

In Vollstreckungsfällen kommt es häufig zu einer *Kumulation von Rechtsbehelfen* (Einspruch gegen den Steuerbescheid, Antrag auf Aussetzung der Vollziehung des Steuerbescheids, Antrag auf einstweilige Anordnung zur vorläufigen Einstellung der Vollstreckung, Antrag auf Vollstreckungsaufschub), die eine Reihe schwieriger Abgrenzungsprobleme aufwerfen.[872] Generell kann hier zweierlei angemerkt werden:[873]

- Die Vollstreckung ist nicht allein deshalb unbillig, weil der Steuerpflichtige bei der Finanzbehörde oder bei Gericht Aussetzung der Vollziehung beantragt hat mit der Begründung, der angefochtene Steuerbescheid sei rechtswidrig.
- In dem Antrag an das Finanzgericht, im Wege der einstweiligen Anordnung der Finanzbehörde aufzugeben, die Vollstreckung vorläufig einzustellen, liegt gleichzeitig auch der gegenüber der Finanzbehörde zu stellende Antrag auf Vollstreckungsaufschub.

Eine *Unbilligkeit der Vollstreckung* ist aber dann anzunehmen, wenn der Steuerpflichtige einen Antrag auf Aussetzung der Vollziehung, Stundung oder Erlass gestellt hat, dieser zwar noch nicht beschieden ist, aber mit einer gewissen Wahrscheinlichkeit anzunehmen ist, dass er Erfolg haben wird.[874] Bei dieser Sachlage

---

868 BFH vom 15. 12. 1992, VII B 131/92, BFH/NV 1993, 460; vom 15. 4. 1992, VII B 29/92, BFH/NV 1993, 660.
869 Rechtsgedanke des § 811 Nr. 1 ZPO.
870 S. u. 3. Teil, 5. Kapitel, B II (S. 306).
871 §§ 295, 319 AO.
872 Ausführlich dazu u. 3. Teil, 6. Kapitel (S. 318).
873 Vgl. FG Bremen vom 2. 7. 1993, 2 93 068 V 2, EFG 1994, 78.
874 BFH vom 11. 4. 1989, VII B 202/88, BFH/NV 1989, 766; vom 20. 7. 2000, VII B 47/00, BFH/NV 2001, 313; vom 15. 1. 2003, V S 17/02, BFH/NV 2003, 738.

Einstellung der Vollstreckung

liegt in der Vollstreckung eine gegen Treu und Glauben verstoßende unzulässige Rechtsausübung, da eine Leistung gefordert wird, die höchstwahrscheinlich alsbald zurückzuerstatten ist (dolo agit, qui petit, quod statim redditurus est).[875] Die Unbilligkeit der Einleitung des Vollstreckungsverfahrens kann sich in solchen Fällen auch schon daraus ergeben, dass die Finanzbehörde sich nicht zuvor beim Finanzgericht über den Stand des Aussetzungsverfahrens vergewissert hat – das Gebot der Gewährung effektiven Rechtsschutzes gebietet es, dass ein Bürger nicht mit Vollstreckungsmaßnahmen konfrontiert wird, weil noch nicht genügend Zeit geblieben ist, um über den gestellten Antrag auf Aussetzung der Vollziehung abschließend zu befinden.[876] Solange ein Aussetzungsverfahren beim Finanzgericht anhängig ist, ist die Vollstreckungsstelle der Finanzbehörde verpflichtet, beim Finanzgericht Auskunft über den Stand des Aussetzungsverfahrens einzuholen und – soweit ein Entscheidungszeitpunkt noch nicht genannt werden kann – nachzufragen, ob bezogen auf den Stand des gerichtlichen Verfahrens Bedenken gegen die Einleitung des Vollstreckungsverfahrens bestehen.[877]

Werden im Einzelfall Umstände dargetan, die auf eine *Nichtigkeit* des zugrundeliegenden Steuerbescheids und damit auch der Zwangsvollstreckung schließen lassen, liegt kein Fall des § 258 AO vor, da dieser von einer „an sich" zulässigen Zwangsvollstreckung ausgeht. In einem solchen Falle kann der Steuerschuldner – wenn noch keine Zwangsvollstreckungsmaßnahmen ergriffen, solche aber angedroht worden sind – Verpflichtungsklage auf Einstellung der Zwangsvollstreckung gemäß § 257 Abs. 1 Nr. 2 AO analog erheben und in diesem Verfahren einstweiligen Rechtsschutz im Wege der einstweilige Anordnung erlangen.[878]

3. *Rücksichtnahme auf die Belange des Vollstreckungsschuldners durch Vollziehungsbeamte*

Die für den *Vollstreckungsaußendienst* der Finanzverwaltung verbindliche Vollziehungsanweisung (VollzA)[879] enthält ebenfalls einige Bestimmungen, die als Ausprägung des Verhältnismäßigkeitsgrundsatzes zur Verhinderung von unbilligen Vollstreckungen dienen sollen. So ordnet Abschn. 8 Abs. 2 VollzA an, dass

---

875 BFH vom 12. 6. 1991, VII B 66/91, BFH/NV 1992, 156; FG Berlin-Brandenburg vom 19. 2. 2008, 6 V 6196/07, n. v.; FG Bremen vom 2. 7. 1993, 2 93 068 V 2, EFG 1994, 78.
876 FG Bremen vom 2. 7. 1993, 2 93 068 V 2, EFG 1994, 78.
877 FG Bremen vom 2. 7. 1993, 2 93 068 V 2, EFG 1994, 78; vgl. auch FG Berlin vom 12. 9. 1989, V 270/89, EFG 1990, 404.
878 FG Baden-Württemberg vom 19. 3. 1993, 9 V 4/93, EFG 1993, 703.
879 Allgemeine Verwaltungsvorschrift für Vollziehungsbeamte der Finanzverwaltung – Vollziehungsanweisung (VollzA) – vom 29. 4. 1980 (BStBl I 1980, 194), zuletzt geändert durch Allgemeine Verwaltungsvorschrift vom 22. 1. 2008 (BStBl I 2008, 274).

Vorläufiger Rechtsschutz

der Vollziehungsbeamte neben den Belangen des Vollstreckungsgläubigers auch die Belange des Vollstreckungsschuldners zu wahren hat, soweit hierdurch der Erfolg der Vollstreckung nicht beeinträchtigt wird.

Nach Abschn. 8 Abs. 2 Satz 2 VollzA hat der Vollziehungsbeamte auch auf Wünsche, die der Vollstreckungsschuldner hinsichtlich der Ausführung der Vollstreckung, insbesondere hinsichtlich der Auswahl der zu pfändenden Sachen, äußert, Rücksicht zu nehmen, wenn dies ohne besondere Kosten und Schwierigkeiten und ohne Beeinträchtigung des Erfolgs der Vollstreckung möglich ist.

Schließlich hat der Vollziehungsbeamte nach Abschn. 8 Abs. 5 VollzA auch sonst jede unnötige Schädigung des Vollstreckungsschuldners zu vermeiden und insbesondere darauf zu achten, dass die Vollstreckungshandlung möglichst wenig Aufsehen erregt.

III. Kurzfristiges Zuwarten

1. Zeitdauer des Vollstreckungsaufschubs

Der Nachteil für den Steuerpflichtigen ist nur dann unangemessen, wenn er sich durch *kurzfristiges Zuwarten* vermeiden ließe; Maßnahmen nach § 258 AO können somit nur vorläufiger Art sein.[880] Ein solches kurzfristiges Zuwarten ist nach der Rspr. der Finanzgerichte nur anzunehmen, wenn ein Zeitraum von etwa sechs Monaten – in besonders begründeten Ausnahmefällen bis zu 12 Monaten – nicht überschritten wird.[881] Aufschub über ein Jahr hinaus – auch wenn Ratenzahlungen vereinbart sind –, soll nach dieser Regelung grundsätzlich nicht gewährt werden. Ein Vollstreckungsaufschub kommt nicht in Betracht, wenn selbst bei mehrjährigem Zuwarten mit Vollstreckungs- oder Verwertungsmaßnahmen eine Befriedigung der Finanzbehörde nicht erwartet werden kann.[882]

---

880 St. Rspr.; vgl. BFH vom 18. 3. 1986, VII B 115/85, BFH/NV 1986, 479; vom 14. 2. 1989, VII B 143/88, BFH/NV 1989, 565; vom 4. 12. 1990, VII B 166/90, BFH/NV 1991, 758; vom 15. 4. 1992, VII B 29/92, BFH/NV 1993, 660; vom 8. 12. 1992, VII B 150/92, BFH/NV 1993, 708.
881 FG Düsseldorf vom 25. 5. 1988, 1 K 111/88 KV, EFG 1988, 455; BFH vom 24. 9. 1991, VII B 107/91, BFH/NV 1992, 503.
882 BFH vom 7. 10. 1992, VII B 92/92, BFH/NV 1993, 513; vom 5. 10. 2001, VII B 15/01, BFH/NV 2002, 160; vom 8. 7. 2004, VII B 35/04, BFH/NV 2004, 1621.

2. Aussichtslosigkeit der Vollstreckung

Bestehen keine Anhaltspunkte dafür, dass die Steuerschulden in absehbarer Zeit zurückgeführt werden können (sog. aussichtsloser Vollstreckungsfall wegen Überschuldung oder Zahlungsunfähigkeit), sind einstweilige Maßnahmen im Sinne des Vollstreckungsaufschubs nicht gerechtfertigt. Solche Maßnahmen verstoßen gegen den Grundsatz der Verhältnismäßigkeit (Voraussetzung der Geeignetheit der Maßnahme zur Erreichung des Vollstreckungsziels).[883] Von der Grundstruktur soll diese Billigkeitsmaßnahme nämlich eine Unterbindung der Vollstreckung *auf Dauer* nicht vorsehen.[884] Es muss eine Besserung der wirtschaftlichen Verhältnisse des Steuerpflichtigen zu erwarten sein, d. h., dass gegenwärtig eine bloße *Zahlungsstockung* vorliegt. Ist das Unternehmen dagegen auf Dauer gesehen nicht lebensfähig, so scheidet Vollstreckungsaufschub aus. Dies gilt vor allem für *insolvenzreife Unternehmen*.

IV. Vermeidung des Nachteils durch andere Maßnahmen

Die Zwangsvollstreckung kann auch dann unbillig sein, wenn der Nachteil durch andere Maßnahmen vermieden werden könnte. Dies ist ein Ausfluss des auch im Vollstreckungsrecht geltenden Grundsatzes der Verhältnismäßigkeit im weiteren Sinne (Geeignetheit, Erforderlichkeit, Übermaßverbot).[885]

Damit wird u. a. die Auswahl zwischen den einzelnen Vollstreckungsmaßnahmen angesprochen. Auch *einzelne Vollstreckungsmaßnahmen*, etwa die Pfändung von Forderungen gegen einen bestimmten Kunden des Steuerpflichtigen, können unbillig sein. Eine Unbilligkeit ist insbesondere dann anzunehmen, wenn andere Vollstreckungsmaßnahmen denselben Erfolg bringen würden und für den Steuerpflichtigen weniger einschneidend sind (Grundsatz der Erforderlichkeit). Außerdem wird dabei auf einen zeitlichen Aspekt abgestellt. Es wäre ein Verstoß gegen das *Übermaßverbot*, würde man heute den Vollstreckungsschuldner durch eine Vollstreckungsmaßnahme unangemessen hart treffen, wenn man sicher sein kann, dass man morgen auf weniger belastende Art die Rückstände beitreiben kann. Der Grundsatz der Verhältnismäßigkeit ist nicht schon dadurch verletzt, dass die mit der Abgabe der eidesstattlichen Versicherung verbundene Eintragung in das Schuldnerverzeichnis regelmäßig berufliche Nachteile mit sich bringen kann. Der

---

[883] Vgl. Carl, Grundsatz der Verhältnismäßigkeit und Steuervollstreckung, SteuerStud 1994, 533; Abschn. 22 Abs. 3 Satz 1 VollstrA.
[884] BFH vom 14. 2. 1989, VII B 143/88, BFH/NV 1989, 565; vom 24. 9. 1991, VII B 107/91, BFH/NV 1992, 503.
[885] Ausführlich dazu Carl, Grundsatz der Verhältnismäßigkeit und Steuervollstreckung, SteuerStud 1994, 533.

Gesetzgeber hat die Gefährdung der wirtschaftlichen und sozialen Existenz bei Abfassung des § 284 Abs. 3 AO gekannt und bewusst in Kauf genommen.[886]

Beispiel:

Die Vollstreckungsbehörde will hart durchzugreifen, hat Forderungspfändungen vorbereitet, der Vollziehungsbeamte ist beauftragt, Wohnung und Geschäftsräume des Schuldners zu durchsuchen und alle pfändbaren Gegenstände zu pfänden. Der Vollstreckungsschuldner erfährt hiervon, erscheint an Amtsstelle und bittet um zwei Tage Aufschub. Zum einen habe er eine für seine weitere wirtschaftliche Entwicklung entscheidende Besprechung in seinem Büro, bei der ein Vollziehungsbeamter doch sehr stören würde. Die Forderungspfändungen kämen ihm derzeit sehr ungelegen – er wolle möglichst vermeiden, dass seine Kunden von seinen Schwierigkeiten erfahren. Übermorgen erhalte er eine größere Zahlung eines Kunden, mit der er seine Rückstände tilgen könne. Wenn dies überzeugend vorgetragen wird und der Vollstreckungsschuldner die besagte Forderung abtritt, dürfte dies ein Fall sein, der in der VollstrA angesprochen ist – die Zwangsmaßnahmen müssten insoweit ausgesetzt werden.

C. Verfahren

I. Antrag auf Vollstreckungsaufschub

1. Voraussetzungen und Zeitpunkt des Antrags

Zulässig ist der Antrag auf Vollstreckungsaufschub, sobald die Finanzbehörde *ernsthaft* zu erkennen gegeben hat, dass sie bei Ausbleiben der Steuerzahlung vollstrecken werde. Dies ist insbesondere anzunehmen, wenn die Finanzbehörde

- den Steuerpflichtigen *gemahnt* (§ 259 AO),
- die *Vollstreckung angekündigt* oder
- einen Antrag auf *Stundung oder auf Aussetzung der Vollziehung* abgelehnt hat.

Der Antrag auf Vollstreckungsaufschub ist vor allem auch dann zulässig, wenn die Finanzbehörde bereits Schritte zur Vollstreckung des Steuerrückstands unternommen hat, etwa nachdem der Vollziehungsbeamte des Finanzamts einen Vollstreckungsauftrag gegen den Steuerpflichtigen erhalten hat. Im Stellen eines (an das Finanzgericht gerichteten) Antrags auf einstweilige Anordnung zum Stoppen der Vollstreckung liegt zugleich ein Antrag (an das Finanzamt) auf Vollstreckungsaufschub.[887]

---

886 BFH vom 9. 8. 2006, VII B 238/05, BFH/NV 2006, 2227.
887 Vgl. FG Bremen vom 2. 7. 1993, 2 93 068 V 2, EFG 1994, 78.

2. Begründung des Antrags und Verhandlungen mit der Finanzbehörde

Der Antrag sollte *ausführlich begründet* sein; allgemein gehaltene Hinweise auf die angespannte wirtschaftliche Lage, die schlechte Auftragssituationen oder die fehlende Zahlungsfähigkeit genügen nicht – es sei denn, der Finanzbehörde sind bereits nähere Einzelheiten bekannt. Pauschale Hinweise auf die Beeinträchtigung der Kreditmöglichkeiten oder nachteilige Auswirkungen auf das Verhältnis zu Banken (etwa bei einer Kontenpfändung)[888] und Auftraggebern (etwa bei einer Pfändung von Kundenforderungen) reichen ebenso wenig aus wie der Verweis auf Nachteile eines drohenden Passentzuges.[889] Der Antrag sollte, wenn der Aufschub für mehrere Monate beantragt wird und die Rückstände der Höhe nach nicht ins Gewicht fallen, mindestens folgende Angaben enthalten:[890]

- die *gegenwärtige Vermögenslage,*
- die *voraussichtliche Entwicklung* der Umsätze und Gewinne,
- bestehende *Verbindlichkeiten* gegenüber anderen Gläubigern und die Art, wie diese Verbindlichkeiten getilgt werden.

Bei Steuerrückständen *über 5.000 Euro* verlangen die Finanzämter vom Steuerpflichtigen oft ein *förmliches Vermögensverzeichnis* auf einem finanzamtlichen Vordruck.

Die Gestaltungsmöglichkeiten über den Vollstreckungsaufschub sind ein häufig genutztes Instrument, um in Vollstreckungsverhandlungen mit dem Finanzamt eine *Sanierung von Großrückstandsfällen* – also erheblichen Steuerrückständen mit zumeist mehr als 50.000 Euro – in die Wege zu leiten. Im Rahmen einer solchen Vollstreckungsverhandlung werden üblicherweise Entscheidungen über folgende Einzelpunkte getroffen:

- Vorliegen eines Vermögens-, Finanz- oder Liquiditätsstatus,
- Erfüllung der Steuererklärungspflichten,
- Zahlung der laufenden betrieblichen und privaten Steuern,
- Prognose, dass der Vollstreckungsschuldner Ratenzahlungen auf die Steuerrückstände im angemessenen Verhältnis zur Schuldentilgung anderer Forderungen (insbesondere der Banken) erbringen wird, wobei die bisherige steuer-

---

888 Vgl. BFH vom 15. 12. 1992, VII B 131/92, BFH/NV 1993, 460.
889 BFH vom 18. 4. 1989, VII B 226/88, BFH/NV 1990, 687.
890 Vgl. auch den Vermögensstatus bei Beantragung von Stundungen: u. 3. Teil, 5. Kapitel, D I (S. 311).

liche Zuverlässigkeit (Glaubwürdigkeit) des Steuerpflichtigen ein gewichtiges Kriterium ist,[891]
– Bereitstellung von Sicherheiten.

Vollstreckungsverhandlungen sind in solchen bedeutenden Fällen zumeist mit dem Vollstreckungssachgebietsleiter oder dem Finanzamtsvorsteher zu führen. Die Einschaltung der OFD oder des Finanzministeriums kann in Ausnahmefällen sachgerecht sein.

II. Entscheidung der Finanzbehörde

1. Auflagen und Widerrufsvorbehalt

Die Finanzbehörden verbinden den Vollstreckungsaufschub regelmäßig mit gewissen *Auflagen*,[892] Meist verlangen sie vom Steuerpflichtigen,

– die *zugesagten Tilgungsraten* pünktlich zu leisten,
– die daneben *laufenden Steuern* pünktlich zu entrichten,
– noch *ausstehende Steuererklärungen* und Steueranmeldungen bis zu einem von der Finanzbehörde festgesetzten Zeitpunkt abzugeben,
– *künftige Steuererklärungen* und Steueranmeldungen pünktlich abzugeben,
– der Finanzbehörde *unverzüglich Anzeige* zu machen, wenn andere Gläubiger Vollstreckungsmaßnahmen ergreifen.

Die Finanzbehörden pflegen sich den *Widerruf* des Vollstreckungsaufschubs für den Fall vorzubehalten, dass der Steuerpflichtige die *Auflagen nicht einhält*.[893]

2. Sicherheitsleistung

Rechtlich problematisch ist dagegen das in der Praxis häufige Verlangen der Finanzbehörden nach *Sicherheitsleistung*. Der BGH hat im Zusammenhang mit der Erteilung von Unbedenklichkeitsbescheinigungen den Grundsatz ausgesprochen, dass eine Behörde ohne besondere gesetzliche Ermächtigung den Erlass eines hoheitlichen (begünstigenden) Verwaltungsakts grundsätzlich nicht von *wirtschaftlichen Gegenleistungen* des Antragstellers abhängig machen darf.[894] Eine derartige gesetzliche Ermächtigung zur Anforderung von Sicherheiten enthält die

---

891 BFH vom 14. 2. 1989, VII B 143/88, BFH/NV 1989, 565; vom 24. 9. 1991, VII B 107/91, BFH/NV 1992, 503.
892 S. auch u. im Falle der Stundung 3. Teil, 5. Kapitel, D III (S. 313).
893 Der Widerruf wäre auch ohne einen derartigen Vorbehalt zulässig; vgl. § 131 Abs. 2 Nr. 2 AO.
894 BGH vom 21. 3. 1985, VII ZR 192/83, BB 1985, 1288.

Einstellung der Vollstreckung

Vorschrift über die einstweilige Einstellung der Vollstreckung (§ 258 AO) – im Gegensatz zu den Bestimmungen über die Stundung (§ 222 AO)[895] und über die Aussetzung der Vollziehung[896] – nicht. Dies sollte der Finanzbehörde zumindest dann *entgegengehalten* werden, wenn diese *unerfüllbare Bedingungen* stellt.

D. Rechtsfolgen des Vollstreckungsaufschubs

I. Überblick

Der gewährte Vollstreckungsaufschub ist ein *begünstigender Verwaltungsakt*. Er lässt die Steuerforderung als solche und ihre Fälligkeit unberührt. Er stellt einen vorübergehenden Verzicht auf die zwangsweise Durchsetzung des Steueranspruches dar.[897] Dies hat zur Konsequenz, dass die Aufrechnung mit der vom Vollstreckungsaufschub betroffenen Steuerforderung gegen Erstattungsansprüche zulässig ist. Die Rechtsfolgen einer Vollstreckungsvereinbarung im Sinne eines Vollstreckungsaufschubes können dennoch mannigfacher Art sein:

Beispiele:

– Abstandnahme von Pfändungsversuchen des Vollziehungsbeamten,
– Unterlassung der Abholung und Verwertung eines gepfändeten Gegenstandes,
– Absehen von der Einziehung einer gepfändeten Forderung bzw. teilweise Freigabe einer gepfändeten Forderung zur Aufrechterhaltung des laufenden Betriebes,
– Einstellung der Zwangsvollstreckung in das Grundvermögen (Aussetzung des Zwangsversteigerungsverfahrens),
– keine weitere Durchführung des Verfahrens auf Abgabe der eidesstattlichen Versicherung (§ 284 AO),
– Unterbrechung des Gewerbeuntersagungsverfahrens (§ 35 Gewerbeordnung).

II. Säumniszuschläge

Der Vollstreckungsaufschub berührt die *Fälligkeit* der zu vollstreckenden Steuerforderung nicht, weil durch diese Maßnahme nur eine Erleichterung bezüglich des weiteren Vollstreckungsverfahrens eingeräumt wird.[898] Die Fälligkeit der Steuerschuld ist dadurch nicht betroffen. Deshalb werden für die Dauer eines bekannt gegebenen Vollstreckungsaufschubs auch grundsätzlich Säumniszuschläge erhoben. Verwirkte Säumniszuschläge können allerdings aus sachlichen Gründen erlassen werden, wenn der Steuerpflichtige zweifelsfrei überschuldet bzw.

---

895 S. u. 3. Teil, 5. Kapitel, D III (S. 313).
896 § 361 AO; s. o. 3. Teil, 2. Kapitel, D V 3 (S. 224).
897 BFH vom 15. 3. 1979, IV R 174/78, BStBl II 1979, 429.
898 BFH vom 15. 3. 1979, IV R 174/78, BStBl II 1979, 429.

zahlungsunfähig war.[899] In vielen Fällen ist es jedoch unter Berücksichtigung des Zwecks der Säumniszuschläge als „Gegenleistung" für das Hinausschieben der Zahlung sachgerecht, zumindest einen *Teilerlass* der Säumniszuschläge – in Höhe der Stundungszinsen, also statt 12 % nur 6 % – auszusprechen, womit der Vollstreckungsschuldner liquiditätsmäßig ebenso gestellt wird wie bei einer Steuerstundung.

III. Unterbrechung der Zahlungsverjährung

Der Vollstreckungsaufschub unterbricht die *Zahlungsverjährung* (§ 231 Abs. 1 Satz 1 AO); mit seinem Ende wird eine *neue Fünfjahresfrist* in Lauf gesetzt, beginnend mit dem Ablauf des Kalenderjahres (§ 231 Abs. 3 AO).

E. Rechtsschutz bei Ablehnung des begehrten Vollstreckungsaufschubs

Gegen eine ablehnende Entscheidung der Finanzbehörde kann der Steuerpflichtige Einspruch (§ 347 Abs. 1 Satz 1 Nr. 2 AO) einlegen. Bleibt dieser erfolglos, ist Verpflichtungsklage beim Finanzgericht möglich. Soweit besondere Eile geboten ist, kann beim Finanzgericht eine einstweilige Anordnung (§ 114 FGO) beantragt werden.

F. Einstweilige Einstellung eines Zwangsversteigerungsverfahrens

Hat die Finanzbehörde die *Zwangsversteigerung eines Grundstücks* beantragt, kann der Steuerpflichtige unter vergleichbaren Voraussetzungen die einstweilige Einstellung des Zwangsversteigerungsverfahrens durchsetzen. Dafür enthalten die §§ 30 ff. des Zwangsversteigerungsgesetzes (ZVG) *Sondervorschriften*. Sie eröffnen dem Steuerpflichtigen die Möglichkeit, sich in anderer Weise um die Bereinigung seiner Steuerschulden zu bemühen, beispielsweise durch *freihändigen Verkauf* des Grundstücks, um so die Zwangsversteigerung zu vermeiden.

Möglich ist sowohl die *Einstellung* auf Bewilligung der Finanzbehörde (§ 30 ZVG) aufgrund einer „*Verhandlungslösung*" als auch die Einstellung auf *Antrag* des Steuerpflichtigen direkt an das Vollstreckungsgericht (§ 30a ZVG), selbst

---

899 Vgl. BFH vom 29. 8. 1991, V R 78/86, BStBl II 1991, 906; Schwarzer, Die einstweilige Einstellung der Zwangsvollstreckung nach § 258 AO, DStZ 1994, 368.

Einstellung der Vollstreckung

gegen den Willen der Finanzbehörde. Das Vollstreckungsgericht wird dem Antrag des Steuerpflichtigen auf einstweilige Einstellung stattgeben, wenn Aussicht besteht, dass die Versteigerung durch die einstweilige Einstellung des Verfahrens vermieden wird und die Nichterfüllung der Steuerforderungen auf Umständen beruht, die der Steuerpflichtige nicht zu vertreten hat (z. B. die konjunkturelle Lage). *Befristet* ist die Einstellung auf höchstens *sechs Monate*; das Gericht kann aber auch eine noch kürzere Frist bestimmen.

5. Kapitel: Stundung

Literatur:

Gerber, Nochmals: Die Stundung der Lohnsteuer, DB 1979, 471; *Pump*, Die Stundung und sog. stundungsgleiche Rechtsinstitute – eine Abgrenzung zwischen Stundung, rückwirkender Stundung und Vollstreckungsaufschub, DStZ 1985, 587; *Carl*, Auswirkungen der Stundung von Lohn- und Umsatzsteuer auf die Haftung eines GmbH-Geschäftsführers, DB 1987, 2120; *ders.*, Stundung von Lohnsteuer gegenüber Arbeitnehmer und Arbeitgeber, DB 1988, 829; *Janssen*, Die Stundung von Steuern – unter besonderer Berücksichtigung der BFH-Rechtsprechung der 80er Jahre, DStZ 1991, 77; *Pump*, Die Beleihung und Verwertung eigenen Vermögens als Stundungs- und Erlasskriterium, DStZ 1991, 265; *Carl/Klos*, Liquiditätsvorteile durch Stundung, Aussetzung der Vollziehung, Vollstreckungsaufschub und Erlass von Steuern, 1993; *dies.*, Beratungswissen zur Steuerstundung, StB 1993, 208; *dies.*, Verrechnungsstundung mit Lohnsteuer, DB 1995, 1146; *Ohlf*, Die Verrechnungsstundung im Steuerrecht, DStZ 1994, 655; *Linssen*, Säumniszuschläge bei der Verrechnungsstundung, INF 1997, 234; *Maier*, Stundung von oder Vollstreckungsaufschub für Steuernachzahlungen bei zu erwartendem Verlustrücktrag, INF 1998, 6; *Gerber*, Stundung von Abzugssteuern, DB 1999, 1729; *Gerber*, Stundung und Erlass von Steuern, 4. Aufl. 2000

A. Bedeutung und Gegenstand der Stundung

I. Überblick

Häufig stehen Steuerpflichtige vor dem Problem, dass sie fällige Steuern nicht so ohne weiteres aufbringen können. Größere Steuernachzahlungen – etwa nach einer Betriebsprüfung – haben oftmals einschneidende Wirkungen auf die Liquiditätslage eines Unternehmens.

Nach § 222 AO können die Finanzbehörden Ansprüche aus dem Steuerschuldverhältnis ganz oder teilweise stunden, wenn die Einziehung bei Fälligkeit eine erhebliche Härte für den Schuldner bedeuten würde und der Anspruch durch die Stundung nicht gefährdet erscheint. Die Stundung soll in der Regel nur auf Antrag und gegen Sicherheitsleistung gewährt werden. Die Gewährung einer Stundung liegt im pflichtgemäßen Ermessen (§ 5 AO) der Finanzbehörde. Ebenso wie der Vollstreckungsaufschub oder eine etwaige Einstellung oder Beschränkung der

Stundung

Zwangsvollstreckung nach § 258 AO ist die Stundung eine Möglichkeit, die Liquidität des Steuerpflichtigen zu erhalten, wobei die Finanzverwaltung aber beim Hinausschieben der Fälligkeit darauf zu achten hat, dass keine gleichheitswidrige Wettbewerbsverzerrung zu Lasten anderer Steuerschuldner entsteht.

II. Stundbare Ansprüche

Nach § 222 AO können alle *Ansprüche aus dem Steuerschuldverhältnis* im Sinne des § 37 Abs. 1 AO gestundet werden. Dies sind:

- Steueranspruch,
- Haftungsanspruch,
- Steuervergütungsanspruch,
- Erstattungsanspruch,
- Anspruch auf steuerliche Nebenleistung (§ 3 Abs. 3 AO),
- Verspätungszuschläge,
- Zinsen,
- Säumniszuschläge,
- Zwangsgelder.

Ansprüche, die auf ein Tun oder Unterlassen gerichtet sind, können nicht gestundet werden;[900] ebenso nicht Geldstrafen und Bußgelder, da insoweit Sonderregelungen zur Zahlungserleichterung gelten.[901] Der frühere Streit, ob der Anspruch des Fiskus gegen den Arbeitgeber auf Einbehaltung und Abführung der Lohnsteuer (§ 38 Abs. 3 EStG) gestundet werden kann,[902] ist durch die Einfügung von Satz 3 in § 222 AO in dem Sinne erledigt, dass eine Stundung ausgeschlossen ist.

B. Voraussetzungen für die Stundung

I. Erhebliche Härte

1. *Interessenabwägung*

a) Prüfung am konkreten Einzelfall
Das Vorliegen einer *erheblichen Härte* ist am konkreten Einzelfall zu prüfen.[903] Dabei ist eine Abwägung zwischen dem Interesse des Fiskus als Steuergläubiger

---

900 Kruse, in: Tipke/Kruse, § 222 AO (Stand: Oktober 2000), Rz. 5.
901 § 42 StGB; §§ 18, 93 OWiG.
902 Bejahend: BFH vom 12. 3. 1993, VI R 71/90, BStBl II 1993, 479.
903 BFH vom 21. 8. 1973, VIII R 8/68, BStBl II 1974, 307; vom 23. 2. 1977, II R 102/75, BStBl II 1977, 436.

an einer vollständigen und gleichmäßigen Erhebung der Steuern (vgl. § 85 AO) und dem Interesse des Schuldners an einem Hinausschieben der Fälligkeit vorzunehmen. Grundsätzlich kann eine Stundungssituation dann angenommen werden, wenn durch eine rücksichtslose Beitreibung der Steuerrückstände die Existenz des Steuerpflichtigen gefährdet wäre, es insoweit also billig und gerecht ist, wenn der Fiskus durch Hinausschieben der Fälligkeit dem Steuerpflichtigen aus der Liquiditätsschwierigkeit hilft. Anders als beim Erlass von Steuern (§ 227 AO) darf bei einer Stundung nicht die generelle Leistungsfähigkeit des Steuerpflichtigen gemindert sein, sondern nur die Zahlungsfähigkeit zum Zeitpunkt der Einziehung. Dabei ist auch zu beachten, dass bei einer Stundung nach § 234 AO von Gesetzes wegen Stundungszinsen zu zahlen sind und sich auf diese Weise die schlechte wirtschaftliche Situation eines Steuerpflichtigen noch verschärft.[904]

b) Vorliegen einer erheblichen Härte
Eine *Härte* kann dann angenommen werden, wenn die Verhältnisse gerade des betroffenen Steuerpflichtigen ungünstiger sind als bei anderen vergleichbaren Steuerpflichtigen. Sind alle Steuerpflichtigen, die sich in einer vergleichbaren Lage befinden, gleichermaßen betroffen, kommt eine Stundung regelmäßig nicht in Betracht. Bei Einziehung muss die Besteuerung als solche gerecht, die Einziehung aber ungerecht sein.[905]

Die Einziehung des Anspruchs ist für den Schuldner erst dann mit einer *erheblichen* Härte verbunden, wenn er sich auf die Erfüllung nicht rechtzeitig vorbereiten konnte oder sich augenblicklich in ungünstigen wirtschaftlichen Verhältnissen befindet. Im Allgemeinen wird vom Steuerpflichtigen verlangt, dass er sich die zur Steuerzahlung notwendigen Mittel – notfalls auch im Wege der Kreditaufnahme – beschafft.[906] Die notwendige *Erheblichkeit* der Härte ist nicht erst bei einer konkret eingetretenen, sondern bereits bei einer drohenden *Existenzgefährdung* des Steuerpflichtigen gegeben, etwa im Falle ernsthafter Zahlungsschwierigkeiten. In grundsätzlicher Hinsicht muss auch beachtet werden, dass die Stundung betrieblicher Steuern für den Unternehmer einen *Wettbewerbsvorteil* bedeutet, der wegen des steuerlichen Gleichbehandlungsgrundsatzes nur zu rechtfertigen ist, wenn er im Ausnahmefall sachlich gerechtfertigt ist.

---

904 BFH vom 27. 4. 2001, XI S 8/01, BFH/NV 2001, 1362.
905 Kruse, in: Tipke/Kruse, § 222 AO (Stand: Oktober 2000), Rz. 22.
906 Einhellige Meinung; vgl. BFH vom 25. 8. 1960, IV 317/59, HFR 1961, 17; vom 23. 2. 1961, IV 307/59, DB 1961, 730.

Stundung

2. *Sonderfall Verrechnungsstundung*

Literatur:

Schäfer, Die Dreiecksbeziehung zwischen Arbeitnehmer, Arbeitgeber und Finanzamt beim Lohnsteuerabzug – Ein Beitrag zur Trennung von Arbeitsrecht und Steuerrecht, 1990; *ders.*, Stundung von Lohnsteuer, DB 1993, 2205; *Ohlf*, Die Verrechnungsstundung im Steuerrecht, DStZ 1994, 665; *Carl/Klos*, Verrechnungsstundung mit Lohnsteuer, DB 1995, 1146 mit Diskussion DB 1995, 2038

a) Grundsatz

Im Allgemeinen wird eine Stundung auch gewährt, wenn der Steuerpflichtige in Kürze mit *Steuererstattungsansprüchen* rechnen kann, mit denen eine Aufrechnung gegen die zu stundende Steuer möglich ist (sog. *technische Stundung* oder *Verrechnungsstundung* – zu den Besonderheiten bei der Lohnsteuer s. nachstehend).[907] Die Ablehnung eines entsprechenden Stundungsantrags wäre ermessensfehlerhaft, wenn dem zu zahlenden Betrag ein anderer Betrag gegenübersteht, der mit an Sicherheit grenzender Wahrscheinlichkeit bald zu erstatten ist oder wenn der Gegenanspruch in absehbarer Zeit bzw. in naher Zeit fällig wird – die ungewisse Aussicht auf Erstattung einer Steuer reicht dagegen nicht aus. Im Einzelnen wird von der Rechtsprechung[908] gefordert:

– Schlüssiges Belegen eines mit an Sicherheit grenzender Wahrscheinlichkeit existierenden und bald fällig werdenden Gegenanspruches in rechtlicher und tatsächlicher Hinsicht. Eine vage Aussicht auf Realisierung eines Gegenanspruchs des Steuerpflichtigen reicht nicht aus, insbesondere wenn die Existenz des Anspruchs von dem Ausgang eines Finanzrechtsstreits abhängig ist.[909]
– Der Gegenanspruch muss sich gegen denselben Steuergläubiger richten (keine Stundung einer Körperschaftsteuerschuld, wenn der Gegenanspruch auf Erstattung von Gewerbesteuer geht).

In der Praxis, die keinen allzu strengen Prüfungsmaßstab in diesen Fällen anlegt, wird es als ausreichend erachtet, wenn die *Steuererklärung* abgegeben worden ist, aus der sich der *Gegenanspruch* ergeben soll. Der Steuerpflichtige muss insoweit

---

907 App, Der aussichtsreiche Stundungsantrag, INF 1990, 568; Pump, Vorteilhafte Gestaltung durch Verrechnungsstundung (§ 222 AO), INF 1991, 457; Schäfer, Stundung von Lohnsteuer, DB 1993, 2205.
908 BFH vom 7. 3. 1985, IV R 161/81, BStBl II 1985, 449; vom 27. 9. 1988, V B 83/88, BFH/NV 1989, 269; FG Niedersachsen vom 19. 1. 1993, VIII (II) 66/90, EFG 1993, 631.
909 Vgl. etwa FG Nürnberg vom 16. 12. 1981, V 252/81, EFG 1982, 390.

darlegen, dass sich aus seiner bereits abgegebenen Steuererklärung, der alle erforderlichen Unterlagen beigefügt sind, bei summarischer Prüfung ein Erstattungsanspruch mindestens in Höhe des zu stundenden Anspruches ergibt.[910] Im Falle von *Verlustzuweisungen* muss ein Erstattungsanspruch aufgrund eines noch ausstehenden Feststellungsbescheids mit an Sicherheit grenzender Wahrscheinlichkeit zu erwarten sein. Das Betriebsstättenfinanzamt muss eine Prüfung der Steuererklärung in der Weise vorgenommen haben, dass der Erlass des Feststellungsbescheids unmittelbar bevorsteht.[911] Bei den technischen Stundungen wird in aller Regel auf eine *Sicherheitsleistung* ebenso verzichtet wie auf die Berechnung von *Stundungszinsen*.

b) Besonderheiten bei der Verrechnungsstundung von Lohnsteuer
aa) Stundung gegenüber dem Arbeitnehmer
Im Hinblick auf eine Entscheidung des BFH[912] hat der Gesetzgeber § 222 AO dahingehend ergänzt, dass Steueransprüche gegen den Steuerschuldner nicht gestundet werden können, soweit ein Dritter (Entrichtungspflichtiger) die Steuer für Rechnung des Steuerschuldners zu entrichten, insbesondere einzubehalten und abzuführen hat (§ 222 Satz 3 AO).[913] Konkret bedeutet das für den Bereich der *Lohnsteuer*, dass eine Stundung des Steuerabzugsbetrags für den Arbeitnehmer im Interesse der Funktionsfähigkeit des Besteuerungsverfahrens – wie auch bisher in der von der Rspr. gebilligten Praxis – nunmehr durch Gesetz grundsätzlich ausgeschlossen ist.

bb) Stundung gegenüber dem Arbeitgeber
(1) Keine Stundung von Haftungsansprüchen bei einbehaltener Lohnsteuer
Auch die Stundung des *Haftungsanspruchs* (§ 42d Abs. 1 Nr. 1 EStG) gegen den „Abführungspflichtigen" ist ausgeschlossen, soweit er Steuerabzugsbeträge einbehalten oder Beträge, die eine Steuer enthalten, eingenommen hat (§ 222 Satz 4 AO).

Eine *Lohnsteuerstundung zu Gunsten des Arbeitgebers* bleibt jedenfalls noch möglich, wenn er selbst *Steuerschuldner* ist, wie etwa bei der Pauschalierung der Lohnsteuer, oder wenn er im Haftungswege für nicht einbehaltene Lohnsteuer in

---

910 FG Baden-Württemberg vom 3. 11. 1983, X-K 162/83, EFG 1984, 267.
911 BFH vom 24. 2. 1981, VIII B 14/78, BStBl II 1981, 416.
912 Vom 12. 3. 1993, VI R 71/90, BStBl II 1993, 479.
913 Kruse, in: Tipke/Kruse, § 222 AO (Stand: Oktober 2000), Rz. 7, v. Groll, in: Hübschmann/Hepp/Spitaler, § 222 AO (Stand: September 1999), Rz. 180 und Drenseck, in: Schmidt, EStG, 27. Aufl. 2008, § 38 EStG Rz. 13 sehen in dieser Regelung einen verfassungswidrigen Verstoß gegen Art. 3 Abs. 1 GG.

Stundung

Anspruch genommen wurde, er also die Steuerzahlung aus seinem eigenen Vermögen zu leisten hat.[914]

(2) Keine Stundung der „Abführungsverpflichtung" nach § 222 AO

Sofern man davon ausgeht, dass der Abführungsverpflichtung des Arbeitgebers ein Zahlungsanspruch des Fiskus gegenübersteht, kommt man auch über die analoge Anwendung des § 222 AO auf diesen, nicht aus einem Steuerschuldverhältnis resultierenden Anspruch nicht zu einer Stundungsmöglichkeit, da es sich bei der Begrenzung der Ansprüche, die gestundet werden können, auf solche aus dem Steuerschuldverhältnis (§§ 222, 38 AO), nicht um eine *planwidrige Gesetzeslücke* handelt: Zum Zeitpunkt des Erlasses der AO war das Lohnsteuerabzugsverfahren längst gesetzlich geregelt und in der Praxis eingespielt – der AO-Gesetzgeber selbst hat in § 43 AO deutlich zwischen dem Steuerschuldner (Satz 1) und dem Entrichtungspflichtigen (Satz 2) unterschieden und ausdrücklich (nur) den Haftungsanspruch in den Kreis der Ansprüche aus dem Steuerschuldverhältnis aufgenommen.

(3) Kein Verstoß gegen Treu und Glauben

Selbst wenn man der Auffassung ist, dass der Fiskus in ganz bestimmten Ausnahmesituationen *treuwidrig* handelt (§ 242 BGB), wenn er vom Arbeitgeber heute die Abführung einbehaltener Lohnsteuer verlangt, obwohl sicher ist, dass er seinerseits morgen dem Arbeitgeber andere Steuern in entsprechender Höhe zu vergüten oder zu erstatten hat, also demnächst eine Aufrechnungslage entsteht – der Arbeitgeber damit selbst alles zur Festsetzung seines Erstattungs- oder Vergütungsanspruchs getan hat und er die Arbeitsabläufe in der Finanzbehörde nicht beeinflussen kann[915] – führt dies nicht zu einer Stundungsmöglichkeit. Die Anwendung dieses allgemeinen Rechtsgrundsatzes mit dem Ziel einer Stundung wäre nur unter denselben Voraussetzungen möglich wie eine analoge Anwendung des § 222 AO selbst: es müsste eine planwidrige Gesetzeslücke in der AO bestehen, die über die sinngemäße Anwendung des § 242 BGB geschlossen werden kann.

Solche Argumente für eine planwidrige Gesetzeslücke sind indessen nicht ersichtlich. Zunächst ist festzuhalten, dass der Gesetzgeber offenbar auf das BFH-Urteil[916] zur Verrechnungsstundung gegenüber dem Arbeitnehmer reagieren

---

914 So auch Ohlf, Die Verrechnungsstundung im Steuerrecht, DStZ 1994, 655.
915 So Pump, Vorteilhafte Gestaltung durch Verrechnungsstundung (§ 222 AO), INF 1991, 457.
916 BFH vom 12. 3. 1993, VI R 71/90, BStBl II 1993, 479; Schäfer, Stundung von Lohnsteuer, DB 1993, 2205. Ausführlich dazu Carl/Klos, Verrechnungsstundung von Lohnsteuer, DB 1995, 1146 mit Diskussion DB 1995, 2038.

wollte – so erklärt sich jedenfalls Satz 3 des § 222 AO. Daraus allein lässt sich nun nicht der Schluss ziehen, dass der Gesetzgeber jegliche Verrechnungsstundung ausschließen wollte – nicht nur zugunsten des Steuerschuldners (Arbeitnehmer), sondern dann erst recht zugunsten des Dritten (Arbeitgeber). Erstens lagen die Gründe für den Ausschluss der Verrechnungsstundung gegenüber dem Arbeitnehmer in erheblichen Verwaltungsschwierigkeiten im Rahmen des Lohnsteuermassenverfahrens begründet – ein Argument, das gegenüber dem Arbeitgeber nicht eingreifen würde. Zweitens hat der Gesetzgeber mehr getan, als nur das BFH-Urteil in Gesetzeskraft gegossen: Er hat an § 222 AO auch einen Satz 4 angefügt, der keinerlei Bezug zum Problem der Verrechnungsstundung gegenüber dem Arbeitnehmer hat.

Es bestehen keine Anhaltspunkte dafür, dass der Gesetzgeber damit nur die „normale" (in aller Regel aus persönlichen Gründen erfolgende) Stundung des Haftungsanspruches, nicht aber die Verrechnungsstundung ausschließen wollte, zumal man davon ausgehen kann, dass den „Gehilfen" des Gesetzgebers – Fachbeamten des BMF – die bisherige Praxis in diesem Bereich bekannt war.

(4) Ergebnis

Nach der Ergänzung des § 222 AO um die Sätze 3 und 4 ist eine Verrechnungsstundung von Lohnsteuer und sonstiger Steuerabzugsbeträge auch gegenüber dem Arbeitgeber nicht (mehr) möglich.

II. Sachliche und persönliche Stundungsgründe

Beim unbestimmten Rechtsbegriff „erhebliche Härte" unterscheidet man – ebenso wie beim Steuererlass – zwischen *sachlichen* und *persönlichen* Gründen.

1. Sachliche Stundungsgründe

Sachliche Stundungsgründe müssen in den *objektiven Verhältnissen* des Steuerpflichtigen begründet sein. Die Finanzverwaltung ist im besonderen Maße verpflichtet, bei ihren gegen einen Steuerpflichtigen gerichteten Maßnahmen dessen berechtigte Belange zu berücksichtigen und ihre Machtstellung nicht unangemessen auszunutzen.[917] Insbesondere dann, wenn mit entsprechenden künftigen Gegenansprüchen des Steuerpflichtigen zu rechnen ist – also die Situation der Verrechnungsstundung vorliegt –, liegt im Versagen der Stundung regelmäßig ein Ermessensmissbrauch.[918] Andererseits schließt es eine Stundung regelmäßig aus, wenn die entsprechenden Steuerzahlungen auf *Abschlusszahlungen* beruhen, mit

---

917 BFH vom 29. 4. 1965, IV 346/64 U, BStBl III 1965, 466.
918 BFH vom 29. 4. 1965, IV 346/64 U, BStBl III 1965, 466.

Stundung

denen der Steuerpflichtige rechnen musste und auf die er sich hätte einstellen können. War mit solchen Zahlungen dagegen nicht zu rechnen und kann der Schuldner sich die Mittel am Zahlungstag nicht auf zumutbare Weise beschaffen, ist ein sachlicher Stundungsgrund gegeben.[919]

Wenn berechtigte Zweifel an der Richtigkeit der Auslegung und Anwendung eines Gesetzes oder gar ernstliche Zweifel an der Verfassungsmäßigkeit einer Steuernorm bestehen, ist eine Stundung in aller Regel auszusprechen;[920] allerdings sind Einwände gegen den Steueranspruch selbst im außergerichtlichen Rechtsbehelfsverfahren (durch Einspruch und Antrag auf Aussetzung der Vollziehung)[921] geltend zu machen, so dass materielle Einwände gegen die Steuerfestsetzung nur ausnahmsweise im Steuererhebungsverfahren durch Stundung berücksichtigt werden können.

Von Bedeutung ist auch die Art der zu stundenden Steuer. Bei der *Umsatzsteuer* geht die h. M. dahin, dass diese Steuerbeträge dem Steuerpflichtigen von anderen Steuerträgern bzw. Steuerpflichtigen zur Verfügung gestellt wurden und er diese Steuern wie ein „Treuhänder" zu verwalten habe.

Generell ist in diesem Zusammenhang darauf hinzuweisen, dass die Finanzverwaltung grundsätzlich eine restriktive Stundungspraxis verfolgt – die Stundungsbedürftigkeit des Steuerpflichtigen wegen sachlicher Gründe muss daher besonders sorgfältig begründet werden.

2. *Persönliche Stundungsgründe*

a) *Stundungsbedürftigkeit*
Persönliche Stundungsgründe müssen in der Person des Steuerpflichtigen selbst liegen. Hierbei ist zu berücksichtigen, ob er verschuldet oder unverschuldet in die Notlage geraten ist. *Krankheit* oder andere nicht abwendbare Ereignisse, die zu einer *vorübergehenden finanziellen Notlage* geführt haben, wie

– die unvorhergesehene Notwendigkeit von Investitionen,[922]
– *unüblich hohe* Forderungsausfälle,

---

919 BFH vom 21. 8. 1973, VIII R 8/68, BStBl II 1974, 307.
920 So für den insofern vergleichbaren Fall einer Aussetzung der Vollziehung: BVerfG vom 21. 2. 1961, 1 BvR 314/60, BStBl I 1961, 63.
921 S. dazu o. 3. Teil, 2. Kapitel (S. 218) sowie u. 3. Teil, 6. Kapitel (S. 318).
922 BFH vom 21. 8. 1973, VIII R 8/68, BStBl II 1974, 307.

- durch *Naturkatastrophen* verursachte Liquiditätsengpässe,[923]
- jahreszeitlich bedingte Zahlungseingänge bei Schuldnern mit *Saisongeschäften* oder wetterabhängigem Geschäft oder ähnliches,

können eine erhebliche Härte bedeuten,[924] wenn der Steuerpflichtige sich trotz entsprechender Anstrengungen nicht auf die Steuerzahlungen einstellen konnte.[925] Allerdings wird dem Steuerpflichtigen zugemutet, seine persönliche Lebensweise anzupassen und saisonbedingte Absatzschwankungen in die Finanzplanung einzubeziehen.

Als weitere Stundungsgründe sind anzuerkennen:

- *unvorhergesehene* Forderungsausfälle und geschäftliche Verluste,
- schleppende Zahlungseingänge der öffentlichen Hand,
- Abschlusszahlungen, Anpassungen der Vorauszahlungen und Steuernachforderungen aufgrund einer Außenprüfung.

b) Stundungswürdigkeit
Trotz Vorliegens der *Stundungsbedürftigkeit* ist eine Billigkeitsmaßnahme nach § 222 AO nur gerechtfertigt, wenn weiterhin die *Stundungswürdigkeit* bejaht werden kann. Stundungswürdig ist nur,

- wer aus von ihm nicht zu vertretenden Gründen nicht über die zur Erfüllung des Anspruches notwendigen Mittel verfügt,
- wer die mangelnde Leistungsfähigkeit nicht selbst herbeigeführt hat, oder grundsätzlich,
- wer durch sein steuerliches Verhalten nicht gegen die Interessen der Allgemeinheit – also der anderen Steuerzahler – verstoßen hat.[926]

In folgenden Fällen ist die Stundungswürdigkeit *zu verneinen*:

- Der Steuerpflichtige hat seine steuerlichen Mitwirkungspflichten grob verletzt, indem er etwa keine Steuererklärungen abgegeben oder Anlass zu steuerstrafrechtlicher Verfolgung gegeben hat.

---

923 Schneestürme, Frostschäden, Hochwasser, Hagelschlag, Trockenheit, Feuer, Sturm; sog. Gruppenunbilligkeit oder sonstige Fälle: „Tschernobyl", Nemathoden in Fischen, Hormonbehandlung von Kälbern.
924 Kruse, in: Tipke/Kruse, § 222 AO (Stand: Oktober 2000), Rz. 34.
925 BFH vom 13. 9. 1966, I 204/65, BStBl III 1966, 694.
926 BFH vom 2. 7. 1986, I R 39/83, BFH/NV 1987, 696.

Stundung

- Er hat es unterlassen, sich im Rahmen des Voraussehbaren auf Steuerzahlungstermine einzustellen; negativ ist, wenn ein Unternehmer oder Kaufmann keine ordnungsgemäße und zumutbare Finanz- und Liquiditätsplanung vorhält.
- Der Steuerpflichtige hat seine Liquiditätskrise selbst herbeigeführt, indem er unverhältnismäßige Ausgaben für den persönlichen Bedarf (hohe betriebliche Entnahmen) getätigt, bzw. aufwendige Luxusgüter angeschafft hat.
- Der Steuerpflichtige bevorzugt andere private Gläubiger, er ist nicht bereit, vorhandenes Vermögen in zumutbarem Maße zu verwerten bzw. Bankkredite zur Steuerfinanzierung aufzunehmen.

Hier hat die Finanzverwaltung einen Beurteilungsspielraum, der jedoch von der Grundvorstellung geprägt ist, dass jeder Steuerpflichtige sein *Möglichstes* zur Abtragung von Steuerrückständen im Hinblick auf diejenigen Steuerpflichtigen tun muss, die mit den gebotenen Anstrengungen und unter Einsatz aller Mittel ihre steuerlichen Verpflichtungen pünktlich erfüllen.[927]

III. Keine Gefährdung des Steueranspruchs

1. Grundsätzliches

Erscheint der Steueranspruch durch eine Stundung gefährdet, ist die Stundung von Gesetzes wegen ausgeschlossen. Ein Anspruch ist *gefährdet*, wenn er zu einem späteren Zeitpunkt nicht mehr oder nur mit Schwierigkeiten verwirklicht werden kann.[928] Erforderlich ist, dass der Anspruch gefährdet *erscheint*. Entscheidend ist hier der subjektive Eindruck der zuständigen Finanzbehörde. Bei der Prognoseentscheidung sind die sonstigen Verbindlichkeiten des Steuerpflichtigen, die Höhe der Steuerschuld sowie die Stundungsdauer zu berücksichtigen. Weiterhin ist zu beachten, ob eine *Sicherheit* geleistet wird.

2. Leistung von Sicherheiten

Regelmäßig ist der Anspruch immer dann als *nicht gefährdet* anzusehen, wenn der Steuerpflichtige eine hinreichende Sicherheit leistet. Sollten diesbezüglich Zweifel bestehen, kann die Einräumung von Sicherheiten die Anspruchsgefährdung ausräumen.[929] Sicherheiten werden von der Finanzverwaltung in aller Regel

---

927 BFH vom 2. 8. 1962, IV 152/59, HFR 1963, 86.
928 Kruse, in: Tipke/Kruse, § 222 AO (Stand: Oktober 2000), Rz. 39; FG Köln vom 28. 7. 2000, 15 K 411/94, EFG 2000, 980.
929 BFH vom 13. 4. 1961, IV 363/58 U, BStBl III 1961, 292.

Vorläufiger Rechtsschutz

bei kurzfristigen Stundungen[930] nicht verlangt, da hier der Aufwand der Sicherheitsbestellung zu hoch wäre.

Die Frage vorhandener Sicherheiten und der Stundungsbedürftigkeit stehen in einer gewissen Wechselwirkung: Oftmals wird die Finanzverwaltung die Stundungsbedürftigkeit ablehnen, wenn eine Kreditgewährung durch Dritte (insbesondere Banken) aufgrund vorhandener Befriedigungsmöglichkeiten möglich erscheint – das Liquiditätsrisiko braucht der Fiskus grundsätzlich nicht zu tragen.[931] Umgekehrt darf die Anforderung an eine Sicherheitsleistung nicht so hoch angesetzt werden, dass durch die Versagung der Stundung eine Existenzgefährdung des Antragstellers mangels Stundung zu erwarten wäre. Deshalb kann die Folgerung – weil keine Möglichkeit der Sicherheitsleistung keine Stundung – in Einzelfällen sachwidrig sein, zumal die Liquiditätsprobleme bei dieser Argumentation oft vom Steuererhebungsverfahren ins Vollstreckungsverfahren verlagert werden, was gerade bei größeren wirtschaftlichen Sanierungsfällen nicht sachdienlich ist.

3. Stundung im Vollstreckungsverfahren

Ist der Steueranspruch bereits in der Vollstreckung (§§ 249 ff. AO), wird regelmäßig eine Anspruchsgefährdung anzunehmen sein, soweit keine Sicherheit geleistet werden kann. Statt dessen ist der *Vollstreckungsaufschub*[932] gegen Ratenzahlung das sachgerechte Mittel, die Liquiditätskrise des Steuerpflichtigen zu beseitigen.[933] Dies gilt erst recht bei einer Niederschlagungssituation. Steht die Aussichtslosigkeit der Vollstreckung fest, kann nicht mehr gestundet werden; zur Liquiditätshilfe bleibt hier nur der Steuererlass nach § 227 AO.

C. Wirkung der Stundung

I. Überblick

Die Stundung bewirkt ein Hinausschieben der Fälligkeit (§ 220 AO); damit entfällt gleichzeitig die Vollstreckbarkeit des Steueranspruchs (§ 254 AO). Die Stundung tritt mit Bekanntgabe des Stundungsbescheids, der ein begünstigender Verwaltungsakt ist, an den Steuerpflichtigen oder einen von ihm benannten Bekanntgabeempfänger ein. Der Zeitraum, für den die Steuer gestundet wird, ist in

---

930 Die Verwaltungspraxis geht hier von drei Monaten aus.
931 Standardargument der Finanzbehörden: „Der Fiskus ist keine Bank."
932 S. o. 3. Teil, 4. Kapitel (S. 285).
933 Problematisierend: Pump, Die Stundung und sog. stundungsgleiche Rechtsinstitute – eine Abgrenzung zwischen Stundung, rückwirkender Stundung und Vollstreckungsaufschub, DStZ 1985, 587.

der Stundungsverfügung anzugeben. Für diesen Zeitraum fallen keine Säumniszuschläge (1 % pro Monat; § 240 AO) an – allerdings kann die Finanzverwaltung eine Verzinsung (0,5 % pro Monat) des Steueranspruchs verlangen (§ 234 AO).

II. Stundungszinsen

Die Finanzbehörde kann im Einzelfall aus Billigkeitsgründen auf die Festsetzung von Stundungszinsen verzichten (§ 234 Abs. 2 AO).[934] Nach der Verwaltungspraxis kommt eine solche Billigkeitsmaßnahme in folgenden Fällen in Betracht:

– Katastrophenfälle (Hochwasser, Sturm, Hagel, Trockenheit usw.),
– Liquiditätsschwierigkeiten des Steuerpflichtigen allein infolge nachweislicher Forderungsausfälle wegen Insolvenz (z. B. von Abnehmern),
– im Falle der Verrechnungsstundung,
– im Rahmen einer Sanierung, sofern allgemein, d. h. auch von anderen privaten Gläubigern ein Zahlungsmoratorium gewährt wird,
– bei einem Steuerpflichtigen, der seine Zahlungspflichten bisher pünktlich erfüllt hat und in der Vergangenheit nicht wiederholt Stundungen in Anspruch genommen hat,
– wenn in diesen Fällen die Steuern nicht mehr als drei Monate gestundet werden und der insgesamt zu stundende Betrag 5.000 Euro nicht übersteigt.

Wird die Stundung schon vor *Fälligkeit* beantragt, aber erst *nach Fälligkeit* gewährt, ist die Stundung mit Wirkung vom Fälligkeitstag an auszusprechen. Wird die vor Fälligkeit beantragte Stundung erst nach Fälligkeit abgelehnt, kann im Allgemeinen eine Frist zur Zahlung des rückständigen Betrags bewilligt werden; diese soll eine Woche grundsätzlich nicht überschreiten. Wird eine Stundung nach Fälligkeit beantragt und bewilligt, ist die Stundung vom Eingangstag des Antrags an auszusprechen, sofern nicht besondere Gründe eine Stundung schon vom Fälligkeitstag an rechtfertigen; bereits entstandene Säumniszuschläge sind in die Stundungsverfügung einzubeziehen.[935]

D. Verfahren der Stundung

I. Stundungsantrag

Ein Antrag auf Stundung ist nicht erforderlich; die Finanzverwaltung kann auch von Amts wegen stunden. In der Regel soll die Stundung aber nur auf Antrag er-

---

934 Dies ist ein spezieller Fall des Steuererlasses (§§ 163, 227 AO).
935 AEAO Nr. 6a zu § 240.

Vorläufiger Rechtsschutz

folgen (§ 222 Satz 2 AO). Der *Stundungsantrag* ist bei der zuständigen Finanzbehörde einzureichen. Er sollte vor der Fälligkeit der geschuldeten Steuern gestellt werden, da andernfalls Säumniszuschläge anfallen. Es ist ratsam, den Antrag ausreichend zu begründen,[936] die Begründung kann jedoch auch nachgeholt werden. Die Finanzbehörde hat in diesem Punkte eine *Amtsermittlungspflicht* (§ 88 AO), die allerdings von der Mitwirkungspflicht des Steuerpflichtigen begrenzt wird.

Vor allem bei größeren Beträgen wird die Finanzverwaltung einen sogenannten *Finanz- oder Liquiditätsstatus* verlangen, der folgende Angaben enthalten sollte:

- persönliche oder rechtliche Verhältnisse des Steuerpflichtigen,
- steuerliche Verhältnisse:
    - Steuerrückstände,
    - Vorauszahlungen,
    - Steuerminderungen durch offene Veranlagungen oder Voranmeldungen,
- Vermögensverhältnisse:
    - Grundvermögen (Verkehrswert, Belastungen),
    - Sonstiges Anlagevermögen (PKW, Maschinen, Geschäftsausstattung, Beteiligungen), Bankguthaben, Bausparverträge, Lebensversicherungen (Rückkaufwerte),
    - Kundenforderungen und sonstige Forderungen,
    - Warenbestände,
    - privates Vermögen,
- Schulden:
    - Darlehen (betriebliche, private) und Bankschulden,
    - Warenschulden,
    - sonstige (Löhne, Beiträge usw.),
- Auftrags- und laufende Geschäftslage:
    - monatliche Ausgaben, monatlicher Umsatz, Einnahmen,
    - Entnahmen, Einlagen,
    - Aufträge (feste, zu erwartende),
    - Kreditmöglichkeiten und Sicherheiten,
    - Schuldentilgungsplan.

Es ist auf jeden Fall ratsam, der Finanzbehörde das Konzept eines *Ratenzahlungsplans* gleich mitzuliefern. Die Entrichtung der sonstigen laufenden Steuern wird in aller Regel gefordert.

---

936 BFH vom 13. 4. 1961, IV 363/58, BStBl III 1961, 292.

Stundung

II. Zuständigkeit für die Stundung

Nach gleichlautenden Erlassen der obersten Finanzbehörden der Länder sind für Stundungen bestimmte sachliche Zuständigkeiten zu beachten. Die Finanzämter sind befugt

- in eigener Zuständigkeit zeitlich unbegrenzt Beträge bis zu 100.000 Euro und höhere Beträge bis zu 6 Monaten,
- mit Zustimmung der Oberfinanzdirektion bzw. der obersten Landesfinanzbehörde (§ 2a FVG) zeitlich unbegrenzt Beträge bis 250.000 Euro und höhere Beträge bis zu 12 Monaten,
- mit Zustimmung der obersten Landesfinanzbehörde in allen übrigen Fällen

zu stunden.

Für die Feststellung dieser Zuständigkeitsgrenzen sind jede Steuerart und jeder Veranlagungszeitraum für sich zu betrachten. Bei Steuerschulden verschiedener Art und Höhe oder aus mehreren Jahren entscheidet hinsichtlich aller Beträge die für den Höchstbetrag zuständige Behörde[937]. Die Nichteinhaltung dieser Zuständigkeitsgrenzen führt nicht zur Nichtigkeit des Stundungsverwaltungsakts, jedoch kann die von der unzuständigen Behörde ausgesprochene Stundung nach § 130 Abs. 2 Nr. 1 AO widerrufen werden[938].

III. Nebenbestimmungen zur Stundung

1. Widerrufsvorbehalt

Die Stundung kann als *begünstigender Verwaltungsakt* nur unter den Voraussetzungen des § 130 Abs. 2 und 3, § 131 Abs. 2 AO zurückgenommen oder widerrufen werden. Die Verwaltungsbehörden sind gehalten, Stundungen immer unter dem Vorbehalt des Widerrufs (§ 120 Abs. 2 Nr. 4 AO) auszusprechen. Liegen die für einen Widerruf oder eine Rücknahme erforderlichen Voraussetzungen vor, kann die Finanzbehörde nach pflichtgemäßem Ermessen entscheiden, ob die Stundung ganz oder teilweise zurückgenommen oder widerrufen wird.

2. Auflagen

Typischerweise wird in der Stundungsverfügung die *Auflage* (§ 120 Abs. 2 Nr. 4 AO) gemacht, die *laufenden Steuern* pünktlich zu zahlen und den vereinbarten *Ratenplan* zur Rückzahlung der gestundeten Steuern einzuhalten. Hält sich der

---
937 Vom 15. 4. 2008, BStBl I 2008, 534.
938 V. Groll, in: Hübschmann/Hepp/Spitaler, § 222 AO (Stand: September 1999), Rz. 202.

Steuerpflichtige nicht daran, droht die Rücknahme der Stundung. Zeichnet sich ab, dass dem Steuerpflichtigen entweder die Zahlung der laufenden Steuern oder die Einhaltung des *Ratenzahlungsplanes* nicht möglich ist, sollte er dringend rechtzeitig in erneute Verhandlungen mit dem Finanzamt eintreten. Möglich und zulässig ist auch die Aufnahme einer sogenannten *Verfallklausel*[939] in die Stundung, wonach – etwa bei nicht pünktlicher Entrichtung auch nur einer Teilzahlung – die Stundung als zurückgenommen gilt und die gesamte Steuerschuld sofort fällig wird und ohne weitere Mahnung beigetrieben werden kann. Einer Rücknahme oder eines Widerrufs der Stundung bedarf es in diesem Fall nicht mehr.

E. Rechtsbehelfe gegen die Ablehnung der Stundung

I. Einspruch

Innerhalb eines Monats (§ 355 AO) kann gegen den Verwaltungsakt, mit dem die Stundung abgelehnt worden ist, Einspruch nach § 347 Abs. 1 Satz 1 AO eingelegt werden. Hat die Finanzbehörde in angemessener Zeit keinen Bescheid erteilt, kann mit dem sog. *Untätigkeitseinspruch* der Erlass eines Bescheides verlangt werden (vgl. § 347 Abs. 1 Satz 2 AO). Zuständig zur Entscheidung über den Einspruch ist die Rechtsbehelfsstelle der Finanzbehörde, wenn die für Stundungen zuständige Stelle dem Einspruch nicht abgeholfen hat. Diese überprüft die Rechtmäßigkeit des Verwaltungsakts, wobei sie aber ihr eigenes Ermessen ausüben muss.

Nach § 348 Nr. 3 AO kann gegen Stundungsverfügungen der obersten Finanzbehörden des Bundes und der Länder kein Einspruch eingelegt werden. Gegen solche Verfügungen kann der Steuerpflichtige nur unmittelbar Klage beim Finanzgericht erheben.

II. Gerichtliche Nachprüfung

Nach durchgeführtem Einspruchsverfahren (Vorverfahren, § 44 FGO) kann vom Finanzgericht geprüft werden, ob die Ablehnung der Stundung rechtmäßig war oder nicht – gegen die ablehnende Einspruchsentscheidung ist die *Verpflichtungsklage* (§ 40 Abs. 1 2. Alt. FGO) gegeben. Da die Rspr.[940] den Stundungstatbestand des § 222 AO als „einheitlichen Ermessenstatbestand" – Verbindung des Tatbestandsmerkmals „können" mit dem unbestimmten Rechtsbegriff „erhebliche Härte" – ansieht, kann nach § 102 FGO nur eine eingeschränkte Überprüfung er-

---

939 BFH vom 12. 10. 1965, I 385/62 U, BStBl III 1965, 721.
940 St. Rspr. seit BFH vom 5. u. 13. 5. 1977, VII B 9/77, BStBl II 1977, 587; vom 7. 3. 1985, IV R 161/85, BStBl II 1985, 449.

zielt werden. Das Finanzgericht prüft, ob die Finanzbehörde von ihrem Ermessen in einer dem Zweck der Ermächtigung nicht entsprechenden Weise Gebrauch gemacht hat oder die gesetzlichen Grenzen des Ermessens überschritten sind. Ist die Sachlage so eindeutig, dass nur eine Entscheidung möglich ist (sog. Ermessensreduzierung auf Null), kann das Finanzgericht die Finanzbehörde anweisen, die Stundung auszusprechen[941] oder gemäß § 114 FGO Rechtsschutz durch *einstweilige Anordnung*[942] oder Stundung gewähren[943]; in allen anderen Fällen kann das Gericht lediglich die Verwaltung verpflichten, unter Beachtung der Rechtsauffassung des Gerichts den Steuerpflichtigen erneut zu bescheiden. Für die gerichtliche Kontrolle sind die Verhältnisse zum Zeitpunkt des Ergehens der letzten Verwaltungsentscheidung, das ist die Einspruchsentscheidung, maßgebend.[944]

III. Erledigung des Rechtsstreits

Eine *Erledigung der Hauptsache*[945] während eines Rechtsstreits vor dem Finanzgericht wegen der Versagung einer Stundung kann nicht dadurch eintreten, dass die Steuer, deren Stundung beantragt ist, freiwillig gezahlt oder beigetrieben wird,[946] weil die Frage der Rechtmäßigkeit der Stundungsablehnung noch Bedeutung für die Säumniszuschläge bzw. die Stundungszinsen hat. Eine solche Erledigung kann dagegen eintreten, wenn

– die Finanzbehörde während des Rechtsstreits dem Stundungsantrag nachkommt,[947] da der Streitgegenstand damit entfallen ist oder
– der Steuerbetrag, dessen Stundung beantragt ist, inzwischen erstattet worden[948] und damit der Steueranspruch erloschen ist.

F. Verhältnis zu verwandten Rechtsinstituten

I. Zahlungsaufschub

Nach § 223 AO und § 224 ZK kann bei Zöllen und Verbrauchsteuern unter bestimmten Bedingungen *Zahlungsaufschub* verlangt werden. Von der Stundung

---

941 BFH vom 17. 4. 1951, GrS D 1/51 S, BStBl III 1951, 107.
942 S. o. 3. Teil, 3. Kapitel (S. 270) sowie u. 3. Teil, 6. Kapitel (S. 318).
943 BFH vom 21. 1. 1982, VIII B 94/79, BStBl II 1982, 307; vom 8. 2. 1988, IV B 102/87, BStBl II 1988, 514.
944 BFH vom 16. 9. 1966, III 138/65, BStBl III 1967, 49.
945 S. dazu o. 2. Teil, 2. Kapitel, B III (S. 196).
946 BFH vom 22. 3. 1963, III 306/61 U, BStBl III 1963, 332.
947 BFH vom 13. 9. 1966, I 204/65, BStBl III 1966, 694.
948 BFH vom 14. 8. 1963, V 132/59 U, BStBl III 1963, 445.

unterscheidet sich der Zahlungsaufschub dadurch, dass bei Leistung einer Sicherheit ein Rechtsanspruch auf Zahlungsaufschub besteht, die Behörde also kein Ermessen mehr hat.

II. Aussetzung der Vollziehung

Nur wenn ein *Rechtsbehelf* gegen einen Verwaltungsakt eingelegt ist, kann unter bestimmten Voraussetzungen *Aussetzung der Vollziehung* bei der Finanzbehörde (§ 361 AO) oder beim Finanzgericht (§ 69 FGO) verlangt werden.[949] Aussetzung der Vollziehung und Stundung schließen einander aber nicht aus.[950] Es kommt im Einzelfall darauf an, welche Tatbestandsvoraussetzungen gegeben sind. Eine Stundung wird regelmäßig dann beantragt werden, wenn an der Rechtmäßigkeit des zugrundeliegenden Steuerbescheids keine Zweifel bestehen, sondern lediglich die Einziehung der Steuer zum gegenwärtigen Zeitpunkt für den Schuldner eine unzumutbare Härte darstellt. Aussetzung der Vollziehung wird dann zu beantragen sein, wenn ernstliche Zweifel an der Rechtmäßigkeit des angegriffenen Verwaltungsakts bestehen. Liegen die Tatbestandsvoraussetzungen beider Normen vor, wird der Steuerpflichtige im Zweifel die Aussetzung der Vollziehung wählen, da dann keine Zinsen anfallen, soweit nicht bei einem Unterliegen im Rechtsstreit gegen ihn Aussetzungszinsen (§ 237 AO) festzusetzen sind.

III. Einstweilige Einstellung oder Beschränkung der Vollstreckung

Unter bestimmten Voraussetzungen ist die Finanzbehörde berechtigt oder sogar verpflichtet, die Vollstreckung einstweilen einzustellen, zu beschränken oder einzelne Vollstreckungsmaßnahmen (wie etwa eine Sachpfändung) aufzuheben (§ 258 AO).[951] [952] Dieser Weg wird dann zu beschreiten sein, wenn die Unbilligkeit gerade in der Art und Weise der beabsichtigten oder bereits vorgenommenen Vollstreckungshandlung selbst liegt. Dagegen folgt die Unbilligkeit im Falle der Stundung allein aus der Verpflichtung des Steuerpflichtigen zur Entrichtung der Steuer bei Fälligkeit. Obwohl im Rahmen der Entscheidung nach § 258 AO nur spezifische, aus der Vollstreckungssituation hervorgehende Härten berücksichtigt werden können, sind in der Praxis Überschneidungen beider Tatbestände nicht ausgeschlossen[953].

---

949 S. o. 3. Teil, 2. Kapitel (S. 218).
950 S. u. 3. Teil, 6. Kapitel, C (S. 325).
951 Kritisch dazu Pump, Die Stundung und sog. stundungsgleiche Rechtsinstitute – eine Abgrenzung zwischen Stundung, rückwirkender Stundung und Vollstreckungsaufschub, DStZ 1985, 587.
952 S. o. 3. Teil, 4. Kapitel (S. 285).
953 Vgl. Schwarzer, Die einstweilige Einstellung der Zwangsvollstreckung nach § 258 AO, DStZ 1994, 366.

Stundung

Ist eine Steuer gestundet, ist dagegen die Vollstreckung zwingend einzustellen (§ 257 Abs. 1 Nr. 4 AO), da die Vollstreckungsvoraussetzungen mangels Fälligkeit des Steueranspruches entfallen sind.

IV. Niederschlagung

Nach § 261 AO können Ansprüche aus dem Steuerschuldverhältnis niedergeschlagen werden, wenn feststeht, dass die Einziehung keinen Erfolg haben wird oder wenn die Kosten der Einziehung außer Verhältnis zu dem Betrag des Rückstandes stehen. Die Niederschlagung ist eine rein verwaltungsinterne Maßnahme, die auf den Bestand oder die Fälligkeit des Steueranspruches keine Auswirkungen hat. Sie kann nicht beantragt werden und wird auch dem Steuerschuldner im Regelfall nicht mitgeteilt.

6. Kapitel: Zusammenwirken zwischen Aussetzung der Vollziehung, Einstellung der Vollstreckung, einstweiliger Anordnung und Stundung

Literatur:

Bäcker, Vorläufiger Rechtsschutz „zweiten Grades"?, DStZ 1990, 532; *Carl*, Vorläufiger Rechtsschutz im Steuerrecht, DB 1991, 2615; *Schwarzer*, Die einstweilige Einstellung der Zwangsvollstreckung nach § 258 AO, DStZ 1994, 366

A. Vorgehen bei Ablehnung der Aussetzung der Vollziehung des Abgabenbescheids durch die Finanzbehörde

Im Falle der Ablehnung des Antrags auf Aussetzung der Vollziehung des Abgabenbescheids durch die Finanzbehörde hat der Steuerpflichtige grundsätzlich zwei Möglichkeiten:

- Er kann gegen den ablehnenden Bescheid der Finanzbehörde nach § 347 AO Einspruch einlegen.
- Er kann einen Antrag auf Aussetzung der Vollziehung des Abgabenbescheids beim Finanzgericht gemäß § 69 Abs. 3 FGO[954] stellen.

---

954 Nach § 69 Abs. 4 Satz 2 FGO kann ein Antrag an das Finanzgericht auch dann erfolgen, wenn die Finanzbehörde über den dort gestellten Aussetzungsantrag in angemessener Frist ohne Mitteilung eines zureichenden Grundes sachlich nicht entschieden hat oder eine Vollstreckung droht. Hat die Finanzbehörde die beantragte Vollziehung bis zum Ergehen der Einspruchsentscheidung ausgesetzt, muss ein neuer Antrag für die Folgezeit zunächst an die Behörde gerichtet werden, da der bloße Fristablauf der Ablehnung eines Aussetzungsantrags nicht gleichkommt (BFH vom 6. 5. 2004, IX S 2/04, BFH/NV 2004, 1413). Hatte die Finanzbehörde die Vollziehung bis zum Ablauf eines Monats nach Bekanntgabe der Entscheidung über die gegen diesen Steuerbescheid eingereichte Klage ausgesetzt und ist diese Frist abgelaufen, ist dieser Fristablauf nicht gleichbedeutend mit einer Ablehnung der Aussetzung der Vollziehung durch die Behörde (§ 69 Abs. 4 Satz 1 FGO), d. h. vor einem zulässigen Aussetzungsantrag an das Gericht bedarf es zunächst eines erneuten Aussetzungsantrags bei der Finanzbehörde (BFH vom 20. 9. 2006, V S 21/06, BFH/NV 2007, 82).

Bis zum Zeitpunkt der ablehnenden Einspruchsentscheidung der Finanzbehörde bestehen beide Möglichkeiten nebeneinander,[955] d. h. beide Wege können gleichzeitig beschritten werden.[956] Nach einer ablehnenden Einspruchsentscheidung hat der Steuerpflichtige nur noch die Möglichkeit, einen Antrag auf Aussetzung der Vollziehung beim Finanzgericht zu stellen (§ 69 Abs. 3 FGO) – die früher alternativ hierzu gegebene Möglichkeit, gegen die Einspruchsentscheidung *Verpflichtungsklage* beim Finanzgericht einreichen, ist nicht mehr gegeben (§ 361 Abs. 5 AO, § 69 Abs. 7 FGO).[957] Gegen eine ablehnende Aussetzungsentscheidung des Finanzgerichts ist nur bei ausdrücklicher Zulassung eine Beschwerde zum BFH möglich (§ 128 Abs. 3 Satz 1 FGO). Andererseits können Beschlüsse im Antragsverfahren jederzeit geändert oder aufgehoben werden (§ 69 Abs. 6 FGO) – jeder Beteiligte kann dies wegen veränderter oder im ursprünglichen Verfahren ohne Verschulden nicht geltend gemachter Umstände beantragen (§ 69 Abs. 6 Satz 2 FGO). Nicht zuletzt ist zu berücksichtigen, dass dem Steuerpflichtigen bei einem erfolgreichen Antrag beim Finanzgericht, sofern er z. B. durch einen Steuerberater oder Rechtsanwalt vertreten wurde, ein Kostenerstattungsanspruch (jedoch nicht ein solcher für die Kosten der vorherigen Antragstellung bei der Finanzbehörde) zusteht, den er im Verwaltungsverfahren nicht hat. Welcher Weg beschritten wird, ist letztlich eine im Wesentlichen taktische Frage; Empfehlungen sind u. E. nur im konkreten Fall möglich.[958]

B. Vorgehen bei drohender oder laufender Zwangsvollstreckung

I. Antrag auf Aussetzung der Vollziehung

Wird die Rechtmäßigkeit eines Steuerbescheids, aus dem die Vollstreckung droht, bestritten, kann die Vollstreckung als solche eine unzulässige Rechtsausübung sein.[959] [960] Hat der Steuerpflichtige hier rechtzeitig einen Antrag auf Aussetzung der Vollziehung gestellt, der noch nicht beschieden ist, kann auch eine einstweilige Anordnung zum Ziel führen – die einstweilige Anordnung wird in der Lite-

---

955 BFH vom 24. 6. 1985, GrS 1/84, BStBl II 1985, 587.
956 So auch Bäcker, Vorläufiger Rechtsschutz „zweiten Grades"?, DStZ 1990, 532.
957 Gesetz zur Änderung der Finanzgerichtsordnung und anderer Gesetze (FGO-Änderungsgesetz) vom 21. 12. 1992, BGBl I 1992, 2109 = BStBl I 1993, 90.
958 Vgl. auch Streck/Rainer, Rechtsbehelfsempfehlung Nr. 127/89, Stbg 1989, 134.
959 S. o. 3. Teil, 4. Kapitel, B II 1 (S. 287).
960 Vgl. BFH vom 12. 6. 1991, VII B 66/91, BFH/NV 1992, 156.

ratur als „letzter Rettungsanker" des Vollstreckungsschuldners vor existenzvernichtender oder existenzgefährdender Vollstreckung bezeichnet.[961]

Da weder dem Antrag auf Aussetzung der Vollziehung noch einem Einspruch gegen eine Ablehnung der Aussetzung der Vollziehung aufschiebende Wirkung zukommt, droht die Zwangsvollstreckung. Ist Aussetzung der Vollziehung beantragt, soll nach Abschn. 5 Abs. 4 VollStrA über den Antrag unverzüglich entschieden werden. Die für die Entscheidung über den Antrag zuständige Stelle soll die Vollstreckungsstelle über das Vorliegen des Antrags unterrichten und sich zu dessen Erfolgsaussichten äußern. Die Vollstreckungsstelle hat sodann zu entscheiden, ob Vollstreckungsmaßnahmen eingeleitet oder bereits begonnene Vollstreckungsmaßnahmen eingestellt, beschränkt oder fortgeführt werden sollen. Das Vollstreckungsverfahren ist nach dieser Verwaltungsanweisung einzuleiten oder fortzuführen,

– wenn die Anträge auf Aussetzung der Vollziehung aussichtslos erscheinen,
– sie offensichtlich nur den Zweck verfolgen, das Vollstreckungsverfahren hinauszuschieben, oder
– bei Gefahr im Verzuge;

entsprechendes gilt, wenn bei Gericht ein Antrag auf vorläufigen Rechtsschutz (Aussetzung der Vollziehung oder einstweilige Anordnung) gestellt worden ist (§§ 69, 114 FGO). Selbst wenn die Finanzbehörde danach angewiesen ist, stillzuhalten, besteht aufgrund dieser allgemeinen Verwaltungsvorschrift kein entsprechender Rechtsanspruch des Steuerpflichtigen.[962]

Dies gilt im Prinzip auch, wenn der Antrag auf Aussetzung der Vollziehung beim Finanzgericht gestellt worden ist. Die Unbilligkeit der Einleitung des Vollstreckungsverfahrens kann sich in solchen Fällen schon daraus ergeben, dass die Finanzbehörde sich nicht zuvor beim Finanzgericht über den Stand des Aussetzungsverfahrens vergewissert hat. Das Gebot der Gewährung effektiven Rechtsschutzes gebietet es, dass ein Steuerpflichtiger nicht mit Vollstreckungsmaßnahmen konfrontiert wird, weil noch nicht genügend Zeit geblieben ist, um über den gestellten Antrag auf Aussetzung der Vollziehung abschließend zu befinden.[963] Solange ein Aussetzungsverfahren beim Finanzgericht anhängig ist, ist die Vollstreckungsstelle der Finanzbehörde verpflichtet, beim Finanzgericht Auskunft über den Stand des Aussetzungsverfahrens einzuholen und – soweit ein Entscheidungszeitpunkt noch nicht genannt werden kann – nachzufragen, ob be-

---

961 Streck, Der Steuerstreit, Rz. 1463.
962 So auch Bäcker, Vorläufiger Rechtsschutz „zweiten Grades"?, DStZ 1990, 532.
963 FG Bremen vom 2. 7. 1993, 2 93 068 V 2, EFG 1994, 78.

zogen auf den Stand des gerichtlichen Verfahrens Bedenken gegen die Einleitung des Vollstreckungsverfahrens bestehen.[964] Steht die Entscheidung des Finanzgerichts unmittelbar bevor, muss ihr Erlass abgewartet werden. Ist sie noch nicht absehbar, ist die Vollstreckung u. a. dann nicht unbillig, wenn die im Aussetzungsverfahren gestellten Anträge aussichtslos erscheinen oder wenn Gefahr im Verzuge ist. Ist danach im Einzelfall die Vollstreckung unbillig und leitet das Finanzamt trotzdem Vollstreckungsmaßnahmen ein, können diese mit einem Antrag an das Finanzgericht, der Finanzbehörde im Wege der einstweilige Anordnung aufzugeben, die Vollstreckung vorläufig einzustellen, gestoppt werden.[965]

Wird aus einem vollstreckbaren, aussetzbaren Abgabenbescheid nach Stellung eines Aussetzungsantrags und während des Einspruchsverfahrens gegen diesen Bescheid vollstreckt, bestehen für den Betroffenen vier Möglichkeiten:

– Er kann einen Antrag auf einstweilige Anordnung beim Finanzgericht gem. § 114 FGO stellen mit dem Ziel, die aufschiebende Wirkung des noch nicht rechtskräftig beschiedenen Antrags auf Aussetzung der Vollziehung des Abgabenbescheids herzustellen.[966]
– Er kann sich mit dem förmlichen außergerichtlichen Rechtsbehelf des Einspruchs nach § 347 AO gegen die – einzelne – Vollstreckungsmaßnahme wenden und in diesem Verfahren Aussetzung der Vollziehung begehren.[967] Gegen eine ablehnende Einspruchsentscheidung kann allerdings keine Verpflichtungsklage erhoben werden.
– Er kann Einstellung der Vollstreckung (§ 258 AO) beantragen, wenn die Vollstreckung in seinem Fall unbillig ist. Gegen einen ablehnenden Bescheid ist der Einspruch und anschließend eine Verpflichtungsklage zum Finanzgericht möglich. In diesem Verfahren kann auch eine einstweilige Anordnung beantragt werden.
– Er kann beim Finanzgericht den Antrag stellen, der Finanzbehörde im Weg der einstweilige Anordnung aufzugeben, die Vollstreckung vorläufig einzustellen. In diesem Antrag liegt gleichzeitig ein an die Finanzbehörde gerichteter Antrag auf Vollstreckungsaufschub nach § 258 AO.[968]

---

964 FG Bremen vom 2. 7. 1993, 2 93 068 V 2, EFG 1994, 78; vgl. auch FG Berlin vom 12. 9. 1989, V 270/89, EFG 1990, 404.
965 Instruktiver Fall bei FG Bremen vom 2. 7. 1993, 2 93 068 V 2, EFG 1994, 78.
966 Gemäß § 114 Abs. 5 FGO ist dies nicht möglich beim Antrag auf Aussetzung der Vollziehung nach § 69 Abs. 3 FGO beim Finanzgericht.
967 BFH vom 16. 11. 1977, VII S 1/77, BStBl II 1978, 69.
968 S. nachstehend II. (S. 323).

Soll beispielsweise gegen die Rechtmäßigkeit einer Pfändungsverfügung vorgegangen werden, kommt regelmäßig nur ein Antrag auf Aussetzung der Vollziehung infrage, da es sich bei der Pfändungsverfügung um einen vollziehbaren Verwaltungsakt handelt. Aufgrund der eindeutigen Regelung in § 114 Abs. 5 FGO ist das Verfahren der einstweilige Anordnung gegenüber einem Antrag auf Aussetzung der Vollziehung beim Finanzgericht subsidiär. Dennoch schließt ein Verfahren auf Aussetzung der Vollziehung nach § 69 Abs. 3 FGO das Rechtsschutzbedürfnis für eine Klage gegen die Ablehnung der einstweiligen Einstellung der Zwangsvollstreckung nicht aus, weil beide Verfahren nicht dasselbe zum Gegenstand haben.[969] In diesem Falle ist auch vorläufiger Rechtsschutz im Wege der einstweilige Anordnung möglich.[970]

Zur Möglichkeit eines Antrages auf einstweilige Anordnung nach § 114 FGO ist allerdings anzumerken, dass ein solcher Antrag nicht nur im ausdrücklich geregelten Fall des Aussetzungsantrags beim Finanzgericht (§ 114 Abs. 5 FGO i. V. m. § 69 FGO), sondern auch dann für unzulässig gehalten wird, wenn Aussetzung der Vollziehung bei der Finanzbehörde beantragt bzw. gegen den ablehnenden Bescheid der Finanzbehörde Einspruch eingelegt wurde.[971] Begründet wird dies damit, dass in diesem Stadium des Verfahrens jederzeit noch ein paralleler Antrag nach § 69 Abs. 3 FGO möglich sei.

Weiterhin ist zu beachten, dass im Einspruchsverfahren gegen eine bereits vollzogene *Vollstreckungsmaßnahme* diese gemäß § 69 Abs. 3 Satz 3 FGO nachträglich – u. U. gegen Sicherheitsleistung – auch wieder aufgehoben werden kann. Ein Antrag auf Aussetzung der Vollziehung einer (noch nicht vollzogenen) konkreten Vollstreckungsmaßnahme ist dann ratsam, wenn die *Rechtmäßigkeit* gerade dieser Vollstreckungsmaßnahme *ernstlich zweifelhaft* ist oder sie eine *unbillige Härte* beinhaltet.[972] Ist dagegen die Zwangsvollstreckung insgesamt unbillig, ohne dass die Rechtmäßigkeit des angegriffenen Verwaltungsakts (Steuerbescheid) ernstlich zweifelhaft ist oder die Vollziehung eine unbillige Härte darstellt, ist der Antrag auf Vollstreckungsaufschub anzuraten. In Grenzfällen oder wenn die Voraussetzungen für einen Antrag auf Aussetzung der Vollziehung und Vollstreckungsauf-

---

969 BFH vom 3. 11. 1970, VII R 43/69, BStBl II 1971, 114; vom 10. 8. 1993, VII B 262/92, BFH/NV 1994, 719.
970 BFH vom 10. 8. 1993, VII B 262/92, BFH/NV 1994, 719.
971 BFH vom 11. 1. 1984, II B 35/83, BStBl II 1984, 210; FG Münster vom 3. 2. 1975, V 1546/74 A, EFG 1975, 267; FG Niedersachsen vom 6. 1. 1977, VI 250/76, EFG 1977, 438.
972 BFH vom 27. 3. 1979, VII R 41/78, BStBl II 1979, 589; FG Berlin vom 9. 8. 1977, V 211/75, EFG 1978, 136; vgl. auch FG Düsseldorf vom 12. 1. 1979, IV 447/78 AE, EFG 1979, 162 und vom 3. 2. 1983, VIII 18/83 AE, EFG 1984, 105.

schub vorliegen, ist zu erwägen, ob und inwieweit die Voraussetzungen der § 361 Abs. 2 AO, § 69 Abs. 2 Satz 2, Abs. 3 Satz 1 FGO glaubhaft gemacht werden können und ob mit *Aussetzungszinsen* zu rechnen ist bzw. wie sich die Belastung mit *Säumniszuschlägen* auswirkt. Da aufgrund dieser Unterschiede ein anhängiges Verfahren, in dem über die Aussetzung der Vollziehung gem. § 361 AO oder § 69 FGO zu entscheiden ist, das Rechtsschutzbedürfnis für einen Antrag gemäß § 258 AO auf Vollstreckungsaufschub und für das anschließende Rechtsbehelfsverfahren bei Ablehnung dieses Antrages nicht ausschließt und umgekehrt, können auch Anträge auf Aussetzung der Vollziehung und Einstellung der Vollstreckung nebeneinander zweckmäßig sein.

Ein Sonderfall ist gegeben, wenn die Vollstreckung angekündigt ist, der zugrunde liegende Verwaltungsakt aber möglicherweise nichtig ist. Werden im Einzelfall Umstände dargetan, die auf eine Nichtigkeit des Steuerverwaltungsakts schließen lassen, liegt kein Fall des § 258 AO vor, da dieser von einer „an sich" zulässigen Zwangsvollstreckung ausgeht. In einem solchen Fall kann der Steuerschuldner – wenn noch keine Zwangsvollstreckungsmaßnahmen ergriffen, solche aber angedroht worden sind – Verpflichtungsklage auf Einstellung der Zwangsvollstreckung gemäß § 257 Abs. 1 Nr. 2 AO analog erheben und in diesem Verfahren einstweiligen Rechtsschutz im Wege der einstweilige Anordnung erlangen.[973] Das Finanzgericht prüft in diesem Verfahren (kursorisch) die Nichtigkeit des Steuerbescheids. Möglich bleibt in einem solchen Fall aber auch eine Anfechtungsklage gegen den Steuerbescheid und die Verfolgung des vorläufigen Rechtsschutzziels über einen Antrag auf Aussetzung der Vollziehung des Steuerbescheids mit den zuvor geschilderten Alternativen.

II. Einstweilige Anordnung und Einstellung der Vollstreckung

Auch im Rahmen eines Verfahrens, in dem eine vorläufige Einstellung oder Beschränkung der Vollstreckung (§ 258 AO) begehrt wird, kann eine einstweilige Anordnung ergehen.[974]

Beispiele:

– einstweilige Anordnung eines Vollstreckungsaufschubs bei bereits erfolgter Kontenpfändung,[975]
– einstweilige Anordnung der Einstellung der Vollstreckung, wenn das Finanzamt den Erlass eines begünstigenden Verwaltungsakts abgelehnt hat und die Vollstreckung droht oder begonnen hat.

---

973 FG Baden-Württemberg vom 19. 3. 1993, 9 V 4/93, EFG 1993, 703.
974 BFH vom 20. 3. 1990, VII B 150/89, BFH/NV 1991, 104.
975 BFH vom 20. 3. 1990, VII B 150/89, BFH/NV 1991, 104 (offen gelassen die Frage, ob auch eine Aufhebung der Pfändung möglich wäre).

Vorläufiger Rechtsschutz

Als *Anordnungsanspruch* ist hier der Anspruch auf fehlerfreie Ermessensausübung über den schwebenden Antrag auf Einstellung oder Beschränkung der Vollstreckung zu sehen. *Anordnungsgrund* sind die mit einer drohenden oder schon stattfindenden Zwangsvollstreckung verbundenen Nachteile, gegebenenfalls verbunden mit einem Angebot des Vollstreckungsschuldners auf Ratenzahlung. *Inhalt der einstweilige Anordnung* ist die Verpflichtung der Finanzbehörde, bis zur Entscheidung über den Antrag aus § 258 AO keine oder keine weiteren Vollstreckungsmaßnahmen zu ergreifen oder u. U. auch schon erfolgte Vollstreckungsmaßnahmen aufzuheben. Allerdings hält der BFH[976] in diesen Fällen eine einstweilige Anordnung nur dann für zulässig, wenn noch kein aussetzbarer Vollstreckungsverwaltungsakt vorliegt. Ist ein solcher (z. B. eine Pfändung) schon erlassen worden, soll nach dieser Auffassung nur eine Aussetzung der Vollziehung oder eine Aufhebung nach § 258 AO in Frage kommen.

Eine weitere Einschränkung ergibt sich aus den allgemeinen Voraussetzungen für eine einstweilige Anordnung. So verlangt die Rechtsprechung[977], dass die einstweilige Anordnung nur als äußerster Notbehelf zur Abwendung eines dem Steuerpflichtigen sonst drohenden schwerwiegenden und durch überwiegende öffentliche Interessen nicht geforderten Schadens erforderlich ist. Dies soll nur dann gegeben sein, wenn die wirtschaftliche oder persönliche Existenz des Betroffenen bedroht ist und die den Anordnungsanspruch begründenden Umstände über die Nachteile hinausgehen, die im Regelfall bei einer Vollstreckung zu erwarten sind.[978] Hier werden von der Rechtsprechung strenge Maßstäbe angelegt. Die bloße Behauptung, der Bestand des Unternehmens sei durch eine Steuererhebung zum gegenwärtigen Zeitpunkt oder durch eine bestimmte Art der Vollstreckung gefährdet, reicht zur Glaubhaftmachung eines Anordnungsgrundes nicht aus.[979] Die Rechtsprechung verlangt näher belegte Angaben über die Gewinnsituation des Unternehmens und eine konkrete Darlegung und Glaubhaftmachung der Gefährdung durch die Vollstreckung. Dabei sollen die mit einer Pfändung von Geschäftskonten verbundenen Nachteile (Beeinträchtigung von Kreditmöglichkeiten) grundsätzlich hingenommen werden müssen. Außerdem ist darzulegen, wieso der Antragsteller derzeit nicht in der Lage ist, durch entsprechende Kreditaufnahme die rückständigen Steuern zu zahlen.

---

976 BFH vom 30. 1. 1990, VII B 99/89, BFH/NV 1990, 718; vom 18. 4. 1989, VII B 226/88, BFH/NV 1990, 687; vom 5. 9. 1989, VII B 41/89, BFH/NV 1991, 42; vom 20. 3. 1990, VII B 150/89, BFH/NV 1991, 104.
977 BFH vom 13. 11. 2002, I B 147/02, BStBl II 2003, 716.
978 Vgl. etwa BFH vom 19. 9. 1991, VII B 139/91, BFH/NV 1992, 321.
979 BFH vom 7. 8. 1990, VII B 70/90, BFH/NV 1991, 255.

Jeweils für sich allein genommen, also ohne dass andere Umstände hinzutreten, sind hinzunehmen:[980]

- Zahlung von Steuern, auch wenn sie möglicherweise nach dem Hauptsacheverfahren wieder zu erstatten sind;
- Kreditaufnahme zur Zahlung von Steuern;
- Zurückstellen betrieblicher Investitionen;
- Bekanntwerden der Vollstreckung gegenüber Arbeitgeber und anderen Dritten (Kunden);[981]
- Einschränkung des gewohnten Lebensstandards (Abschaffen von Fernsehen, Telefon und Kündigung der Putzfrau).[982]

Hat die Finanzbehörde den Erlass eines begünstigenden Verwaltungsakts (z. B. eines die Einkommensteuervorauszahlungen herabsetzenden Bescheids) abgelehnt und droht die Zwangsvollstreckung bzw. hat sie schon begonnen, hält das Finanzgericht Rheinland-Pfalz[983] eine einstweilige Anordnung für zulässig, mit der eine Einstellung der Vollstreckung gem. § 258 AO angeordnet wird. Eine solche auf Einstellung der Vollstreckung beschränkte einstweilige Anordnung hindert die Finanzbehörde allerdings nicht an der anderweitigen Erhebung der Steuer, z. B. durch *Aufrechnung*. Effektiver Rechtsschutz ist daher nur durch Stundung oder ggf. Aussetzung der Vollziehung zu erreichen.

C. Stundung und Aussetzung der Vollziehung

I. Antragsprüfung und Auslegung

Der Antrag eines Steuerpflichtigen ist von der Finanzbehörde wegen der erheblichen Unterschiede beider Rechtsinstitute genau daraufhin zu prüfen, welches Begehren er enthält. Dabei kommt es nicht auf die *Wortwahl* an. Liegen die Tatbestandsvoraussetzungen sowohl für eine Stundung als auch für eine Aussetzung der Vollziehung vor, steht es im Belieben des Steuerpflichtigen, welchen Antrag er stellt. Möglich ist auch ein *kumulativer Antrag*, da sich beide Rechtsinstitute

---

980 BFH vom 12. 4. 1984, VIII B 115/82, BStBl II 1984, 492; vom 19. 9. 1991, VII B 139/91, BFH/NV 1992, 321.
981 BFH vom 29. 1. 1991, VII B 174/90, BFH/NV 1991, 695.
982 BFH vom 22. 1. 1991, VII B 191/90, BFH/NV 1991, 693; danach hat der Antragsteller, der geltend gemacht hatte, die Putzfrau sei wegen Krankheit seiner Ehefrau erforderlich, glaubhaft zu machen, dass er selbst zur Verrichtung dieser Arbeiten außerstande ist.
983 FG Rheinland-Pfalz vom 15. 5. 1979, III 256/77, EFG 1979, 437.

gegenseitig nicht ausschließen. Im Zweifelsfall ist die Finanzbehörde allerdings gehalten, auszusetzen, da dies für den Steuerpflichtigen die in aller Regel günstigere Entscheidung darstellt. Bzgl. der *Auslegung* gestellter Anträge ist darauf hinzuweisen, dass der BFH[984] im Falle der Vertretung des Steuerpflichtigen durch *sachkundige Prozessbevollmächtigte* (z. B. Rechtsanwälte, Steuerberater) wenig Neigung zeigt, Anträge auszulegen oder umzudeuten – von derart rechtskundigen Personen könne verlangt werden, dass sie den Rechtsbehelf wählen oder den Antrag stellen, der dem Gesetz bzw. dem jeweiligen Begehren entspreche.

II. Stundung im vorläufigen Rechtsschutzverfahren

Gerade wegen der Unterschiede zwischen Aussetzung der Vollziehung und Stundung ist die Stundung – sei es im Rahmen einer einstweilige Anordnung oder unabhängig hiervon – in den Fällen von Bedeutung, in denen eine Aussetzung der Vollziehung mangels vollziehbaren Verwaltungsakts und eine über eine Stundung hinausgehende einstweilige Anordnung – da einer endgültigen Regelung unzulässiger Weise vorgreifend – nicht möglich sind, bezüglich der festgesetzten Steuern aber ein vorläufiger Zustand in Bezug auf das streitige Rechtsverhältnis geregelt werden soll. Die Stundungsmöglichkeit hat damit insbesondere dann Bedeutung, wenn der Erlass eines begünstigenden Verwaltungsakts abgelehnt worden ist.

In Literatur und Rechtsprechung wurde darüber hinaus versucht, den berechtigten Belangen der Steuerpflichtigen auf dem Wege der Stundung auch in den Fällen Rechnung zu tragen, in denen z. B. ein *Verlust* noch nicht einheitlich und gesondert festgestellt worden ist und daher bei der Einkommensteuerveranlagung noch nicht berücksichtigt wurde[985] oder in denen ein Verlust bei der Einkommensteuerveranlagung nicht berücksichtigt werden konnte, weil die *Vollziehungsaussetzung eines Feststellungsbescheides* grundsätzlich nur bis zum Betrag 0 Euro, nicht aber bezüglich eines Verlustes oder eines höheren als des festgestellten Verlustes möglich sein soll.[986] U.E. ist in beiden Fällen die Aussetzung der Vollziehung der richtige Rechtsbehelf, ein Ausweichen auf die Stundung ist nicht erforderlich und wegen der Wesensunterschiede beider Rechtsinstitute auch nicht gerechtfertigt.[987] Wird

---

984 BFH vom 30. 1. 1990, VII B 99/89, BFH/NV 1990, 718; vom 18. 4. 1989, VII B 226/88, BFH/NV 1990, 687; vom 5. 9. 1989, VII B 41/89, BFH/NV 1991, 42.
985 Vgl. BFH vom 18. 6. 1975, I R 92/73, BStBl II 1975, 779; FG Düsseldorf vom 30. 8. 1976, VIII 343/71 E, EFG 1976, 599; FG Münster vom 13. 5. 1974, II 669/73 E, EFG 1974, 476.
986 Vgl. Grimm, Zur Problematik der sog. Folgeaussetzung (§ 69 Abs. 2 Satz 3 FGO, § 242 Abs. 2 Satz 3 AO), DStR 1969, S. 657.
987 So auch FG Düsseldorf vom 27. 4. 1977, VIII 791/76 S, EFG 1977, S. 442; vom 30. 1. 1978, VIII 749/77 A, EFG 1978, S. 276.

Zusammenwirken der einzelnen Rechtsinstitute

ein tatsächlich entstandener Verlust nicht berücksichtigt, ist die *Rechtmäßigkeit der Steuerfestsetzung* im Einkommensteuerbescheid oder in einem sonstigen, in einem Grundlagenbescheid festzustellende Besteuerungsgrundlagen vorwegnehmenden Verwaltungsakt ernstlich zweifelhaft. Allerdings trifft die *Feststellungslast* hierfür den Steuerpflichtigen. Gleiches gilt, wenn die Finanzbehörde den Erlass eines Grundlagenbescheides abgelehnt hat. Auch hier kann vorläufiger Rechtsschutz nach Anfechtung des „Folgebescheids" durch Aussetzung der Vollziehung gewährt werden.

Hat das *Betriebsstättenfinanzamt* den auf den Betroffenen entfallenden Verlust bei der einheitlichen und gesonderten Feststellung zu niedrig festgestellt, ist das *Wohnsitzfinanzamt* dennoch an diese Feststellung bis zu ihrer Änderung gebunden. Eine Stundung der aufgrund der Bindungswirkung festgesetzten Steuer ist auch dann nicht möglich, wenn gegen den Grundlagenbescheid ein Rechtsbehelf eingelegt worden ist, da damit die *Bindungswirkung* unterhöhlt würde. Vorläufiger *Rechtsschutz* kann nur durch Aussetzung der Vollziehung des Grundlagenbescheids erreicht werden. Soweit der Grundlagenbescheid ausgesetzt wird, ist dann auch die Vollziehung des Folgebescheid auszusetzen (§ 361 Abs. 3 Satz 1 AO, § 69 Abs. 2 S. 4 FGO).

ANHANG: Auszüge aus der AO und der FGO

I. Siebenter Teil der AO: Außergerichtliches Rechtsbehelfsverfahren

Erster Abschnitt: Zulässigkeit

§ 347 Statthaftigkeit des Einspruchs

(1) Gegen Verwaltungsakte
1. in Abgabenangelegenheiten, auf die dieses Gesetz Anwendung findet,
2. in Verfahren zur Vollstreckung von Verwaltungsakten in anderen als den in Nummer 1 bezeichneten Angelegenheiten, soweit die Verwaltungsakte durch Bundesfinanzbehörden oder Landesfinanzbehörden nach den Vorschriften dieses Gesetzes zu vollstrecken sind,
3. in öffentlich-rechtlichen und berufsrechtlichen Angelegenheiten, auf die dieses Gesetz nach § 164a des Steuerberatungsgesetzes Anwendung findet,
4. in anderen durch die Finanzbehörden verwalteten Angelegenheiten, soweit die Vorschriften über die außergerichtlichen Rechtsbehelfe durch Gesetz für anwendbar erklärt worden sind oder erklärt werden,

ist als Rechtsbehelf der Einspruch statthaft. Der Einspruch ist außerdem statthaft, wenn geltend gemacht wird, dass in den in Satz 1 bezeichneten Angelegenheiten über einen vom Einspruchsführer gestellten Antrag auf Erlass eines Verwaltungsakts ohne Mitteilung eines zureichenden Grundes binnen angemessener Frist sachlich nicht entschieden worden ist.

(2) Abgabenangelegenheiten sind alle mit der Verwaltung der Abgaben einschließlich der Abgabenvergütungen oder sonst mit der Anwendung der abgabenrechtlichen Vorschriften durch die Finanzbehörden zusammenhängenden Angelegenheiten einschließlich der Maßnahmen der Bundesfinanzbehörden zur Beachtung der Verbote und Beschränkungen für den Warenverkehr über die Grenze; den Abgabenangelegenheiten stehen die Angelegenheiten der Verwaltung der Finanzmonopole gleich.

(3) Die Vorschriften des Siebenten Teils finden auf das Straf- und Bußgeldverfahren keine Anwendung.

§ 348 Ausschluss des Einspruchs

Der Einspruch ist nicht statthaft
1. gegen Einspruchsentscheidungen (§ 367),
2. bei Nichtentscheidung über einen Einspruch,
3. gegen Verwaltungsakte der obersten Finanzbehörden des Bundes und der Länder, außer wenn ein Gesetz das Einspruchsverfahren vorschreibt,
4. gegen Entscheidungen in Angelegenheiten des Zweiten und Sechsten Abschnitts des Zweiten Teils des Steuerberatungsgesetzes,
5. (weggefallen)
6. in den Fällen des § 172 Abs. 3.

§ 349 aufgehoben

§ 350 Beschwer

Befugt, Einspruch einzulegen, ist nur, wer geltend macht, durch einen Verwaltungsakt oder dessen Unterlassung beschwert zu sein.

§ 351 Bindungswirkung anderer Verwaltungsakte

(1) Verwaltungsakte, die unanfechtbare Verwaltungsakte ändern, können nur insoweit angegriffen werden, als die Änderungreicht, es sei denn, dass sich aus den Vorschriften über die Aufhebung und Änderung von Verwaltungsakten etwas anderes ergibt.

(2) Entscheidungen in einem Grundlagenbescheid (§ 171 Abs. 10) können nur durch Anfechtung dieses Bescheids, nicht auch durch Anfechtung des Folgebescheids, angegriffen werden.

§ 352 Einspruchsbefugnis bei der einheitlichen Feststellung

(1) Gegen Bescheide über die einheitliche und gesonderte Feststellung von Besteuerungsgrundlagen können Einspruch einlegen:
1. zur Vertretung berufene Geschäftsführer oder, wenn solche nicht vorhanden sind, der Einspruchsbevollmächtigte im Sinne des Absatzes 2;
2. wenn Personen nach Nummer 1 nicht vorhanden sind, jeder Gesellschafter, Gemeinschafter oder Mitberechtigte, gegen den der Feststellungsbescheid ergangen ist oder zu ergehen hätte;
3. auch wenn Personen nach Nummer 1 vorhanden sind, ausgeschiedene Gesellschafter, Gemeinschafter oder Mitberechtigte, gegen die der Feststellungsbescheid ergangen ist oder zu ergehen hätte;
4. soweit es sich darum handelt, wer an dem festgestellten Betrag beteiligt ist und wie dieser sich auf die einzelnen Beteiligten verteilt, jeder, der durch die Feststellungen hierzu berührt wird;
5. soweit es sich um eine Frage handelt, die einen Beteiligten persönlich angeht, jeder, der durch die Feststellungen über die Frage berührt wird.

I. Siebenter Teil der AO: Außergerichtliches Rechtsbehelfsverfahren

(2) Einspruchsbefugt im Sinne des Absatzes 1 Nr. 1 ist der gemeinsame Empfangsbevollmächtigte im Sinne des § 183 Abs. 1 Satz 1 oder des § 6 Abs. 1 Satz 1 der Verordnung über die gesonderte Feststellung von Besteuerungsgrundlagen nach § 180 Abs. 2 der Abgabenordnung vom 19. Dezember 1986 (BGBl. I S. 2663). Haben die Feststellungsbeteiligten keinen gemeinsamen Empfangsbevollmächtigen bestellt, ist einspruchsbefugt im Sinne des Absatzes 1 Nr. 1 der nach § 183 Abs. 1 Satz 2 fingierte oder der nach § 183 Abs. 1 Satz 3 bis 5 oder nach § 6 Abs. 1 Satz 3 bis 5 der Verordnung über die gesonderte Feststellung von Besteuerungsgrundlagen nach § 180 Abs. 2 der Abgabenordnung von der Finanzbehörde bestimmte Empfangsbevollmächtigte; dies gilt nicht für Feststellungsbeteiligte, die gegenüber der Finanzbehörde der Einspruchsbefugnis des Empfangsbevollmächtigten widersprechen. Die Sätze 1 und 2 sind nur anwendbar, wenn die Beteiligten in der Feststellungserklärung oder in der Aufforderung zur Benennung eines Empfangsbevollmächtigten über die Einspruchsbefugnis des Empfangsbevollmächtigten belehrt worden sind.

§ 353 Einspruchsbefugnis des Rechtsnachfolgers

Wirkt ein Feststellungsbescheid, ein Grundsteuermessbescheid oder ein Zerlegungs- oder Zuteilungsbescheid über einen Grundsteuermessbetrag gegenüber dem Rechtsnachfolger, ohne dass er diesem bekannt gegeben worden ist (§ 182 Abs. 2, § 184 Abs. 1 Satz 4, §§ 185 und 190), so kann der Rechtsnachfolger nur innerhalb der für den Rechtsvorgänger maßgebenden Einspruchsfrist Einspruch einlegen.

§ 354 Einspruchsverzicht

(1) Auf Einlegung eines Einspruchs kann nach Erlass des Verwaltungsakts verzichtet werden. Der Verzicht kann auch bei Abgabe einer Steueranmeldung für den Fall ausgesprochen werden, dass die Steuer nicht abweichend von der Steueranmeldung festgesetzt wird. Durch den Verzicht wird der Einspruch unzulässig. (1a) Soweit Besteuerungsgrundlagen für ein Verständigungs- oder ein Schiedsverfahren nach einem Vertrag im Sinne des § 2 von Bedeutung sein können, kann auf die Einlegung eines Einspruchs insoweit verzichtet werden. Die Besteuerungsgrundlage, auf die sich der Verzicht beziehen soll, ist genau zu bezeichnen.

(2) Der Verzicht ist gegenüber der zuständigen Finanzbehörde schriftlich oder zur Niederschrift zu erklären; er darf keine weiteren Erklärungen enthalten. Wird nachträglich die Unwirksamkeit des Verzichts geltend gemacht, so gilt § 110 Abs. 3 sinngemäß.

Zweiter Abschnitt: Verfahrensvorschriften

§ 355 Einspruchsfrist

(1) Der Einspruch nach § 347 Abs. 1 Satz 1 ist innerhalb eines Monats nach Bekanntgabe des Verwaltungsakts einzulegen. Ein Einspruch gegen eine Steueranmeldung ist innerhalb eines Monats nach Eingang der Steueranmeldung bei der Finanzbehörde, in den Fällen des § 168 Satz 2 innerhalb eines Monats nach Bekanntwerden der Zustimmung, einzulegen.

ANHANG: Auszüge aus der AO und der FGO

(2) Der Einspruch nach § 347 Abs. 1 Satz 2 ist unbefristet.

§ 356 Rechtsbehelfsbelehrung

(1) Ergeht ein Verwaltungsakt schriftlich oder elektronisch, so beginnt die Frist für die Einlegung des Einspruchs nur, wenn der Beteiligte über den Einspruch und die Finanzbehörde, bei der er einzulegen ist, deren Sitz und die einzuhaltende Frist in der für den Verwaltungsakt verwendeten Form belehrt worden ist.

(2) Ist die Belehrung unterblieben oder unrichtig erteilt, so ist die Einlegung des Einspruchs nur binnen eines Jahres seit Bekanntgabe des Verwaltungsakts zulässig, es sei denn, dass die Einlegung vor Ablauf der Jahresfrist infolge höherer Gewalt unmöglich war oder schriftlich oder elektronisch darüber belehrt wurde, dass ein Einspruch nicht gegeben sei. § 110 Abs. 2 gilt für den Fall höherer Gewalt sinngemäß.

§ 357 Einlegung der Einspruchs

(1) Der Einspruch ist schriftlich einzureichen oder zur Niederschrift zu erklären. Es genügt, wenn aus dem Schriftstück hervorgeht, wer den Einspruch eingelegt hat. Einlegung durch Telegramm ist zulässig. Unrichtige Bezeichnung des Einspruchs schadet nicht.

(2) Der Einspruch ist bei der Behörde anzubringen, deren Verwaltungsakt angefochten wird oder bei der ein Antrag auf Erlass eines Verwaltungsakts gestellt worden ist. Ein Einspruch, der sich gegen die Feststellung von Besteuerungsgrundlagen oder gegen die Festsetzung eines Steuermessbetrags richtet, kann auch bei der zur Erteilung des Steuerbescheids zuständigen Behörde angebracht werden. Ein Einspruch, der sich gegen einen Verwaltungsakt richtet, den eine Behörde auf Grund gesetzlicher Vorschrift für die zuständige Finanzbehörde erlassen hat, kann auch bei der zuständigen Finanzbehörde angebracht werden. Die schriftliche Anbringung bei einer anderen Behörde ist unschädlich, wenn der Einspruch vor Ablauf der Einspruchsfrist einer der Behörden übermittelt wird, bei der er nach den Sätzen 1 bis 3 angebracht werden kann.

(3) Bei der Einlegung soll der Verwaltungsakt bezeichnet werden, gegen den der Einspruch gerichtet ist. Es soll angegeben werden, inwieweit der Verwaltungsakt angefochten und seine Aufhebung beantragt wird. Ferner sollen die Tatsachen, die zur Begründung dienen, und die Beweismittel angeführt werden.

§ 358 Prüfung der Zulässigkeitsvoraussetzungen

Die zur Entscheidung über den Einspruch berufene Finanzbehörde hat zu prüfen, ob der Einspruch zulässig, insbesondere in der vorgeschriebenen Form und Frist eingelegt ist. Mangelt es an einem dieser Erfordernisse, so ist der Einspruch als unzulässig zu verwerfen.

§ 359 Beteiligte

Beteiligte am Verfahren sind:
1. wer den Einspruch eingelegt hat (Einspruchsführer),
2. wer zum Verfahren hinzugezogen worden ist.

I. Siebenter Teil der AO: Außergerichtliches Rechtsbehelfsverfahren

§ 360 Hinzuziehung zum Verfahren

(1) Die zur Entscheidung über den Einspruch berufene Finanzbehörde kann von Amts wegen oder auf Antrag andere hinzuziehen, deren rechtliche Interessen nach den Steuergesetzen durch die Entscheidung berührt werden, insbesondere solche, die nach den Steuergesetzen neben dem Steuerpflichtigen haften. Vor der Hinzuziehung ist derjenige zu hören, der den Einspruch eingelegt hat.

(2) Wird eine Abgabe für einen anderen Abgabenberechtigten verwaltet, so kann dieser nicht deshalb hinzugezogen werden, weil seine Interessen als Abgabenberechtigter durch die Entscheidung berührt werden.

(3) Sind an dem streitigen Rechtsverhältnis Dritte derart beteiligt, dass die Entscheidung auch ihnen gegenüber nur einheitlich ergehen kann, so sind sie hinzuzuziehen. Dies gilt nicht für Mitberechtigte, die nach § 352 nicht befugt sind, Einspruch einzulegen.

(4) Wer zum Verfahren hinzugezogen worden ist, kann dieselben Rechte geltend machen, wie derjenige, der den Einspruch eingelegt hat.

(5) Kommt nach Absatz 3 die Hinzuziehung von mehr als 50 Personen in Betracht, kann die Finanzbehörde anordnen, dass nur solche Personen hinzugezogen werden, die dies innerhalb einer bestimmten Frist beantragen. Von einer Einzelbekanntgabe der Anordnung kann abgesehen werden, wenn die Anordnung im elektronischen Bundesanzeiger bekannt gemacht und außerdem in Tageszeitungen veröffentlicht wird, die in dem Bereich verbreitet sind, in dem sich die Entscheidung voraussichtlich auswirken wird. Die Frist muss mindestens drei Monate seit Veröffentlichung im elektronischen Bundesanzeiger betragen. In der Veröffentlichung in Tageszeitungen ist mitzuteilen, an welchem Tage die Frist abläuft. Für die Wiedereinsetzung in den vorigen Stand wegen Versäumung der Frist gilt § 110 entsprechend. Die Finanzbehörde soll Personen, die von der Entscheidung erkennbar in besonderem Maße betroffen werden, auch ohne Antrag hinzuziehen.

§ 361 Aussetzung der Vollziehung

(1) Durch Einlegung des Einspruchs wird die Vollziehung des angefochtenen Verwaltungsakts vorbehaltlich des Absatzes 4 nicht gehemmt, insbesondere die Erhebung einer Abgabe nicht aufgehalten. Entsprechendes gilt bei Anfechtung von Grundlagenbescheiden für die darauf beruhenden Folgebescheide.

(2) Die Finanzbehörde, die den angefochtenen Verwaltungsakt erlassen hat, kann die Vollziehung ganz oder teilweise aussetzen; § 367 Abs. 1 Satz 2 gilt sinngemäß. Auf Antrag soll die Aussetzung erfolgen, wenn ernstliche Zweifel an der Rechtmäßigkeit des angefochtenen Verwaltungsakts bestehen oder wenn die Vollziehung für den Betroffenen eine unbillige, nicht durch überwiegende öffentliche Interessen gebotene Härte zur Folge hätte. Ist der Verwaltungsakt schon vollzogen, tritt an die Stelle der Aussetzung der Vollziehung die Aufhebung der Vollziehung. Bei Steuerbescheiden sind die Aussetzung und die Aufhebung der Vollziehung auf die festgesetzte Steuer, vermindert um die anzurechnenden Steuerabzugsbeträge, um die anzurechnende Körperschaftsteuer und um die festgesetzten Vorauszahlungen beschränkt; dies gilt nicht, wenn die Aussetzung oder Aufhebung der

Vollziehung zur Abwendung wesentlicher Nachteile nötig erscheint. Die Aussetzung kann von einer Sicherheitsleistung abhängig gemacht werden.
(3) Soweit die Vollziehung eines Grundlagenbescheids ausgesetzt wird, ist auch die Vollziehung eines Folgebescheids auszusetzen. Der Erlass eines Folgebescheids bleibt zulässig. Über eine Sicherheitsleistung ist bei der Aussetzung eines Folgebescheids zu entscheiden, es sei denn, dass bei der Aussetzung der Vollziehung des Grundlagenbescheids die Sicherheitsleistung ausdrücklich ausgeschlossen worden ist.
(4) Durch Einlegung eines Einspruchs gegen die Untersagung des Gewerbebetriebs oder der Berufsausübung wird die Vollziehung des angefochtenen Verwaltungsakts gehemmt. Die Finanzbehörde, die den Verwaltungsakt erlassen hat, kann die hemmende Wirkung durch besondere Anordnung ganz oder zum Teil beseitigen, wenn sie es im öffentlichen Interesse für geboten hält; sie hat das öffentliche Interesse schriftlich zu begründen. § 367 Abs. 1 Satz 2 gilt sinngemäß.
(5) Gegen die Ablehnung der Aussetzung der Vollziehung kann das Gericht nur nach § 69 Abs. 3 und 5 Satz 3 der Finanzgerichtsordnung angerufen werden.

§ 362 Rücknahme des Einspruchs

(1) Der Einspruch kann bis zur Bekanntgabe der Entscheidung über den Einspruch zurückgenommen werden. § 357 Abs. 1 und 2 gilt sinngemäß. (1a) Soweit Besteuerungsgrundlagen für ein Verständigungs- oder ein Schiedsverfahren nach einem Vertrag im Sinne des § 2 von Bedeutung sein können, kann der Einspruch hierauf begrenzt zurückgenommen werden. § 354 Abs. 1a Satz 2 gilt entsprechend.
(2) Die Rücknahme hat den Verlust des eingelegten Einspruchs zur Folge. Wird nachträglich die Unwirksamkeit der Rücknahme geltend gemacht, so gilt § 110 Abs. 3 sinngemäß.

§ 363 Aussetzung und Ruhen des Verfahrens

(1) Hängt die Entscheidung ganz oder zum Teil von dem Bestehen oder Nichtbestehen eines Rechtsverhältnisses ab, das den Gegenstand eines anhängigen Rechtsstreits bildet oder von einem Gericht oder einer Verwaltungsbehörde festzustellen ist, kann die Finanzbehörde die Entscheidung bis zur Erledigung des anderen Rechtsstreits oder bis zur Entscheidung des Gerichts oder der Verwaltungsbehörde aussetzen.
(2) Die Finanzbehörde kann das Verfahren mit Zustimmung des Einspruchsführers ruhen lassen, wenn das aus wichtigen Gründen zweckmäßig erscheint. Ist wegen der Verfassungsmäßigkeit einer Rechtsnorm oder wegen einer Rechtsfrage ein Verfahren bei dem Europäischen Gerichtshof, dem Bundesverfassungsgericht oder ejnem obersten Bundesgericht anhängig und wird der Einspruch hierauf gestützt, ruht das Einspruchsverfahren insoweit; dies gilt nicht, soweit nach § 165 Abs. 1 Satz 2 Nr. 3 die Steuer vorläufig festgesetzt wurde. Mit Zustimmung der obersten Finanzbehörde kann durch öffentlich bekannt zu gebende Allgemeinverfügung für bestimmte Gruppen gleichgelagerter Fälle angeordnet werden, dass Einspruchsverfahren insoweit auch in anderen als den in den Sätzen 1 und 2 genannten Fällen ruhen. Das Einspruchsverfahren ist fortzusetzen, wenn der Einspruchsführer dies beantragt oder die Finanzbehörde dies dem Einspruchsführer mitteilt.

I. Siebenter Teil der AO: Außergerichtliches Rechtsbehelfsverfahren

(3) Wird ein Antrag auf Aussetzung oder Ruhen des Verfahrens abgelehnt oder die Aussetzung oder das Ruhen des Verfahrens widerrufen, kann die Rechtswidrigkeit der Ablehnung oder des Widerrufs nur durch Klage gegen die Einspruchsentscheidung geltend gemacht werden.

§ 364 Mitteilung der Besteuerungsunterlagen
Den Beteiligten sind, soweit es noch nicht geschehen ist, die Unterlagen der Besteuerung auf Antrag oder, wenn die Begründung des Einspruchs dazu Anlass gibt, von Amts wegen mitzuteilen.

§ 364 a Erörterung des Sach- und Rechtsstands
(1) Auf Antrag eines Einspruchsführers soll die Finanzbehörde vor Erlass einer Einspruchsentscheidung den Sach- und Rechtsstand erörtern. Weitere Beteiligte können hierzu geladen werden, wenn die Finanzbehörde dies für sachdienlich hält. Die Finanzbehörde kann auch ohne Antrag eines Einspruchsführers diesen und weitere Beteiligte zu einer Erörterung laden.

(2) Von einer Erörterung mit mehr als zehn Beteiligten kann die Finanzbehörde absehen. Bestellen die Beteiligten innerhalb einer von der Finanzbehörde bestimmten angemessenen Frist einen gemeinsamen Vertreter, soll der Sach- und Rechtsstand mit diesem erörtert werden.

(3) Die Beteiligten können sich durch einen Bevollmächtigten vertreten lassen. Sie können auch persönlich zur Erörterung geladen werden, wenn die Finanzbehörde dies für sachdienlich hält.

(4) Das Erscheinen kann nicht nach § 328 erzwungen werden.

§ 364 b Fristsetzung
(1) Die Finanzbehörde kann dem Einspruchsführer eine Frist setzen
1. zur Angabe der Tatsachen, durch deren Berücksichtigung oder Nichtberücksichtigung er sich beschwert fühlt,
2. zur Erklärung über bestimmte klärungsbedürftige Punkte,
3. zur Bezeichnung von Beweismitteln oder zur Vorlage von Urkunden, soweit er dazu verpflichtet ist.

(2) Erklärungen und Beweismittel, die erst nach Ablauf der nach Absatz 1 gesetzten Frist vorgebracht werden, sind nicht zuberücksichtigen. § 367 Abs. 2 Satz 2 bleibt unberührt. Bei Überschreitung der Frist gilt § 110 entsprechend.

(3) Der Einspruchsführer ist mit der Fristsetzung über die Rechtsfolgen nach Absatz 2 zu belehren.

ANHANG: *Auszüge aus der AO und der FGO*

§ 365 Anwendung von Verfahrensvorschriften

(1) Für das Verfahren über den Einspruch gelten im Übrigen die Vorschriften sinngemäß, die für den Erlass des angefochtenen oder des begehrten Verwaltungsakts gelten.

(2) In den Fällen des § 93 Abs. 5, des § 96 Abs. 7 Satz 2 und der §§ 98 bis 100 ist den Beteiligten und ihren Bevollmächtigten und Beiständen (§ 80) Gelegenheit zu geben, an der Beweisaufnahme teilzunehmen.

(3) Wird der angefochtene Verwaltungsakt geändert oder ersetzt, so wird der neue Verwaltungsakt Gegenstand des Einspruchsverfahrens. Satz 1 gilt entsprechend, wenn

1. ein Verwaltungsakt nach § 129 berichtigt wird oder
2. ein Verwaltungsakt an die Stelle eines angefochtenen unwirksamen Verwaltungsakts tritt.

§ 366 Form, Inhalt und Bekanntgabe der Einspruchsentscheidung

Die Einspruchsentscheidung ist schriftlich zu erteilen, zu begründen, mit einer Rechtsbehelfsbelehrung zu versehen und den Beteiligten bekannt zu geben.

§ 367 Entscheidung über den Einspruch

(1) Über den Einspruch entscheidet die Finanzbehörde, die den Verwaltungsakt erlassen hat, durch Einspruchsentscheidung. Ist für den Steuerfall nachträglich eine andere Finanzbehörde zuständig geworden, so entscheidet diese Finanzbehörde; § 26 Satz 2 bleibt unberührt.

(2) Die Finanzbehörde, die über den Einspruch entscheidet, hat die Sache in vollem Umfang erneut zu prüfen. Der Verwaltungsakt kann auch zum Nachteil des Einspruchsführers geändert werden, wenn dieser auf die Möglichkeit einer verbösernden Entscheidung unter Angabe von Gründen hingewiesen und ihm Gelegenheit gegeben worden ist, sich hierzu zu äußern. Einer Einspruchsentscheidung bedarf es nur insoweit, als die Finanzbehörde dem Einspruch nicht abhilft. (2a) Die Finanzbehörde kann vorab über Teile des Einspruchs entscheiden, wenn dies sachdienlich ist. Sie hat in dieser Entscheidung zu bestimmen, hinsichtlich welcher Teile Bestandskraft nicht eintreten soll. (2b) Anhängige Einsprüche, die eine vom Gerichtshof der Europäischen Gemeinschaften, vom Bundesverfassungsgericht oder vom Bundesfinanzhof entschiedene Rechtsfrage betreffen und denen nach dem Ausgang des Verfahrens vor diesen Gerichten nicht abgeholfen werden kann, können durch Allgemeinverfügung insoweit zurückgewiesen werden. Sachlich zuständig für den Erlass der Allgemeinverfügung ist die oberste Finanzbehörde. Die Allgemeinverfügung ist im Bundessteuerblatt und auf den Internetseiten des Bundesministeriums der Finanzen zu veröffentlichen. Sie gilt am Tag nach der Herausgabe des Bundessteuerblattes, in dem sie veröffentlicht wird, als bekannt gegeben. Abweichend von § 47 Abs. 1 der Finanzgerichtsordnung endet die Klagefrist mit Ablauf eines Jahres nach dem Tag der Bekanntgabe. § 63 Abs. 1 Nr. 1 der Finanzgerichtsordnung gilt auch, soweit ein Einspruch durch eine Allgemeinverfügung nach Satz 1 zurückgewiesen wurde.

(3) Richtet sich der Einspruch gegen einen Verwaltungsakt, den eine Behörde auf Grund gesetzlicher Vorschrift für die zuständige Finanzbehörde erlassen hat, so entscheidet die zuständige Finanzbehörde über den Einspruch. Auch die für die zuständige Finanzbehörde handelnde Behörde ist berechtigt, dem Einspruch abzuhelfen.

§ 368 aufgehoben

II. Sonstige einschlägige Vorschriften der AO

§ 222 Stundung

Die Finanzbehörden können Ansprüche aus dem Steuerschuldverhältnis ganz oder teilweise stunden, wenn die Einziehung bei Fälligkeit eine erhebliche Härte für den Schuldner bedeuten würde und der Anspruch durch die Stundung nicht gefährdet erscheint. Die Stundung soll in der Regel nur auf Antrag und gegen Sicherheitsleistung gewährt werden. Steueransprüche gegen den Steuerschuldner können nicht gestundet werden, soweit ein Dritter (Entrichtungspflichtiger) die Steuer für Rechnung des Steuerschuldners zu entrichten, insbesondere einzubehalten und abzuführen hat. Die Stundung des Haftungsanspruchs gegen den Entrichtungspflichtigen ist ausgeschlossen, soweit er Steuerabzugsbeträge einbehalten oder Beträge, die eine Steuer enthalten, eingenommen hat.

§ 257 Einstellung und Beschränkung der Vollstreckung

(1) Die Vollstreckung ist einzustellen oder zu beschränken, sobald
1. die Vollstreckbarkeitsvoraussetzungen des § 251 Abs. 1 weggefallen sind,
2. der Verwaltungsakt, aus dem vollstreckt wird, aufgehoben wird,
3. der Anspruch auf die Leistung erloschen ist,
4. die Leistung gestundet worden ist.

(2) In den Fällen des Absatzes 1 Nr. 2 und 3 sind bereits getroffene Vollstreckungsmaßnahmen aufzuheben. Ist der Verwaltungsakt durch eine gerichtliche Entscheidung aufgehoben worden, so gilt dies nur, soweit die Entscheidung unanfechtbar geworden ist und nicht auf Grund der Entscheidung ein neuer Verwaltungsakt zu erlassen ist. Im Übrigen bleiben die Vollstreckungsmaßnahmen bestehen, soweit nicht ihre Aufhebung ausdrücklich angeordnet worden ist.

§ 258 Einstweilige Einstellung oder Beschränkung der Vollstreckung

Soweit im Einzelfall die Vollstreckung unbillig ist, kann die Vollstreckungsbehörde sie einstweilen einstellen oder beschränken oder eine Vollstreckungsmaßnahme aufheben.

ANHANG: Auszüge aus der AO und der FGO

III. Auszug aus der FGO

§ 69 Aussetzung der Vollziehung

(1) Durch Erhebung der Klage wird die Vollziehung des angefochtenen Verwaltungsakts vorbehaltlich des Absatzes 5 nicht gehemmt, insbesondere die Erhebung einer Abgabe nicht aufgehalten. Entsprechendes gilt bei Anfechtung von Grundlagenbescheiden für die darauf beruhenden Folgebescheide.

(2) Die zuständige Finanzbehörde kann die Vollziehung ganz oder teilweise aussetzen. Auf Antrag soll die Aussetzung erfolgen, wenn ernstliche Zweifel an der Rechtmäßigkeit des angefochtenen Verwaltungsakts bestehen oder wenn die Vollziehung für den Betroffenen eine unbillige, nicht durch überwiegende öffentliche Interessen gebotene Härte zur Folge hätte. Die Aussetzung kann von einer Sicherheitsleistung abhängig gemacht werden. Soweit die Vollziehung eines Grundlagenbescheides ausgesetzt wird, ist auch die Vollziehung eines Folgebescheides auszusetzen. Der Erlass eines Folgebescheides bleibt zulässig. Über eine Sicherheitsleistung ist bei der Aussetzung eines Folgebescheides zu entscheiden, es sei denn, dass bei der Aussetzung der Vollziehung des Grundlagenbescheides die Sicherheitsleistung ausdrücklich ausgeschlossen worden ist. Ist der Verwaltungsakt schon vollzogen, tritt an die Stelle der Aussetzung der Vollziehung die Aufhebung der Vollziehung. Bei Steuerbescheiden sind die Aussetzung und die Aufhebung der Vollziehung auf die festgesetzte Steuer, vermindert um die anzurechnenden Steuerabzugsbeträge, um die anzurechnende Körperschaftsteuer und um die festgesetzten Vorauszahlungen, beschränkt; dies gilt nicht, wenn die Aussetzung oder Aufhebung der Vollziehung zur Abwendung wesentlicher Nachteile nötig erscheint.

(3) Auf Antrag kann das Gericht der Hauptsache die Vollziehung ganz oder teilweise aussetzen; Absatz 2 Satz 2 bis 6 und § 100 Abs. 2 Satz 2 gelten sinngemäß. Der Antrag kann schon vor Erhebung der Klage gestellt werden. Ist der Verwaltungsakt im Zeitpunkt der Entscheidung schon vollzogen, kann das Gericht ganz oder teilweise die Aufhebung der Vollziehung, auch gegen Sicherheit, anordnen. Absatz 2 Satz 8 gilt entsprechend. In dringenden Fällen kann der Vorsitzende entscheiden.

(4) Der Antrag nach Absatz 3 ist nur zulässig, wenn die Behörde einen Antrag auf Aussetzung der Vollziehung ganz oder zum Teil abgelehnt hat. Das gilt nicht, wenn

1. die Finanzbehörde über den Antrag ohne Mitteilung eines zureichenden Grundes in angemessener Frist sachlich nicht entschieden hat oder
2. eine Vollstreckung droht.

(5) Durch Erhebung der Klage gegen die Untersagung des Gewerbebetriebes oder der Berufsausübung wird die Vollziehung des angefochtenen Verwaltungsakts gehemmt. Die Behörde, die den Verwaltungsakt erlassen hat, kann die hemmende Wirkung durch besondere Anordnung ganz oder zum Teil beseitigen, wenn sie es im öffentlichen Interesse für geboten hält; sie hat das öffentliche Interesse schriftlich zu begründen. Auf Antrag kann das Gericht der Hauptsache die hemmende Wirkung wiederherstellen, wenn ernstliche Zweifel an der Rechtmäßigkeit des Verwaltungsakts bestehen. In dringenden Fällen kann der Vorsitzende entscheiden.

III. Auszug aus der FGO

(6) Das Gericht der Hauptsache kann Beschlüsse über Anträge nach den Absätzen 3 und 5 Satz 3 jederzeit ändern oder aufheben. Jeder Beteiligte kann die Änderung oder Aufhebung wegen veränderter oder im ursprünglichen Verfahren ohne Verschulden nicht geltend gemachter Umstände beantragen.

(7) Lehnt die Behörde die Aussetzung der Vollziehung ab, kann das Gericht nur nach den Absätzen 3 und 5 Satz 3 angerufen werden.

§ 76 Erforschung des Sachverhalts durch das Gericht

(1) Das Gericht erforscht den Sachverhalt von Amts wegen. Die Beteiligten sind dabei heranzuziehen. Sie haben ihre Erklärungen über tatsächliche Umstände vollständig und der Wahrheit gemäß abzugeben und sich auf Anforderung des Gerichts zu den von den anderen Beteiligten vorgebrachten Tatsachen zu erklären. § 90 Abs. 2, § 93 Abs. 3 Satz 2, § 97 Abs. 1 und 3, §§ 99, 100 der Abgabenordnung gelten sinngemäß. Das Gericht ist an das Vorbringen und an die Beweisanträge der Beteiligten nicht gebunden.

(2) Der Vorsitzende hat darauf hinzuwirken, dass Formfehler beseitigt, sachdienliche Anträge gestellt, unklare Anträge erläutert, ungenügende tatsächliche Angaben ergänzt, ferner alle für die Feststellung und Beurteilung des Sachverhalts wesentlichen Erklärungen abgegeben werden.

(3) Erklärungen und Beweismittel, die erst nach Ablauf der von der Finanzbehörde nach § 364b Abs. 1 der Abgabenordnung gesetzten Frist im Einspruchsverfahren oder im finanzgerichtlichen Verfahren vorgebracht werden, kann das Gericht zurückweisen und ohne weitere Ermittlungen entscheiden. § 79b Abs. 3 gilt entsprechend.

(4) Die Verpflichtung der Finanzbehörde zur Ermittlung des Sachverhalts (§§ 88, 89 Abs. 1 der Abgabenordnung) wird durch das finanzgerichtliche Verfahren nicht berührt.

§ 114 Einstweilige Anordnungen

(1) Auf Antrag kann das Gericht, auch schon vor Klageerhebung, eine einstweilige Anordnung in Bezug auf den Streitgegenstand treffen, wenn die Gefahr besteht, dass durch eine Veränderung des bestehenden Zustands die Verwirklichung eines Rechts des Antragstellers vereitelt oder wesentlich erschwert werden könnte. Einstweilige Anordnungen sind auch zur Regelung eines vorläufigen Zustands in Bezug auf ein streitiges Rechtsverhältnis zulässig, wenn diese Regelung, vor allem bei dauernden Rechtsverhältnissen, um wesentliche Nachteile abzuwenden oder drohende Gewalt zu verhindern oder aus anderen Gründen nötig erscheint.

(2) Für den Erlass einstweiliger Anordnungen ist das Gericht der Hauptsache zuständig. Dies ist das Gericht des ersten Rechtszugs. In dringenden Fällen kann der Vorsitzende entscheiden.

(3) Für den Erlass einstweiliger Anordnungen gelten die §§ 920, 921, 923, 926, 928 bis 932, 938, 939, 941 und 945 der Zivilprozessordnung sinngemäß.

(4) Das Gericht entscheidet durch Beschluss.

(5) Die Vorschriften der Absätze 1 bis 3 gelten nicht für die Fälle des § 69.

Literaturverzeichnis

Alexander: Die Änderung von Änderungsbescheiden in Beispielen, StWa. 1986, 109

Apitz; Wiedereinsetzung in den vorigen Stand im Falle fehlender Begründung, DStR 1984, 35

Die Möglichkeit der Änderung zum Nachteil des Steuerpflichtigen im Rahmen des Einspruchsverfahrens, DStR 1985, 101

Gründe für die Wiedereinsetzung in den vorigen Stand nach § 110 AO bei Schätzungsbescheiden, die mittels PZU bekanntgegeben worden sind, DStR 1989, 200

Änderung der Rechtsprechung zu den Voraussetzungen einer Verböserung im Einspruchsverfahren, DStZ 1990, 170

App: Form und Inhalt der Einspruchsentscheidung, StWa. 1988, 69

Der aussichtsreiche Stundungsantrag, INF 1990, 568

Zum Antrag des Einspruchsführers auf Wiedereinsetzung in den vorigen Stand und zur Entscheidung des Finanzamts über diesen Antrag, BB 1990, 3212

Der Antrag auf Vollstreckungsaufschub, StWK Gr. 2, 2301

Assmann: Die einseitige Erledigungserklärung, Festschrift für *Schwab*, 1990, 179

Bachof: Die Rechtsprechung des Bundesverwaltungsgerichts, JZ 1966, 473

Bäcker: Vorläufiger Rechtsschutz „zweiten Grades"?, DStZ 1990, 532

Balke: Vorläufigkeitsvermerke, Teileinspruchsbescheide und effektiver Rechtsschutz, NWB 2008, Fach 2, 9863

Baum: Neue Verfahrensregelungen für Verlustzuweisungsgesellschaften, DStZ 1991, 532

Baur: Vereinbarungen in der Schlussbesprechung – Vorteile und Risiken, BB 1988, 602

Beck: Die Hinzuziehung gem. § 360 (§ 241 RAO) im Falle der Zusammenveranlagung von Ehegatten, StuW 1977, 47

von Beckerath: Einheitliche Feststellung im Verwaltungs- und Einspruchsverfahren, DStR 1983, 475

Beermann: Verwirkung und Vertrauensschutz im Steuerrecht, Diss. 1990

Die Rechtsprechung des Bundesfinanzhofs zur Erledigung des Rechtsstreits in der Hauptsache, DStZ 1972, 249

Wandlung im vorläufigen (gerichtlichen) Rechtsschutz gegen Steuerverwaltungsakte, DStR 1986, 252

Diskussionsbericht zu dem Thema „Aktuelle Entwicklung der Rechtsprechung in Zoll- und Marktordnungssachen, ZfZ 1991, 203

Literaturverzeichnis

Beul/Beul: Vorläufiger Rechtsschutz nach §§ 69 FGO, 361 AO, 32 BVerfGG wegen behaupteter Verfassungswidrigkeit eines Gesetzes, DB 1984, 1493

Bilsdorfer: Ermittlungsrecht und Ermittlungspflicht im finanzgerichtlichen Verfahren, DStZ 1989, 287

Das außergerichtliche Rechtsbehelfsverfahren nach der Abgabenordnung, SteuerStud 1991, 123

Das FGO-Änderungsgesetz, BB 1993, 109

Rechtsbehelfe von Personengesellschaftern im Besteuerungsverfahren, NWB Fach 2, 8859

Bilsdorfer/Weyand: Die Informationsquellen und -wege der Finanzverwaltung, 7. Aufl. 2005

Der Steuerberater in der Betriebsprüfung, 1994

Bink: Rechtsbehelfseinlegung schon vor Abgabe des Verwaltungsaktes?, DB 1983, 1626

Birk: Verfassungsfragen bei der Gewährung vorläufigen Rechtsschutzes im finanzgerichtlichen Verfahren, Festschrift für *Menger*, 1983, 161

Sachverhaltsermittlung und Kontrollbefugnisse der Verwaltung im Besteuerungsverfahren, StVj 1991, 310

Birkenfeld: Die Beschränkung der Aussetzung und Aufhebung der Vollziehung, DStZ 1999, 349

Bock: Die Bekanntgabe von Steuerverwaltungsakten im Ausland, DStZ 1986, 329

Böcher: Verzinsung von Steuernachforderungen und Steuererstattungen, DStZ 1988, 560

Braun: Die Konkurrentenklage im Steuerrecht – ein Institut zu mehr Steuergerechtigkeit?, DStZ 1986, 46

Brockmeyer: Klagen gegen vorläufige Steuerbescheide wegen verfassungsrechtlicher Streitpunkte, DStZ 1996, 1

Buciek: Das FGO-Änderungsgesetz, DStR 1993, 118, 152

Carl: Auswirkungen der Stundung von Lohn- und Umsatzsteuer auf die Haftung eines GmbH-Geschäftsführers, DB 1987, 2120

Stundung von Lohnsteuer gegenüber Arbeitnehmer und Arbeitgeber, DB 1988, 829

Die Verwirkung im Abgabenrecht, DStZ 1988, 529

Einlegung eines Rechtsbehelfs vor Bekanntgabe des angefochtenen Bescheids, DStZ 1989, 221

Vorläufiger Rechtsschutz im Steuerrecht, DB 1991, 2615

Rechtsschutz der Gemeinden gegen Steuermessbescheide der Finanzverwaltung, ZKF 1992, 199

Grundsatz der Verhältnismäßigkeit und Steuervollstreckung, SteuerStud 1994, 533

Rechtsschutz durch einstweilige Anordnung, NSt Nr. 20/1992, S. 19

Carl/Klos: Liquiditätsvorteile durch Stundung, Aussetzung der Vollziehung, Vollstreckungsaufschub und Erlass von Steuern, 1993

Literaturverzeichnis

Leitfaden zur internationalen Amts- und Rechtshilfe in Steuersachen, 1995
Das Informationsverfahren der Finanzverwaltung im Erbfall, StVj 1990, 16
Beratungswissen zur Steuerstundung, StB 1993, 208
Das reformierte außergerichtliche Rechtsbehelfsverfahren, INF 1994, 417
Akteneinsicht im Steuerstreit, INF 1994, 488
Stundung von Steuern, StWK Gr. 2, 179

de Clerk: Vorläufiger Rechtsschutz Dritter gegen begünstigende Verwaltungsakte, DÖV 1964, 152

Dänzer-Vanotti: Der Gerichtshof der europäischen Gemeinschaften beschränkt vorläufigen Rechtsschutz, BB 1991, 105

Daumke: Zur Verböserung bei Einsprüchen gegen Vorbehaltsbescheide, DStR 1984, 517

Dietz: Die Voraussetzungen der gerichtlichen Vollziehungsaussetzung nach § 69 FGO, 1971

Dißars/Dißars: Einspruchsbefugnis bei einheitlicher Feststellung, BB 1996, 773

Eberl: Hinzuziehung und Beiladung von Ehegatten bei der Zusammenveranlagung, DStR 1983, 418

Ebnet: Rechtsprobleme bei der Verwendung von Telefax, NJW 1992, 2985

Eckert/Scalia: Formwahrung durch Telefax, DStR 1996, 1608

Eich: Schadensersatzansprüche aus Amtspflichtverletzungen durch Finanzbeamte, KÖSDI 1994, 9843

Erichsen/Klenke: Rechtsfragen der aufschiebenden Wirkung des § 80 VwGO, DÖV 1976, 834

Felix: Eingeschränkte Vollziehungsaussetzung wegen manifester Engpässe in öffentlichen Haushalten, KÖSDI 1982, 4871
Familienlastenabzug: Aussetzung der Vollziehung wegen ernstlicher Verfassungsbeschwerden, KÖSDI 1990, 8238
Präklusionsrecht des Finanzamts: Weiterer Fristendruck für die Steuerberatung und nochmaliger Abbau des Steuerrechtsschutzes, KÖSDI 1994, 9903
Mogelpackung, NJW 1994, 3065

Fischer: Einspruchsverfahren vs. Antrag auf schlichte Änderung, SteuerStud 2008, 458

Flies: „Verböserung" im Einspruchsverfahren, DB 1995, 950

Flügge: Aussetzung der Vollziehung nach § 361 AO, StBp 1983, 1

Frenkel: Zum Begriff der außergerichtlichen Rechtsbehelfe, FR 1967, 12
Termine und Fristen im Steuerrecht, DStR 1978, 8
Fristen und Fristberechnung, StB 1979, 77
Form, Inhalt und Bekanntgabe außergerichtlicher Rechtsbehelfsentscheidungen (§ 366 AO), DStR 1980, 558

Literaturverzeichnis

Gast-de Haan: Ermessensschranken bei der Aussetzung des Besteuerungsverfahrens gem. § 363 AO, DStZ 1983, 254

Gerber: Stundung und Erlass von Steuern, 3. Aufl. 1990
Nochmals: Die Stundung der Lohnsteuer, DB 1979, 471

Gersdorf: Das Kooperationsverhältnis zwischen deutscher Gerichtsbarkeit und EuGH, DVBl. 1994, 674

Glanegger: Untersuchungsausschuss und Steuergeheimnis – Finanzrechtsweg zulässig?, DStZ 1993, 553

Gorski: Die einseitige Erledigungserklärung des Beklagten, DStR 1977, 657

Gräber: Konkurrenz der Anträge nach § 69 Abs. 2 FGO (§ 242 AO) und § 69 Abs. 3 FGO (Aussetzung der Vollziehung), DStR 1966, 747

Gräber: Finanzgerichtsordnung, 6. Aufl. 2006

Grimm: Zur Problematik der sog. Folgeaussetzung (§ 69 Abs. 2 Satz 3 FGO, § 242 Abs. 2 Satz 3 AO), DStR 1969, 657

Groh: Einzelfragen zur Büroorganisation, Stbg 1990, 28

Günther: Zur Zulässigkeit eines Einspruchs auf eines Antrags auf Aussetzung der Vollziehung gegen einen Folgebescheid, NSt Nr. 14/1988, 43

Gürsching: Vorläufiger Rechtsschutz, StWK Gr. 2, 21

Guth: Abwehrmaßnahmen bei der Korrektur von Steuerbescheiden, StWa. 1988, 1

Habscheid: Über vorläufigen Rechtsschutz wegen zu geringer Grund- und Kinderfreibeträge, BB 1992, 1322

Hahn/Iwanek: Vollverzinsung, 1988

Harder: Die Erörterung nach § 364a AO – nicht nur aus abgabenrechtlicher Sicht, DStZ 1996, 397

Hardt: Die Frist zum Vortrag der die Wiedereinsetzung begründenden Tatsachen und deren Glaubhaftmachung (§ 110 AO 1977), DStZ 1989, 89

Hartz: Zur Vollziehungsaussetzung bei Steuerbescheiden nach § 69 FGO, DB 1966, 1066

Hartz/Meeßen/Wolf: ABC-Führer Lohnsteuer (Loseblatt)

Hein: Zulässigkeitsvoraussetzungen für das Rechtsbehelfsverfahren, StB 1979, 283; 1980, 1

Hein/Klug: Lohnsteuererstattung wegen Beteiligung an steuerbegünstigten Kapitalanlagen, BB 1982, 239

Heißenberg: Rechtsbehelfsbefugnisse bei Gesellschaften und Gemeinschaften, KÖSDI 1990, 8037

Hellinger: Die notwendige Beiladung im Steuerprozess bei zusammen zu veranlagenden Ehegatten, BB 1977, 1196

Hennecke: Zur Darlegung von Wiedereinsetzungsgründen innerhalb der Antragsfrist, DB 1986, 301

Herter: Beschleunigung des außergerichtlichen Rechtsbehelfsverfahrens nach der AO, StWa. 1990, 144

Literaturverzeichnis

Herz: Gedanken zur Beschleunigung und Reduzierung außergerichtlicher Rechtsbehelfsverfahren, DStZ 1990, 510

Hidien: Kostenerstattung nach Amtshaftungsgrundsätzen im abgaberechtlichen Vorverfahren? NJW 1987, 2211

Hübschmann/Hepp/Spitaler: Kommentar zur AO und FGO, (Loseblatt)

Huxoll: Hinzuziehung von Ehegatten zum außergerichtlichen Rechtsbehelfsverfahren, DStR 1982, 285

Janssen: Die Stundung von Steuern – unter besonderer Berücksichtigung der BFH-Rechtsprechung der 80er Jahre, DStZ 1991, 77

Jestädt: Klagebefugnis von Treugebern, DStR 1992, 99

Notwendige Beiladung von Treugebern in Fällen der Liebhaberei und deren Klagebefugnis, BB 1993, S. 53

Klageerhebung per Telefax, StB 1993, S. 90

Jesse: Einspruch und Klage im Steuerrecht, 1999

Einspruchsbefugnis ge § 350 AO bei körperschaftsteuerlicher Organschaft, DStZ 2001, 113

Kammann: Wiedereinsetzung in den vorigen Stand bei unverschuldeter Steuersäumnis, DStR 1981, 553

Kerath: Kostentragung durch den Kläger bei nicht gewahrter Ausschlussfrist im Vorverfahren, BB 2003, 937

Kettner: Die Bedeutung der Vollmacht im Besteuerungsverfahren, DStR 1989, 309

Kies: Besonderheiten bei Einspruchsverfahren gegen korrigierte Steuerbescheide, DStR 2001, 1555

Kirchhof: Steuerrechtsprechung und Verfassungsrechtsprechung, Festschrift für Klaus Offerhaus 1999, 83

Klein: Abgabenordnung, Kommentar, 9. Aufl. 2006

Klinke: (Vorläufiger) Rechtsschutz und Gemeinschaftsrecht, IWB-Beilage 3/1991

Klos: Die Korrektur von Nachforderungszinsen im Billigkeitswege im Spiegel der Steuerrechtsprechung, INF 1994, 329

Irrtum über die Rechtsbehelfsfrist und Wiedereinsetzung in den vorigen Stand, INF 1995, 100

Klose: Die Wiedereinsetzung in den vorigen Stand, StB 1991, 238

Koch/Scholtz: Kommentar zur AO, 5. Aufl. 1996

Kopp: VwGO, 15. Aufl. 2007

Krabbe: Vollverzinsung im Steuerrecht, 1988

Kraemer: Einstweilige Einstellung der Vollstreckung bei Angebot von Ratenzahlungen, DStZ 1993, 175

Krauss: Rechtsbehelfsverzicht und -rücknahme im Steuerstreit, Diss. 1976

Krüger: Vollverzinsung, DStZ 1989, 211

Literaturverzeichnis

Kühn/von Wedelstädt: Abgabenordnung und Finanzgerichtsordnung, 19. Aufl., 2008

Kuhfus/Schmitz: Verwertungsverbote bei rechtswidrigen Mitwirkungsverlangen im Rahmen einer Außenprüfung, StuW 1992, 333

Lange: Die Nichtanwendung von Urteilen des BFH durch die Finanzverwaltung, NJW 2002, 3675

Limprecht: Zulässigkeit des Verzichts auf Rechtsmittel nach früherem Abgabenrecht vor Ergehen des Steuerbescheids, Diss. 1969

Ling: § 351 Abs. 2 AO – eine Zulässigkeitsvorschrift?, DStZ 1993, 659

Linke: Die Erledigung der Hauptsache vor Rechtshängigkeit, JR 1984, 48

Lippross: Verfahrensrechtliche Folgen bei der Zusammenveranlagung zur Einkommensteuer, BB 1984, 1850

Löhlein: Die „Zwangsruhe" des § 363 Abs. 2 Satz 2 AO als Steuerrechtsproblem, insbesondere im Hinblick auf die Erhebung der Vermögensteuer, DStR 1998, 282

Lohmeyer: Verwirkung des Beschwerderechts gegen eine Prüfungsanordnung, DB 1986, 1753

Fristen und Termine im Steuerrecht, ZKF 1988, 21

Lohse: Vollziehungsaussetzung und Vorabentscheidungsersuchen an den EuGH, DStR 1995, 798

Loschelder: Sicherheitsleistung im Aussetzung der Vollziehung-Verfahren, AO-StB 2002, 284

Lübke: Zur Erledigung der Hauptsache, Festschrift für *Weber*, 1975, 323

Lüdicke: Kostenerstattungsansprüche in steuer- und abgabenrechtlichen Vorverfahren, 1986

„Schlichte" Änderung von Steuerbescheiden, BB 1986, 1266

Macher: Die beschränkte Anfechtbarkeit von Steuerverwaltungsakten, StuW 1985, 33

Marfels: Wahlrecht auf getrennte Veranlagung bis zur Aufhebung des Änderungsbescheides, DB 1992, 1162

Martens: Informationsbeschaffung im Steuerprozess, Festgabe für *G. Felix*, Köln 1989, 177

Klagerücknahme und Erledigungserklärung, StuW 1969, 374

Martin: Wechselwirkung zwischen Mitwirkungspflichten und Untersuchungspflicht im finanzgerichtlichen Verfahren, BB 1986, 1021

Maywald: Nachprüfung mit Bumerangeffekt, INF 1986, 118

Mennacher: Selbständige Anfechtbarkeit des Gewerbesteuermessbescheides beim Verlustrücktrag und verfahrensrechtliche Folgen, DStR 1980, 284

Die Aussetzung der Vollziehung im Vorverfahren und bei Gericht, DStR 1982, 399

Meyer: Zur Frage der Hinzuziehung bzw. Beiladung bei zur Einkommensteuer zusammenveranlagten Ehegatten, FR 1984, 30

Literaturverzeichnis

Die Hinzuziehung (Beiladung) zusammenveranlagter Ehegatten im Rechtsbehelfsverfahren, DStZ 1993, 401

Meyer-Simon: Nochmals: Aussetzung der Vollziehung auch hinsichtlich angerechneter Lohnsteuerabzugsbeträge, DStR 1982, 286

Milatz: Die Hinzuziehung bzw. Beiladung Dritter zum Rechtsbehelfsverfahren bzw. Klageverfahren einer Kapitalgesellschaft, StWa. 1989, 203

Mittelbach: Beschwer bei zu niedriger Steuerfestsetzung, DStZ 1975, 435

Erklärung zur Hauptsacheerledigung und Klagerücknahme, DStZ 1980, 227

Mohr: Erledigendes Ereignis zwischen Anhängigkeit und Rechtshängigkeit, NJW 1974, 935

Neckels: Zu den Ursachen der Rechtsschutzmisere und den Ansatzpunkten im Steuerrecht, DStZ 1990, 244

Der Steuerstreit und seine Dynamik unter verfassungsrechtlichen und verfahrensrechtlichen Gesichtspunkten, DStZ 1990, 443

Nordholt: Massenrechtsbehelfsverfahren und vorläufige Steuerfestsetzung, DStR 1992, 1756

Ohlf: Die Verrechnungsstundung im Steuerrecht, DStZ 1994, 665

Olbertz: Rechtsbehelfsbefugnis bei einheitlichen Feststellungsbescheiden – § 352 AO, DB 1988, 733

Rechtsbehelfsbefugnis – § 352 AO im Überblick, StWa. 1988, 227

Die Hinzuziehung gem. § 360 AO, DB 1988, 1292

Hinzuziehung zum Verfahren, § 360 AO im Überblick, StWa. 1989, 13

Olgemöller/Kamps: Handlungsbedarf bei „Abhilfebescheiden", die entgegen der Erklärung des Finanzamts dem Einspruch nicht umfassend abhelfen?, DStR 2000, 1723

Orth: Steuerbescheide für Verlustentstehungs- und Verlustabzugsjahre von Körperschaften – Bindungswirkung, Änderung und Anfechtbarkeit, FR 1988, 317

Oswald: Die Dienstaufsichtsbeschwerde im Abgabenrecht, DB 1967, 135

Zur Problematik der Vollziehungsaussetzung unter besonderer Berücksichtigung des Rechtsschutzbedürfnisses, DStZ 1967, 250

Papier: Einstweiliger Rechtsschutz bei Abgaben, StuW 1978, 332

Prömse: Die Erledigung der Hauptsache im Verfahren nach der Finanzgerichtsordnung, 1973

Pump: Die Anordnung der sofortigen Vollziehbarkeit einer Gewerbeuntersagungsverfügung, StWa. 1982, 141

Die Stundung und sog. stundungsgleiche Rechtsinstitute – eine Abgrenzung zwischen Stundung, rückwirkender Stundung und Vollstreckungsaufschub, DStZ 1985, 587

Reicht der Antrag auf Änderung eines unter dem Vorbehalt der Nachprüfung stehenden Steuerbescheides für eine Aussetzung der Vollziehung aus?, DB 1991, 1753

Vorteilhafte Gestaltung durch Verrechnungsstundung (§ 222 AO), INF 1991, 457

Literaturverzeichnis

Vorteilhafte Nutzung des Einspruchsverfahrens, INF 1992, 24

Rader: Zur Beschwer bei außergerichtlichen Rechtsbehelfen gegen körperschaftsteuerliche 0-Bescheide nach Inkrafttreten des KStG 1977, BB 1977, 1141

Rath: Die Verwirkung im Steuerrecht, 1981

Reiche: Wiedereinsetzung in den vorigen Stand bei Wegfall des Hindernisses während der Einspruchs- bzw. Klagefrist? Stbg 1989, 57

Reuß: Grenzen steuerlicher Mitwirkungspflichten, 1979

Rittler: Die Sachverhaltsermittlung im System der Besteuerungsgrundsätze, DB 1987, 2331

Ritzer: Beschwer bei unrichtiger Bilanzierung, BB 1986, 1022

Röckl: Die Anfechtung von Lohnsteuer-Haftungsbescheiden durch den Arbeitnehmer, BB 1985, 265

Rößler: Beginn der Rechtsbehelfsfrist bei nach § 122 Abs. 2 AO bekanntgegebenen Bescheiden, DStZ 1979, 451

Erwiderung zu Völker (DStZ 1986, 297), DStZ 1986, 435

Tatsächliche Verständigung und Rechtsmittelverzicht, DStZ 1988, 375

Nochmals: Tatsächliche Verständigung und Rechtsmittelverzicht, DB 1991, 2458

Die Neuordnung des außergerichtlichen Rechtsbehelfsverfahrens durch das Grenzpendlergesetz vom 24. 6. 1994, DStZ 1995, 270

Rohde/Geschwandtner: Fristgerechte Übermittlung von Schriftstücken per Telefax, INF 2005, 517, 556

Rohner: Die Wiedereinsetzung als Hilfsmittel bei mangelhafter Begründung von Steuerbescheiden, DStR 1982, 25

Ruppel: Die Erledigung des Rechtsstreits in der Hauptsache, 1972

Sangmeister: Überlange Verfahrensdauer und Gegenvorstellung, DStZ 1993, 31

Verkürzung des Rechtsschutzes im Finanzgerichtsstreit durch den Steuergesetzgeber, BB 1994, 1679

Sass: Aufhebung der Vollziehung im außergerichtlichen Rechtsbehelfsverfahren, DStR 1980, 712

Schäfer: Die Dreiecksbeziehung zwischen Arbeitnehmer, Arbeitgeber und Finanzamt beim Lohnsteuerabzug – Ein Beitrag zur Trennung von Arbeitsrecht und Steuerrecht, 1990

Stundung von Lohnsteuer, DB 1993, 2205

Schaumburg: Internationales Steuerrecht, 1993

Schlücking: Fehlende Begründung eines Verwaltungsaktes als Wiedereinsetzungsgrund, DB 1981, 728

Schlüter: Der Einspruch in der Praxis der Finanzämter, Diss. 1977

Schmidt: Einkommensteuergesetz, Kommentar, 26. Aufl. 2007

Schmidt-Liebig: Tatsächliche Verständigung über Schätzungsgrundlagen, DStZ 1996, 643

Schneider: Ein Beitrag zur Entlastung der Finanzgerichte: Ruhen des Einspruchsverfahrens nach § 363 AO, INF 1989, 485

Der Abbau des Rechtsschutzes in Steuersachen durch § 364 b AO und die Folgen für Steuerpflichtige und deren Berater, INF 1994, 748

Scholtz: Beginn der Einspruchsfrist bei Zustellung eines Steuerbescheides, DStR 1986, 79

Schrömbges: Der Begriff der „ernstlichen Zweifel" im abgabenrechtlichen Aussetzungsverfahren, BB 1988, 1419

Schumann: Rechtsweg bei Fristsetzung nach § 371 AO 1977, MDR 1977, 271

Billigkeitsmaßnahmen im Lohnsteuerverfahren, BB 1985, 184

Untersuchungsgrundsatz und Mitwirkungspflichten, DStZ 1986, S. 583

Schwarz: Kommentar zur AO (Loseblatt)

Schwarzer: Die einstweilige Einstellung der Zwangsvollstreckung nach § 258 AO, DStZ 1994, 366

Schwebel: „Faxen" mit dem Finanzamt, DB 1990, 1841

Seitrich: § 351 AO, eine reine Zulässigkeitsnorm?, FR 1983, 551

Wann ist das Finanzamt an einer Verböserung gehindert?, BB 1988, 1799

Siegert: Die Abgabenordnung im Wandel: Das neue Einspruchsverfahren, DStZ 1995, 25

Söhn: Die Anfechtung von Folgebescheiden, StuW 1974, 50

Spaeth: Grenzpendlergesetz: Auswirkungen der Präklusion nach § 364 b AO n. F., DStZ 1995, 175

Spindler: Vorläufiger Rechtsschutz bei behaupteter Verfassungswidrigkeit von Steuergesetzen, DB 1989, 596

Stahl: Fristen der Abgaben- und Finanzgerichtsordnung – Wiedereinsetzung in den vorigen Stand, KÖSDI 1987, 6806

Stöcker: Segen und Fluch neuer Kommunikationsmittel im finanzgerichtlichen Verfahren – Glosse zur Nichtschriftform der Fotokopie, KÖSDI 1995, 10087

Streck: Der Steuerstreit, 2. Aufl., Köln 1994

Der Schriftsatz im Steuerstreitverfahren, DStR 1989, 439

Streck/Rainer: Erledigungserklärungen im finanzgerichtlichen Verfahren und Klagerücknahme, Stbg 1988, 120

Bei mündlichen Verwaltungsakten beträgt die Rechtsbehelfsfrist auch dann einen Monat, wenn keine Rechtsbehelfsbelehrung erfolgt, Stbg 1988, 366

Einspruch gegen eigene Steueranmeldungen, Stbg 1989, 101

Rechtsbehelfsempfehlung Nr. 127/89, Stbg 1989, 134

Szymczak: Das außergerichtliche Rechtsbehelfsverfahren ab 1996, DB 1994, 2254

Tipke: Dienstaufsichtsbeschwerde, FR 1960, 291

Tipke/Kruse: Kommentar zur AO und FGO, (Loseblatt)

Thouet/Thouet: Das Ruhen des Verfahrens ge § 363 Abs. 2 AO, DStZ 1999, 87

Literaturverzeichnis

Völker: Notwendige Beiladung bei Personengesellschaften mit Publikumsbeteiligung, DStZ 1986, 297

Voß: Aktuelle Entwicklung der Rechtsprechung in Zoll- und Marktordnungssachen, ZfZ 1991, 195

Weber: Steuererlass und Steuerstundung als Subvention, Diss. 1980

    Die Mitwirkungspflichten nach der Abgabenordnung und die Verantwortung des Steuerpflichtigen für die Sachaufklärung, Diss. 1992

von Wedelstädt: Grenzpendlergesetz: Änderungen der Abgabenordnung, DB 1994, 1260

    Die präkludierende Fristsetzung durch die Finanzbehörde, AO-StB 2002, 200

    Quo vadis praeclusio – Die Rechtsprechung der Finanzgerichte zu § 364b FGO, DB 1998, 2188

    Die präkludierende Fristsetzung durch die Finanzbehörde, AO-StB 2002, 200

    Teilanfechtung und ihre Folgen, DB 1997, 696

Wefers: Das außergerichtliche Rechtsbehelfsverfahren nach der Abgabenordnung in der Fassung des Grenzpendlergesetzes vom 24. 6. 1994, NJW 1995, 1321

Weiler: Fristenkontrolle tut not, DStR 1986, 788

Wendland: Ruhen von Rechtsbehelfsverfahren gem. § 363 Abs. 2 AO, INF 1991, 459

Wendt: Die Zulässigkeit der Vollziehungsaussetzung durch Finanzgerichte, BB 1966, 1054

Weyand: Rechtsfragen zum Telefaxeinsatz in der Steuerberaterkanzlei, INF 1993, 435

    Aktuelle Entscheidungen zum Telefaxeinsatz in der Beratungspraxis, INF 1995, 53

Woerner: Das außergerichtliche Rechtsbehelfsverfahren nach der AO, BB 1966, 855

Wüllenkemper: Verwaltungsverfahren und Klageantrag bei beabsichtigter Bestandskraftdurchbrechung gemäß § 351 Abs. 1 AO, DStZ 1996, 304

    Auswirkungen der Bekanntgabe eines Jahressteuerbescheides auf einen Rechtsstreit um einen Vorauszahlungsbescheid, DStZ 1998, 458

Ziegeltrum: Grundfälle zur Berechnung von Fristen und Terminen, JuS 1986, 705, 784

Ziemer/Haarmann/Lohse/Beermann: Rechtsschutz in Steuersachen (Loseblatt)

Stichwortverzeichnis

Abgabe einer Steuererklärung 42
Abgabenangelegenheiten 40, 41
Abhilfe 89, 192 ff.
Ablehnung von Mitgliedern eines
 Ausschusses 185
Abrechnungsbescheid 44, 81, 234
Absendeprotokoll 110
Abweichen von der eingereichten
 Steuererklärung 33
Adressatentheorie 68
Akteneinsicht 42, 48, 171 f.
Allgemeinverfügung 30, 46, 103, 180 f., 207 f.
Amtsermittlung 68, 148 f.
Amtshilfeersuchen 46
Amtsträger 182
Androhung der Pfandverwertung 46
Anerkenntnis 125
Anfechtungsklage 34
Angehörige 159
Angehörige der rechts- und
 steuerberatenden Berufe 90, 112, 155
Angemessenheit von Betriebsausgaben 34
Anhängigkeit 121 f., 221
Anordnung einer Außenprüfung 42
Anordnungsanspruch 270, 274 ff.
Anordnungsgrund 270, 278 ff.
Anordnungsverfahren 272
Anrechnungsverfügung 44
Anregung 46
Anscheinsbeweis 102, 159
Anspruch auf rechtliches Gehör 48
Ansprüche aus dem
 Steuerschuldverhältnis 301
Antrag auf Änderung eines
 Verwaltungsakts 36 ff.
Antrag auf Aufhebung eines
 Verwaltungsakts 36 ff.

Antrag auf Berichtigung eines
 Verwaltungsakts 36 ff.
Antrag auf Rücknahme eines
 Verwaltungsakts 36 ff.
Antrag auf schlichte Änderung 36
Antrag auf Widerruf eines
 Verwaltungsakts 36 ff.
Antragshäufung 133
Anzeigenerstatter 42
Anzeigepflicht 42
Arbeitnehmersparzulage 43
Arbeitsmittel 42
Arrest 43, 236
Arrestanordnung 273
Arrestverfahren 89
Aufforderung zur Benennung von
 Zahlungsempfängern 46
Aufhebung der Vollziehung 223, 250
Auflage 296, 313
Aufrechnung 297
Aufrechnungserklärung 46
Aufschiebende Wirkung 319
Aufteilungsbescheid 44, 58, 80
Aufteilungsverfahren 58 f.
Auftragshandeln 188
Aufzeichnungspflicht 152 f.
Augenscheineinnahme 41, 157
Auskünfte 157
Auskunftsersuchen 41, 151
Auskunftspflicht 41 f., 150
Auskunftsverweigerung 154 ff.
Auslandsbekanntgabe 103
Auslandssachverhalt 151 f.
Auslegung 38, 93 f.
Ausscheiden des Einspruchsführers 52
Ausschluss von Personen 183 f.
Ausschlussfrist 107
Aussetzung der Vollziehung 94, 214, 218 ff., 316, 325

351

Stichwortverzeichnis

Aussetzung der Steuerfeststellung 175
Aussetzung des Einspruchsverfahrens 45, 179 ff.
Aussetzungsgrund 174 ff.
Aussetzungszinsen 260
Aussichtslosigkeit der Vollstreckung 293
Außenprüfung 42, 89
Außenprüfungsanordnung 42, 89
Außenprüfungsbericht 46, 73
Außergerichtliche Rechtsbehelfe 34

Bankgeheimnis 155
Bedingung 75, 95
Befangenheit 35, 182
Befangenheit von Amtsträgern 182
Begründung der Einspruchsentscheidung 203
Begründungszwang 95
Beigeladene 53
Beiladung 53
Beistandschaft 63
Bekanntgabe 48, 100 ff., 200 ff., 204
Bekanntgabe des Verwaltungsakts 99 ff.
Bekanntgabevermutung 99 ff.
Benennungsverlangen 151
Bergmannsprämie 43
Beschränkung der Vollstreckung 316
Beschwer 66 ff., 93, 252
Beschwerde 30, 267, 284, 319
Bestands- und Rechtskraft 78
Bestandskraft 78, 122 ff., 200, 205 ff.
Bestandskraftwirkung 77f., 205 ff.
Beteiligte 47ff., 146
Beteiligte kraft Amtes 65
Beteiligtenbegriff 47
Beteiligtenfähigkeit 47 ff., 54
Beteiligtenstellung 47 ff.
Beteiligtenwechsel 48 ff., 51 ff.
Beteiligung Dritter 53 ff.
Bevollmächtigte 48
Bevollmächtigung 61 ff.
Beweis des ersten Anscheins 159
Beweisaufnahme 48, 158
Beweiserhebung 156 ff.

Beweislast 101 f., 159 f.
Beweismittel 151 f., 157 f.
Beweisvorsorge 152
Beweiswürdigung 102, 158 f.
Billigkeitsfestsetzung 43
Billigkeitsmaßnahmen 32
Bindungswirkung 57
Bundesfinanzbehörde 41 f.

Devolutiveffekt 32
Dienstaufsichtsbeschwerde 34 ff., 238
Dinglicher Verwaltungsakt 86
Direktklagearten 226
Dokumentationspflichten 152
Drittwirkung eines Verwaltungsakts 70
Drohende Gefahr 280
Drohende Insolvenz 288
Duldung des Betretens des Grundstücks und von Räumen 42
Duldung des Betretens von Betriebsräumen 42
Duldungsbescheid 43, 81

Ehegatten 50 f., 93, 154
Ehegatten bei der Zusammenveranlagung 50 f., 58 f., 93
Eidesstattliche Versicherung 41, 44, 235, 289
Eidliche Vernehmung 41
Eingangsstempel 110
Einheitliche Feststellungsbescheide 57, 82 ff.
Einheitliche und gesonderte Feststellung 57, 82 ff.
Einheitliches Verfahrensrecht 29
Einheitswertfeststellung 57, 72, 74, 86
Einlegungsbehörde 96
Einspruchsbefugnis 47 ff., 66 ff.
Einspruchsbegehren 166
Einspruchsbegründung 68
Einspruchsbehörde 186 f.
Einspruchsbelehrung 106
Einspruchsentscheidung 197 ff.
Einspruchsfähigkeit 63 ff.

Stichwortverzeichnis

Einspruchsform 90 ff.
Einspruchsfrist 94, 98 ff.
Einspruchsrücknahme 189 ff.
Einspruchsteil 198 f.
Einspruchsverfahren 141 ff.
Einspruchsverzicht 67, 124 ff.
Einstellung der Vollstreckung
 285 ff., 323
Einstweilige Anordnung 216, 270 ff.,
 323 ff.
Einstweilige Einstellung der
 Vollstreckung 215
Einvernehmenserklärung 42
Einziehungsverfügung 44
E-Mail 92
Empfangsbevollmächtigter 82 f.
Entschädigung der Auskunftspflichtigen
 42
Entscheidungsbehörde 96
Entscheidungsgründe 203
Erhebliche Härte 301 ff.
Erhebungsverfahren 234
Erläuterung 46
Erlass 44, 70, 99
Erledigung der Hauptsache 315
Erledigung des Rechtsbehelfs 186 ff., 196
Ermessen 56, 68
Ermessensentscheidung 31, 142, 203
Ermessensspielraum 253
Ermittlungs- und
 Steuerfestsetzungsverfahren 41 f., 230
Ernstliche Zweifel 239 ff.
Erörterung des Sach- und
 Rechtsstandes 48, 173 f.
Erörterungstermin 173 f.
Ersatzvornahme 44
Ersatzzwangshaft 44
Erstattungs- und Vergütungsbescheid
 232
Erstattungsanspruch 251
EU-Recht 225 ff. 248
Europäischer Gerichtshof 225

Familienkasse 187

Fernkopie 91
Fernschreiben 91
Feststellungsbescheid 43, 57, 58, 232
Feststellungsklage 34
Feststellungslast 159 f.
Filterfunktion 32
Finanz- oder Liquiditätsstatus 312
Finanzbefehle 234
Finanzgericht 97, 120
Finanzmonopol 40
Finanzrechtsweg 221
Förmliche Rechtsbehelfe 33 f.
Folgebescheid 72, 79 ff., 263
Folgenbeseitigung 275
Forderungspfändung 235
Form 90 ff.
Form der Einspruchsentscheidung
 200 ff.
Formelle Bestandskraft 205
Formvorschriften 90 ff.
Fristablauf 100 ff.
Fristanfang 100, 108
Fristberechnung 100 ff.
Fristende 100 ff.
Fristendruck 100, 108
Fristenkontrolle 99
Fristverlängerung 42, 107, 108
Fristversäumnis 111 ff.

Gegenstand des Einspruchsverfahrens
 166 f.
Gegenvorstellung 33 f.
Geldleistung 233
Geldstrafe 301
Gemeinde 54, 72
Gesamtrechtsnachfolge 70
Gesamtrechtsnachfolger 70
Gesamtschuldner 59
Gesamtüberprüfung des
 Verwaltungsakts 142 ff., 220
Geschäftsführer 83 ff.
Geschäftsräume 42
Gesetzliche Vertretung 65
Gewerbesteuer 41, 72, 80

Stichwortverzeichnis

Glaubhaftmachen 271, 324
Globalanfechtung 94
Großrückstandsfall 295
Grundlagen- und Folgebescheide 66, 72, 79 ff., 96
Grundlagenbescheid 79 ff., 233, 260 f., 272, 327
Grundsatz der aufschiebenden Wirkung 219
Grundsatz der Erforderlichkeit 293
Grundsatz der Meistbegünstigung 38 f.
Grundsatz der Verhältnismäßigkeit 257, 293
Grundsteuer 41, 80, 86

Haftung 56
Haftungs- und Duldungsbescheid 56, 107
Haftungsanspruch 304
Haftungsbescheid 43, 233
Handlungsfähigkeit 64
Heilung unwirksamer Verfahrenshandlungen 61
Hemmung der Vollziehung 263 ff.
Hinweis 46
Hinzuziehung 31, 45, 52 ff., 68, 170
Hinzuziehung eines Bevollmächtigten für das Vorverfahren 31
Hinzuziehung eines Sachverständigen 41
Hinzuziehung in Massenverfahren 60 f.

Innerdienstliche Vollstreckungsanordnung 46
Insolvenzverfahren 46, 58, 70, 85
Internationale Steuerfälle 151 f.
Investitonszulagenbescheid 43

Kindergeld 70, 76, 187
Kirchensteuerbehörde 54
Klage 31
Konkurrentenrechtsbehelf 71
Kontenpfändung 295
Kontingentbescheid 43

Kontoauszug 44
Kontollmitteilung 46
Kosten 31, 209
Kostenfestsetzungsbescheide 44
Kurzfristiges Zuwarten 292

Legalitätsprinzip 148 f.
Leistung von Sicherheiten 44
Leistungsgebot 44, 234, 286
Leistungsklage 34
Liquidation 49
Liquidität 300
Löschungsantrag 46
Lohnsteuer 89
Lohnsteueranmeldungen 58
Lohnsteuerhaftungsbescheid 58, 70
Lohnsteuerpauschalierung 42

Mahnung 46
Masseneinsprüche 105, 177, 198 ff.
Massenverfahren 54, 105, 177, 198 ff.
Materielle Bestandskraft 205 ff.
Mehrheit von Einspruchsführern 48 f.
Mitteilung der Besteuerungsgrundlagen 48
Mitwirkungspflicht der Beteiligten 150 ff.
Mitwirkungspflichten 150 ff.
Mitwirkungsverweigerungsrechte 154 ff.
Möglichkeitstheorie 68
Musterprozess 177, 180, 274

Nachlassverwalter 50
Nebenbestimmungen 43, 236, 256 f., 313
Nebenbestimmungen zum Verwaltungsakt 75 f.
Negative Sachentscheidungsvoraussetzungen 121 ff.
Negativsteuer 232
Nichtakt 69
Nichtförmliche Rechtsbehelfe 33 f.
Nichtigkeit 61, 69, 100

Stichwortverzeichnis

Nichtigkeit eines Verwaltungsakts 69, 100
Nichtigkeitsklage 226
Nichtveranlagungs-Verfügung 43
Nichtvollziehbare Verwaltungsakte 272 ff.
Niederschlagung 46, 317
Niederschrift 91 f.
Notwendige Aufwendungen 209
NV-Bescheinigung 43

Oberfinanzdirektion 97
Objektive Einspruchshäufung 132 ff.

Öffentliche Bekanntgabe 103
Öffentliche Versteigerung 44
Öffentliches Interesse 265
Opportunitätsprinzip 149

Partei kraft Amtes 51
Persönliche Stundungsgründe 307 ff.
Persönliches Erscheinen 41
Pfändung 235, 274, 288, 324
Pfändungsverfügung 44, 322
Popularklagen 67
Postschließfach 109
Präsente Beweismittel 151 f.
Prima-facie-Beweis 159
Protokollierung 92
Prozessfähigkeit 64
Prüfungsanordnung 50, 89, 234
Prüfungsausschuss 45
Prüfungsumfang 142 ff.
Publikumsgesellschaft 60

Ratenzahlung 288
Ratschlag 46
Realsteuern 41
Recht auf Gehör 145
Rechtliche Bedenken 244 ff.
Rechtliche Interessen 55 ff.
Rechtmäßigkeit 241
Rechtsauskunft 46
Rechtsbeeinträchtigung 68

Rechtsbehelfswechsel 135 ff.
Rechtsgestaltende Verwaltungsakte 234
Rechtshängigkeit 122
Rechtsmittel 34
Rechtsnachfolge 66, 69, 86 ff.
Rechtsschein des Verwaltungsakts 69
Rechtsschutzbedürfnis 66 ff., 88 ff.
Rechtsschutzgesuch 38 ff.
Rechtsvereinheitlichung 29
Rechtsweg 38 ff.
Regelungsanordnung 271, 275 ff., 279 ff.
Revision 34
Rubrum 201 f.
Rücknahme des Einspruchs 189 ff.
Rückstandsanzeige 213, 286
Ruhen des Einspruchsverfahrens 45, 48, 179 ff.
Ruhen des Verfahrens 48
Ruhensgrund 174 ff.

Sachdienlichkeit der Teil-Einspruchsentscheidung 198
Sachaufsichtsbeschwerde 35 f.
Sachentscheidungsvoraussetzung 29 ff., 48 ff., 90 ff., 121 ff.
Sachliche Stundungsgründe 306
Sachpfändung 106
Sachverhalt 202
Sachverständigengutachten 157
Säumniszuschläge 234, 259, 297, 311
Sammelbescheide 132
Sanierung 295
Schätzung 32, 34
Schätzungsbescheid 244
Schätzungsfälle 32, 161 ff.
Schlichte Änderung 36 f.
Schlichter Änderungsantrag 36 f.
Schlüssiges Vorbringen 277
Schlussbesprechung 42
Schriftform 91
Schuldentilgungsplan 288, 312
Selbstanzeige 41
Selbstkontrolle 32

Sicherheitsleistung 44, 256 f., 284, 296, 309
Sicherungsanordnung 271, 274, 278
Sicherungshypothek 235
Spontanauskunft 46
Sprache 91
Sprungklage 97
Statthaftigkeit 38 ff.
Steuerabzugsbetrag 107, 254
Steueranmeldung 43, 99, 105, 230
Steuerberatungsgesetz 45 f., 60
Steuerbescheid 43
Steuererhebungsverfahren 224
Steuererlass 306
Steuerermäßigungsverfahren 233
Steuererstattung 74
Steuerfestsetzung 74
Steuerfestsetzung auf Null 74
Steuerfestsetzungsbescheid 231 ff.
Steuerfestsetzungsverfahren 223
Steuergeheimnis 56
Steuermessbescheid 43
Steuernummer 25
Steuerprozess 31
Steuerrechtsfähigkeit 47 f.
Steuervergünstigungen 43
Steuervergütungsbescheid 43
Steuervollstreckung 276
Straf- und Bußgeldverfahren 40
Streitgenossen 170
Streitgenossenschaft 49 f., 170
Stundung 216, 249, 271, 276, 285, 300 ff., 325 ff.
Stundungsantrag 311 ff.
Stundungsbedürftigkeit 307 f., 310
Stundungswürdigkeit 308 f.
Stundungszinsen 311 f.
Summarisches Verfahren 240

Tatfragen 243
Technische Stundung 303
Teilabhilfe 195 f.
Teil-Einspruchsentscheidung 30, 198 ff.
Teil-Einspruchsverzicht 127 f.

Teilrücknahme 191 f.
Telebrief 91
Telefax 91 f., 101 f., 109, 117
Telegramm 91
Tenor 205
Trennung von Verfahren 168 ff.
Typisierungen 33

Überlassung von Fotokopien und Akten 42
Übermittlungsrisiko 97
Übersetzung 91
Überwiegendes öffentliches Interesse 249
Umdeutung 80
Umsatzsteuer-Identifikationsnummer 42
Unangemessener Nachteil 287 ff.
Unbedenklichkeitsbescheinigung 45
Unbillige Härte 228, 248 f.
Unbilligkeit 287, 290
Unbilligkeit der Vollstreckung 287 ff.
Untätigkeit 69
Untätigkeitseinspruch 40, 95, 100, 106
Untätigkeitsklage 178, 195
Unterbrechung des Verfahrens 175
Unternehmereigenschaft 42, 48
Unterschrift 91
Untersuchungsgrundsatz 148 f.
Urkunds- und Aktenbeweis 157

Verbindliche Zusage 43
Verbindung der Einspruchsverfahren 168 ff.
Verböserung 37, 77, 144 ff.
Verböserungshinweis 145
Verdeckte Gewinnausschüttung 56
Verfahrensbeteiligte 146
Verfahrensgegenstand 166 f.
Verfahrensmangel 146, 242 f.
Verfahrensreform 29
Verfahrensruhe 174 ff., 178
Verfallklausel 314
Verfassungsmäßigkeit 246
Verhältnismäßigkeit 149

Stichwortverzeichnis

Verlängertes Verwaltungsverfahren 141
Vermögensverzeichnis 44
Vermutungen 33
Verpflichtungsklage 267, 291, 319, 321
Verrechnungspreise 152
Verrechnungsstundung 303 ff.
Verrechnungsstundung von
 Lohnsteuer 304 ff.
Verrechnungsverfügung 235
Verschulden 112 ff.
Verspätungszuschlag 43
Verspätetes Vorbringen 160 ff.
Vertreter 93, 113
Vertreterhandeln 113
Vertretung 61 f., 93, 113
Vertretung durch Bevollmächtigten 93,
 113
Vertretungsmacht 62
Vertretungszwang 61
Verwaltungsakt 40, 95
Verwirkung 106, 129 ff.
Verzicht 124 ff.
Verzögerung 165, 178
V-Mann 42
Vollmachtserteilung 62
Vollstreckung 213, 224
Vollstreckungsaufschub 44, 285, 321
Vollstreckungsauftrag 46
Vollstreckungsaußendienst 291
Vollstreckungsmaßnahme 46
Vollstreckungsrecht 280
Vollstreckungsverfahren 235 f., 310
Vollstreckungsverhandlung 296
Vollziehbarkeit 229 ff.
Vollziehung 69, 222 ff.
Voranmeldung 254 f.
Vorauszahlung 254 f.
Vorauszahlungsbescheid 230, 255
Vorbehalt der Nachprüfung 43, 75
Vorgreiflichkeit eines anderen
 Rechtsverhältnisses 176
Vorläufige Steuerfestsetzung 75
Vorläufiger Rechtsschutz 211 ff., 213
Vorläufigkeitsvermerk 89

Vorlage eines
 Vermögensverzeichnisses 44
Vorlage von Wertsachen 41
Vorlageersuchen 41
Vorlagepflicht 226
Vorschlag 46
Vorwegnahme der
 Hauptsacheentscheidung 282 f.

Widerruf des Vollstreckungsaufschubs
 296
Widerrufsvorbehalt 75, 258, 313
Widerspruchsverfahren 41
Widerstreitende Steuerfestsetzung 59
Wiedereinsetzung in den vorigen Stand
 39, 45, 52, 82, 92 f., 97, 99, 107, 110 ff.,
 222, 243
Wiederherstellung der hemmenden
 Wirkung 266 f.
Wirtschaftliche Existenz 248
Wirtschaftliche Nachteile 248
Wissenserklärung 46
Wochenschonfrist 213, 286
Wohnungsbauprämie 43

Zahlungsaufschub 44, 315
Zahlungsverjährung 298
Zerlegungsbescheid 43, 86
Zerlegungsverfahren 58
Zinsbescheide 44, 80
Zinsverzicht 44
Zolltarifauskünfte 43
Zugangsfiktion 101 f.
Zulassungsausschuss 45
Zurückweisung verspäteten
 Vorbringens 160 ff.
Zusammenveranlagte Ehegatten 50 f., 70
Zuständigkeit 95 ff, 187 f.
Zuständigkeitsvereinbarung 187 f.
Zuständigkeitswechsel 51, 187 f.
Zustellung 103
Zustimmung 99, 105
Zustimmungserklärung 42, 99
Zuteilungsbescheid 43, 86

Stichwortverzeichnis

Zuteilungsverfahren 58
Zwangsgeld 44, 107
Zwangshypothek 45
Zwangsmittel 274, 285
Zwangsruhe kraft Gesetzes 179 f.

Zwangsversteigerung 45, 236
Zwangsversteigerung eines
  Grundstücks 297
Zwangsverwaltung 45
Zwangsvollstreckung 275, 319 ff.